META-ANALYSIS IN PSYCHOLOGICAL RESEARCH

Theory, Cases, and Practice

心理学元分析方法

理论、案例与操作

任志洪　赖丽足 等　著

中国人民大学出版社

· 北京 ·

PREFACE 前言

心理学的研究对象是人的心理现象及其发生发展规律。随着学科的不断发展，“量化”已经成为当前心理学研究方法的主流。“量化”思想采用假设演绎的方法，对各种心理现象（变量）进行严格的定义、测量和控制，并通过数据统计方法分析变量之间的关系，进而揭示人的心理规律。然而，和其他自然科学相比，心理学的研究对象并非绝对的客观对象，其受到个体主观经验的影响，而且具有动态变化性。这导致心理学研究更容易面临实验结果不可复制或者量化结果不一致的困难或者困惑。在不尽相同的研究证据中，评估特定心理规律是否能够得到足够支持是当前的研究重点之一，也是指导心理学研究成果进入实践应用的关键前提条件之一。

元分析方法从统计分析的角度，为合理评估心理学研究证据提供了量化、整合的视角，已成为心理学研究的重要方法之一。我们可以从各种高影响因子的心理学期刊中发现大量元分析的影子。这侧面说明了元分析在综合已有证据方面，受到研究者的普遍认可。作为心理学学生或者研究者，掌握元分析方法具有诸多益处。一方面，元分析方法对已有研究的有效整理和分析能够帮助研究者深入了解心理学领域的最新研究进展和成果以及不同研究方法和数据分析技术的复杂性和优缺点，帮助学生更好地理解研究文献和相关数据，并有助于他们将来进行独立研究时更好地选择研究方法和数据分析技术；另一方面，学习元分析需要学生掌握系统性、批判性思维和研究方法，具备分析数据和解释结果的能力。这些技能对于未来从事心理学研究或临床工作的学生尤为重要。

遗憾的是，我们发现国内的元分析教材中未有专门针对心理学研究进行指导的书籍，更多的是纯粹的统计方法学介绍或者元分析在其他研究领域特别是医学研究中的应用说明。尽管不同学科某些研究思路相似，但这仍可能会造成心理学学生或者研究者的理解和学习困难。特别是随着统计学的发展和计算机科学的进步，元分析的新观点、新方法和新技术不断出现，使得学习者要比较全面掌握不同类型元分析并为研究问题所用更是难上加难。对这个问题我们深有所感，虽然已发表的诸多心理学领域的元分析可供参考，但是很多学生仍然觉得元分析极其困难，在复杂的统计公式面前望而却步。尽管有勇敢的学生开始尝试，实际进行元分析的过程中，从问题提出、文献检索、数据提取、数据分析到报告撰写仍面临各种各样的困难。新手往往需要查阅国内外的大量资料，花费很多精力。尽管如此，他们还是容易踩各种各样的坑，常常在审稿人的提问中满面愁容，不知如何处理。我们一直在思考一个问题，即如何有效降低心理学人掌握和开展元分析的学习成本，高效地、准确地读懂或者完成一项元分析。

我们团队经过不断摸索，总结了三个学习元分析的建议。

其一，不能脱离应用情境，忽视研究问题。不少学生在不清楚元分析的应用情境时，会直接向我们提问："我对某某领域很感兴趣，想做个元分析，你看行不?"对此问题，我们无法直接回答。首先，必须厘清我们想要探究什么问题，对问题进行具体化。其次，需要回顾针对该问题的已有实证研究，了解它们在用什么范式、什么方法分析目标问题，其采用的范式或者提供的数据是否适用于元分析。最后，了解是否已有相关的元分析，如果有，你的元分析是否有所区别，特别是在研究问题上是否更进一步。可是当我们把这一套逻辑讲给学生听时，通常学生仍是迷迷糊糊。后来我们意识到，提前总结一下常见的元分析应用情境是更好的入门之道。我们应该很明确地告诉学生，元分析可以解决哪些问题，在心理学研究中常见的应用情境和研究范式是什么。这样学生对自己感兴趣的领域是否适合元分析就更容易进行判断。

其二，消除畏惧心理。元分析的学习门槛并不高，可以说即使没有统计基础的学生也能学会。和心理学中的其他统计手段一样，即使不了解背后的计算公式，大家也能利用统计软件的几个按钮完成元分析。复杂的统计过程已经被包裹在软件按钮或者几行指令代码之中，其实现难度并不高。但是新手如果直接从复杂的统计公式开始学习，就很容易感觉困难。我们认为了解元分析统计原理是有益处的，但是对更多新手而言，一开始只要简单了解足矣，更多应该先学习如何运用，熟练掌握软件操作。当然，有志于统计方法学研究的学生不在此列。

其三，在"做"中学。我们的团队为了促进团队内学生快速掌握元分析，在过去一段时间内，一直尝试"以老带新"的方式促进学习。我们会邀请团队内有元分析实施经验的学生详细分享自己的研究过程，一步一步提供操作过程指导。除此之外，也鼓励新手先参与有经验学生的元分析研究，到"前线"去感受实际过程。这些措施具有非常好的效果，极大缓解了学生的畏难情绪并缩短了学习时长，不再是"摸着石头过河"，具有很强的针对性和指导性。

我们觉得这些学习经验不应该止步于我们这个小小的团队内部。在心理学研究领域，我们希望贡献我们的微薄力量，推进心理学研究者对元分析的系统了解和学习，更好地运用元分析方法服务于研究问题以及临床实践。这也是我们编写本书的初衷。为了达成这一目标，本书具有以下特点：

首先，本书十分重视研究问题与对应元分析方法的整合，不再将方法和研究问题割裂。具体来说，本书的编写着眼于研究问题本身，而不仅仅是元分析方法的简单介绍。我们深知，方法只有与研究问题相辅相成、相互支持，才能在实践中得以成功应用。因此，在本书中，我们特别注重将研究问题与元分析方法结合起来，让读者在学习元分析方法的同时，也能够掌握如何将这些方法应用到具体的研究问题中去，旨在帮助读者真正理解元分析方法，而不仅仅是机械地运用这些方法。

其次，本书提供具体的实例，呈现论文的整个实施到完成过程，重视实际的可操作性，致力于提高学习者的学习效率。我们知道，理论知识和实际应用之间存在一定的差距。因此，在本书中，我们提供了具体的实例，这些大部分是我们前期发表的元分析论文，以便读者通过真实的应用场景来学习元分析方法。通过这些实例，读者可以了解元分析方法在实际研究中的应用过程，包括如何准备数据、如何选择合适的统计方法、如何解读结果等。同时，我们还注重实际的可操作性，即让读者能够通过简单的步骤来完成整个研究过程。我们的目标是提高读者的效率，让他们能够更快地掌握元分析方法，更好地将之应用到实际研究中去。

最后，本书介绍的元分析方法多种多样，包括了该领域的最新进展，最大限度满足研究者所需。元分析是一种非常灵活的方法，有许多不同的实现方式。在本书中，我们涵盖了多种元分析方法，包括传统的固定效应模型和随机效应模型，以及最新的三水平元分析和网状元分析等方法。这些方法各有优缺点，适用于不同的研究问题和数据类型。通过介绍这些方法，我们希望能够满足不同研究者的需求，让他们能够选择适合自己的元分析方法。

本书一共有七章。第一章着重论述元分析的应用情境、基本要素和流程。在方法描述之前，我们对适用元分析的心理学研究类型进行了总结，重视培养“从问题出发”的视角。在统计要素部分的描述中，我们相对简单地介绍了效应值计算、元分析注册、文献筛选、文献纳入与排除、文献质量评价等过程，以使读者对元分析的基本模块有个初步的了解。

从第二章到第六章，我们针对具体的应用情境提供具体的实例。第二章关注描述类研究的元分析过程，第三章关注变量相关类研究的元分析，第四章关注干预效果类研究的元分析，第五章关注干预机制类研究的元分析，第六章关注如何借助机器学习工具辅助文献筛选。值得注意的是，针对每一种类型的应用情境，我们都提供了多个实例，从多个视角，通过多种操作软件（包括 R、CMA、Stata、WinBUGS）对实施过程进行详细指导。实例也涉及多种类型的元分析，包括传统元分析、网状元分析、试验序贯分析、激活似然估计、元分析结构方程模型等。

此外，我们还专门设置了一章来回应元分析过程中常见的问题（第七章）。我们基于前期学习者学习过程中经常遇到的问题，以及我们的元分析稿件在接受外审专家评审时遇到的问题，总结了研究设计、研究过程、统计分析等方面的常见问题并进行了回应，希望读者能少走一点弯路。

本书的编写由任志洪教授带领其研究团队的博士生和硕士生完成。大部分元分析实例来源于作者已经发表的论文。任志洪教授和赖丽足负责全书总体框架的设计。具体章节的主要负责人为：第一章，赖丽足、卢珊、杜夏雨；第二章，颜懿菲；第三章，史从戎；第四章，赖丽足、赵春晓；第五章，赖丽足、阮怡君；第六章，仝敬强、卢易、柯颖资；第七章，颜懿菲、杜夏雨、史从戎、张涛。还有众多研究生（刘奕浓、李莹、刘昕怡、陈文可、曹起正、胡家伟、袁洁莹、郭子涵等）参与了内容补充和文字校对工作。

本书还存在诸多不足，虽然我们每位编者都尽了自己最大的努力，但是由于编写经验有限，错误在所难免。真诚欢迎大家多提宝贵意见和建议！

CONTENTS ▸▸▸ 目录

第一章 ‣ 概　论

学习目标

（1）掌握元分析的基本概念；

（2）了解元分析在心理学研究中的应用情境；

（3）学习元分析的基本要素和流程。

章节导读

元分析（meta-analysis）方法在心理学领域得到越来越多的关注和应用。在实证研究中，即使重复实验也可能产生不同的结果。特别在心理学研究中，完全的“重复”几乎难以实现；针对同一个问题证据不一致的实证研究比比皆是，这给临床实践带来了困惑（Maxwell et al.，2015）。作为一种定量研究方法，元分析依靠丰富的统计学假设和计算，对已有的实证研究结果进行再分析，试图寻求相对综合的结论，因而成为评判跨研究结果的有力工具（L’Abbé et al.，1987）。不管作为临床实践者还是学术研究者，理解和掌握元分析方法都有重要的价值。本章将从概括性的视角带领读者认识元分析的基本定义，以及元分析在心理学中的应用情境和基本要素。

第一节　元分析概述

文献综述在科学研究中具有重要作用，能让研究者在开展某个专项研究前，对该领域前人所做的研究做一个总结性回顾。但是，传统的文献综述存在许多缺点（Ioannidis & Lau，1999）：第一，没能使用系统有效的方法来收集与分析原始数据，导致收集与分析过程过于主观；第二，由于方法过于简单直接，无法同时处理大量研究，效率较低；第三，多为描述性分析，不能给出定量结论。元分析能很好地克服传统文献综述的不足，对多个同类的独立研究结果进行定量合成，具有回顾性、全面性与整合性的优势（Hyde & Grabe，1993）。而且，元分析包含多种方法和技术，其文献收集与整合和数据分析过程更加严谨，能对大量不同研究设计的资料进行整合。因此，相比传统的文献综述，元分析具有客观性、科学性与可重复性，且能较好地减少各种偏倚，给出定量结论。

早在1861年，英国皇家天文学家 George Biddell Airy 在他出版的《论观测误差和观测组合的代数和数值理论》（*On the Algebraical and Numerical Theory of Errors of Observations and the Combination of Observations*）一书中就提到了元分析。1904年，统计学家 Karl Pearson 为了研究“血清接种预防肠热病的疗效”，对肠热病疫苗与生存率之间的相关系数进行了合并，这是元分析在医学领域的首次应用（Pearson，1941）。之后的几十年中，元分析一直没有受到很多关注。直到1976年，英国心理学家 Gene V. Glass 在一篇名为《研究的首次分析、二次分析和元分析》（Primary，Secondary and Meta-Analysis of Research）的文章中，为了合并和综合文献而正式提出元分析，并给出其定义。在 Glass 之后，许多学者开始关注元分析，对其进行探索与发展。众多研究者都尝试对元分析进行定义，虽然表述有所不同，但其中大多包括“系统分析”“定量整合”等特点。在2008年出版的第五版《流行病学词典》（*A Dictionary of Epidemiology*）中，元分析被定义为一种对单独研究的结果进行统计分析的方法，它对研究结果间差异的来源进行检验，并对具有足够相似性的结果进行定量合成（Porta，2008）。

目前，元分析的应用领域非常广泛，元分析可应用于临床医学、心理学、教育学、经济学、管理学等领域。从中国知网（CNKI）中提取的近40年元分析研究数量中可以看出，1982—2016年，元分析数量在逐步增加，且在近20年呈加速增长的趋势，在2015年后每年发表的元分析研究在50 000篇以上（见图1－1）。

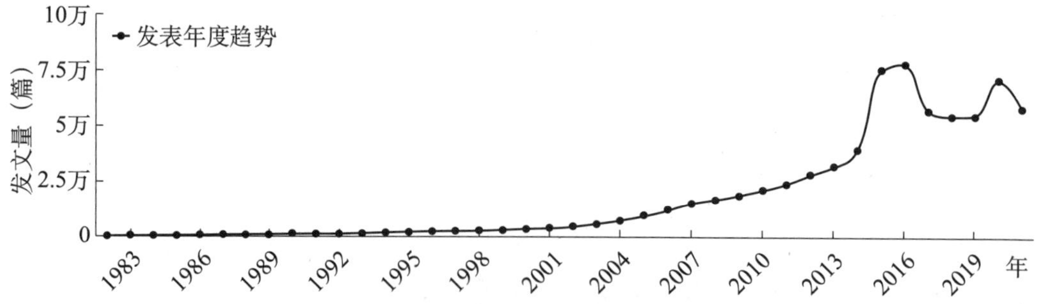

图1－1　近40年元分析发表趋势

相比传统的文献综述，元分析可以对多个同类研究进行定量综合，提供可重复的、量化的方法以整合同一研究问题的实证证据，因此更具客观性（Leandro，2005）。元分析具有以下优点：第一，能够对同类的相关研究进行定量整合，通过增加样本量和提高平均研究效应水平而增加结论的准确性；第二，能够同时处理大量研究文献，既能揭示单个研究存在的问题，引出新的研究方向，又能解决单个研究不能解决的问题，分析多个研究中结果的差异；第三，有多种分析方法，不受研究方法和数目的限制；第四，不需要做实证研究，节省费用。不过，元分析也有其缺点：第一，元分析是对研究的再分析，依赖于原始研究的质量，且无法在一个新的领域使用；第二，难以控制数据收集和处理过程中产生的各种偏倚，如选择偏倚、汇集偏倚、研究内偏倚等；第三，需要整理并合并大量研究数据，费时费力。

第二节 元分析应用情境

在理解元分析的统计原理和操作方法之前，应该先掌握元分析的应用情境（Coolican，2017）。心理统计学中，有四个词能够很好地用于分解心理学研究：描述、解释、预测和控制（Howell，2012）。第一，描述指的是对心理现象进行客观和精确的观察和了解。比如：自闭症的发生率是多少？中国人寻求专业心理帮助的水平怎样？要解决这些问题，对应的研究方法主要是问卷调查、基于访谈的质性研究等，可比较客观地考察可观测的信息，对应的统计方法就是描述统计、质性分析等（Hill et al.，2005）。第二，解释指的是探究心理和行为发生的原因。比如：自闭症为什么会发生？中国人的心理求助水平为什么不高？这样的问题就是在寻求解释。显然，此时我们在寻求变量之间的相关或者因果关系。多变量问卷调查和实验法常可以用于探究相关或者因果关系，对应的统计方法有回归分析、方差分析、结构方程模型等（Howitt & Cramer，2010）。第三，预测指的是对某种特定行为将要发生的可能性或者某种特定关系将被发现的可能性进行陈述（Little & Yau，1998）。比如：童年遭受虐待的孩子成年后产生心理障碍的可能性有多大？含有特定基因的孩子患自闭症的可能性有多大？和“描述”或者“解释”不同，“预测”关注未发生的事件，但研究设计和统计同样可以使用与“解释”研究类似的策略。第四，控制指的是通过干预，使得行为或者某种心理现象发生或者不发生，或影响其形式、强度、发生率等（Cleophas et al.，2009）。比如：认知行为疗法干预自闭症的效果如何？如何提高中国人的专业心理求助水平？这些问题探究的就是“控制”。对应的研究设计主要还是实验法，如严格的随机对照试验。对应的统计基于研究设计，可以包括方差分析、回归分析等。

以上呈现了一个理解心理学研究领域的思路，每一块的具体内容都能进一步细化、延伸，涉及的统计方法多样而复杂，且不断涌现新的统计方法，在此无法一一道来。常常有学生能够提出问题，但是无法在科学研究的框架下提出适合的研究设计，或者实验设计好了，问卷收集了之后便不知所措，不知道如何进行统计分析。从研究问题出发，再关联研究设计和统计分析的思路可以帮助我们更快地理解、把握和实施心理学相关的研究。

在此框架下，可以总结出心理学领域的主要研究类型，即描述现象类、解释和预测类（探究变量的关系）、干预类（具体划分为干预效果类和干预机制类）。每一种类型下都有比较典型的研究设计和统计分析方法。从研究设计的角度出发，临床研究者可根据是否有人为干预将研究分为干预性研究和观察性研究；也可根据是否有对照组，将观察性研究进一步分为分析性研究和描述性研究（见图 1－2）（Grimes & Schulz，2002）。

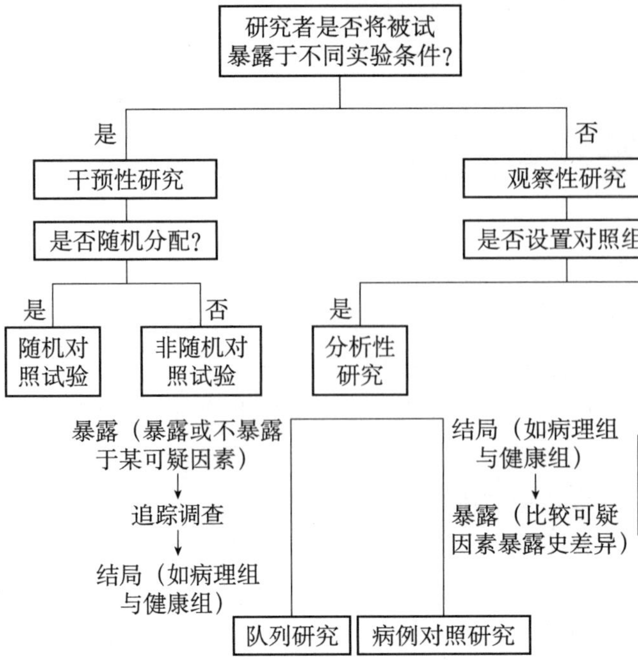

图 1－2　临床研究分类

元分析是基于已有的实证证据的再归纳，而同质性要求对于元分析来说至关重要，即只有对来自同质的研究设计的实证证据进行元分析，其结果才更具可靠性。因此，事先理解心理学领域的研究脉络是非常重要的。我们接下来会对元分析的方法学特征和要素进行较为简单易懂的说明，在此基础上，再根据不同的问题、设计、统计类型，采用实例示范的方式说明元分析能做什么以及怎么做。我们的目的是让即使毫无元分析经验的读者也能够读懂大部分元分析，甚至能够使用元分析发表论文。

第三节　元分析基本要素

一、元分析基本流程

作为循证金字塔的顶端，元分析方法实际上是高度结构化、步骤明确的（Sutton

et al.，2001)。整体而言，我们可以把元分析拆解成七大部分（Paterson et al.，2001)：(1) 根据研究目的和研究设计，确定效应量（McGaw & Glass，1980)。比如有很多研究调查抑郁症的发病率，我们想要通过元分析整合所有的相关研究，分析整合后的效应值问题。那么这个发病率实际上就是我们需要的效应量的指标。再举个例子，我们想要考察干预效果，综合的证据是 RCT 研究，那么研究中干预组和对照组的效应差值（相对效应）很可能是元分析想要考察的指标（Cheung et al.，2012)。(2) 有了明确的研究问题，接下来就是制定文献检索策略，确定检索的关键词和检索的数据库。检索后把不同数据库的文献导出，统一导入文献管理软件，进行查重，删除重复的文献。值得一提的是，在正式筛选文献之前，我们鼓励研究者提前在预注册网站对所要完成的元分析进行预注册。(3) 查重后，根据纳入与排除标准，筛选和剔除不合适的文献。纳入与排除标准要清晰，需要跟研究问题、研究设计、研究目的保持一致。(4) 文献质量是影响元分析结果可靠性的重要因素，所以一般元分析中会对纳入研究的质量进行评价，评价工具需要根据研究设计的类型进行选择（Zeng et al.，2015)。(5) 数据提取后，进入重要的统计分析过程。根据元分析类型、效应量类型等，有很多不同的统计方法，但是基本的要素（比如异质性检验、效应模型的选择）是需要共同考虑的部分（Higgins & Thompson，2002)。(6) 由于研究之间可能存在很大的差异，一些效应值过高或者过低的研究会影响整个元分析结果的稳定性，因此一般元分析会有敏感性分析的过程，避免极端值的影响（Copas & Shi，2000)；同时为了考察影响效应量的因素，还会进行亚组分析或者元回归分析。(7) 最后还要评价元分析的发表偏倚（Thornton & Lee，2000)。当然，元分析还涉及背景理论框架的提出、研究报告的撰写、结果讨论和解释等。但在本书中，我们主要聚焦于元分析在不同情境下的具体运用和方法操作过程，对研究问题提出、结果和讨论部分也会简要说明。以下，我们将对元分析的几个要素和步骤进行更加详细的说明和介绍。

二、元分析注册

在确定元分析研究问题后，正式开展元分析（提取数据）之前，建议对元分析进行注册。虽然目前只有 RCT 相关的元分析强制要求注册，但我们建议对所有类型的元分析都进行注册。一方面，注册可以避免不必要的重复；另一方面，和临床研究注册一样，元分析注册也可以保证研究过程的透明性和可靠性，避免偏倚。现在，很多期刊会要求元分析文章的作者提供注册号。

元分析注册的平台有三个：INPLASY，Cochrane Library，PROSPERO。INPLASY的注册类似 PROSPERO，但是需要收费。Cochrane Library 的注册要求十分严格，需要很长的周期。如果想要在 Cochrane 杂志上发表论文，则必须在 Cochrane Library 注册。研究者需要根据研究专业领域找到对应的 Cochrane 协作组，通过邮件联系编辑索取注册表。填完注册表后发给编辑审核。审核后需要先完成 Protocol。Protocol 发表后需要在 12～18 个月内完成正式元分析。大部分的元分析会在 PROSPERO 注册，官网显示注册审核周期为一个月左右。PROSPERO 为新冠疫情相关的元分析注册专门开辟了快速通道，通常几天就会收到反馈。我们简单介绍一下 PROSPERO 的注册流程。

在注册前，我们需要确保研究主题未被注册或发表。对此，可以在 PROSPERO 官网中进行检索和检查，以避免重复。注册步骤如下：（1）登录官网注册账号（https://www.crd.york.ac.uk/prospero）。（2）根据网站指导，进行注册。注册前，网站会通过指导语，确保所注册的元分析符合标准。（3）填写注册表格。注册表格共有 40 个条目，其中 25 个必填（带 * 号）（见下文）。如果不知道怎么填，可以参考已注册文件。（4）等待审核，如果审核通过，则可以获得一个由“CRD+11 个数字”组成的编号。

- 研究标题（1. * Review title）
- 非英语类综述需要填写原始语言标题（2. Original language title）
- 计划或实际开始日期（3. * Anticipated or actual start date）
- 计划完成日期（4. * Anticipated completion date）
- 提交时的研究阶段（5. * Stage of review at time of this submission）
- 联系人姓名（6. * Named contact）
- 联系方式（7. * Named contact email）
- 联系人地址（8. Named contact address）
- 联系人电话号码（9. Named contact phone number）
- 系统综述的隶属组织（10. * Organisational affiliation of the review）
- 研究团队及其隶属组织（11. * Review team members and their organisational affiliations）
- 资金来源/赞助者（12. * Funding sources/sponsors）
- 利益冲突（13. * Conflicts of interest）
- 合作者（14. Collaborators）
- 研究问题（15. * Review question）
- 检索（16. * Searches）
- 检索策略（17. URL to search strategy）
- 简要研究背景或领域（18. * Condition or domain being studied）
- 受试者/人群（19. * Participants/population）
- 干预/暴露［20. * Intervention（s），exposure（s）］
- 对照/控制组［21. * Comparator（s）/control］
- 纳入研究类型（22. * Types of study to be included）
- 与纳入与排除标准有关的背景（23. Context）
- 主要结果［24. * Main outcome（s）］
- 次要结果［25. * Additional outcome（s）］
- 数据提取（筛选和编码）［26. * Data extraction（selection and coding）］
- 偏倚（质量）风险评估［27. * Risk of bias（quality）assessment］

- 数据评价策略（28. ＊ Strategy for data synthesis）
- 亚组分析（29. ＊ Analysis of subgroups or subsets）
- 综述类型和方法（30. ＊ Type and method of review）
- 语言（31. Language）
- 国家（32. Country）
- 其他注册细节（33. Other registration details）
- 已发表协议引用或链接（34. Reference and/or URL for published protocol）
- 发表计划（35. Dissemination plans）
- 关键词（36. Keywords）
- 若同一作者发表过相同主题的系统综述，需提供既往版本的详细信息（37. Details of any existing review of the same topic by the same authors）
- 当前进展（38. ＊ Current review status）
- 其他信息（39. Any additional information）
- 最终报告/发表的细节［40. Details of final report/publication（s）］

三、效应量

在科学研究中，需要有一个量化的数值指标来衡量某种现象的强度，该强度即为效应量（effect size），又称为效果量或者效应值（Olive & Franco，2008）。该值具有与测量单位无关、单调性、不受样本量影响等基本性质。效应量指标可以解决显著性水平无法刻画的效应大小或变量关联强度等问题。在心理学研究中，不同的研究类型和研究问题对应不同的效应量单位。以下，我们将介绍不同研究类型常采用的一些效应量指标。

我们可以根据纳入的原始研究的统计数据计算出每一个研究所对应的效应量。各个研究的效应量之间的重要性是不对等的。试想一下，如果一个样本量只有 20 的研究的效应量和一个样本量为 400 的研究的效应量对等，可以直接平均化，那么就存在一个风险，即小样本研究的效应量很可能不可靠，从而影响整体的效应值。因此，每一个研究除了效应量，还有一个重要的参数，即元分析中的权重大小。对效应量进行加权一定程度上可避免某些研究特征带来的不稳定、不可靠性。那么，如何加权呢？加权的方式很多，比如直接根据样本量进行加权。但是现有研究显示，最佳的权重应该是效应值的标准误。较大的标准误代表了较小的精确度，因此权重更低。在实际元分析过程中，权重的计算为标准误平方的倒数（方差权重倒数，inverse variance weight）（Sánchez-Meca & Marin-Martinez，1998）。

（一）描述性研究

这里的描述性研究指的是只有单个结果变量的研究。例如，有些研究关注抑郁的发生率，或者关注中国人的抑郁平均水平，前者对应的是分类的百分比，后者对应的是连续变量的均值、中位数、众数等。通常，针对单个变量的元分析研究中常见的是对发生率的统计（Polanczyk et al.，2015），也有少数元分析研究会对某个变量的均值进行整合。值得注意的是，这些单变量研究需要相同或者足够相似的操作化处理，只有这样，各个研究的效应量才能够合并，具体参见第二章中的实例。

1. 比例的效应量

在此，我们先简要介绍针对描述性研究的元分析常使用的一种效应量——发生率（prevalence）。这种计算合并发生率的元分析被称为单个率的元分析。单个率的元分析所使用的效应量为百分比 p（$p_i=x_i/n_i$），取值区间为［0，1］，可表示发生率或发病率。目前合并发生率的统计方法可以分为两步分析法（two-step methods，包括 log、logit、反正弦和 Freeman-Tukey 双重反正弦转换）和基于广义线性混合模型（generalized linear mixed model，GLMM）的一步转换法。以下对两步分析法进行简要介绍，一步转换法将会在随后的章节有所涉及。

在使用两步分析法的研究中，通常使用逆方差法（inverse variance method）进行效应值合并。合并公式为：

$$p=\frac{\sum_i \frac{p_i}{\mathrm{Var}(p_i)}}{\sum_i \frac{1}{\mathrm{Var}(p_i)}} \tag{1}$$

式中，单个研究的方差 Var(p) 等于：

$$\mathrm{Var}(p)=\frac{p(1-p)}{N} \tag{2}$$

基于此，合并效应量的标准误（SE）和置信区间（CI）分别为：

$$SE(p)=\sqrt{\sum_i \frac{1}{\mathrm{Var}(p_i)}} \tag{3}$$

$$\mathrm{CI}_\gamma(p)=p\pm Z_{\alpha/2}SE(p) \tag{4}$$

式中，$Z_{\alpha/2}$表示置信水平，如 $Z_{0.025}=1.96$。

该方法适用于所纳入研究报告的发生率 p 为 0.5 左右的元分析，因为当 p 值接近 0～1 范围的极限时，可能会出现以下问题（Barendregt et al.，2013）：首先，计算 CI 时，由其计算公式可知，其值可能会落于 0～1 范围之外。其次，当发生率异常大或小时，单个研究的方差会被压缩到 0，如公式（2）所示，从而导致权重较大。因此，采用该方法对发生率进行合并时，那些报告了极端值（如发生率 p 为 0 或 1）的研究的权重将会过大。

解决该问题的方法之一是对发生率进行转换，使之成为一个新变量，该变量不受 0～1 范围的约束，并具有近似正态的分布以稳定方差。通常来说，主要有四种转换的方法：log、logit、反正弦和 Freeman-Tukey 双重反正弦转换。假设一项元分析纳入了 N 个研究，每个研究报告的阳性现象数为 x_i，其样本量为 n_i（$I=1$，2，3，…，N），那么研究 i 的发生率为 $p_i=x_i/n_i$。接下来，将对 p_i 进行转换，四种方法的具体计算公式可见表 1－1。

之后将使用逆方差法合并转换后的发生率数值并计算方差、置信区间及标准误等。最后，为便于呈现和解释，转换后合并的效应量和置信区间需逆转换为原始百分比标度。具体计算公式见表 1-1。

表 1-1 各方法转换及逆转换计算公式

方法	转换	方差	逆转换
log 转换	$g(p_i)=\log p_i$	$S_i^2=\frac{1}{x_i}-\frac{1}{n_i}$	$g^{-1}(\hat{\mu})=e^{\hat{\mu}}$
logit 转换	$g(p_i)=\log\left(\frac{p_i}{1-p_i}\right)$	$S_i^2=\frac{1}{x_i}-\frac{1}{n_i-x^i}$	$g^{-1}(\hat{\mu})=e^{\hat{\mu}}/(1+e^{\hat{\mu}})$
反正弦转换	$g(p_i)=\arcsin\sqrt{p_i}$	$S_i^2=\frac{1}{4n_i}$	$g^{-1}(\hat{\mu})=\sin^2\hat{\mu}$
Freeman-Tukey 双重反正弦转换	$g(p_i)=\arcsin\sqrt{\frac{x_i}{n_i+1}}+\arcsin\sqrt{\frac{e_i+1}{x_i+1}}$	$S_i^2=\frac{1}{n_i+0.5}$	$g^{-1}(\hat{\mu};n)=0.5\left\{1-\text{sgn}(\cos\hat{\mu})\left[1-\left(\sin\hat{\mu}+\frac{\sin\hat{\mu}-\sin^{-1}\hat{\mu}}{n}\right)^2\right]^{0.5}\right\}$

注：p_i 为研究 i 的发生率；x_i 为研究 i 的阳性案例数量；n_i 为研究 i 的样本量；$\hat{\mu}$为合并效应值。

由上可知，这类转换方法称为两步分析法的原因在于其合并效应量的过程主要分两个步骤进行：第一步对每个纳入研究的效应量（即发生率）进行转换并合并；第二步将转换后的合并效应量逆转换为原始标度。

2. 平均值的效应量

如果研究只呈现一个算术平均数，比如有很多研究使用同一个量表调查群体的智商水平（连续变量），每一个研究呈现的结果主要是均值或者和参照标准的比较，这种情况下，使用的公式如下：

$$\overline{X}=\frac{\sum x_i}{n}$$

$$SE=\frac{SD}{\sqrt{n}}$$

$$w=\frac{1}{SE^2}=\frac{n}{S^2}$$

（二）解释、预测和控制类研究

有些研究还有解释、预测、控制的目的，这类研究有一个共同的特点，就是研究涉及的变量有 2 个或者 2 个以上；研究不关注单个变量的特征，而是聚焦于变量之间的关系。这种类型的元分析效应量可以分为三大类：（1）d 值家族（均值差异），如 Cohen's d、Hedges' g；（2）r 值家族（相关），如 Pearson's r、R^2、η^2、ω^2、f；(3)OR值家族（比率或比值），如 OR（odds ratio，优势比）和 RR（risk ratio，风险比）。这几类效应量可以相互转换，但是一般根据研究设计类型和统计方法的不同而偏向报告某个类型的效应量，以便于理解。

1. 相关系数

相关考察的是两个变量之间的共变关系，例如我们想要考察抑郁症和反刍思维之间的关系，选取的效应量指标即为相关系数。相关系数根据变量类型的不同也存在差异，比如两个服从正态分布的连续变量之间的相关常用 Pearson's r，一个二分变量和另一个连续变量的相关常用点二列相关，两个二分变量之间的相关常使用四分相关，等等。以下简要讨论几种不同类型变量的相关系数情况。

第一，当两个变量都是连续变量的时候，Pearson's r 是最常见的相关系数指标，不过当其作为效应量的时候，通常需要进行 Z 值转换（Fisher's Z）：

$$\mathrm{ES}=0.5\log_e\left(\frac{1+r}{1-r}\right)$$

$$SE=\frac{1}{\sqrt{n-3}}$$

$$w=\frac{1}{SE^2}=n-3$$

第二，当两个变量都是二分变量的时候，常见的统计方法是卡方检验。这时候采用的效应量一般选择优势比（见后文）或者 φ 系数。φ 系数的计算公式如下：

$$\varphi=\sqrt{\frac{\chi^2}{n}}$$

不过，φ 系数受到两个二分变量分布的影响。例如，当其中一个变量的两类分布极端（2 比 8），另一个变量的分布较均衡（5 比 5）时，不管两个变量本身的相关有多强，二者计算出来的 φ 系数最大只能到 0.50。这种情况下，使用优势比可能更加合适，因为优势比对变量的分配比例并不敏感。尽管如此，二者的选择并非绝对，根据研究视角的不同，研究者会选择不同的系数进行统计分析。例如，如果研究者关注两个二分变量的相关，可能直接使用 φ 系数。如果研究者关注某个二分变量在另一个二分变量上的差异，例如不同性别的死亡率，那么使用优势比更容易理解。进行元分析的时候，也可根据自己的研究目的或者所纳入研究采用的多数统计指标进行效应值的选择。

第三，当其中一个变量是二分变量（非人为分类），另一个变量是连续变量的时候，检验二者的相关有两种方式：一种是进行点二列相关分析，另一种是进行差异检验（如独立样本 t 检验）。如果是根据点二列相关计算相关系数，同样会受到二分变量的两个值的分配比例的影响。例如，当该二分类分配较为极端（如男 8 女 2）时，点二列相关的系数范围就会受到限制。在此情况下，采用均值差或者标准化均值差（见后文）就能够避免这种影响。

第四，当研究中的二分变量是人为划分的，例如人为划分了高低抑郁水平，使用前面几种相关系数（积秩相关系数）都是不合适的；此时，常用二列相关系数或者四分相关系数进行统计分析。关键在于，在一项元分析当中，如果有的研究采用了积秩相关系数或者标准化均值差进行分析，有的研究又采用了二列相关或者四分相关系数，那么直接将这两类相关进行合并就存在问题，因为二者的标准误形式不同，会导致不同的逆方差权重。值得一提的是，如果该人为划分的二分变量（本质是连续变量）服从正态分布，那么可以采用 Hunter 和 Schmidt（1990）的校正方法进行校正。

这里我们介绍两种需校正的情况。一种是某个变量在调查过程中存在极限分布的情况，例如调查抑郁水平和反刍思维的关系，但是调查的样本都是抑郁水平较高的人，那么这时候计算出来的效应量就会受到影响。此时使用的校正公式如下：

$$\mathrm{ES}' = \frac{(U)(\mathrm{ES})}{\sqrt{(U^2-1)\mathrm{ES}^2+1}}$$

式中，ES 是未校正的效应值（也未转为 Z 效应值），U 是研究标准差和非约束（未人为分类）标准差之间的比值。同时，标准误和权重也需要进行如下校正：

$$SE' = \frac{\mathrm{ES}'}{\mathrm{ES}}SE$$

$$w' = \frac{\mathrm{ES}^2}{(\mathrm{ES}')^2}w$$

另一种情况是，至少一个人为划分的二分变量的存在也会对效应量产生影响（使得效应量降低）。如果该变量的分布是正态的，那么可以通过以下公式进行校正：

$$\mathrm{ES}' = \frac{\mathrm{ES}}{\Phi_Z}\sqrt{p(1-p)}$$

式中，ES 是未校正的效应值，p 是二分类较低部分所占的比例，Φ_Z 是对应累积概率等于 p 的正态分布的纵坐标。此时同样需要对标准误和权重进行校正：

$$SE' = \frac{SE}{\Phi_Z}\sqrt{p\ (1-p)}$$

$$w' = w\frac{\Phi_Z^2}{p(1-p)}$$

2. 均值差

当比较两组样本在某个连续变量上的差异（或者同一样本的某个连续变量在两个时间点上的差异）的时候，常使用均值差来进行统计分析。与之相关的实验设计包含：（1）前后测的比较，如被试干预前后的抑郁水平；（2）两组比较，如实验组和对照组的抑郁水平；（3）二分变量和连续变量之间的关系，如性别和抑郁水平的关系。我们前面所说的 d 值家族的效应量就是均值差的相关扩展和变换，包括非标准化均值差、标准化均值差，以及 Hedges' g 等。以下将根据研究设计的不同简要讨论不同效应量的计算方式。

当研究设计是针对同一个样本前后测的比较的时候，在一般研究统计中常采用配对样本 t 检验进行分析。而在元分析中，均值差最为常用。其中，非标准化均值差的计算公式如下：

$$ES = \bar{X}_{t_1} - \bar{X}_{t_2} = \bar{G}$$

$$SE = \sqrt{\frac{2S_p^2(1-r)}{n}} = \sqrt{\frac{S_g^2}{n}}$$

$$w = \frac{1}{SE^2} = \frac{n}{2S_p^2(1-r)}$$ （前后测：非标准化均值差）

$$S_p^2 = \frac{S_{t_1}^2 + S_{t_2}^2}{2}$$

即效应值 ES 直接等于 t_1 时间点的变量均值减去 t_2 时间点的变量均值。S_p^2 指的是两个时间点的合并方差（pooled variance），S_g^2 是均差变化差的方差，是前测和后测的相关系数。由于不同研究采用的测量工具可能不同，所以还需要进行标准化处理：

$$ES = \frac{\bar{X}_{t_1} - \bar{X}_{t_2}}{S_p^2} = \frac{\bar{G}\sqrt{2(1-r)}}{S_g^2}$$

$$SE = \sqrt{\frac{2(1-r)}{n} + \frac{ES^2}{2n}}$$

$$w = \frac{1}{SE^2} = \frac{2n}{4(1-r) + ES^2}$$ （前后测：标准化均值差）

$$S_p^2 = \frac{S_{t_1}^2 + S_{t_2}^2}{2}$$

如果研究设计是针对组间比较或者考察某个连续变量在另一个二分变量上的差异，均值差的计算稍微不同于采用组内前后测比较的实验设计。主要差异在于标准误、合并方差的计算有所不同，因为组间比较的两组样本是不一样的。

$$ES = \bar{X}_1 - \bar{X}_2$$

$$SE = S_p^2\sqrt{\frac{1}{n_1} + \frac{1}{n_2}}$$

$$w = \frac{1}{SE} = \frac{n_1 n_2}{S_p^2(n_1 + n_2)}$$ （组间比较：非标准化均值差）

$$S_p^2 = \sqrt{\frac{(n_1-1)S_1^2 + (n_2-1)S_2^2}{(n_1-1)+(n_2-1)}}$$

通常效应量还会进行标准化，即计算常见的 Cohen's d：

$$d = \frac{\bar{X}_1 - \bar{X}_2}{S_p^2}$$ （组间比较：标准化均值差）

不过当研究样本量很小的时候，该效应量会出现偏差。对此，Larry V. Hedges（1981）提出了以下校正方法：

$$g = \left[1 - \frac{3}{4(n_1+n_2)-9}\right]d$$

$$SE = \sqrt{\frac{n_1+n_2}{n_1 n_2} + \frac{g^2}{2(n_1+n_2)}}$$

$$w = \frac{1}{SE^2} = \frac{2n_1 n_2(n_1+n_2)}{2(n_1+n_2)^2 + n_1 n_2 g^2}$$

3. 比例差

当研究中的结果指标并非连续变量，而是二分比例（基于相对频数）时，组间比较的元分析效应量主要有两种类型：比例差和优势比。例如，在一项考察两个地区抑郁发生率的研究中，A 地区和 B 地区都可以区分出总样本量、抑郁人数、非抑郁人数，这时候就可以计算两个地区的抑郁发生率，再进行组间比较。比例差比较好理解，就是 A 组的比例（如发生率）（$p=k/n$，k 为关注对象，n 为 A 组总样本量）减去 B 组的比例。

$$ES = p_1 - p_2$$

$$SE = \sqrt{p(1-p)\left(\frac{1}{n_1}+\frac{1}{n_2}\right)}$$

$$w = \frac{1}{SE^2} = \frac{n_1 n_2}{p(1-p)(n_1+n_2)}$$

虽然比例差非常直观易懂，但是该效应量受到 p_1 和 p_2 大小的影响。例如，如果 p_1 等于 0.3，那么效应量最大也只有 0.3。Fleiss（1993）认为，这可能导致研究产生明显的异质性。因此，实际运用元分析过程中更加推荐使用优势比。

4. 优势比

优势比等于某种事件结果发生的概率除以不发生的概率［$p/(1-p)$］。例如，A 地区调查了 100 人，抑郁人群 30 人，此时抑郁发生率（概率）为 0.3，优势比为 $0.3/(1-0.3)$，即 3∶7（抑郁∶非抑郁为 3∶7）。效应值的计算如下：

$$ES = \frac{ad}{bc} = \frac{p_1(1-p_2)}{p_2(1-p_1)}$$

式中，a、d 为 A 组两个分类的频数，b、c 为 B 组两个分类的频数，p_1 和 p_2 是两组被关注分类的概率（比例）。考虑到优势比的呈现格式解读不便（以 1 为核心而不是 0），一般对会优势比取自然对数：

$$ES_{\log} = \log_e(ES) = \log_e\left(\frac{p_1}{1-p_1}\right) - \log_e\left(\frac{p_2}{1-p_2}\right)$$

$$SE = \sqrt{\frac{1}{a}+\frac{1}{b}+\frac{1}{c}+\frac{1}{d}}$$

（三）效应量的选择

效应量的选择需要综合考虑四个要点：研究问题、研究设计、变量类型和效应量自身特点。首先，我们要从整体上把握研究的类型，判断研究是只有单个变量的描述性研究还是关注变量之间关系的解释、预测或者控制类研究，在此产生一个决策分支。如果是只有单个变量的描述性研究，接下来关注结果变量是连续变量（均值）还是分类变量下的比例值。如果研究关注的是多个变量之间的关系，一般在 r 值家族、d 值家族和 OR 值家族中选择效应量。这些效应量的选择不是绝对的，因为不同的效应量之间是可以相互转换的；之所以需要选择，主要是因为还要考虑效应量自身提供的信息，以及效应量在解释结果上的便捷性。

四、文献检索

在文献检索之前，了解召回率（recall）和精确度（precision）的概念是很有必要的（White，2009）。召回率指的是检索获得的相关研究数量占实际所有相关研究数量的百分比，衡量的是检索的查全率，这是一个永远无法知道的理论数值，因为我们永远不知道实际存在多少研究。精确度指的是检索得到的研究中符合条件的研究数量占检索得到的总研究数量的百分比，衡量的是检索的查准率。理想情况下，我们希望两者都是 100%，这样我们的检索策略所产生的每一个研究都会符合我们的标准，但实际上，我们永远无法达到这个目标。当召回率不足时，本应包含的研究就会错过，导致统计效力下降；如果错过的研究与所包含的研究不同，结果可能会有偏差。当精确度不足时，我们将浪费资源检索和阅读不包含在我们的元分析中的研究。检索策略的目标应该是在不降低精确度的情况下达到高召回率。我们将介绍几种文献检索的方法，并提供文献检索的技巧和注意事项，尽可能帮读者达到这个目标。

（一）文献检索的方法

元分析最重要的步骤之一是获取研究样本，为分析提供数据。我们将介绍四种常见的文献检索方法，以帮助读者获得一个公正且尽可能详尽的研究样本。

1. 电子数据库检索

电子数据库检索是文献检索最主要的方式，每一个规范的元分析都应该使用电子数据库来检索。在心理学研究中，常用的中文电子数据库有中国知网、万方、维普，常用的英文电子数据库有 PubMed、PsycARTICLES、PsycINFO、Elsevier、Web of Science 和 Cochrane Library 等。

执行电子数据库检索，通常需要输入关键词，搜索引擎将保留包含这些关键词的记录。选择合适的关键词可以大大提高召回率和精确度，所以研究者应该仔细考虑这些关键词，并在元分析中进行报告。可以通过查阅同类主题的研究和文献中指定的关键词，以及利用电子数据库中的同义词典进行关键词拓展。确定关键词后，对关键词进行逻辑组合（OR 或者 AND 或者 NOT）。组配的检索式要尽可能全面又精准，在帮助我们充分检索出适合纳入的文献的同时，又能确保不需要我们花费过多的时间筛选无关的文献。

2. 未发表研究的检索

如果通过电子数据库搜集到的文献不包括学位论文，就需要专门搜索学位论文库。接下来列出的三个额外清单可能会让你找到更多未发表的研究。

（1）会议报告。寻找未发表研究的一种潜在方法是搜索学术会议报告。随着越来越多的会议报告被存档并可在网上搜索，我们可以搜索会议报告中列出的题目和摘要，从而向作者索取这些研究的信息。虽然会议报告是未发表研究的宝贵资源，但需要注意的是，应该系统地搜索某个特定会议的所有作品，而不只是碰巧听到的某个报告。

（2）资助列表。获得未发表研究的另一种有价值的方法是从相关资助机构（如美国国家科学基金会）搜索资助列表。因为资助决定是在结果已知之前做出的，通过这种方法获得的研究不太可能在显著性/不显著性的发现上存在偏差。此外，搜索这些列表还可能会获得已经开始但尚未发表的研究（即更近期的研究）。

（3）研究注册。一些临床科学领域已经建立了研究人员在进行研究前需要注册的清单。为了鼓励注册，一些期刊只会发表进行过注册的研究的结果。如果你正在进行元分析的领域有这样的注册，这将是一个非常有价值的检索途径，可以获得一系列公正的研究。

3. 向后检索

在检索了电子数据库和未发表的研究之后，将开始对这些研究进行编码。这时候不建议直接从方法和结果部分寻找编码的特征信息，而应该完整阅读这些文章，搜索那些没有通过前两种策略检索出来但可能与你的元分析相关的引用研究。同样，研究者应该仔细阅读前人已发表的元分析文献，寻找潜在的相关研究。这种从已检索出的文献中查找所引用的相关研究的过程称为“向后检索”（也称为“脚注追踪”）。

4. 向前检索

向后检索试图寻找一篇元分析文献中引用的研究，而向前检索是为了找到引用这篇元分析文献的研究。向前检索通常使用特殊的数据库（如社会科学引文索引）；要执行向前检索，需要输入与元分析主题相关的研究信息，搜索引擎会找到引用该研究的研究。这些研究的发表时间必然晚于被引用研究，所以检索在时间上是“向前”移动的，这比向后检索更有可能找到更新的文章。

（二）文献检索的注意事项

电子数据库是检索研究的强大和省时的工具，相信现代的元分析都会使用这些数据库。然而，至少有三点值得考虑。

首先，应该仔细考虑所使用的电子数据库中没有包含哪些内容。例如，如果一个数据库不包括学位论文，那么仅依赖这个数据库将导致召回率下降，进而降低统计效力；而且，如果没有纳入数据库的研究与纳入数据库的研究存在系统性差异（例如，发表偏倚），就会产生有偏差的结果。为了避免这种偏差，研究者应该保证其他电子数据库或其他检索策略可检索到相关的学位论文。

其次，尽管大多数电子数据库是针对特定学科的，但心理学研究的文献检索不应该只依赖于心理学科的数据库。社会科学家研究的许多现象被认为属于多个学科。例如，关于校园暴力的研究可能出现在心理学领域（如 PsycINFO），还可能出现在刑事司法、教育和社会学等领域。所以至少要检索一个或两个心理学科（主要学科）之外的数据库，以探索有多少文献可以从其他学科领域获得。

最后，即使文献检索的方法再全面，也无法确定是否遗漏了潜在的相关研究。可能仍然存在一些研究，甚至有一些非常著名的研究，不符合研究者设定的检索标准。

解决此问题较为有效的方法是，在电子数据库中使用更宽泛的术语进行再次检索，快速浏览检索结果，看看是否有额外的相关研究可以通过更宽泛的检索标准被识别。例如，关于校园暴力的研究可以使用“暴力”这个更宽泛的术语进行再次检索。

大多数社会科学学科有期刊文章、书籍和章节的电子数据库，通常还有一些未发表的作品。我们可以仔细考虑所使用的数据库的覆盖范围，并选择适当的关键词以及布尔语句，以此搜索要包含在元分析中的研究。当然，电子数据库不应该是检索文献的唯一方法。

五、文献筛选和编码

将检索结果导入文献管理软件进行保存，有助于下一步的筛选和信息提取。

(一) 文献筛选和编码的过程

1. 文献筛选

文献筛选主要分为剔除重复文献、初步筛选和全文筛选三个步骤（如图 1-3 所示）。

正式筛选文献之前，首先要对重复文献进行剔除。由于纳入的文献来源于多个数据库，不同的数据库之间必然会存在重复的文献。此时，可利用 EndNote 或 NoteExpress 等文献管理软件，对多个数据库中的重复文献进行剔除。

初步筛选同样可以在上述文献管理软件中完成，此时，可由两名作者独立对检索到的所有文献的题目和摘要进行筛选。大部分的文献在导入文献管理软件时，会自动导入题目和摘要，但不可避免有文献存在缺失摘要的情况。所以在初步筛选的过程中，要对文献进行整理，将文献缺失的摘要补全。整理完之后，通过阅览题目和摘要，剔除与本研究无关的文献。根据题目和摘要无法判断是否符合纳入标准的文献暂时保留，进行全文筛选。

全文筛选是将初筛后保留的文献进行全文阅读，根据纳入与排除标准，由两名作者独立进行评估筛选，以确定哪些文献可以最终保留下来。当有文献的筛选结果不一致时，由双方讨论协商是否纳入，或者由第三名作者决定。

2. 文献编码

通过全文筛选确定最终纳入的文献之后，即可进行文献编码。文献编码的两个重要原则是编码过程的透明度（transparency）和可重复性（replicability）。透明度指的是作者在撰写或以其他方式呈现一项元分析研究时，应该提供编码过程的细节，让读者确切地知道是如何做出编码决定的。可重复性指的是其他研究者如果利用此编码策略进行同样的元分析，会得到极其相似的结果。为了符合这两个原则，重要的是充分描述每个研究特征是如何量化的。

首先根据研究目的与研究问题，确定所需要的信息和感兴趣的中介变量或调节变量，建立编码计划。编码提取的基本信息一般包括：作者、年份、问题、方法（被试特征、测量工具、研究设计）、主要结果与结论（如表 1-2 所示）。研究者应先对 5～

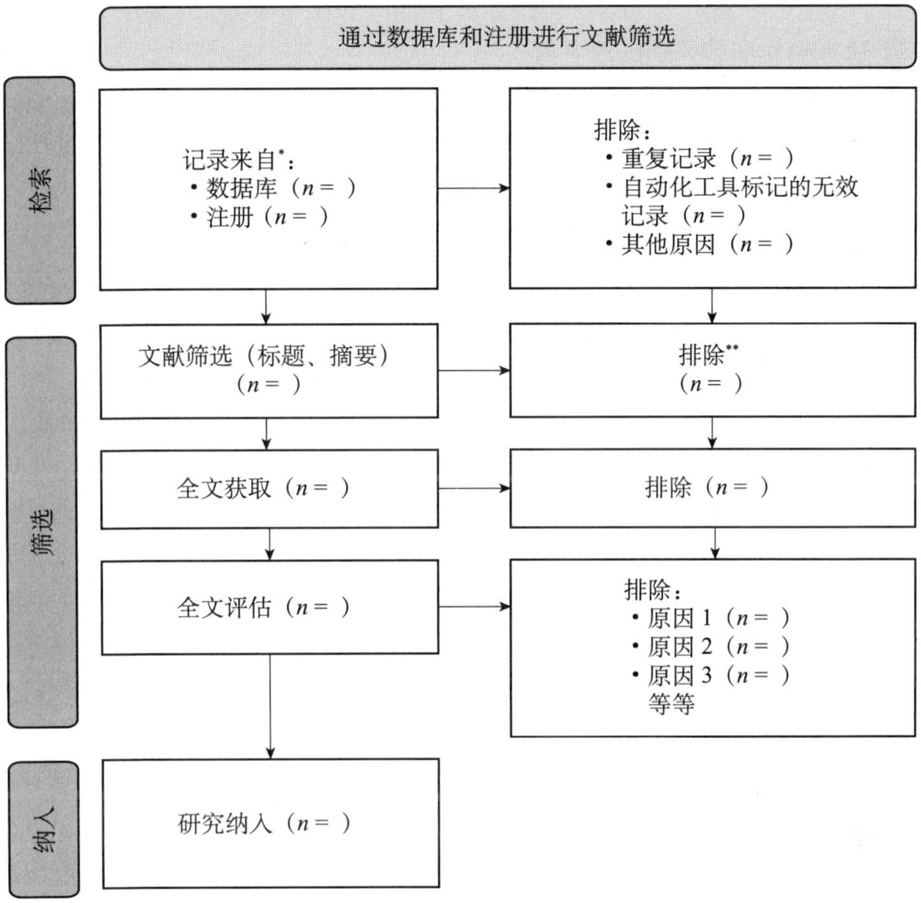

图 1－3　文献筛选和纳入流程图

* 如果可行，考虑报告从搜索的每个数据库或注册数据库中识别的记录数量（而不是所有数据库/注册数据库的总数）。

** 如果使用了自动化工具，请指出有多少记录是被人工排除的，有多少记录是被自动化工具排除的。

资料来源：Page et al.，2021。

10 篇文献进行初步编码，仔细阅读并记录这些研究的信息，记录的信息应与所编码研究的特征和效应量有关。初步编码中纳入的信息要尽可能详细，然后在后续编码过程中逐渐修正自己的编码计划。例如，若发现大部分研究没有提供某条信息，即可删除这条编码信息。整个过程由两名作者独立进行信息提取和编码，不一致的地方双方进行讨论或者由第三名作者决定。

表 1－2　文献编码提取表示例

研究 ID	被试特征			样本量	研究特征				调节变量	效应量	结论
作者（年份）	女性占比（%）	年龄	受教育程度	有效个数	被试	工具	实验组	对照组	类型	r	纳入/排除

(二) 文献筛选和编码的注意事项

首先，文献筛选和编码是一个主观判断的过程。为了减少文献筛选和编码中的错误和偏倚，至少需要两名作者独立进行初步筛选、全文筛选和信息提取，再将其结果进行比较。当多个作者的评估结果不一致时，通过讨论解决分歧；如通过讨论也无法保持一致，则由第三名作者进行判断和决定。

其次，在初步筛选阶段，应该将筛选标准放宽松一点，不太确定是否符合纳入标准的文献就先暂时纳入进来，留待全文筛选时再次判断。因为文献一旦被排除，就没有机会再次被讨论是否可以纳入。所以，除了完全符合排除标准的文献，或者十分确定该文献不是想要研究的文献，剩下的文献都应该在初步筛选阶段保留下来。同时，对于排除的文献，需要参考排除标准给出排除的理由。

最后，文献筛选和文献编码不能同时进行，应该先进行文献筛选，再对纳入的文献进行编码。当不确定一篇文献是否符合纳入标准时，对其进行信息提取会浪费大量时间和精力；同时，在信息提取的过程中研究者会了解到文献的研究结果，这或多或少会影响研究者是否会将这篇文献纳入元分析的决定。

六、文献质量评价

"garbage in，garbage out"是对元分析耳熟能详的评价。这句话的意思是，如果元分析纳入的原始研究质量很差，那么得出的元分析结果与结论很可能是错误的。因此，在进行元分析之前，对纳入的原始研究进行质量评价至关重要，甚至可以决定元分析结论的可靠性。

(一) 文献质量评价简述

1. 含义

质量评价（quality assessment）是指评估单个研究在研究设计、实施、结果分析整个过程中可能出现的各种偏倚的程度。一直以来，关于原始研究的质量评价常常为研究者所忽视（刘宇等，2021），随着近年来学界对元分析报告的要求越来越规范，质量评价堪当元分析研究中非常重要的一环。

原始研究的质量可以分为报告质量和方法学质量，报告质量可以通过报告规范进行评价，而方法学质量则需要借助专门的工具（曾宪涛等，2013）。习惯上，只需要对元分析所纳入的原始研究做方法学质量的评价便足够。质量评价有以下几种用途（罗杰，冷卫东主编，2013）：（1）作为纳入研究的门槛；（2）用于解释不同研究间结果的差异；（3）用于敏感性分析；（4）作为对研究结果进行统计分析时的权重。

2. 方法

当前，学界已经针对不同研究类型开发了相应的工具用于评价研究的质量。现存的质量评价工具有很多种，总体上可以分为单个评价条目（components/items）、清单（checklist/list）和量表（scale）三种类型。其中，量表的使用最广泛，它可以对原始研究的质量进行定量的分析，从而提供质量的汇总数字评分；而清单和单个评价条目意味着没有评分系统。我们将在“常见的工具与研究类型”中对这些工具进行介绍。

3. 注意事项

在对纳入的原始研究进行质量评价时，尽管已经有成熟的工具辅助，但初学者仍很容易遇到一些问题，或对质量评价的规则缺少了解，感到束手无策。现将一些注意事项列出如下，供读者参考。

（1）评价者人数应不少于 2 人。让评价者们各自独立地对研究的质量做出评价，然后计算评价者的评分一致性，是元分析研究中的常见做法。当两位评价者对某一条目的评价产生分歧时，应共同讨论或邀请第三人裁决。

（2）进行预评价。正式开始质量评价之前，应选取 3～6 篇具有不同程度偏倚的文章进行评价（刘鸣主编，2011），以摸索经验、统一标准，检测和完善质量评价的方案。

（3）提前培训评价者。尤其应该注重对质量评价工具使用指南的培训，以及科研方法学方面的培训。

（4）决定是否对评价者实施盲法。与开放式评价相比，盲式评价产生的分数明显更低且更一致（Jadad et al.，1996）。但是，盲式评价更耗时、耗费资源，会加大工作量。研究者应权衡利弊，决定是否有必要采取盲式评价。

（5）明确计划书的内容。研究文献质量的评价方法应该在系统综述计划书中明确，数据收集表格应该包括评价工具的条目或评分方法。

（6）充分利用书籍、期刊、网页、在线论坛等途径获取进一步资料。在应用质量评价工具时，很容易因对术语理解不透彻造成评价无从下手。遇到这种情况，最好的方法是积极查询资料，或向他人请教，确保对工具有足够掌握时再进行评价。

（二）常见的工具与研究类型

不同研究目的的元分析所纳入的原始研究类型不同，需要根据原始研究类型采用适宜的质量评价工具。在实际使用中，元分析的研究者会根据纳入的原始研究类型，直接采用或改编已有的、较成熟的工具，或者参考领域内同类文章的做法，来完成原始研究的质量评价。需注意，即便是在一项元分析中，也可能纳入不同研究类型的文章，此时，便可以根据原始研究的类型，采用多种工具进行研究质量评价。有时，由于所纳入原始研究的特殊性，找不到适合的评价工具，研究者也会采用自编工具对原始研究的质量进行评价，但这样的情形比较少见，故本书不做讨论。

1. 随机对照试验设计

在随机对照试验（randomized controlled trial，RCT）中，研究者采用随机分配的方法（如随机数字表、抛硬币法、计算机随机排序等），将符合要求的研究对象分别分配到实验组和对照组，使之接受相应的人为干预措施，在一致的条件下或相同的环境里，同步进行研究并观察试验效应，然后采用客观的、公认的效应指标对试验结果进行测量和评价（罗杰，冷卫东主编，2013）。随机对照试验设计是实验的“金标准”。

心理学中的干预研究常常采用这种实验设计。表 1－3 列出了一些随机对照试验设计质量评价工具。

表 1－3 随机对照试验设计质量评价工具

名称	简介	特点	获取途径
Cochrane 风险偏倚评估工具	Cochrane 风险偏倚评估工具（RoB 2.0）（Higgins et al. Eds.，2021）提供了一个框架，能够评估来自任何类型随机试验的单个特定结果的偏倚风险。所设领域涵盖了目前被认为会影响随机试验结果的所有类型的偏倚。 每个领域都设置了一系列信号问题，基于对信号问题的回答，算法会提出对每个领域产生的偏倚风险以及总体偏倚风险的判断。	适用范围广，可视化；但部分条目采用的是医学标准，不大适用于心理学。	https：//www.riskofbias.info/
Jadad 量表	Jadad 量表从随机化、双盲、退出与失访三个方面对研究质量进行评价。对于一个原始研究的评分为最差 0 分，最高 5 分。低于或等于 2 分者为低质量研究，高于 2 分者为高质量研究。	简单明了，使用广泛；但易受文章报告内容的限制。	Jadad et al.，1996
CASP 清单	CASP 清单中用于评价 RCT 的清单包括四个部分，由 11 个项目和一栏“评估摘要”构成，每个项目都由“是”“否”“不知道”判定，但没有给出每个项目的分数。	英国和加拿大使用较多，且考虑了研究价值；但无评分系统。	https：//casp-uk.net/casp-tool-checklists/
Delphi 清单	Delphi 清单包含 8 个项目，涉及研究的内部效度、外部效度和统计分析三个方面，每个项目均采用“是”“否”“不知道”进行判定。	年代久远、少用，仅基于专家共识而非实验，无评分系统，无法量化研究质量的好坏。	Verhagen et al.，1998
PEDro 量表	PEDro 量表是对 Delphi 清单的改进。它一共有 11 个项目，每个项目都由“是”或“否”判定，“是”计 1 分。随着更多经验数据的出现，可能会对量表项目进行加权，以便 PEDro 分数反映单个量表项目的重要性。	改进了 Delphi 清单，擅长评估物理疗法，分数可加权；但那些显示出显著治疗效果且在 PEDro 量表上得分高的研究不一定能提供该治疗在临床上有用的证据。	https：//pedro.org.au/simplified-chinese/resources/pedro-scale/
CONSORT 声明	CONSORT 声明（Schulz 等，2010）由报告 RCT 必备的基本项目清单（25 个项目）和描述整个试验进展的流程图组成，主要针对的是两组平行设计的 RCT。其他试验设计，例如整群随机试验，需要不同数量的附加信息。	为规范报告而产生，保持更新；但用于质量评价过于烦琐。	http：//www.consortstatement.org/

续表

名称	简介	特点	获取途径
Chalmers 量表	Chalmers 量表用评分量表的方式对临床试验质量做评价，分为一般情况记录、试验设计、统计分析、结果陈述四个部分共 36 个项目。其中一般情况记录不参与计分，试验设计、统计分析和结果陈述三个部分各占 60 分、30 分、10 分，共有 27 个项目，合计 100 分。	首个评价量表，曾流行一时；但是实施烦琐、耗时长，且容易受到主观因素制约，故现在应用较少（曾宪涛等，2012a）。	Chalmers et al.，1981
JBI 关键评估清单	JBI 关键评估清单（Moola et al.，2017）有助于评估已发表论文的可信度、相关性和结果。它为随机对照研究等 13 种类型文章都提供了单独的质量评价标准。该清单包括 13 个项目，有“是”“否”“不清楚”“不适用”四种回答。	较新，题量不多，使用指南完善，适用于多种研究类型。	https://jbi.global/critical-appraisal-tools

2. 非随机实验性研究

非随机实验性研究（non-randomized experimental study）是指采用非随机分组的方法进行的实验性研究，包括非随机同期对照试验、非随机交叉试验、前后对照试验等（罗杰，冷卫东主编，2013）。非随机分组常见的情况是根据被试自身的特点进行分组，或者不进行分组，如采用单组前后测实验设计。非随机实验性研究也是一种常见的心理学研究设计，在干预研究中的应用相当广泛。表 1－4 列出了一些非随机实验性研究质量评价工具。

表 1－4 非随机实验性研究质量评价工具

名称	简介	特点	获取途径
MINORS 条目	MINORS 条目是临床干预研究的质量评价工具，对每个项目的评分为 0（未报告）、1（已报告但信息不充分）或者 2（已报告且信息充分）。MINORS 条目包括对有对照组和无对照组研究的区分，还提供选项判定对照组的设置类型。	非随机实验性研究常用	Slim et al.，2003
TREND 声明	TREND 声明（Des Jarlais et al.，2004）包括一份声明和一份含有 22 个项目的清单，强调非随机对照试验要详细报告研究假设（理论基础）、干预措施和组间比较的条件、研究设计以及为调整可能的偏倚所采用的方法。	为规范报告而产生，很少用于质量评价	http://www.cdc.gov/trendstatement/

续表

名称	简介	特点	获取途径
Reisch评价工具	Reisch评价工具包含12个类别共57个项目，其中包括样本量确定、随机化、对照组的选择、盲法和对治疗建议的支持等相关内容。清单的重点放在研究设计和绩效评价上，而不是数据分析上。每个项目都以“是”“否”“不知道或不清楚”“没有合适的答案”四种回答来判定。	发表时间久远，主要针对临床药物治疗，评估烦琐	Reisch et al.，1989

3. 观察性研究

观察性研究（observational study）不进行随机分组，不施加人为干预，可以分为分析性研究和描述性研究。观察性研究的质量评价目前无被广泛接受的方法，但NOS量表使用较多。表1－5列出了一些观察性研究质量评价工具。

表1－5 观察性研究质量评价工具

名称	简介	特点	获取途径
NOS量表	NOS量表（Stang，2010）有两个版本，分别针对病例对照研究和队列研究。每个版本都包含8个项目，分为三个维度，包括选择、可比性和结果（队列研究）或暴露（病例对照研究）。该量表的评分系统运用的是星形（*）系统。每个研究的得分范围是0～9颗星，少于5颗星的研究被确定为具有高偏倚风险。后人在NOS量表效能检验及改编方面做了许多工作，有兴趣的读者可以参考Norris等（2021）的文章。	应用广泛；适用于病例对照研究、队列研究	http：//www.ohri.ca/programs/clinical_epidemiology/oxford.asp
AHRQ标准	美国医疗保健研究与质量局（Agency for Healthcare Research and Quality，AHRQ）对观察性研究的质量评价标准进行了推荐，其中推荐NOS量表作为队列研究和病例对照研究的评价标准；而对于横断面研究（cross-sectional study），其推荐的评价标准则包括11个项目，分别用“是”“否”“不清楚”作答（曾宪涛等，2012b）。如果回答“否”或“不清楚”，项目得分为“0”；如果回答“是”，则项目得分为“1”。文章质量评价如下：0～3分为低质量；4～7分为中等质量；8～11分为高质量（Hu et al.，2015）。	适用于横断面研究	
JBI关键评估清单	JBI关键评估清单为横断面研究、病例个案报告、病例系列报告、病例对照研究、队列研究、发生率研究等多种类型的观察性研究都提供了单独的质量评价标准。	较新，题量不多，使用指南完善，适用于多种研究类型	https：//jbi.global/critical-appraisal-tools

续表

名称	简介	特点	获取途径
CASP 清单	CASP 中心为观察性研究制定了评价研究质量的 CASP 清单，该清单主要针对队列研究和病例对照研究。评价队列研究的清单包括三个部分，共 12 个项目，其中，项目 1～6 和 9～12 都是由“是”“否”“不知道”来判定的选择题，项目7～8 需要用文字表述来回答。用于病例对照研究的清单包括三个部分，共 11 个项目，一样由用“是”“否”“不知道”来判定的选择题和需要用文字表述来回答的题目构成。	适用于队列研究、病例对照研究	https：//casp-uk. net/casp-tools-checklists/
STROBE 声明	STROBE 声明主要用于规范观察性研究报告格式，由 22 份清单组成，涉及文章的标题、摘要、引言、方法、结果和讨论部分。	为规范报告而产生，适用于队列研究、病例对照研究及横断面研究	Vandenbroucke et al.，2007
Crombie 横断面研究评价工具	Crombie 横断面研究评价工具属于量表，共包括 7 个项目，分别采用“是”“否”“不清楚”来判定，并按照这三类判定分别给予 1、0 和 0.5 分；如某指标不适合于判定的研究，则以“—”表示，并计 1 分；该量表总分为 7.0 分，6.0～7.0 分表示质量为 A 级，4.0～5.5 分表示质量为 B 级，小于 4.0 分表示质量为 C 级。	非常少用	Crombie & Harvey，1997

4. 动物研究

动物实验（animal experiment）是指把动物作为研究对象，在动物身上施加干预，检查干预的效果。动物实验是临床前研究的重要部分，因此，动物实验的设计类型和结果分析均类似于临床研究，其中设计类型以随机对照试验最多，其质量评价原则上可以应用临床研究的相应方法，但也有其特殊性，目前尚无统一的质量评价标准，推荐使用的主要有 STAIR 清单和 CAMARDES 清单（见表 1－6）（罗杰，冷卫东主编，2013）。

表 1－6 动物研究质量评价工具

名称	简介	特点	获取途径
STAIR 清单	STAIR 清单最初的目的是为治疗急性缺血性卒中的药物干预试验提供指导，其 7 条内容可以作为评价动物实验质量的标准（曾宪涛等，2012d）。	为规范报告而产生，可用于评价研究质量	Fisher et al.，2009

续表

名称	简介	特点	获取途径
CAMARDES 清单	CAMARADES清单是目前缺血性卒中动物实验元分析中最常用的质量评价清单，评价内容包括10条，其中有3条允许根据不同动物实验的需要进行相应调整（曾宪涛等，2012d）。回答可以是“是”“否”“不清楚”。其他动物实验的评价标准多数是在此标准基础上修订的（Crombie & Harvey，1997）。	为规范报告而产生，可用于评价研究质量	http：//www. camarades. info/
ARRIVE 指南	ARRIVE指南是在国际实验动物3R中心的资助下所制定的动物实验研究报告指南。ARRIVE指南是在充分借鉴CONSORT声明（Schulz等，2010）的基础上，结合动物实验的特殊性而制定的，共包括6个部分20个项目。	过于烦琐	Kilkenny et al.，2012

5. 诊断性研究

在临床实践中，诊断性研究指为给患者做出诊断而采用的各种实验室检查、仪器设备检查及其他研究，广义上讲还包括根据患者的症状、体征等进行诊断的研究。诊断性研究在心理学研究中相对少见，它旨在判断某个特定方法在检测目标病情时的优劣，通常有以下基本结构：一组病人同时接受待评价的检验措施和金标准的检测，然后比较两种检测方法的结果（Whiting 等，2007）。诊断性研究一般而言可以分为两类：一是评估患者接受特定诊断方法后的症状改善或者预后的效果，这类研究多采用随机对照设计，此时质量评价方法与随机对照试验相同。二是评估诊断试验的准确性，这类研究最为常见和为人熟知（罗杰，冷卫东主编，2013）。这种诊断性研究需要计算几个统计学指标以了解其“诊断效能”（test performance，检测目标疾病的能力），这些统计学指标包括灵敏度、特异度、阳性预测值和阴性预测值、阳性似然比和阴性似然比、诊断优势比以及受试者工作特征曲线（ROC）（Whiting 等，2007）。表1－7列出了一些诊断性研究质量评价工具。

表1－7　诊断性研究质量评价工具

名称	简介	特点	获取途径
QUADAS	QUADAS的最初版本包括14个条目，每一条目都采用“是”“否”“不确定”来评价。2011年推出的QUADAS-2将评价条目改为单独评价的偏倚风险和临床适用性两个方面，并增加了标志性问题进行辅助判断。 QUADAS-2主要由四个部分组成，根据每部分纳入的相关标志性问题的回答“是”“否”“不确定”，可对应将偏倚风险等级判定为“低”“高”“不确定”。	版本较新，较常用	www. bris. ac. uk/quadas Whiting et al.，2003，2011

续表

名称	简介	特点	获取途径
STARD 声明	STARD声明由荷兰阿姆斯特丹大学制定，由一份包含 25 个项目的清单和流程图组成。虽然 STARD 声明只是一份报告规范标准，但也可以用来评价诊断性研究的质量。	英国和加拿大使用较多，且考虑了研究价值；但无评分系统	Bossuyt et al.，2003
CASP 清单	如前所述，用于评价诊断性研究的 CASP 清单包括三个部分，共 12 个项目，项目 1～6 和 9～11 都是由“是”“否”“不知道”来判定的选择题，其余的项目用文字表述来回答。	为规范报告而产生，可用于评价研究质量	https：//casp-uk. net/casp-tools-checklists/
JBI 关键评估清单	如前所述，JBI 关键评估清单为多种类型文章提供了单独的质量评价标准，其设计的诊断性研究检查表包括 10 个项目，有“是”“否”“不清楚”“不适用”四种回答。	较新，题量不多，使用指南完善，适用于多种研究类型	https：//jbi. global/critical-appraisal-tools

（三）工具选择的建议

以上列出的许多工具是由学术组织开发的，而有些工具仅由一小部分研究人员开发。其中，用于评价随机对照研究方法学质量的工具是最丰富的。一般来说，Cochrane 风险偏倚评估工具（RoB 2.0）是评价 RCT 的最佳可用工具；对于队列和病例对照研究，建议使用 NOS 量表；MINORS 条目则是评价非随机干预研究的绝佳工具；ARHQ 标准适用于横断面研究；对于诊断性研究，建议使用 QUADAS-2（Zeng et al.，2015）；对于动物研究，则推荐使用 STAIR 清单和 CAMARDES 清单（罗杰，冷卫东主编，2013）。

目前，元分析在医学领域应用最广，许多质量评价工具是基于医学研究制定的，外行的研究者对其中一些条目和术语可能难以理解。面对这种情况，研究者需要在理解工具的适用范围和条目内容的标准解释上多一些耐心，结合自己的学科特点和研究内容，更灵活地套用质量评价工具。我们鼓励进一步查阅新改编的质量评价研究文献，并从中挑选适合自己的元分析质量评价工具。

七、异质性检验和模型选择

在对纳入文献的质量进行评价，确定可能存在的偏倚风险之后，就可以开始分析已提取的数据，对各研究的效应量进行合并。但是如果没有对研究间存在的异质性进行合理解释和分析，也没有采用一定的方法对其加以控制，分析的结果就可能不可靠。因此，元分析前，需要对多个研究的结果进行异质性检验，确定研究结果是否存在真正的差异（异质性），或者结果的变化是否仅与随机误差有关（同质性）。

（一）异质性检验

1. 异质性的含义

元分析中，异质性指研究之间存在的多样性。这些差异主要是研究对象、研究设计、干预措施、结果测量上的某些变异。其来源有两类：一类是研究内变异，即抽样误差导致不同的研究虽来自相同的总体，却表现为不同的效应。另一类是研究间变异，即研究对象在所来自总体以及偏倚的控制等诸多方面存在差异，造成实际效应不相同（石修权，王增珍，2008）。研究间变异可能是可识别因素或统计因素所致，或两者兼而有之，不能用随机误差解释（Lau et al.，1997）。

2. 异质性的类型

Cochrane 指导手册（Higgins et al. Eds.，2021）将元分析的异质性分为临床异质性、方法学异质性和统计学异质性。

参与者、干预措施及研究的结果指标的差异所导致的变异，称为临床异质性；由试验设计和质量方面的差异（如被试和实验实施者实验前是否预知分组以及实验中是否知道分组而产生选择性分组、实验实施或测量偏倚）引起的变异，或者由试验过程中对结果变量的定义和测量方法的不一致而导致的变异，称为方法学异质性；不同试验间被估计的治疗效应的变异，称为统计学异质性，它是研究间临床和方法学多样性的直接结果（王丹等，2009）。

临床异质性、方法学异质性和统计学异质性三者既相互独立又相互关联，临床异质性和方法学异质性可能会反映在统计学异质性中，也可能不会，反之亦然。根据科研习惯，一般情况下，“异质性”术语指的是统计学异质性。

临床异质性常导致观察到不同的干预效果，方法学异质性常表明研究存在不同程度的偏倚（Higgins et al. Eds.，2021）。临床异质性较大时不能进行元分析，哪怕使用随机效应模型也不行，只能进行描述性系统综述或分成亚组消除临床异质性，解决临床异质性后再考虑统计学异质性的问题。很难直接从数据中看出临床异质性和方法学异质性，现有的统计检验方法主要是为统计学异质性设计的。受此局限，应该在保证临床同质性和方法学同质性的前提下，进行研究间的统计学异质性检验和下一步的合并，否则就要进入亚组分析，或者取消合并。

临床同质性和方法学同质性可以通过一些手段进行控制。要制定严格、统一的纳入与排除标准，只有具有相同研究目的、高质量的研究才能纳入分析；要考虑研究对象、处理因素等的一致性，这在一定程度上可以确保纳入研究临床上的同质性，这也是合并各不同研究的前提条件（王丹等，2009）。为保障方法学上的同质性，还必须对合并的研究进行严格的质量评价，包括随机方法的选择、是否实施盲法、是否隐藏随机方案、是否采用意向性治疗分析、是否具有基线相似性等（王丹等，2009）。

统计学异质性可以被认为是由以下原因中的一个或两个造成的。第一，由于随机抽样误差，研究结果可能会有所不同，即使每个研究的真实效应相同，不同研究的结果也会围绕真实的共同固定效应随机变化，这种差异被称为研究内变异；第二，每个研究可能来自不同的人群，那么异质性就取决于所选择的特定被试以及研究特有的干预措施和条件，这些被称为随机效应的变异，它们描述了所有研究的总体平均效应的研究间变异（Lau et al.，1997；罗杰，冷卫东主编，2013）。

统计学异质性的计算以数据为基础，其原理是各研究之间可信区间的重合程度越大，各研究间存在统计学同质性的可能性越大；相反，可信区间重合程度越小，各研究之间存在统计学异质性的可能性越大。换句话说，如果纳入的各研究之间存在统计学异质性，则观察到的干预效果彼此之间的差异会比单独由随机误差而导致的预期差异更大。据此可以判断研究之间是否存在异质性。

3. 异质性的识别方法与各自适用情况

检验纳入研究的结果的一致性程度是异质性检验的任务。

第一，统计量法。

（1）Q 检验。Q 检验又叫 Cochran's Q 检验（χ^2 或卡方），是检查异质性程度的一种常见方法，回答的是各个研究间效应量的分布是否具有同质性的问题。检验得到的 p 值经常作为研究之间变异程度的指示。人们普遍认为，大多数情况下，该检验在纳入研究较少时效力较低，而在研究较多时效力过高，容易检测出临床上不重要的异质性（Hardy & Thompson，1998）。该检验无法提供异质性对元分析影响程度的具体描述。

原假设：纳入的各个研究的效应量均相同。假设真正的效应是一致的，但是由于存在抽样误差而造成实际结果不一致，这时仍可认为研究间效应是同质的；若研究结果的差异过大，超出抽样误差所能解释的范围，则需考虑存在异质性（罗杰，冷卫东主编，2013）。

计算公式：

$$Q=\sum_{i=1}^{k}W_i(T_i-\overline{T})^2;\overline{T}=\frac{\sum_{i=1}^{k}W_iT_i}{\sum_{i=1}^{k}W_i},\ Q=\sum_{i=1}^{k}W_iT_i^2-\frac{\left(\sum W_iT_i\right)^2}{\sum W_i}$$

式中，W_i 为第 i 个研究的权重值，可定义为合并方差的倒数（$1/S_i^2$）；T_i 为第 i 个纳入研究的效应量；$\overline{T}$ 为所有纳入研究的平均效应量；k 为纳入研究的个数；Q 是 χ^2 统计量，服从自由度（df）为 $k-1$ 的卡方分布（王丹等，2009）。

结果解释：

Q 值越大，其对应的 p 值越小。如果 $Q>\chi^2_{(1-\alpha)}$，则 $p<\alpha$，表明研究间存在异质性。

Q 检验对于纳入研究的个数较敏感，Q 值随自由度的增加而增加。当纳入研究的样本量较小或纳入元分析的研究数目较少时，Q 检验的效力较低。这意味着，如果 Q 检验结果显著，则纳入研究的效应量存在异质性，但若结果不显著，纳入研究的效应量之间未必不存在异质性。所以，需谨慎解释 Q 检验的结果。为了增大统计效力，Q 检验的检验水平通常设置为 $\alpha=0.10$（罗杰，冷卫东主编，2013）。即当 $p<0.10$ 时，研究间有异质性。但这样做会增加得出假阳性结论的风险。

（2）I^2 检验。由 Higgins 等（2003）提出的 I^2 检验，衡量的是异质性部分（而非抽样误差）在效应量总的变异中所占的比重。度量值 I^2 是 Q 的一种变换，具有不同但直观的解释，能量化异质性的影响。

计算公式：

$$I^2 = 100\% \times (Q - df)/Q$$

式中，Q 为 Q 统计量，df 是它的自由度（即研究总个数减去 1 得到的数值）。

结果解释：

I^2 若为负值，我们就设它为 0。$I^2=0$ 表明没有观察到异质性。I^2 越大，异质性越大。Higgins 等（2003）实验性地提出，异质性的低、中、高程度分别用 I^2 值 25%、50%、75%表示。Cochrane 指导手册（Higgins et al. Eds.，2021）的 I^2 阈值标准常被应用在随机试验的元分析中，即 0%～40%，轻度异质性，可能不重要；30%～60%，中等异质性；50%～90%，显著的异质性；75%～100%，相当大的异质性。总之，只要 I^2 不大于 50%，就可以接受。

（3）H 检验。H 检验是根据自由度（或文献数量）对 Q 统计量的校正，估计的是效应值的方差分布。H 可以近似地解释为分别来自随机效应和固定效应元分析的总效应量置信区间宽度的比率（Higgins & Thompson，2002）。H 检验是 Q 检验的变式，可以克服样本量对异质性检验结果的影响。

计算公式：

$$H = \sqrt{\frac{Q}{K-1}} \{H \text{ 的 } 95\% \text{ 置信区间：} \exp[\ln H \pm Z_a \times SE(\ln H)]\}$$

$$H_{SE}(\ln H) = \frac{\ln Q - \ln(n-1)}{2(\sqrt{2Q} - \sqrt{2n-3})}$$

式中，n 表示纳入元分析的研究数目。

结果解释：

H 值为 1 表示各研究间无异质性，一般情况下，$H>1.5$ 提示研究间存在异质性，$H<1.2$ 则可认为各研究同质。若 H 值为 1.2～1.5，那么当 H 值的 95%置信区间包含 1 时，在 0.05 的检验水平下就无法确定是否存在异质性；若不包含 1，则可认为存在异质性（何寒青，陈坤，2006）。

第二，图示法。

图示法是根据视觉观察来判断异质性存在与否的方法。

（1）森林图（forest plot）。在森林图中，用水平线表示单个研究结果的置信区间。单个研究结果的置信区间重叠性较差，常意味着存在统计学异质性。这是可以从森林图中直观看到的结果。另外，森林图中也呈现了 Q、I^2、τ^2 统计量的值，能够定量和定性地描述研究间的异质性。当 p 值显著时，就意味着存在随机误差以外的变异，即存在异质性。

（2）Baujat 图。Baujat 图主要通过 Q 检验进行异质性分析，横轴是每个研究样本相对于总体的异质性大小，纵轴表示该研究对整体结果的影响，可以让我们同时评估每一个研究对整体效应值和异质性的贡献大小（Baujat et al.，2002）。

（3）L'Abbe 图。该方法由 L'Abbé 等（1987）提出，通常用于随机对照试验的二分变量数据的元分析异质性检验。它是根据每个研究的干预组事件发生率相对于对照组事件发生率制作的，若研究结果同质，则所有点呈线性分布，否则表明该研究结果为异常（非同质）。研究的样本量由图中气泡的大小表示。该图允许我们检查元分析的三个重要方面：元分析的总体趋势、效应量的异质性和事件发生率的异质性。

（4）Galbraith 星状图。该方法提供了一个图形化的显示，可以直观得到元分析中具有异质性的异常点。对于每一个试验，以 Z 统计量［效应量除以它的标准误 (b/SE_b)］为纵轴、标准误的倒数（$1/SE_b$）为横轴作图，经过原点的回归线代表固定效应模型的合并效应量，在这条线的上下两个单位处与元分析中固定效应模型的合并效应量的斜率相等的 95%置信区间作两条平行线，若该元分析各研究无异质性，我们将看到所有点落到置信区间回归线的内部（王丹等，2009）。

统计量法和图示法可同时采用，综合得出是否存在异质性及异质性大小如何。需要注意的是，图示法只是对异质性的描述性判断，不能定量估计异质性是否存在及其大小如何（何寒青，陈坤，2006）。借由 Baujat 图既能粗略判断每一个研究对总体异质性的影响大小，也能发现去掉每一个研究后对总体效应估计的影响大小（Baujat et al.，2002）。L'Abbe 图仅适用于随机对照试验的二分变量数据，借由该图可直观地看出处理组事件发生率相对于对照组事件发生率的关系（王丹等，2009）。借由 Galbraith 星状图能看出具有异质性的异常点，它还能以点、编号、作者姓氏等标明各研究的具体位置（王丹等，2009）。

对于同一批纳入文献，Q 检验结果和 H、I^2 检验结果可能会不一致。从计算过程看，Q 检验容易受到样本量的影响，若研究文献多，统计效力会过高，容易得出假阳性结果，反之统计效力又往往过低；而 H 和 I^2 统计量经过对自由度的校正，不会受到文献数目的影响，异质性检验结果较为稳健（何寒青，陈坤，2006）。三个统计量各有长处，当纳入文献很多时，高效力的 Q 检验可以敏锐检测到少量在临床上可能不重要的异质性。除了检验结果稳健，H 和 I^2 还量化了异质性的影响，仅基于 Q 和 k 的值即可计算，通常能从已发表的元分析中得出，并且具有合理的范围（Higgins et al.，2003；Higgins & Thompson，2002）。H 和 I^2 还可以在不同规模（sizes）的元分析之间进行比较（Higgins & Thompson，2002）。

当文章的确存在异质性时，减少异质性的方法之一是利用亚组分析对影响异质性的因素分层后再进行效应值合并（Warn et al.，2002）。但是亚组分析时对研究的分层会导致每个组内的研究数量减少，此时 Q 检验的统计效力较低，难以确切地探索异质性是否存在及其来源。因此，在可能存在异质性的情况下，我们更推荐采用不受样本量影响的 H 和 I^2 统计量进行异质性检验。

对于结果解释，这些建议是实验性的。例如，在临床干预类元分析中，异质性的实际影响也取决于治疗效果的大小和方向，以及研究中对临床和方法异质性的考虑（Higgins & Thompson，2002）。

（二）效应量的合并与模型选择

在异质性检验之后，可以对纳入研究的效应量进行合并，这就会涉及统计模型的选择。在元分析中，有许多统计模型可用，最常用的是固定效应模型（fixed-effect model）和随机效应模型（random-effects model）。运用的模型不同，则每个纳入研究权重的分配不同，得到的合并效应量均值也不相同。当研究间存在异质性，且不能用临床和方法学异质性来解释时，可以认为这是由统计学异质性导致的，此时就可以采用随机效应模型进行效应值合并。当异质性不明显时，固定效应模型和随机效应模型的计算结果相似，但如果异质性非常明显，随机效应模型可以增大统计效力，提高区间估计的精度（魏丽娟，董惠娟，2006）。

1. 模型介绍与分类

固定效应模型介绍与分类见图 1-4。

固定效应模型

假设纳入的所有研究都着眼于相同的真实效应，并且变异仅由随机误差引起（Lau et al.，1997）。固定效应元分析提供的结果可被视为“典型干预效应”，为了计算固定效应元分析的置信区间，通常假设干预的真实效应（在程度和方向上）在每个研究中都是相同的值（Higgins et al. Eds.，2021）。这个假设意味着观测到的研究结果之间的差异完全是由于偶然性，即没有统计学异质性。

计算原理

固定效应模型具有统计简洁性。分配给每个研究的权重取决于研究的精度，更具体地说，每个研究的权重等于其方差的倒数。试验中的样本量越大，效应量的方差越小，元分析中分配的相应权重越大。因此，在固定效应模型中，大样本研究在合并效应量的估计中贡献更大，分配的权重更大，而小样本研究传递的信息更少，分配的权重更小（Nikolakopoulou et al.，2014）。根据固定效应模型关于真实效应的假设，这样做的原理可以直观地解释为：由于在所有的研究环境中效应都是相同的，因此更明智的做法是信任大样本研究，分配更大的权重。

包含结果

- 每个研究的效应量及其权重。
- 纳入研究的总数（k）。
- 总体效应量及其置信区间和 p 值。
- 研究间的异质性测量，如 τ^2 或 I^2，以及异质性的 Q 检验结果。

图 1-4　固定效应模型

随机效应模型介绍与分类见图 1-5。

随机效应模型

假设真实效应随纳入研究的不同而有所改变，因此必须用值的分布而不是单个值来表示（Lau et al.，1997）。随机效应模型提供的结果可被视为“平均干预效应”，它不假设干预效应相同，而是假设它们遵循正态分布（Higgins et al. Eds.，2021）。该假设意味着观测到的研究结果之间的差异是由于偶然误差和干预效应带来的变异的结合。该模型代表着我们对实际干预效应不同的原因缺乏了解（Higgins et al. Eds.，2021）。

计算原理

像固定效应模型一样，合并效应量的估计为加权平均值，但不同的是，随机效应模型分配给每个研究效应量的权重等于其方差的倒数加上反映异质性的额外方差分量，并用 τ^2 表示。这样的方法保证了随机效应模型能够从小样本研究中获得足够的信息，也避免了固定效应模型中大样本研究影响过大的缺点（Nikolakopoulou et al.，2014）。这样做的原理可以直观地解释为：每个研究都能代表不同的环境和不同的治疗效果，小样本研究可能不精确，但它们仍然能提供有关有效性的信息。

包含结果

➢每个研究的效应量及其权重。
➢纳入研究的总数（k）。
➢总体效应量及其置信区间和 p 值。
➢研究间的异质性测量，如 τ^2 或 I^2，以及异质性的 Q 检验结果。
➢Nikolakopoulou 等（2014）建议，随机效应模型的元分析结果中还应该包括预测区间，这是一种对未包含在元分析中的研究进行的推断，可以解释为新研究中“真实”治疗效果的预测范围。需注意，置信区间（confidence interval）和预测区间（predictive interval）是不同的，前者反映了均值估计的不确定性，而后者表示真实效应的离散程度。

图 1-5 随机效应模型

2. 模型的使用场景与选择标准

关于什么情况下更适合用哪一种模型，仍存在一定的争论（Fleiss，1993）。许多人认为，该决定应基于纳入研究对干预效应是否具有完全相同的预期，如果是，则首选固定效应模型，如果不是，则首选随机效应模型（Borenstein et al.，2010）。在很多元分析中，固定效应模型的假设是不合理的，因为此时所有研究必须拥有足够多的共同点，合并的效应量才有意义（Borenstein et al.，2010）。比如，一种新型的课堂教学方法比起传统教学是有效的，但是学生受益的程度可能不同，这可能取决于学生的基础知识水平和年龄。可以看出，这样的假设很难实现，除非干预都没有效果。因此，许多人更推荐使用随机效应模型，尤其是在 I^2 大于 0 的情况下。

元分析中，固定效应模型假定所有纳入研究存在一个真实的效应值，所有观测效应值的差异均来源于取样误差，因此也被称为共同效应模型（common-effect model）。由于固定效应模型忽略研究的异质性，所以如果使用该方法，应该呈现异质性程度的统计调查作为补充。如果统计调查显示研究之间存在异质性，则说明研究所关注的效应不是单一的、固定的，而是多种效应的集合。因此，合并的固定效应估计值可能是实际上不存在于任何人群中的干预效应，此置信区间既无意义又太窄（Higgins et al. Eds.，2021）。习惯上，当满足以下两个条件时，在研究方案中说明后，可以采用固定效应模型：一是有强有力的证据表明，所有试验在功能上都是相同的；二是推断仅限于分析中所包括的人群（Borenstein et al.，2010）。可以运用固定效应元分析的例子包括采用同一方法或标准针对同一干预的多个研究、同一人群同一干预的不同部位的研究，以及同一人群同一干预不同阶段的研究等，这些干预都可以预期为具有同一效应（程里礼等，2017）。应当避免先选固定效应模型再根据异质性检验结果改为随机效应模型，总的来说，大多数研究很难判断是否具有同一效应，因此应用随机效应模型更稳妥合理（程里礼等，2017）。

虽然应用随机效应模型更为稳妥合理，但也会存在一些问题。通常，随机效应模型会比固定效应模型产生更宽的置信区间（Lau et al.，1997）。在存在异质性的情况下，随机效应分析对小样本研究给予相对较大的权重，而对大样本研究给予相对较小的权重，如果另外还有漏斗图不对称，那么这将推动随机效应分析的结果向小样本研究中的结果发展（Higgins et al. Eds.，2021）。随机效应模型未考虑偏倚对每个研究结果的影响，且存在低估标准误的风险，导致合并结果同样存在偏倚（程里礼等，2017）。看起来，随机效应模型可能适用于许多临床问题的元分析，但需要大量研究来充分估计异质性和随机效应模型的权重（Nikolakopoulou et al.，2014）。

当信息很少时——要么因为研究很少，要么因为研究规模很小且事件很少——随机效应模型对异质性量（即干预效应分布的宽度）的估计较差；Mantel-Haenszel 法等固定效应方法可对平均干预效应提供更可靠的估计，但代价是忽略任何异质性（Higgins et al. Eds.，2021）。需要提醒一点：模型的选择不应仅仅基于异质性检验，因为即使在该检验中没有发现异质性，也可能存在异质性（Nikolakopoulou et al.，2014）。而且，随机效应模型不能替代对异质性的彻底调查，它主要用于无法解释的异质性。方法学异质性会导致不同研究结果偏离真实效应，如果这种偏离是对称分布的，例如一部分研究采用的方法导致效应被高估，但是另一部分研究采用的方法导致效应被低估，则随机效应模型下的汇总估计将平均掉偏倚，从而正确估计干预效应。在实践中，很难区分异质性是由临床还是方法学多样性造成的，在大多数情况下可能是两者共同造成的，因此在解释中很难得出这些区别。一种务实的方法是既进行固定效应分析也进行随机效应分析，如果漏斗图对称，则呈现随机效应模型结果，如果漏斗图不对称，那么这两种方法都有问题。合理的做法包括进行两种分析或两者都不进行，以及排除小样本研究后进行敏感性分析或者直接采用回归方法判断漏斗图的对称性（Higgins et al. Eds.，2021）。

八、敏感性分析

合并效应量以后，还需要进行敏感性分析，以确定当前元分析的结果是否具有稳定性，是否经得起推敲。敏感性分析可以有自定义的剔除标准，但是应该在研究设计阶段就制定好，根据自己研究的特征，确定怎么做、做几次分析。

（一）敏感性分析简述

1. 含义

进行元分析的过程涉及一系列决定，虽然其中许多决定显然是客观且没有争议的，但有些决定会有些武断或不清楚（Higgins et al. Eds.，2021）。例如，在对研究人群进行划分时，需要决定老年人的年龄从 60 岁、65 岁还是 70 岁开始；对于文献中未明确的信息，例如失访者的数据，需要决定如何处理。这些较主观的决定势必会引来争议。此时，需要使用敏感性分析（sensitivity analysis）来证明元分析的结果不会受到此类任意或不明确的决定的影响（Higgins et al. Eds.，2021）。敏感性分析是元分析的重复，其目的是在有争议的不同决定情况下完成多次元分析，对结果进行比较，以证明该元分析对数据采取的处理决定不会对结果造成影响。例如，一项元分析所纳入的研究中对老年人年龄存在三种划分标准（60 岁以上、65 岁以上或 70 岁以上），虽然该元分析采用了 60 岁标准，但还存在其他两种类型的划分标准，为了判断是否会有影响，进行三次分析：第一次包括所有研究，第二次只包括那些 65 岁以上老人的研究，第三次则只包括 70 岁以上老人的研究。

这样的描述听起来有些像亚组分析。的确，有人容易把敏感性分析和亚组分析弄混，因为二者都可能涉及将分析限制在某一个研究子集。其实，二者是有区别的：敏感性分析着重于结果是否稳定一致，亚组分析更注重研究效应在某个亚组的表现。

2. 用途

第一，主要用于确定元分析的结果是否稳定。如果按照设定的分析方法，发现结果基本是一致的（注意，并非需要完全一致，只要方向一致即可），例如，分析结果均提示干预组比对照组有效，p 值显著，那么说明研究结果是稳定的，是不太容易被撼动的；反之，则提示研究结果不稳定，很容易被推翻，这样，该元分析结果的证据等级、可信度也就没有那么高了。

第二，用于探索是否存在异质性和降低异质性的影响。对于统计学上有异质性表现的研究，也可将其剔除后，再进行敏感性分析，不过这尚有争议，有人认为这样可能会产生偏倚（Colditz et al.，1995）。也有人建议，敏感性分析中，应该对剔除该研究和保留该研究的情况进行分析和比较，并尽可能说明可能导致此类情况的临床多样性的潜在来源（Higgins et al. Eds.，2021）。

第三，可以用于检验发表偏倚。元分析过程中，检索到一些小样本研究证据时，评价者应考虑进行敏感性分析来观察元分析结果是否会发生改变，以检验是否存在与小样本研究有关的偏倚。如果排除小样本研究后，合并结果的方向发生了改变，则应谨慎解释结果。另外，大样本研究的结果多数情况下可能接近所有研究（包括发表的和未发表的）的平均水平。因此，进行敏感性分析时，应比较大样本研究的效应合并值与总的效应合并值是否一致，这也有助于判断是否存在发表偏倚。如果一致，则可能不存在发表偏倚。

第四，找出异常值。常见的敏感性分析也关注某一个研究的效应值是否异常（异常大或者异常小），会采用逐一剔除的方法，重复进行元分析，从而发现存在异常值的研究。

（二）敏感性分析方法

一些敏感性分析可以在研究方案中预先指定，但许多适合敏感性分析的问题仅在审查文献的过程中确定（Higgins et al. Eds.，2021）。

常采用以下几种方法（王丹等，2009）：第一，按不同的研究特征，如不同的统计方法、研究的方法学质量高低、样本量大小、是否包括未发表的研究等，对纳入文献进行分层元分析，比较合并效应间结果是否稳定。比如，以样本量是否大于 100 为标准来分层。第二，采用不同模型（随机效应模型与固定效应模型）计算效应合并值的点估计和区间估计，比较合并效应间结果是否稳定。这也是判断研究是否存在异质性的一种方法。第三，根据质量评价结果，从纳入研究中剔除质量相对较差的文献后重新进行元分析，比较前后合并效应间结果是否稳定。第四，改变研究的纳入与排除标准后，对纳入研究重新进行元分析，比较合并效应间结果是否稳定。

当然，也有一些其他的方法，比如可以切换不同效应量尺度进行分析；进行逐一敏感性分析，即每次剔除一个研究，合并剩余研究，看看哪次合并研究结果会发生明显的改变。总之，可以根据自己研究的特征、不同的决策节点，选择剔除的文献，比较剔除前后的结果是否有明显差异，观测结果是否稳定。

（三）敏感性分析的结果

如果敏感性分析结果与原分析结果没有冲突，那么就表明该结果加强了原分析结果的可信度；如果分析结果可以得出不同的结论，则提示需更谨慎分析、解释结果并提出结论（罗杰，冷卫东主编，2013）。

如果敏感性分析确定了对合并结果产生重大影响的特定决定或缺失信息等因素，则可以部署更多资源来尝试解决不确定性并获取额外信息，比如联系试验作者以获取个体参与者数据。如果做不到，则需要谨慎解释结果，为进一步调查和未来研究提出建议。

元分析中的敏感性分析报告最好通过生成汇总表来完成，因为如果为每个敏感性分析都生成一个单独的森林图，提供的信息会太少（Higgins et al. Eds.，2021）。

九、发表偏倚

偏倚（bias）又称系统误差，是指研究的结果或推论对真实的偏离，也可以说是在资料的收集、分析、解释或发表过程中，能够导致结论系统地与真实值有所不同的任何趋势。元分析的过程中可能产生很多种类型的偏倚。有研究者认为系统综述与元分析中纳入研究的完整性应主要通过报告偏倚来衡量，并将报告偏倚分成了多类——发表偏倚、时滞偏倚、多重/重复发表偏倚等（Higgins et al. Eds.，2021）。其中，发表偏倚是报告偏倚中最受关注、研究最多、检测方法最齐全的一类偏倚。发表偏倚较难控制且影响程度较大，因此对其进行识别与处理尤为重要。

（一）发表偏倚简述

1. 含义

发表偏倚（publication bias）是指有统计学意义的研究比无统计学意义的研究更容易投稿和发表（王珍等，2009）。在研究发表的各个阶段，如初步试验、前导研究、完成报告、选投期刊等环节，都有可能发生偏倚（Guyatt et al.，2011）。

2. 影响

发表偏倚普遍存在。每发表41%的结果不显著的试验，预期会有73%的结果显著的试验见刊；结果显著的试验需4～5年后发表，而结果不显著的试验需6～8年后才见刊（Guyatt et al.，2011）。元分析的研究对象是已发表的文献，即使采用最完备的文献检索策略，其研究结论也易受到发表偏倚的影响（俞慧强等，2011），因为元分析的研究者更可能看到“统计显著”的论文，而难以获取那些“统计不显著”的论文。

发表偏倚可能使元分析的证据质量降低。它可使元分析过分夸大治疗效果或风险因素的作用，导致临床个体治疗与卫生决策的失误（康德英等，2003）。

（二）发表偏倚的评估方法

为能直观而明确地评价元分析结果、发现与处理发表偏倚，已经发展出了许多成熟的方法来检查元分析的发表偏倚。关于发表偏倚的评估，最好有图形辅助说明，或配以相应的统计分析。GRADE证据系统建议采用多种方法来评价，若得到一致结果，可强化对发表偏倚的推测（Guyatt et al.，2011）。

1. 漏斗图

漏斗图（funnel plot）的介绍见表1-8。

表1-8 漏斗图

简介	漏斗图是一种常见且较简单的散点图，其中每个点代表一个研究，横坐标是效应量，纵坐标是样本量，可以直观看出发表偏倚大小。它的基本假设是，效应量估计值的精度随着样本量的增加而增加（康德英等，2003）。
结果解读	1. 若纳入的研究无发表偏倚，图形则呈现倒置的漏斗形。 2. 漏斗图不对称或不完整，提示可能存在发表偏倚（麦劲壮等，2006）。其不对称或不完整的程度可反映发表偏倚的大小。 3. 若未发表的无统计学意义的小样本研究未被纳入，漏斗图底部就会出现一个角落的缺失，此时元分析中的治疗效果会被高估（罗杰，冷卫东主编，2013）。
应用特点	1. 需要纳入较多的研究，一般认为最少应有5个研究（康德英等，2003）。 2. 解释具有较强的主观性，只能证明可能存在发表偏倚。有时，即便漏斗图不对称，也未必代表存在发表偏倚。 3. 统计效力不高。漏斗图只能对发表偏倚进行粗略的定性判断，特别是在纳入研究较少时，往往难以判断漏斗图中的散点是否对称（李河等，2007）。

2. Egger线性回归法

对Egger线性回归法（Egger linear regression test）的介绍见表1-9。

表1-9 Egger线性回归法

简介	当漏斗图显示存在发表偏倚时，Egger线性回归法可以作为进一步确定是否存在偏倚及其大小如何的方法，简称Egger检验（Egger et al.，1997）。 它以纳入元分析的每个研究的标准正态离差和精度（定义为标准误的倒数）来建立回归方程（Egger et al.，1997）。该检验的目的是求出截距 a 及其95%置信区间，对 a 是否为0进行假设检验，以推断漏斗图是否对称，从而判断是否存在发表偏倚。

结果解读	如果回归方程的截距 a 接近于 0，则认为发表偏倚较小；若 $a=0$，则认为不存在发表偏倚。
应用特点	1. 统计效力普遍比秩相关法高，但是当发表偏倚不太严重、纳入研究较少或研究样本量很小时，检验效力仍然很低。 2. 自变量的标准差估计来自纳入研究的数据，存在抽样误差，因而回归方程的斜率和截距都为有偏估计（罗杰，冷卫东主编，2013）。 3. 与漏斗图一样，也只能探测是否存在发表偏倚，无法获得发表偏倚出现的原因。

3. Begg 秩相关法

Begg 秩相关法（Begg rank correlation test）的介绍见表 1-10。

表 1-10　Begg 秩相关法

简介	Begg 秩相关法能够作为漏斗图的补充，是一种采用秩相关检验定量识别发表偏倚的方法，简称 Begg 检验。 该方法先对效应值进行标准化，然后通过校正秩相关分析检验效应值和其方差之间的相关关系。一般情况下，效应值方差和样本量是成反比的，因此，Begg 秩相关检验也可被看作对效应值和样本量之间的相关性的检验。
结果解读	检验统计量为秩相关系数，其解释与其他任何相关系数一样，0 值意味着效应量和精度之间不存在相关性，即不存在发表偏倚（王珍等，2009）。
应用特点	1. 计算较复杂。它在大型元分析研究中反应良好，但在小型元分析研究中效果有限（Begg & Mazumdar，1994）。 2. 统计效力较低，只有存在严重的偏倚时才有可能检验出来。当纳入研究较少时，必须谨慎解释该检验结果。 3. 在使用 Begg 检验时，纳入的研究中应至少包括一个具有中等大小的样本量的研究，否则得到的结论将不可信（Egger et al. Eds.，2001）。

4. 剪补法

剪补法（trim and fill method）的介绍见表 1-11。

表 1-11　剪补法

简介	剪补法建立在漏斗图基础上，旨在校正和识别发表偏倚引起的漏斗图不对称，是一种非参数统计方法，核心是估计缺失的研究数量及这些研究可能对结果产生的影响（Duval & Tweedie，2000）。 操作： 1. 剪掉初步得到的漏斗图中不对称的部分，用剩余的对称部分估计出漏斗图的中心位置，从而求出假设的真实效应值。 2. 将之前剪掉的不对称部分研究填回图中，然后沿着前面估计出来的中心位置两侧粘补上与之对称的遗漏部分，从而得到对称漏斗图，算出新的合并效应估计值（Sutton et al.，2000）。
结果解读	剪补法的意义并不在于估计出缺失研究的具体数目，它实际上是一种敏感性分析方法。如果去掉一部分研究与增补一部分研究，合并效应量估计值变化不明显，则说明发表偏倚影响不大，结果比较稳定（康德英等，2003）。

应用特点	优势	1. 与其他定量分析方法相比，具有较好的结果一致性。 2. 计算程序能产生一种漏斗图，既包括已发表的研究，又包括未发表的研究，让研究者直观看出纳入未发表的研究后效应量的改变情况（王珍等，2009）。 3. 使用方便，很多元分析主流软件都能执行剪补法的操作，如 Stata、CMA，并且能大致估计未发表文献的数量（王珍等，2009）。
	局限	1. 计算过程较烦琐。 2. 建立在众多大胆的假设之上，包括增补多个不存在的小样本研究等计算过程（Duval & Tweedie，2000）。 3. 当纳入的原始研究过少时，使用剪补法有时会矫枉过正（康德英等，2003），容易受到极端值的影响。

5. 失安全系数

失安全系数（fail-safe number，fail-safe N，N_{fs}）的介绍见表 1－12。

表 1－12　失安全系数

简介	失安全系数主要用来说明元分析中发表偏倚的大小，判断合并的效应量是否受到发表偏倚的影响。当元分析的结果有统计学意义时，为排除发表偏倚存在的可能，要计算最少需要多少个未发表的研究报告（特别是“结果不显著”的研究）才能使研究结论发生逆转（麦劲壮等，2006）。	
结果解读	失安全系数越大，说明结果越稳定，发表偏倚越小，结论被推翻的可能性越小。	
应用特点	Rosenthal 失安全系数 （Rosenthal，1979）	有较大的局限，更适合作为结果稳定性的指标。
	Orwin 失安全系数 （Orwin，1983）	在 Rosenthal 失安全系数基础上做的完善，允许研究者从临床角度定义一个认为具有临床意义的最小的效应值，确定最少需要多少个未发表的研究才能使总效应量达到这一效应值，并能让研究者对未发表的研究构建一系列其他分布的模型（王珍等，2009）。

6. Macaskill 检验

Macaskill 检验的介绍见表 1－13。

表 1－13　Macaskill 检验

简介	Macaskill 检验又称为漏斗图回归法（funnel plot regression method）（Macaskill et al.，2001），是为克服 Egger 线性回归法对标准差的估计存在抽样误差的局限性而提出的。它以效应量为因变量，样本量为自变量，并以效应估计量的方差倒数为权重建立加权线性回归模型。该回归可以认为是将漏斗图顺时针旋转 90°后进行的回归。
结果解读	对于该回归方差，如果不存在发表偏倚，那么回归线的斜率应该为 0，截距代表总体效应值。因此，任务在于对斜率是否为 0 进行假设检验，如果斜率不为 0，那么有可能存在发表偏倚。
应用特点	前人将 Egger 检验、Begg 检验、Macaskill 检验三种方法做了比较，但是对于哪种方法更好，依旧是众说纷纭（郑辉烈等，2009）。不过，Macaskill 检验的支持度似乎较高。

7. Richy 法

Richy 法的介绍见表 1-14。

表 1-14 Richy 法

简介	该方法是针对前面方法易受极端值影响的缺陷而提出的。Richy 法（Richy & Reginster，2006）引入物理学中力矩（moment of force，MF）的概念，利用平均效应量、每个研究的效应量和精度，计算出统计量 X，并利用非参数方法求出另一个统计量 MF 的所有 95%置信区间。公式如下： $X = \sum_{i=1}^{k} f_i^* (d_i - \bar{d})$ $\mathrm{MF} = f_i^* (d_i - \bar{d})$ 式中，d_i 表示每个研究的效应值，$\bar{d}$ 为平均效应值，f_i^* 为精度。
结果解读	如果 X 值在这个区间外，就认为存在发表偏倚。
应用特点	1. 跳出了漏斗图的限制，得以从新的角度看待发表偏倚（罗杰，冷卫东主编，2013）。 2. 局限性很大。比如，利用现有的评判标准，研究个数越多，得到发表偏倚结果的可能性就越大。有研究者建议，在纳入研究的个数不大于 20 时，可选择 Richy 法进行发表偏倚的判断（李红颜，2007）。

8. 累计元分析

累计元分析（cumulative meta-analysis）的介绍见表 1-15。

表 1-15 累计元分析

简介	累积元分析是元分析的另一种分析方法，即先从一个研究入手，接着纳入第二个研究重复第一个过程，一直继续下去，直到纳入的所有研究完成分析。 与此类似，反映在森林图中就是“累积森林图”。在森林图的第一行显示的是第一个纳入的研究的效应量，第二行显示的是基于前两个纳入研究的累积效应量，与累积元分析一样，一直到最后一个研究。
结果解读	这种方法应用于发表偏倚的检测，可以分析去除偏倚后效应量是否发生改变。具体做法是，对纳入的研究按照精确度从大到小排序，然后逐步纳入研究文献进行累积元分析。如果随着大样本研究的逐步纳入，效应量的点值估计逐步趋于稳定，并且不随纳入小样本研究而改变，那么就没有理由认为纳入小样本研究会使效应量估计结果产生偏倚。与此同时，如果效应量的点值估计随着纳入小样本研究的确发生了改变，那么，至少有一个存在偏倚的初步印象，从而提示研究者应对引起效应量改变的真正原因进行调查。
应用特点	1. 在发表偏倚的检测上，可以分析去除偏倚后效应量是否发生改变。 2. 效应量估计基于大样本研究。 3. 与剪补法相比，这种方法更加透明：先基于大样本研究计算出效应量，接着确定效应量是否以及怎样随着小样本研究的纳入而发生改变（王珍等，2009）。

9. 其他方法

俞慧强等（2011）曾提出发表时间顺序与效应尺度回归模型法，这是一种利用发表时间顺序和效应尺度间的关系构建的新的元分析发表偏倚诊断方法。虽然这种方法的准确度相对于传统的Egger 检验、Begg 检验等方法没有提高，但它是以新的理论基础提出的有效尝试。其他方法还有 Hackshaw 法、Sugita 法等，但是理论尚不成熟，应用也暂不普遍。在判断发表偏倚上，还有一些经验之谈。GRADE 系统进行的一项调查表明，当可得证据来自小样本研究且多数由厂商资助时，作者应怀疑存在发表偏倚；对样本量与事件数都很小的早期试验结果尤需小心（Guyatt et al.，2011）。

（三）评价方法的选择

以上方法的原理和侧重点不同。最常用的识别和控制发表偏倚的方法是漏斗图法、Egger 线性回归法、Begg 秩相关法和失安全系数法（李河等，2007）。漏斗图法、Egger线性回归法、Begg 秩相关法、Macaskill 检验法、Richy 法等方法，是利用研究的效应尺度与其误差信息之间的关系所提供的信息来判断发表偏倚的。

两种失安全系数法与剪补法相比较，前者主要是计算缺失研究的数目，而后者主要是“问责缺失研究”；另外几种方法，比如漏斗图法、Begg 秩相关法、Egger 线性回归法，主要是寻求样本量和效应量之间的关系（王珍等，2009）。

除了以上方法，更有力的做法是，元分析作者能成功找到一些未发表的研究结果，并证实已发表资料和未发表资料的结果确有不同（Guyatt et al.，2011）。这样，发表偏倚的存在显然可见。可惜，找到未发表的研究绝非易事。

（四）发表偏倚的结果

如果各种评价方法均显示无发表偏倚，则说明当前元分析的结果不受发表偏倚的影响，证据质量较好，结论可信度较高。

若发表偏倚较大，则需采取进一步措施，收集相关资料信息，如尝试与原文作者或研究组联系、查询有无结果为阴性的研究，若有，则请他们尽可能提供相关资料等。若不能把发表偏倚减少到一定程度，则考虑采用以下措施：第一，用敏感性分析检验效应量估计值的稳定性，如果发现偏倚严重影响了系统综述的结论，则应如实报告，并提醒读者注意。第二，考虑剔除低质量研究（康德英等，2003）。第三，考虑放弃元分析（李河等，2007）。

以上措施只是从统计上尽力规避发表偏倚的影响，若想从根本上解决发表偏倚问题，元分析研究者需要积极寻找还未发表或推迟发表的文献，对纳入研究进行严格的质量评价，业界也需要均衡显著与非显著结果的发表机会，提高试验的研究质量。随机对照试验强制性注册或许是一种能解决发表偏倚问题的可靠方法（Laine et al.，2007），该做法已经逐渐普及，允许元分析研究者访问已注册的研究计划并有机会向作者索取未公开发表的数据。

第四节 元分析方法新进展

第三节介绍了元分析的基本要素，但是元分析作为一种研究方法和统计手段，仍在不断更新和发展。统计学、计算机科学的发展也推动了元分析技术的更新和进步（Gurevitch et al.，2018）。例如，有研究者利用机器学习和人工智能帮助筛选纳入元分析的研究文献（Saldanha et al.，2016），越来越多复杂的模型得以提出（Viechtbauer，2010；Wallace et al.，2017），小样本研究中的稳健方差估计也在不断完善（Tipton & Pustejovsky，2015），还有大量便捷的分析软件或者分析包得以开发，等等。以下简要介绍几类更新的元分析技术，这些方法能够帮助我们解决更多更复杂的研究问题，在具体实例中我们也将提供针对不同技术类型元分析的详细介绍和实施过程指导。

一、三水平元分析

传统的元分析可以看作具有两水平结构数据的汇总结果（Pastor & Lazowski，2018）。当我们进行元分析时，纳入元分析的每一篇文献的数据通常都是该文献作者汇总原始数据后的结果。例如，研究提供了研究样本的平均值和标准差，而不是针对具体被试的原始数据。因此，元分析具有内在的多水平结构，其结果变异来源于两部分：一是个体数据的变异，二是研究之间的异质性。如果在此基础上增加一个变异水平，就会形成新的三水平结构，即三水平元分析（Assink & Wibbelink，2016；Cheung，2014b）。

该模型非常适合处理集群效应。集群指的是某一类研究，如特定文化背景下的研究结果可能具有一定的相关性，这些研究即为一个集群。与传统元分析相比，三水平模型可用于估计两个异质性方差：集群内的随机效应方差和集群间的异质性方差。除此之外，当一个研究具有多个效应量时，我们通常假设这些结果之间具有相关性。由于元分析需要满足效应量独立的基本假设，如果同一个研究包含多个效应量且这些效应量之间并不相互独立，传统元分析通常只取一个效应量或者取多个效应量的平均值，而忽略效应量之间的变异。三水平元分析可以增加一个变异水平，即来自同一个样本多个效应量之间的变异。此外，若在三水平元分析中添加回归项，三水平模型可变为三水平混合效应模型，达到检验分类或连续调节变量的目的。

二、结构方程模型元分析

结构方程模型（structural equation model，SEM）是一种分析观测变量（显变量）和潜在变量（隐变量）之间的关系的统计技术（Kline，2015）。该方法使用外显、可测量的变量建立观测变量和潜在变量之间的假设关系模型，同时将测量误差纳入考虑。该方法既可以探讨因变量受哪些自变量的影响，也可探讨自变量通过何种途径影响因变量，以及在不同情境下，自变量对因变量的影响有何不同。

其中，多水平模型是结构方程模型的一种特殊形式（Bauer，2003；Mehta & Neale，2005）。由于每个元分析都基于多水平模型，我们也可以将元分析视为一种特殊的结构方程模型（Cheung，2015a）。我们不仅可以从结构方程模型的角度概念化元分析类型，还可以使用结构方程模型来构建更复杂的元分析模型。

结构方程模型有以下两种常见应用：第一，多元变量元分析，即联合评估两个或多个结果变量，同时考虑测量结果间的相关性。第二，验证性因素分析，即汇总所有纳入研究的相关矩阵，然后检验因子模型的拟合度，例如检验中介效应模型。当我们想要基于所有可用证据评估文献中的某些模型是否成立时，结构方程模型会很有帮助。除此之外，它也可以用来检验某个理论是否有证据支持，如中介检验，或者它是否仅适用于某个亚组。

三、网状元分析

网状元分析旨在提供多种干预措施的比较，包括间接比较（Lumley，2002）。在过去的十年中，它被越来越多地应用于生物医学领域和其他学科的研究。传统元分析可用于评估某一种干预方式的有效性。然而，在许多研究领域中，针对相同的问题存在多种干预方式。例如，慢性疼痛可以使用不同的药物进行治疗，也可以使用非药物的心理干预方式达到有效结果。传统元分析是基于一种疗法与另一种疗法的直接比较来计算疗法间的相对效应，但直接比较的数据相对有限（Barrachina et al.，2016）。相比之下，各种干预方式之间进行间接比较的必要性更大（Benoni et al.，2001）。网状元分析不仅可用于直接比较，还可以基于逻辑推理进行间接比较（Shim et al.，2017）。网状元分析也称为混合处理对比元分析（van Valkenhoef et al.，2012），它可以合并诸如此类的间接比较，将多个直接和间接干预整合到一个模型中，构成“网状”比较，从而同时比较多种干预方式的效果（Dias et al.，2013）。

四、贝叶斯元分析

传统元分析基于频率学框架来估计参数，假设所要估计的参数呈正态分布，然后根据样本获得参数的抽样分布，进行点估计和区间估计。当存在小样本资料或者纳入研究存在较多极端值时，如果不符合近似正态的条件，传统频率学分析就会带来偏差。**贝叶斯元分析**基于贝叶斯统计，将所要估计的统计参数看作一个随机变量，有一定的先验分布。它通过对先验信息的设定，以及通过马尔科夫链蒙特卡罗模拟方法（MCMC）进行再抽样，以此获得参数后验分布信息，实现参数估计。因此，贝叶斯元分析尤其适用于小样本元分析。

五、机器学习在元分析中的运用

统计学、计算机科学以及其他领域之间的跨学科联系促进了大数据、人工智能和元分析的进一步整合。机器学习是人工智能领域的一部分，它可以从数据中自动学习模型以做出更好的决策（Le Glaz et al.，2021）。将机器学习方法融入元分析，不仅可以实时采集数据，还可以实时对数据进行元分析，从而集成不同的信息流，为许多应用科学领域的决策提供信息。目前，机器学习在元分析的文献筛选中有比较多的发展和应用。例如，ASReview是一款应用机器学习来加快纳入文献标题与摘要筛选的程序，可帮助研究人员高效、透明地进行元分析（van de Schoot et al.，2021）。不过，机器学习仍有其局限性，还需要和人工相结合才能确保元分析的准确性。

第二章 ‣ 心理学研究中现象描述的元分析

学习目标

（1）了解心理学中的现象描述研究及相应元分析的基本概况；

（2）了解现象描述元分析的基本流程、效应量类型以及相关的软件种类；

（3）能独立完成现象描述元分析的整个过程，包括选题、确定效应量、确定统计模型以及报告结果等。

章节导读

在心理学及流行病学研究中，了解或描述某一心理构念、心理过程或疾病障碍等的现状或水平，有助于认识某种心理现象的流行性，从而对后续考察该现象的影响因素、形成本质及改变预测起到基础作用。用于描述现象的具体研究方法可以根据研究群体的数量及特征而有所不同，相对应的元分析的方法也会有所差异。本章将首先对描述性研究进行简要介绍，随后通过四个实例进行方法和操作讲解，旨在帮助读者掌握该类型研究及元分析的特点和实施的基本流程。

第一节 心理学中的现象描述研究

本节主要对原始研究中的描述性研究进行介绍，并在此基础上探讨元分析在现象描述类心理学研究中的运用。由于元分析本质上属于二次研究，故清晰地掌握原始研究的类型对于开展元分析是非常重要的（罗杰，冷卫东主编，2013）。在临床研究中，主要根据是否有人为干预将研究分为干预性研究（interventional study）和观察性研究

(observational study)。而观察性研究，根据是否有对照组的设置，可进一步分为分析性研究（analytical study）和描述性研究（descriptive study）。可见，在观察性研究中若未设置对照组，即归为描述性研究。

简单来说，描述性研究主要指的是一种在不改变环境的情况下对现有数据资料进行归纳整理，以描述被研究变量某些特征的研究方法（Grimes & Schulz，2002）。根据研究对象和目的的不同，描述性研究又可进一步分为病例报告（case report）、病例系列分析（case series）、横断面研究（cross-sectional study）以及生态学研究（ecological study）等。其中，前三种方法的数据收集针对个人数据，而最后一种方法使用的是群体数据。

接下来的部分将对这几种方法进行简要的介绍（Aggarwal & Ranganathan，2019）。首先，病例报告指的是对临床上有某种罕见疾病或症状的单个病例的详细描述，而病例系列分析则是对临床上多个相似病例的聚合描述。它们通常是临床上引入新疾病的重要来源，如艾滋病的发现正是来源于对若干同性恋男子的病例报告和病例系列分析。另一类描述性研究为横断面研究，也可以叫现状研究，指的是在特定时间点或期间内，对特定人群中某个或多个变量的现状或水平及其相关影响因素信息的收集，包括普查（census）和抽样调查（sampling survey）两种方法。形象地说，横断面研究可以为特定时间点某变量的相关情况提供快照（snapshot），是常用的流行病学调查方法，可用于描述某种疾病在人群中的发生率/流行率（prevalence）及其风险因素。其结果能够为评估疾病分布状况和医疗服务需求提供极大的参考价值。此外，鉴于研究需要，横断面研究也会在同类型人群中间隔一定时间重复进行（repeated cross-sectional study），以确定某个或多个变量随时间变化的趋势。生态学研究指的是一种以群体为数据收集单位，来描述某变量在不同人群中的现状或水平并寻找群体水平上影响因素的研究方法。可以说，生态学研究是群体水平上的横断面研究，其分析单位为群体而非单个被试。通常来说，当群体内个体之间在某变量特征上的差异远小于群体间的差异时，生态学研究就派上了用场。

那么，描述性研究通常能够解决什么样的心理学问题呢？根据描述性研究的定义，我们可以尝试从 5W 的角度（what，when，why，who，where）进行分析。当研究的时间点（when）、被试群体（who）及区域位置（where）确定后，描述性研究可以回答关于研究变量的现状或水平是什么（what）的问题，但由于研究设计的限制，描述性研究并不能探究因果关系来回答研究变量出现这种分布情况或水平的原因（why）（Bickman & Rog，2008）。总的来说，描述性研究就是对变量进行全方位描述，而没有更深一步对其进行探索。

根据运用领域的不同，描述性研究所针对的变量及所回答的问题也有所不同。例如在临床心理学领域，所研究的变量可以是某种心理障碍（如抑郁症、焦虑症及创伤后应激障碍等）或临床心理学现象（如失眠、孤独感及心理健康状况等），相应地，所回答的问题可以涉及某心理障碍的发生率/流行率如何或某种临床心理学现象的水平/

现状如何（如抑郁症的发病率及心理健康水平等）。总而言之，尽管描述性研究的设计可以说是研究中最为简单直观的，但其也是临床研究中不可或缺的一环。描述性研究通常先于实验性研究，其对某变量现状的系统描述能指导研究者在实验性研究中对操纵变量的选择，以进一步探索某现象或水平出现的原因。

在以上几种描述性研究中，横断面研究是目前临床心理学研究中较为常用的研究方法。但通常来说，由于所调查的被试人群或具体测量方法的不同，各个横断面研究间往往存在较大的异质性（Munn et al.，2015）。在流行病学研究中，被试的人口学特征、研究所选择的量表及测量的方式等都非常多元，所得的结果也往往大相径庭。那么面对如此纷繁复杂的结果，如何才能够了解某个变量的真实水平呢？对此，横断面的元分析或许可以提供一个解决的思路。

运用元分析的方法，研究者可以整合某主题下现有的实证研究，并对结果进行合并分析。以临床心理学为例，可运用元分析的方法去整合现有研究中关于某心理障碍流行率或心理现象水平的研究，从而完整地描述该心理障碍或心理现象在人群中的状况，并为相关的心理健康服务的开展提供参考。在此类元分析中，效应量的选择可以是多样的，研究者关键要考虑描述的现象是什么，什么样的效应量能够确切地反映这个现象，以及相关的原始研究中的数据类型又如何。若研究者希望了解在重大公共卫生事件中老年人抑郁症的情况，那么可以考虑的效应量有抑郁症的发生率或老年人在病人健康问卷（PHQ-9）中的得分情况。初步确定后，再看看现有研究的数据类型适合计算哪种效应量，则可以明确元分析所采用的效应量类型。

在接下来的实例中，我们将展示针对不同类型原始研究、采用不同效应量进行回顾的描述性元分析，以供读者参考。

第二节 实例1：新冠疫情期间中国老年人抑郁和焦虑症状发生率的元分析[①]

一、实例背景

本研究关注的是新冠疫情期间（when）中国（where）老年人（who）抑郁和焦虑症状的发生率（what）。描述性研究的重点在于清晰描述目标现象、探索影响因素以及阐明研究意义。因此，在相关论文的前言部分，我们需要做的就是全方位描述现象（what，when，who，where）、指出该现象存在的问题（how）以及研究与这个现象相关的问题的意义（why）。通过这一部分，读者应该能对本研究所考察的现象有大致的

① 实例来源：Yan et al.，2022。

了解，并感受到研究此现象的必要性。前言部分共含五个段落，以上写作重点分散其中。接下来，将按照上述思路对本论文的前言部分做简要介绍。

在前言部分，首先引入新冠疫情及其对心理健康的影响；其次引入老年人以及阐述研究老年人的原因何在；再次引入疫情期间的抑郁和焦虑症状问题以及为什么要关注这两种症状；最后介绍本研究的目的何在，以及具体会做什么和研究什么问题。

2019 年末开始，新型冠状病毒（COVID -19）在全球疯狂肆虐。截至 2023 年 4 月 26 日，全球确诊病例超过 7.6 亿，死亡人数超过 690 万（WHO，2023）。不仅如此，COVID -19 大流行期间，人们长期存在被感染和死亡的担忧，接踵而来的各项防控措施也严重打乱了人们的生活秩序，这无疑会给人们的心理健康造成巨大的冲击。因此，有研究（Riedel-Heller & Richter，2020）形象地将 COVID -19 的大流行比喻为一场精神问题的海啸。

疫情期间，由于老年群体中的高确诊和死亡率、防控措施对其生活方式的扰乱以及来自舆论的歧视和老年无用论等，老年人出现精神症状（psychiatric symptoms）的可能性大大增加。许多研究也在关注这个时期老年群体的心理健康状况，但研究结果较不一致。一部分研究表明（Krendl & Perry，2021），老年人的孤独感、抑郁、焦虑以及失眠等症状相较疫情前有所增多，在疫情期间也表现出了较高的压力水平；而另一部分研究则表明（van Tilburg et al.，2021），尽管疫情期间老年人可能会感到更孤独，但其抑郁、焦虑等精神症状并没有显著增加或较其他群体更高。研究结果的不一致引发了我们的疑问：COVID -19 所引起的精神问题海啸到底会对老年人造成怎样的影响呢？

要探究这个问题，首先得明确什么指标可以用来描述疫情对个体心理健康的影响，也就是现象中的 what 是什么。抑郁和焦虑不仅是常见的心理症状，同时也是突发公共卫生事件及社会隔离下常见的精神共病，探究两者在老年群体中的发生率或许能够解答上述问题。因此，该问题可进一步具体化为疫情期间老年人的焦虑和抑郁症状的发生率是多少。

回顾相关的实证研究（王志会等，2020；Wu et al.，2020），不难发现有很多研究都对此进行了测量，但是研究间存在很大的异质性，如老年人的焦虑发生率可以低至 10%，也可以高达 57%（焦虑发生率 10%～57%，抑郁发生率 9.1%～40%）。也就是说，现有的实证研究似乎不能准确地回答目前的问题。此外，面对目前如此大相径庭的研究结果，不禁又要发问：到底是什么因素使得相同年龄段的人群表现出如此不同的心理状况呢？

元分析能够为我们回答上述问题。因此，我们决定对现有的报告疫情期间老年人抑郁、焦虑症状发生率的研究进行元分析，并使用元回归及亚组分析等方式来探究研究层面异质性的来源。考虑到疫情对于中国影响的特殊性，以及文化差异所带来的影响，本研究进一步将研究群体限定为中国老年人。同时，借鉴相似的元分析，我们将检验症状筛查工具及其临界值、疫情阶段、被试来源等变量对研究间异质性的作用。

二、研究方法

（一）元分析报告原则及 PROSPERO 注册声明

研究需声明遵循 PRISMA（Preferred Reporting Items for Systematic Reviews and Meta-Analyses，系统综述和元分析首先报告项目）原则并报告 PROSPERO 官网（https：//www. crd. york. ac. uk/prospero）注册情况。本文详细的研究计划已在该平台（CRD42021240664），详情可在网页进行检索查看。

（二）文献检索

1. 检索库

文献检索库包括：PubMed，Web of Science，Embase，Scopus，Academic Search Premier，PsycINFO，PsycARTICLES，Psychology and Behavioral Sciences Collection，中国知网，万方，维普，MedRxiv，Google Scholar。

其中，MedRxiv 平台（https：//www. medrxiv. org/）用于发表医学、临床和健康科学相关领域完整但未发表和经过同行评审的预印文章。由于与疫情相关的研究在短时间内激增，为避免遗漏，我们也检索了该平台内的预印研究。

2. 检索词及检索式

本研究的检索式并未遵循传统的 PICOS 原则（Population［样本选择］，Intervention［干预设置］，Comparison［对照类型］，Outcome［结果测量］，Study design［研究设计］）。这是因为在描述性的流行率调查元分析中，所研究的问题往往不包含 Intervention、Comparison 等元素，也就是说，PICOS 原则并不适用于流行率调查的元分析。因此，我们转而使用 CoCoPop 记忆术（Munn et al.，2015）来指导我们的问题及检索词设定。在 CoCoPop 记忆术当中，第一个 Co 为 Condition，代表感兴趣的变量，可能是个体的健康状况、疾病、症状、事件、行为、实践或因素等；第二个 Co 为 Context，代表可能对疾病的流行或发生率产生重大影响的环境因素；Pop 为 Population，指的是被试群体。根据该原则，本研究的检索词将从抑郁及/或焦虑症状、COVID -19 大流行以及中国老年人这几方面出发进行确定。

有了这几个主题词，下一步就是明确每个主题词的同义词、近义词或变体等。每个主题词的扩展主要来源于：（1）从已有的文献资料中提取；（2）检索数据库时进行自由联想匹配；（3）分析关键词，进行抽象化，提取上位词（即概念上外延更广的词语，如“鲜花”的上位词为“花”），或进行具体化，提取下位词（即概念上内涵更窄的词语，如“花”的下位词可以是“玫瑰花”）。确定检索词后，根据布尔逻辑初步拟出检索式，并开始在各大数据库进行检索（注意，不同数据库用以表示上述逻辑的符号不一定相同，具体需要阅读各数据库的检索指引）。除检索时段设置为截至 2021 年 3 月，未对检索做其他限制。此外，还手工检索了疫情期间类似主题元分析中的参考文献，以避免遗漏。

以 Web of Science 为例，本研究的具体检索式为：

TS = (old OR older OR elderly OR geriatric OR geriatrics OR aging OR senior OR seniors) AND ("COVID-19" OR coronavirus OR "2019-nCoV" OR "SARS-CoV-2" OR "CoV-19" OR "2019 pandemic") AND (depression OR depressive OR depressed OR anxiety OR anxious OR "mental health" OR psychological) AND (China OR Chinese OR Mainland OR "Hong Kong" OR Taiwan OR Macao)

（三）研究筛选

1. 纳入与排除标准

纳入与排除标准主要是基于 CoCoPop 记忆术并结合类似元分析中的标准来确定，主要关注以下几方面：研究设计（如横断面/纵向、干预性/观察性）、研究特征（如语言、所采用的测量工具等）、被试信息（如年龄、地区、健康状况等）、是否能够提取完整数据。其他具体的要求应根据自己的研究所需以及相似元分析的标准来明确。

本研究的具体纳入标准为：（1）采用观察性研究设计、报告了 COVID -19 疫情期间抑郁和/或焦虑的发生率，或有可计算的相关数据的研究；（2）被试为来自中国大陆、香港、澳门或台湾的超过 60 岁的中国人（包括中国疫情背景下大众心理健康研究中的中国老年人）的研究；（3）使用标准化和经验证的量表测量被试的心理健康状况的研究；（4）以中文或英文形式报告的研究；（5）全文可用、数据完整、效应量可提取的研究。

排除标准为：（1）综述性研究（review articles）、案例报告（case reports）、评论性文章（commentaries）、书籍（books）、会议论文（conference papers）和其他没有用具体方法呈现实证结果的研究；（2）针对其他专业群体（如医务工作者、海外中国老年人等）的研究（因为这类人群可能无法反映疫情下典型中国老年人的心理健康状况）。

2. 筛选流程

首先，使用文献管理软件（如 EndNote）对检索到的所有文献进行删重处理；其次，根据标题和摘要对删重后的文献进行筛选；最后，根据上述纳入与排除标准对余下文献进行筛选。以上过程由两位作者独立操作，若有争议，可与其他作者协商以达成一致。整个流程需依据 PRISMA 原则作一张图，如图 2 - 1 所示。

（四）研究编码

资料的提取主要从以下方面进行：（1）研究标识（标题、第一作者姓氏、发表年份及数据收集日期）；（2）方法学特征（研究设计、抽样方法、样本量及问卷回收率）；（3）样本特征（被试所在地区、被试来源）；（4）结果及指标测量（测量问卷、临界值、抑郁及/或焦虑症状发生率）。资料提取的过程由两位研究者独立进行并经讨论达成一致。

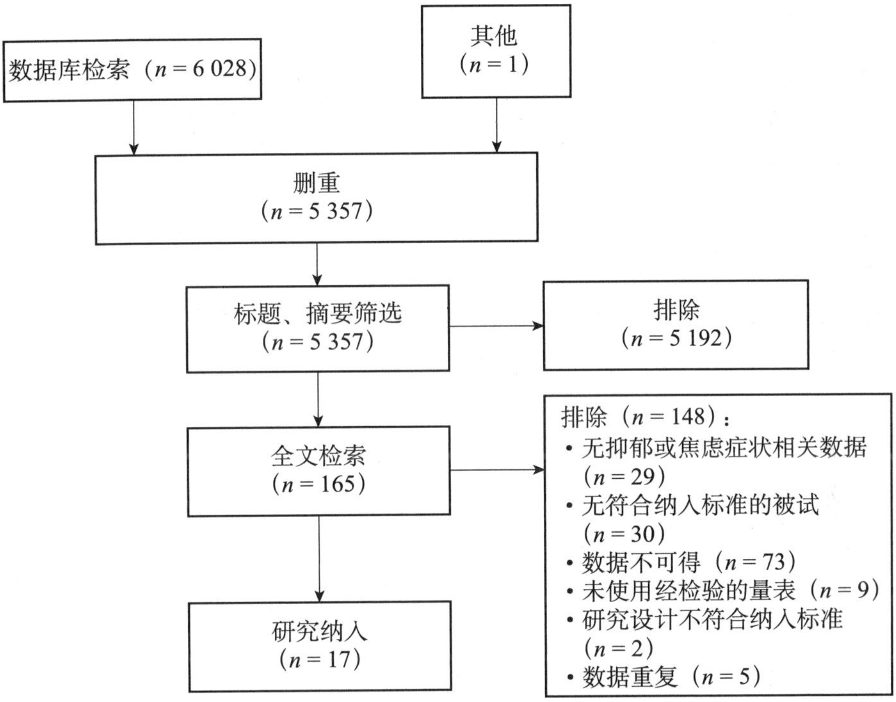

图 2-1 文献筛选和纳入流程图

（五）质量评价

本文采用 JBI 关键评估工具进行质量评价。该工具专门用于流行率调查研究的质量评价，由 9 个项目组成，每个项目的得分为 0 或 1 分，总分范围为 0～9 分。如果总分为 3 分或以下、4～6 分以及 7～9 分，则分别归为低、中和高质量文章。具体如表 2-1 所示。

表 2-1 JBI 关键评估工具

条目	内容	评分标准
1	样本是否恰当地针对目标人群？	对于每一个条目，如果回答“否”“不清楚”“不适用”，得 0 分；如果回答“是”，得 1 分。
2	研究是否采用合适的方法进行取样？	
3	样本量是否足够？	
4	研究被试和研究设置是否被详细描述？	
5	数据分析是否充分包括取样的被试？	
6	是否采用有效的方式识别特定条件？	
7	所有被试的条件测量是否采用了标准化的、可靠的方法？	
8	统计分析是否合适？	
9	被试回应率是否足够？如果不足，是否对低回应率进行了合适的处理？	

三、数据分析和结果

统计分析的主要步骤包括计算合并效应量、发表偏倚检验、亚组分析、元回归以及敏感性分析。所有分析均采用 R 软件（Version 4.0.4；http：//www.r-project.org）及其 meta 包（Version 4.18-0；https：//cran.r-project.org/package=meta）进行。以下将详述运用 R 进行流行率调查元分析的数据分析过程。

（一）R 基本介绍和安装

R 是一种用于统计计算和图形绘制的语言和环境。具体来说，R 是一套能够用于数据操作、计算和图形显示的集成软件设施，包括：（1）有效的数据处理和存储设施；（2）用于计算大量数据（如矩阵）的运算符；（3）用于数据分析的强大中间工具集合；（4）用于数据分析及显示的图形绘制工具；（5）一种开发良好、简单有效的编程语言，包括条件、循环、用户定义的递归函数以及输入和输出工具。

R 最早由来自新西兰奥克兰大学的统计学家 Ross Ihaka 和 Robert Gentleman 开发，现在由 R 开发核心团队（R Core Team）负责。由于 Ihaka 与 Gentleman 两人名字的前缀字母都是 R（Ross 和 Robert），R 语言因此得名。R 的核心是一种解释型的计算机语言，它允许用户使用函数进行分支、循环和模块化编程。可用的函数既可以直接在 R 中编写，也可以链接调用 C、C++和 Fortran 中的程序。R 环境旨在将 R 描述为一个全面规划和连贯的系统，在该系统中，已内置多种统计学及数据分析功能，也可以通过安装包（Packages）进行功能增强和扩展。软件包通常由用户运用 R 语言、LaTeX、Java、C 语言和 Fortran 等撰写，能够增加 R 的特殊统计、绘图、编程接口和数据输出/输入等功能。不同功能的软件包可通过 CRAN（Comprehensive R Archive Network）网站（https：//cran.r-project.org/）、Omegahat 网站（http://www.omegahat.net/r/）、Bioconductor 网站（https：//www.bioconductor.org/download/）以及 R-Forge 网站（https：//r-forge.r-project.org/）获得。目前已有上万个软件包，涵盖经济计量、财经分析、人文社会科学以及人工智能领域的广泛的现代数据统计方法，包括元分析。

R 软件可在网站 https：//www.r-project.org/免费获取。进入该网站后，首先点击左边一栏 Download 下的 CRAN，进入下载链接选择界面。读者可根据自身网络情况及地区选择合适的安装链接进行点击，随后可根据电脑系统情况（Linux、macOS 或 Windows）选择最新版本进行下载安装。

R 软件安装完成后，为方便 R 的运行和操作，读者可选择安装 RStudio（https：//www.rstudio.com/products/rstudio/download/）。RStudio 是一组集成工具，包括控制台、支持直接代码执行的语法突出显示编辑器，以及打印、历史记录查看、工作区调试和管理等各种强大工具，旨在提高使用 R 和 Python 的工作效率。进入网站后，读者可根据自身需要选择不同的类型进行安装，但通常选择 RStudio Desktop 即可满足大多数使用需求。安装完 R 及 RStudio 后，打开 RStudio 即可输入相关代码进行操作。

打开 RStudio 后，左边一栏即为命令输入栏，右边一栏注意下方的 Files 及 Plots 等选项，它们可以帮助我们查看绘图结果以及执行相关搜索功能。

接下来介绍几种安装软件包的方法。除部分内置的软件包无须安装外，其他功能的软件包是需要额外安装的。打开及安装软件包的方法主要有三种：

第一种方法是从相关的网站下载软件包。在此以 CRAN 网站为例进行介绍。首先，打开网站 https：//www.r-project.org/，同安装 R 一样，点击左栏 Download 下的 CRAN，进入网页链接后根据实际情况选择镜像网址；进入某镜像网站后，点击左栏 Software 下的 Packages；进入后，可看到 Available Packages 下提供两种软件包的排序方式，通常选择以首字母排序就能快速找到目标软件包；随后，研究者可以目标软件包的首字母进行搜索并下载安装。

注意，软件包需根据研究者自身的电脑系统进行选择。此外，下载界面中常出现的 r-devel、r-release 以及 r-oldrel 分别代表开发版本、发行版本以及旧版本。同样，研究者可根据自身需求进行下载安装。

第二种方法是直接通过 RStudio 进行软件包安装。点击右栏的 Packages，即可看到目前已安装的软件包，打钩代表已加载该软件包。若需安装新的软件包，点击 Packages下方的 Install，可看到默认的软件包来源即为 CRAN 网站。随后，在 Packages一行输入需安装的软件包名称并点击下载。下载完成后，左栏命令输入栏会显示相关命令。

第三种方法更为简洁，即直接输入以下命令：

```
install.packages("  ")
```

再在引号内输入所需安装的软件包名称即可完成安装。

通过以上方法在 R 中安装的相应的软件包并不能直接使用，每次运行时都需先调用加载该软件包。该操作可通过 library 函数实现，即输入如下命令：

```
library(metafor)
```

调用 metafor 包后即可使用其中的功能进行元分析。

（二）效应量的处理及数据准备

本文以百分比数据发生率 p 作为效应量，其计算方法为 $p_i = x_i / n_i$（其中 x_i 为阳性现象数，n_i 为总样本量）。注意，此计算仅是针对单个研究中发生率的计算，并不等同于合并发生率效应量的计算。此外，本研究将使用一步分析法来合并效应量。接下来对该方法进行简要的介绍。

相关研究表明，两步分析法具有较大的局限性（Freeman & Tukey，1950）。首先，log 和 logit 转换法并不能直接处理发生率为 0 的研究，其处理方法通常是对该效应量增加 0.5 的数值进行更正。此外，尽管这两种方法能够很好地解决置信区间落于

0～1 范围外的问题，但其方差计算方法通常取决于阳性事件的数值，因此不能稳定方差，同时它们通常将研究内方差（within-study variances）视为固定的已知值，从而会影响后续推断的准确性。基于正弦的转换方法，即反正弦转换和 Freeman-Tukey 双重反正弦转换不需要事后更正也能较好地稳定方差，但这两种处理方法中的逆转换涉及样本量，这可能会降低统计效力或结果的可解释性，甚至可能导致不正确的结果（Jackson & White，2018；Schwarzer et al.，2019；Warton & Hui，2011）。考虑到以上的局限性，越来越多的研究者提倡使用广义线性混合模型（GLMM），该方法不需要进行效应量的转换，称为一步分析法（Lin & Chu，2020），同时还可以充分考虑单个研究内的不确定性，不需要对 0 值进行校正，具有更高的统计效力和解释性。

GLMM 在合并效应量前并不需要对单个研究的发生率进行转换，而是直接使用二项式似然（binomial likelihoods）对阳性事件数进行建模，并使用特定的链接函数（link function）将潜在真实百分比转换为线性比例，公式如下：

$$\mathrm{e}_i \sim \mathrm{bin}(n_i, p_i) \qquad \text{（似然）}$$

$$g(p_i) = \mu + \theta_i \qquad \text{（链接函数）}$$

$$\theta_i \sim N(0, \tau^2) \qquad \text{（随机效应）}$$

式中，p_i 代表单个研究的潜在真实百分比，p 为基于链接函数 $g()$ 计算出来的合并效应量，τ^2 代表研究间方差。

GLMM 中几种常用的链接函数包括 log、logit、probit、cauchit，以及 complementary log-log（cloglog）。大多数的链接函数与为潜在变量假设的特定分布相关，因此选择链接函数时要考虑所使用效应量的假设分布为何。通常来说，probit 链接函数适用于呈正态分布的潜在变量，而 cauchit 或 cloglog 链接函数适用于呈重尾分布的变量。此外，使用 log 和 logit 链接函数的 GLMM 分别对应于带有 log 和 logit 转换的两步方法，但差别在于它们直接对阳性事件数进行建模，而不进行转换。

本研究共纳入 17 篇研究，共含 11 237 名被试。其中，11 篇共同报告了抑郁和焦虑症状的发生率，3 篇仅报告了抑郁症状发生率，3 篇仅报告了焦虑症状发生率。由于不同健康状况老年人（COVID-19 患者、大众群体以及慢性病患者）间存在较大异质性，本研究仅对 COVID-19 患者及大众群体中的老年人进行量化的元分析，而对慢性病患者的研究进行简要系统综述。接下来将以 7 篇报告了大众群体中老年人抑郁症状发生率的研究为例展示元分析相关步骤。

第一，建立 Excel 表格并输出。

通常说的发生率或流行率其实质是一个比例，即目标阳性现象例数除以总样本量。在运用元分析合并效应量时，需要每个纳入研究的以下数据：x_i（即阳性现象例数）和 n_i（总样本量）。同时，也可以使用 m_i 来代替 n_i。因此，在建立包含原始数据的 Excel 表格时，需要包括的数据主要有研究标识（通常为第一作者姓氏及发表年份）、x_i、n_i 以及亚组分析变量（以被试所在地区为例）（见图 2－2）。

包含分析所需数据的 Excel 表格建立好后，需要将 Excel 表格输出为 comma-separated-values（. csv）的格式以便导入 R 中。具体操作为：在选择 Excel 表格存储方式时，点击文件格式→CSV UTF-8（逗号分隔）(. csv）→存储，参见图 2-3。此外，建议对该数据集也以 Excel（. xlsx）格式进行存储备份，以方便更改数据及防止数据丢失。

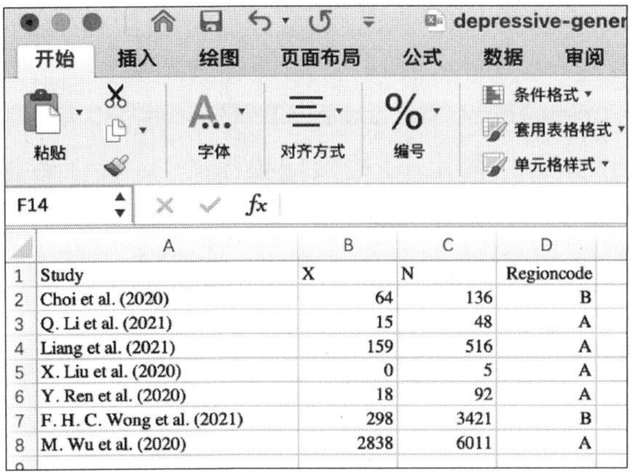

图 2-2　原始 Excel 数据

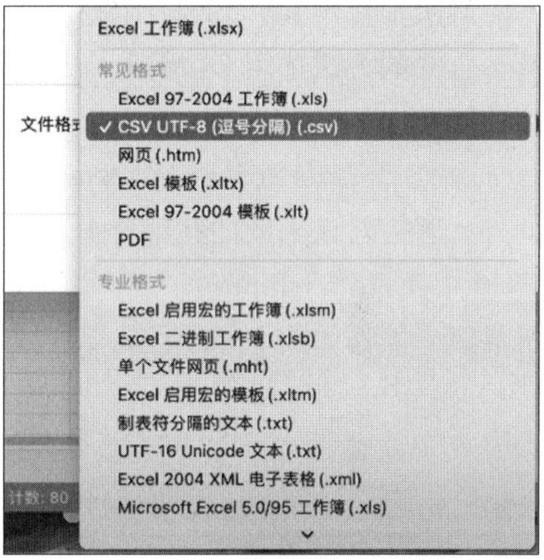

图 2-3　Excel 表格输出

第二，在 R 中打开 CSV 文件。

最直接的办法就是使用 R 中的 read. csv 函数。具体命令如下：

```
prevalence<-read.csv('/Users/agnesyyf/Desktop/depressive symptoms.csv')
prevalence
```

其中，首行命令中引号内为需读取文件的路径名称，“<—”指命名某文件，如上述例子中即将读取到的 CSV 文件在本次 R 操作中命名为 prevalence 文件。次行命令即为打开这个文件。成功打开后如图 2-4 所示。

```
> prevalence<-read.csv('/Users/agnesyyf/Desktop/depressive-general population.csv')
> prevalence
                     Study    X    N Regioncode
1        Choi et al. (2020)   64  136          B
2       Q. Li et al. (2021)   15   48          A
3       Liang et al. (2021)  159  516          A
4      X. Liu et al. (2020)    0    5          A
5      Y. Ren et al. (2020)   18   92          A
6 F. H. C. Wong et al. (2021)  298 3421          B
7       M. Wu et al. (2020) 2838 6011          A
```

图 2-4　在 R 中打开 prevalence 文件

（三）合并效应量分析

从各纳入文章提取了流行率数据后，采用 GLMM 计算合并流行率。与传统的方法相比（如 log、logit、反正弦、Freeman-Tukey 双重反正弦），使用该模型处理流行率数据时并不需要进行转换，可实现直接的计算合并。

首先，打开进行元分析需要的软件包，在此使用 meta 包。具体命令如下：

```
Library(meta)
```

打开后的显示界面见图 2－5。可根据指示输入“help(meta)”或在右栏 Help 中搜索“meta”，查看该软件包的详细功能介绍。

```
> library (meta)
Loading 'meta' package (version 4.19-0).
Type 'help(meta)' for a brief overview.
```

图 2－5　打开 meta 包

其次，使用 metaprop 函数进行合并效应量计算。合并的方法选用 GLMM，以及 Plogit。若读者需要选用其他的方法进行合并，则可使用“method=”和“sm=”进行赋值（罗美玲等，2013）。具体命令如下：

```
pooled<-metaprop(X,N,Study,data = prevalence,method = "GLMM",sm = "PLOGIT")
```

此外，若需对该函数的其他部分进行修改（如选用固定/随机效应模型等），可在右栏 Help 中搜索“metaprop”查看该函数的详细介绍以及默认赋值，而后根据研究所需进行修改。操作如图 2－6 所示。

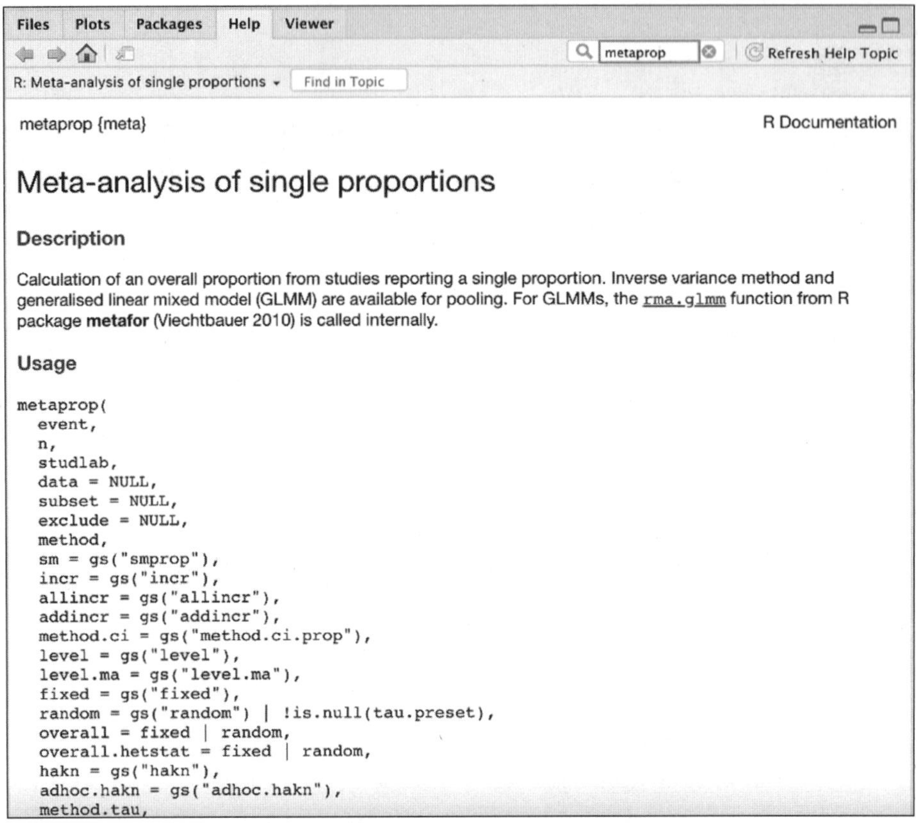

图 2－6　查看 metaprop 函数的详细介绍

最后，使用 forest 函数画出森林图。具体命令如下：

```
forest(pooled,digits = 2,digits.I2 = gs("digits.I2"),print.Q = TRUE)
```

点击右栏 Plots 查看所制作的森林图，本例结果如图 2－7 所示。

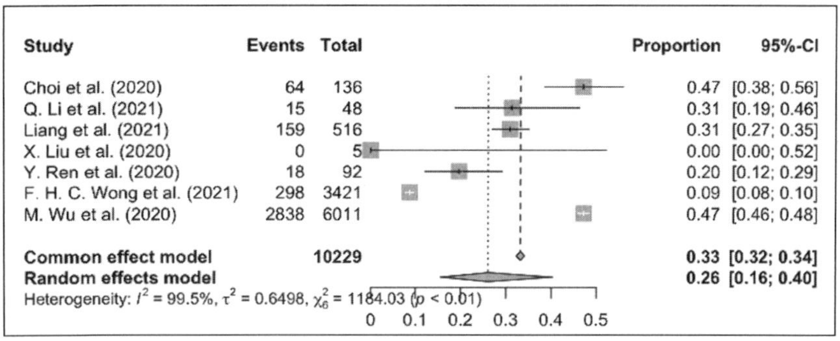

图 2-7　合并效应量结果及森林图

同理，读者可根据自己的需要（如设置森林图的颜色、保留小数位数或对森林图进行效应量大小的排序等），在右栏 Help 中搜索“forest”查看该函数的详细介绍以及默认赋值，并进行修改。此外，可分别点击 Plots 栏下方的 Zoom 和 Export，调整图片大小和选择输出格式及保留路径。

由以上森林图可知，经对 7 篇研究进行分析，得到的合并抑郁症状发生率为 26%（95%置信区间为［16%，40%］）。

（四）发表偏倚分析

本研究采用漏斗图和 Egger 检验来评估发表偏倚。漏斗图对称性高表示发表偏倚小，反之则表示可能存在发表偏倚；Egger 检验对应的 p 值小于 0.05 意味着存在发表偏倚，反之则无。

漏斗图制作的具体命令如下（发表偏倚检验针对的是报告抑郁症状的 14 个研究）：

```
funnel(overallpooled,comb.random = TRUE,comb.fixed = FALSE)
```

完成后，可点击 Plots 查看漏斗图，本例结果如图 2-8 所示。

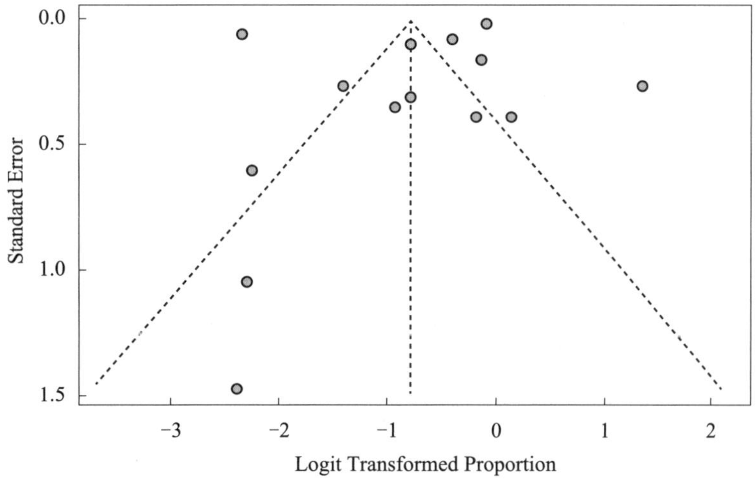

图 2-8　漏斗图

随后使用 metabias 函数进行 Egger 检验，具体命令如下：

```
metabias(pooled,method = "linreg",plotit = TRUE,k.min = 10)
```

所得结果分两部分呈现：一部分呈现在命令输入框，可获得 Egger 检验的 p 值；另一部分呈现在 Plots 中（如图 2－9 所示），可直观看到回归过程。对于纳入的 14 篇研究，Egger 检验结果为 bias＝－2.433 7，t＝－0.72，p＞0.05。

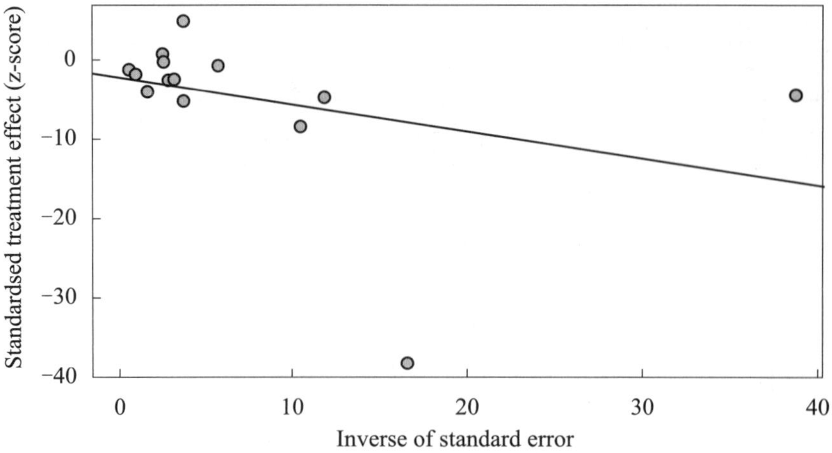

图 2－9　Egger 检验部分结果

漏斗图和 Egger 检验均表明，包含抑郁症状发生率分析的研究无发表偏倚。Egger 检验本质上是一种回归，其中的 bias 对应的是图中的斜率，但需通过结果的参数部分来了解检验的结果。

（五）异质性检验及分析

异质性检验用来检验研究间所得的平均效应量是否异质。本研究通过 Q、τ^2（两个指标中若 p＜0.05，则表明存在较大异质性），以及 I^2（当 I^2 值在 25％～50％、50％～75％和 75％及以上时，异质性分别为低、中、高）来反映纳入研究的异质性（Higgins et al.，2003）。异质性高，表明效应量观测值的变异有很大一部分源于效应量之间的真实差异，因此也就意味着有必要进行异质性分析。

从森林图（图 2－7）可知，I^2 值为 99.5％，τ^2 值为 0.648 9，p 值小于 0.01，表明纳入的 7 篇研究具有极高的异质性，进行相关的异质性分析是非常有必要的。探讨异质性来源的方式有敏感性分析、元回归以及亚组分析。由于研究数量的限制，本研究只进行亚组分析。

亚组分析旨在探究类别变量对异质性的影响。本研究中主要对测量工具及其临界值、被试所在地区、研究数据收集时期以及被试来源进行亚组分析。具体步骤以被试所在地区（Region）为例。根据纳入研究所报告的地区，本研究将被试分为来自中国内地（A）和中国香港（B）。

亚组分析是基于合并效应量分析，因此仍然需要使用 metaprop 函数。具体而言，定义合并效应量用到的 byvar＝字段，即可进行亚组分析：

```
subgroup<-metaprop(X, N, Study, data = prevalence, method = "GLMM", sm =
        "PLOGIT",comb.random = TRUE,byvar = Region)
```

接下来进行森林图绘制：

```
forest(subgroup,digits = 2,comb.fixed = FALSE,comb.random = TRUE,test.subgroup.ran-
        dom = TRUE,digits.I2 = gs("digits.I2"),print.Q = TRUE,print.byvar = FALSE)
```

需要注意的是，进行亚组分析前研究者应根据数据的异质性情况选好分析模型（固定/随机等）。因此，在输入命令时要注意对其进行定义。

结果如图 2-10 所示。最后一行组间差异检验（Test for subgroup differences）的 p 值为 0.61，即组间差异不显著，说明被试所在地区对纳入研究间抑郁症状发生率无显著影响。

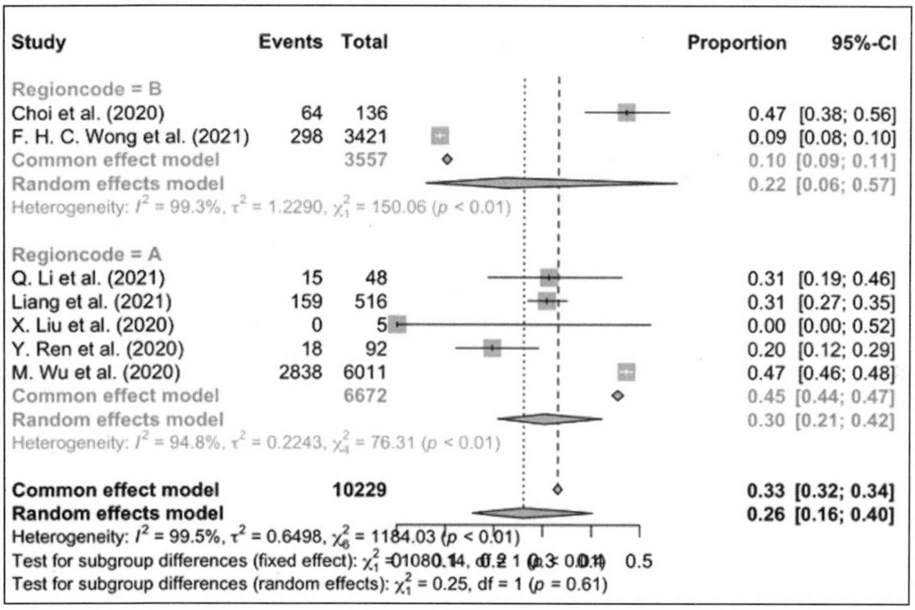

图 2-10 亚组分析结果

（六）质量评价结果

本元分析纳入的全部研究（n=17）平均质量评价得分为 6.71（取值范围：6～8）。其中，大多数研究采用了恰当的统计方法、测量工具，被试回应率也较高。但部分研究在样本框架、抽样方法以及样本量相关项目的评价上得分较低。具体如表 2-2 所示。

表 2-2 质量评价结果

研究	条目									总质量
	1	2	3	4	5	6	7	8	9	
Cai et al.，2020	否	不清楚	否	是	是	是	是	是	是	6（中等）
S. H. Chen et al.，2020	是	否	否	否	是	是	是	是	是	6（中等）

续表

研究	条目									总质量
	1	2	3	4	5	6	7	8	9	
L. L. Chen et al.，2020	是	否	否	是	是	是	是	是	是	7（高）
Choi et al.，2020	是	是	是	否	是	是	是	是	是	8（高）
Dai et al.，2020	是	不清楚	否	是	是	是	是	是	是	7（高）
Fong et al.，2020	否	否	否	是	是	是	是	是	是	6（中等）
X. Li et al.，2020	否	否	否	是	是	是	是	是	是	6（中等）
Q. Li et al.，2021	否	否	否	是	是	是	是	是	是	6（中等）
Liang et al.，2021	否	否	是	是	是	是	是	是	是	7（高）
X. Liu et al.，2020	否	否	否	是	是	是	是	是	是	6（中等）
Y. Ren et al.，2020	不清楚	否	否	是	是	是	是	是	是	6（中等）
Z. H. Wang et al.，2020	是	否	是	是	是	是	是	是	是	8（高）
S. Y. S. Wong et al.，2020	是	不清楚	是	是	是	是	是	是	是	8（高）
F. H. C. Wong et al.，2021	否	否	是	是	是	是	是	是	是	7（高）
M. Wu et al.，2020	是	否	是	是	是	是	是	是	是	8（高）
Yan et al.，2020	是	否	否	是	是	是	是	是	是	7（高）
J. Zhang et al.，2020	否	否	是	是	是	是	是	是	是	7（高）
J. L. Zhang et al.，2020	否	否	否	是	是	是	是	是	是	6（中等）

四、讨论

本文讨论部分首先对结果进行小结，其次对主要结果逐条进行讨论，最后指出研究局限及临床启示所在。总的来说，该研究从抑郁和焦虑症状发生率的角度量化地描述了 COVID -19 大流行对中国老年人心理健康的影响。

结果表明，疫情期间 COVID -19 患者、大众群体以及慢性病患者中，老年人的抑郁症状发生率分别为 27%、26%以及 61%。虽然组间差异不显著，但患有慢性病的老年人与未患慢性病的老年人之间抑郁症状发生率的巨大绝对差异表明需要进一步研究。焦虑症状发生率分别为 14%、23%以及 85%。同样，尽管差异不显著，但患有慢性病的老年人的焦虑症状比 COVID -19 老年患者和普通老年人更为普遍。亚组分析表明，疫情对大众群体中的老年人的焦虑症状发生率具有显著影响，其中第二阶段（2020 年 3—4 月）较为严重；相似的趋势在 COVID -19 患者的抑郁症状中也有所表现。而地区以及量表类型对于研究间异质性并不存在解释作用。以上结果对未来中国老年精神卫生服务的启示是，在相似的突发公共卫生事件下，要及时关注老年人的心理健康，尤其是慢性病老年患者，采取相应的干预措施以预防相关抑郁及焦虑症状的大暴发。

第三节　实例2：中国公安机关警察心理健康状况的元分析①

一、实例背景

本研究考察1996—2015年（when）中国（where）公安机关警察（who）的心理健康状况，具体来说，该心理健康状况由90项症状清单（SCL-90）得分与常模（what）进行比较而得。

警察是高压力性质的职业，其压力主要源于工作内容本身、与组织管理有关的工作环境压力，以及社会和家庭对警察及其工作的态度（Liberman et al.，2002；McCreary & Thompson，2006）。这些压力给警察的身心健康和生活乃至警察的履职行为带来不容忽视的消极影响，如有研究表明，警察群体的高压力与其高职业倦怠、高自杀率、酗酒、对待暴力的积极态度及在工作中使用暴力有关（Kop et al.，1999；Leino et al.，2011；蒋奖等，2005）。更重要的是，警察的心理健康不仅关系到警察自身的生活质量和主观幸福感，还关系到公安队伍战斗力的发挥甚至社会的安定和谐。

自20世纪90年代起，警察心理健康问题在国内得到了重视，研究者开展了一系列相关研究。其中大多数的调研采用SCL-90作为警察的心理健康的测量工具，并与1986年金华等的常模或对照组数据进行对比。但以上对比得出的结论并不一致：有研究表明警察的心理健康好于普通人（杨婕，2012），也有研究得出了相反的趋势（周沃欢等，2014）。此外，比较的标准也是一个问题：1986年的常模已失去时效性，与新常模进行比较可能会得出不一样的结果；同时，警察作为一个较为特殊的职业群体，与正常人常模进行比较能够提供的有价值的信息比较有限，单一的比较标准可能无法满足研究和临床的需要。另一部分的研究则尝试在性别、警种、年龄等人口学变量上对警察的心理健康进行比较：在性别上，徐玉翠（2014）发现男警的心理健康状况比女警差，周沃欢等（2014）则认为在不同的因子上男女各有长短，赖小林等（2004）的研究得出了男女差异很小甚至不显著的结论；在警种上，有的研究表明交警的心理健康状况最差（刘冰，2008），有的却认为交警的心理健康状况最好（贾志卿等，2010）；此外，在年龄、婚姻状况、文化程度等方面，各个研究在分类及其对警察心理健康影响的结论上也不太一致。

① 实例来源：李艳青等，2016。

那么，我国公安机关警察的心理健康状况究竟怎样呢？在性别、年龄、文化程度、婚姻状况、警种等人口学变量上究竟有无差异呢？澄清这些问题可以为公安队伍管理、公安决策以及相应的实际工作提供客观的依据。因此，本研究拟对以上问题进行回应：通过与不同常模进行比较，考察公安机关警察的心理健康状况；同时，评估年龄、性别、婚姻状况、文化程度、警种、地区和样本量等人口学变量和研究特征变量对警察心理健康的影响。

二、研究方法

（一）文献检索

1. 检索库

文献检索库包括 CNKI 中国学术期刊网络出版总库、CNKI 中国期刊网优秀博硕论文全文数据库、中国科技论文在线和万方中国学术会议论文全文库等中文数据库。

2. 检索词及检索式

本研究依据核心变量将检索词划分为两个概念范畴，即警察和心理健康，并采用以下方法在各数据库中检索：首先，以“警察”为检索词进行一次检索；随后，以“心理健康”为检索词在第一次检索的结果中进行二次检索；此外，还对类似主题研究及综述中的参考文献进行手动检索，以避免遗漏。

（二）研究筛选

1. 纳入与排除标准

纳入标准：（1）考察的对象是公安机关的警察，不包括属于现役部队的消防警察、边防警察、警卫以及司法系统（监狱、劳教所、法院和检察院）的警察；（2）调查工具为 SCL-90；（3）报告了调查对象在 SCL-90 各因子上的得分及其标准差。

排除标准：（1）资料不完整或者有明显错误而导致结果不可信的文献；（2）基于同一批数据呈现的文章，保留其中一篇。

2. 筛选流程

首先，使用文献管理软件对检索到的所有文献进行删重处理；其次，根据标题和摘要对删重后的文献进行筛选；最后，根据上述纳入与排除标准对余下文献进行筛选。以上过程由两位作者独立操作，若有争议，与其他作者协商以达成一致。整个流程遵循 PRISMA 原则。

（三）研究编码

需要提取的资料主要包括以下几方面：（1）研究标识（标题、第一作者姓氏、发表年份）；（2）效应量计算数据（SCL-90 各因子得分及其标准差）；（3）亚组分析及元回归数据。

其中，以年龄（四组：30 岁以下组、30～39 岁组、40～49 岁组和 50 岁及以上组）、婚姻状况（四组：未婚、已婚、离异和再婚）、文化程度（四组：高中及中专以下、大专、本科和研究生）、警种（五组：交警、刑警、巡特警、治安警和机关内勤警）和地区（三组：发展较好地区、中等发展地区和发展落后地区）作为亚组分析变量；元回归将考察样本量对效应量的影响。资料提取的过程由多位研究者独立进行并经讨论达成一致。

三、数据分析和结果

（一）CMA 软件简介和安装

Comprehensive Meta-Analysis（CMA）软件是由美国国家卫生研究院（U. S. National Institutes of Health，NIH）资助、由英国和美国元分析领域的专家开发的一款专门针对元分析的商用统计软件，目前的最新版本为 Version 4，可免费试用 10 天。CMA 软件基于的系统为 Windows，界面友好，能够输入中文，主要包括数据输入（data entry）、数据分析（data analysis）和高分辨率图形（high resolution plots）三个模块（曾宪涛等，2012c）。CMA 是目前非编程软件中唯一可同时进行随机与固定效应模型分析、自动剔除单个研究进行敏感性分析，以及对多种类型数据（如二分/连续变量与 *OR* 值）进行合并分析的软件。CMA 的主要优势是界面清晰直观，非常容易学习和使用。目前，CMA 有三个版本：Lite、Std 和 Pro。三个版本可实现的功能见表 2－3。

表 2－3 CMA 三个版本可实现的功能对比

功能	Lite	Std	Pro
使用电子表格界面	√	√	√
使用优势比、风险比、风险差、平均差、标准化均值差和相关系数	√	√	√
以每个研究各自的数据格式输入数据	√	√	√
自动计算处理效应（或效应量）	√	√	√
使用方差分析（ANOVA）来评估调节变量的影响	√	√	√
创建高分辨率的黑白森林图，并可导出到 Word	√	√	√
创建高分辨率的彩色森林图，并可导出到 PowerPoint		√	√
可计算危险比（hazard ratios）、按人年计算的事件比、一组中的风险、一组中的平均数、一般效应大小等			√
可输入超过 100 种数据格式			√
使用多样化机制来评估发表偏倚的影响			√
可处理研究中多个独立的亚组			√
可处理研究中的多个结果变量、时间点或者对照组			√
使用元回归来评估连续调节变量、连续和/或分类调节变量以及交互作用的影响			√

续表

功能	Lite	Std	Pro
全面支持 Windows 系统	√	√	√
可计算多层次研究的效应量			√

CMA 软件的功能主要包括：使用电子表格界面，自动计算处理效应（或效应量），快速准确地进行元分析，创建高分辨率的森林图，使用累积元分析来观察证据是如何随时间变化的，使用逐个移除分析来衡量每个研究的影响，处理数据的子集，进行亚组分析，评估调节变量的影响，评估发表偏倚的潜在影响。Version 3 还包括多元回归的一个新模块，允许纳入任意数量的协变量（covariates）、定义协变量集、纳入分类协变量和连续协变量、自动为分类协变量创建虚拟变量、定义和比较多个预测模型、选择 Z 分布或 Knapp-Hartung 校正，并允许绘制回归、置信度和预测区间，自动绘制 R 平方模拟，一键式将数据导出到 Excel，一键式将图导出到 PowerPoint 和 Word，聚类随机研究的效应量。更新的 Version 4 则提供了新的功能，包括：提供更详细的数据报告，可以进行注释和以适合发表的格式导出到 Word；提供详细的案例研究视频；提供显示预测区间的选项作为森林图的一部分，可创建真实效应分布图，并导出到 Word 或 PowerPoint；在程序的任何屏幕上，可以直接通过链接打开开发团队出版的《元分析中的常见错误以及如何避免这些错误》（*Common Mistakes in Meta-Analysis and How to Avoid Them*）这本书的相关章节。与 RevMan（ReviewManager）、Stata 对比，CMA 最大的优势是对用户友好，在输入数据时，使用电子表格界面，支持的样本的数据格式更具多样性，例如，不仅可以使用平均数和标准差，还可以使用样本量和事件等数据格式。CMA 最大的缺陷是不能实现网状元分析。

因为 CMA 支持的是 Windows 系统，安装没有需要特别注意的地方。下载安装包（https：//www.meta-analysis.com/），点击安装后，跟随安装指引逐步安装即可。安装完成后会有四个 PDF 文件帮助使用者熟悉、了解和学习 CMA。主要安装过程为：（1）下载安装程序；（2）双击程序开始安装；（3）接受许可协议；（4）填写用户信息和序列号；（5）选择程序存放的位置；（6）完成安装并生成桌面快捷方式。

（二）效应量的处理及数据准备

下面先介绍本研究采用的效应量。由纳入标准可知，纳入的研究均为采用 SCL-90 进行测量的研究。由于研究目的为描述中国公安机关警察心理健康状况，该量表的分数需要与特定的常模进行比较。为提供全面、深入的描述，研究者选择了三个 SCL-90 常模进行比较，分别为 1986 年正常成人常模（金华等，1986）、2006 年正常成人常模（童辉杰，2010）和 1999 年军人常模（王焕林等，1999），分别称为常模一、常模二和常模三。选择军人常模的原因主要是军人与警察在工作性质和环境上较为相似，两者心理健康状况可比性强。总的来说，这三个常模的选择较具代表性和权威性。

那么，如何将 SCL-90 与常模进行比较呢？常用的方法是计算两者的差值。在元分析中，基于均值的效应量有原始均值差（*D*）、标准化均值差（Cohen's *d* 和 Hedges' *g*）和反应比（*R*）。根据本研究的数据类型及目的，研究者采用 Cohen's *d* 作为效应量。作为一种标准化均值差，Cohen's *d* 优于原始均值差的一点在于其可以在不同的研究间进行直接的比较，即克服了不同研究可能存在的单位不同的问题。通用计算方法为用各个研究的标准差去除均值差异。均值差的均值可来自两个独立分组、配对设计及前后设计。本研究中由于原始研究与常模所用被试群体不一且不匹配，故均值可被看作来自独立分组。具体计算公式为 $d=(M_1-M_2)/SD$，其中 M_1 指纳入研究在 SCL-90 各因子上的得分均值，M_2 指用来与警察的 SCL-90 得分相比较的常模中 SCL-90 各因子的均值，SD 指两两比较的警察和常模的联合标准差，即两者方差的加权平均值的平方根。此外，Cohen's *d* 的评价标准为：0.8 为大效应量；0.5 为中等效应量；0.2 为小效应量（Cohen，2013）。

在本研究中，每个纳入研究与一个常模进行比较时可以获得 10 个效应量（SCL-90 各因子的 9 个效应量以及各效应量总平均值作为 1 个效应量）。而每个纳入研究都需要与常模一、二和三进行比较，故每个研究可算出 30 个效应量。接下来，将以 SCL-90 中精神病性因子与常模一比较的效应量计算过程为例展示相关步骤。

首先，我们需要建立包含原始数据的 Excel 表格。根据 Cohen's *d* 的计算方式，我们需要每个纳入研究的以下数据：M_1（样本 1 均值）、M_2（样本 2 均值）、SD_1（样本 1 标准差）、SD_2（样本 2 标准差）、N_1（样本 1 大小）和 N_2（样本 2 大小）。因此，在建立包含原始数据的 Excel 表格时，需要包括的数据主要有研究标识、M 精神病性、S 精神病性、N、M 常一精神病性、S 常一精神病性、N 常一、M 常二精神病性、S 常二精神病性、N 常二、M 常三精神病性、S 常三精神病性以及 N 常三（见图 2-11）。

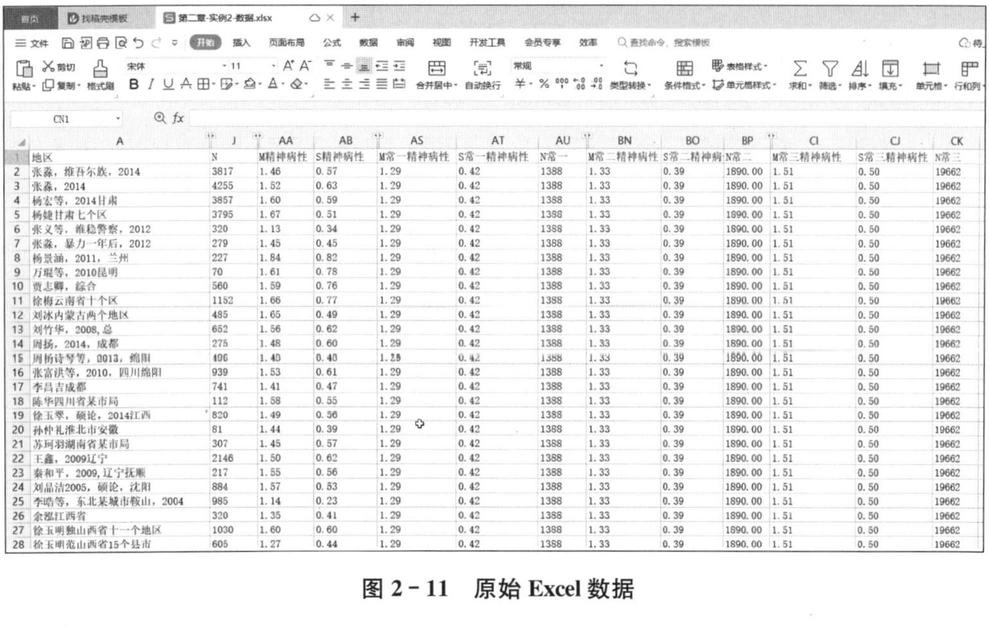

	A	J	AA	AB	AS	AT	AU	BN	BO	BP	CI	CJ	CK
1	地区	N	M精神病性	S精神病性	M常一精神病性	S常一精神病性	N常一	M常二精神病性	S常二精神病	N常二	M常三精神病性	S常三精神病性	N常三
2	张淼，维吾尔族，2014	3817	1.46	0.57	1.29	0.42	1388	1.33	0.39	1890.00	1.51	0.50	19662
3	张淼，2014	4255	1.52	0.63	1.29	0.42	1388	1.33	0.39	1890.00	1.51	0.50	19662
4	杨宏等，2014甘肃	3857	1.60	0.59	1.29	0.42	1388	1.33	0.39	1890.00	1.51	0.50	19662
5	杨婕甘肃七个区	3795	1.67	0.51	1.29	0.42	1388	1.33	0.39	1890.00	1.51	0.50	19662
6	张义等，维稳警察，2012	320	1.13	0.34	1.29	0.42	1388	1.33	0.39	1890.00	1.51	0.50	19662
7	张淼，暴力一年后，2012	279	1.45	0.45	1.29	0.42	1388	1.33	0.39	1890.00	1.51	0.50	19662
8	杨景涵，2011，兰州	227	1.84	0.82	1.29	0.42	1388	1.33	0.39	1890.00	1.51	0.50	19662
9	万琨等，2010昆明	70	1.61	0.78	1.29	0.42	1388	1.33	0.39	1890.00	1.51	0.50	19662
10	贾志卿，综合	560	1.59	0.76	1.29	0.42	1388	1.33	0.39	1890.00	1.51	0.50	19662
11	徐梅云南省十个区	1152	1.66	0.77	1.29	0.42	1388	1.33	0.39	1890.00	1.51	0.50	19662
12	刘冰内蒙古两个地区	485	1.65	0.49	1.29	0.42	1388	1.33	0.39	1890.00	1.51	0.50	19662
13	刘竹华，2008，总	652	1.56	0.62	1.29	0.42	1388	1.33	0.39	1890.00	1.51	0.50	19662
14	周扬，2014，成都	275	1.48	0.60	1.29	0.42	1388	1.33	0.39	1890.00	1.51	0.50	19662
15	周杨诗琴等，2013，绵阳	406	1.40	0.40	1.29	0.42	1388	1.33	0.39	1890.00	1.51	0.50	19662
16	张富洪等，2010，四川绵阳	939	1.53	0.61	1.29	0.42	1388	1.33	0.39	1890.00	1.51	0.50	19662
17	李昌吉成都	741	1.41	0.47	1.29	0.42	1388	1.33	0.39	1890.00	1.51	0.50	19662
18	陈华四川省某市局	112	1.58	0.55	1.29	0.42	1388	1.33	0.39	1890.00	1.51	0.50	19662
19	徐玉翠，硕论，2014江西	820	1.49	0.56	1.29	0.42	1388	1.33	0.39	1890.00	1.51	0.50	19662
20	孙仲礼淮北市安徽	81	1.44	0.39	1.29	0.42	1388	1.33	0.39	1890.00	1.51	0.50	19662
21	苏珂羽湖南省某市局	307	1.45	0.57	1.29	0.42	1388	1.33	0.39	1890.00	1.51	0.50	19662
22	王鑫，2009辽宁	2146	1.50	0.62	1.29	0.42	1388	1.33	0.39	1890.00	1.51	0.50	19662
23	秦和平，2009，辽宁抚顺	217	1.55	0.56	1.29	0.42	1388	1.33	0.39	1890.00	1.51	0.50	19662
24	刘晶洁2005，硕论，沈阳	884	1.57	0.53	1.29	0.42	1388	1.33	0.39	1890.00	1.51	0.50	19662
25	李晧等，东北某城市鞍山，2004	985	1.14	0.23	1.29	0.42	1388	1.33	0.39	1890.00	1.51	0.50	19662
26	余泓江西省	320	1.35	0.41	1.29	0.42	1388	1.33	0.39	1890.00	1.51	0.50	19662
27	徐玉明独山西省十一个地区	1030	1.60	0.60	1.29	0.42	1388	1.33	0.39	1890.00	1.51	0.50	19662
28	徐玉明范山西省15个县市	605	1.27	0.44	1.29	0.42	1388	1.33	0.39	1890.00	1.51	0.50	19662

图 2-11　原始 Excel 数据

包含分析所需数据的 Excel 表格建立好后，打开 CMA 软件。出现如图 2－12 所示界面后，选中 Start a blank spreadsheet（即新建一个工作表），并点击 OK。

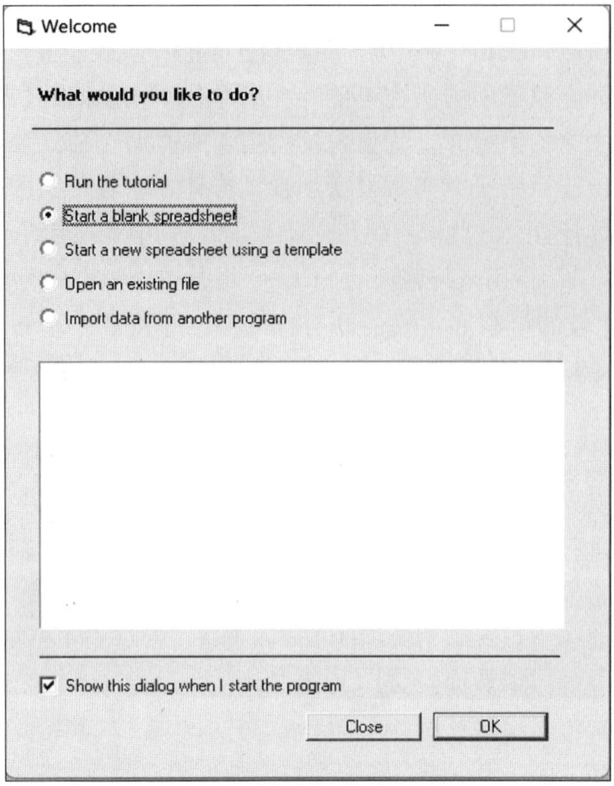

图 2－12　打开 CAM 软件

接下来，我们要将 Excel 表格每一栏的数据输入 CMA 软件。为确保 CMA 软件对每一栏数据识别的准确性，我们需要确定每一栏的属性。先选定新建工作表的 A 栏，点击 Insert→Column for…→Study names，建立研究标识信息栏（见图 2－13）。随后将 Excel 表格中相应的数据复制粘贴到该栏（见图 2－14）。

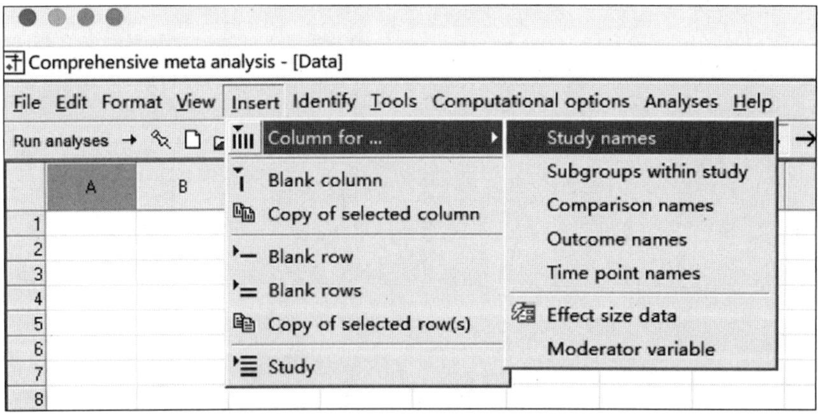

图 2－13　建立 Study names 栏

图 2-14 Study names 栏数据

定义完研究标识信息后，我们需要输入用于计算效应量的数据。运用相同的方法建立相关栏目（见图 2-15）：Insert→Column for…→Effect size data。

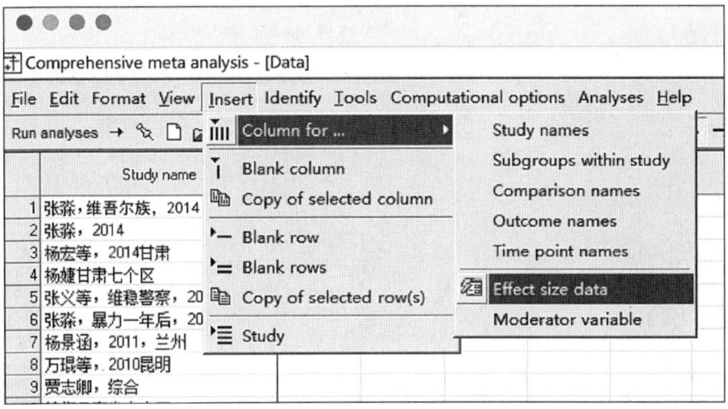

图 2-15 建立效应量相关数据栏

随后，出现选择效应量类型的窗口，点击 Show all 100 formats → Next（见图 2-16）。本研究所采用的效应量为 Cohen's d，为标准化均值差的一种，故选择第一大类，即“Comparison of two groups, time-points, or exposure (includes correlations)”，点击 Next（见图 2-17）。

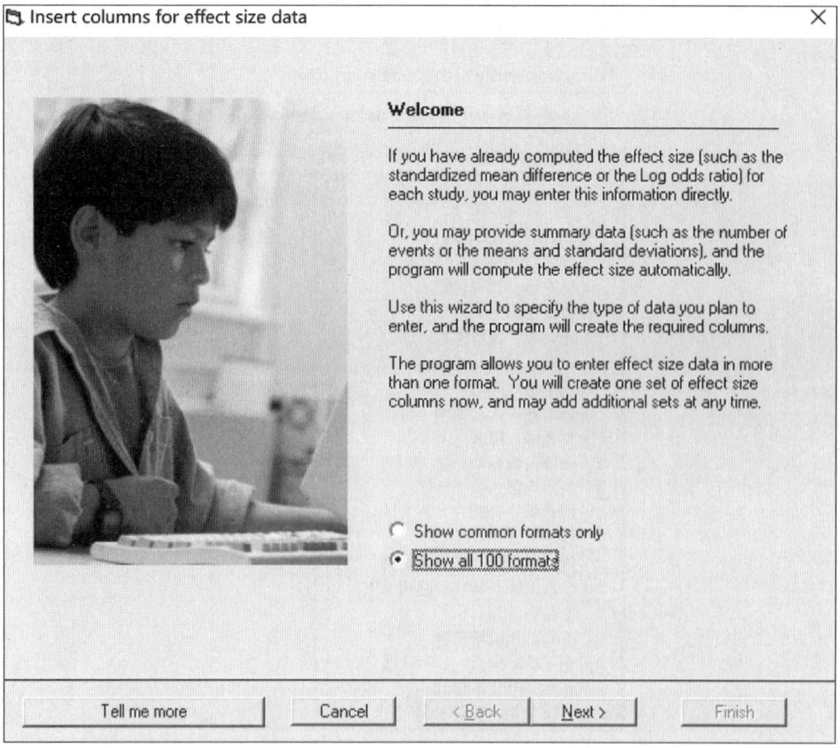

图 2-16　选择效应量类型（a）

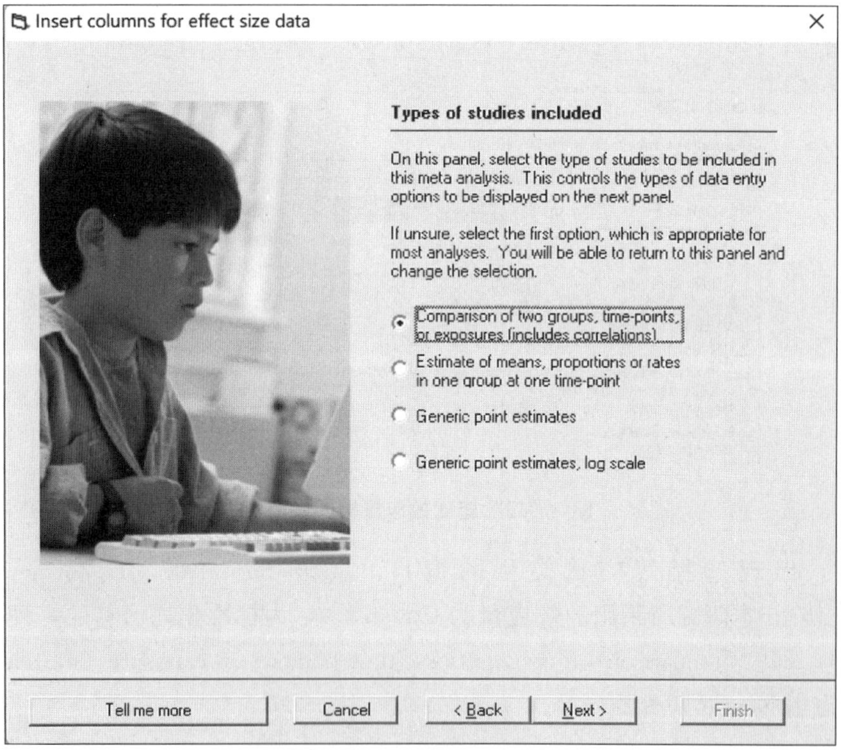

图 2-17　选择效应量类型（b）

根据所提取数据的类型（均值、标准差及样本量），在下一个窗口中点击 Continuous（means）→Unmatched groups，post data only→Mean，SD and sample size in each group→Finish（见图 2－18）。

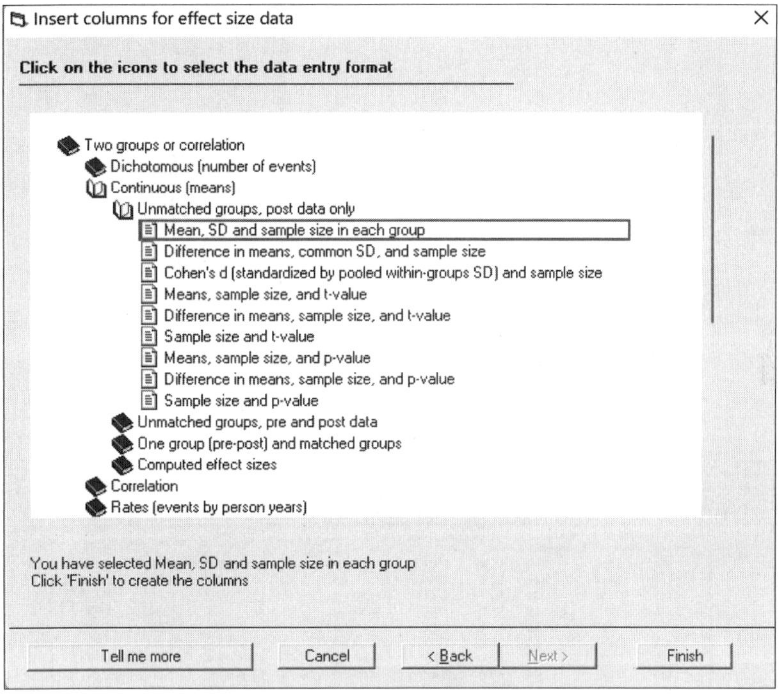

图 2－18　选择效应量类型（c）

以上步骤完成后，将会弹出一个对数据栏进行命名的窗口，如可将原始研究数据命名为 Included，常模一的数据命名为 C1（见图 2－19）。命名完成后，即可看到相应的栏目（见图 2－20）。

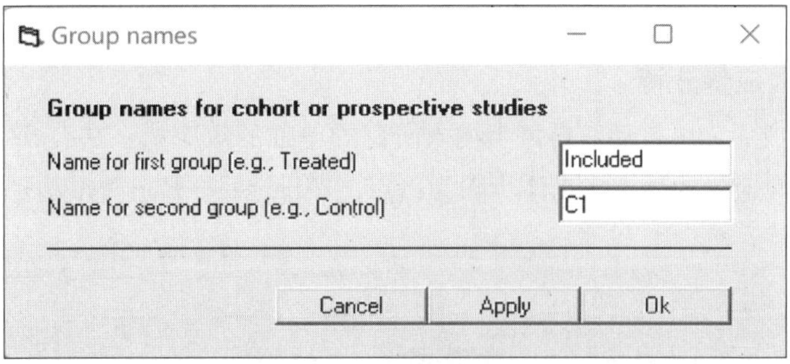

图 2－19　命名效应量数据栏

接着，我们可以通过复制粘贴的方法将 Excel 表格中相应的数据输入，包括纳入研究及常模一在精神病性因子上的均值、标准差以及样本量（见图 2－21）。在 Effect direction 中，选择 Auto，CMA 软件会自动计算每个样本的效应量，并显示在数据栏右侧。本研究效应量为 Cohen's d，对应 Std diff in means。

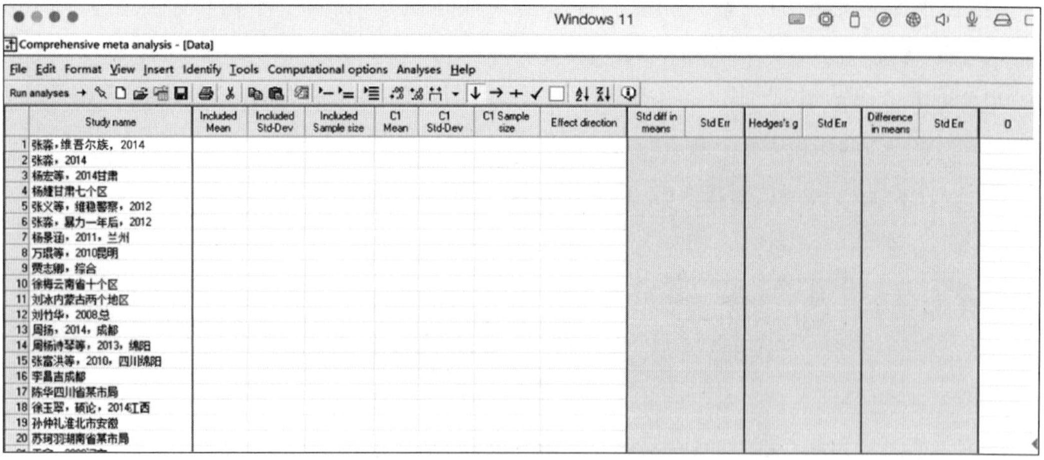

图 2－20　建立效应量数据栏

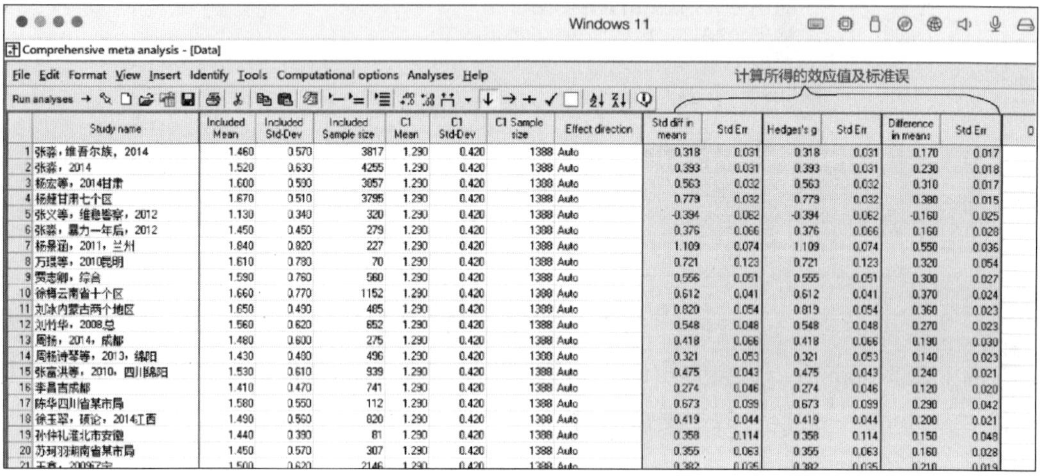

图 2－21　计算效应量

（三）合并效应量分析

数据输入完成后，可自动获得每个纳入研究的单独的效应量。共有 57 个研究报告相关数据并用于合并效应量的计算。具体步骤为：点击 Analyses→Run analyses（见图 2－22）。

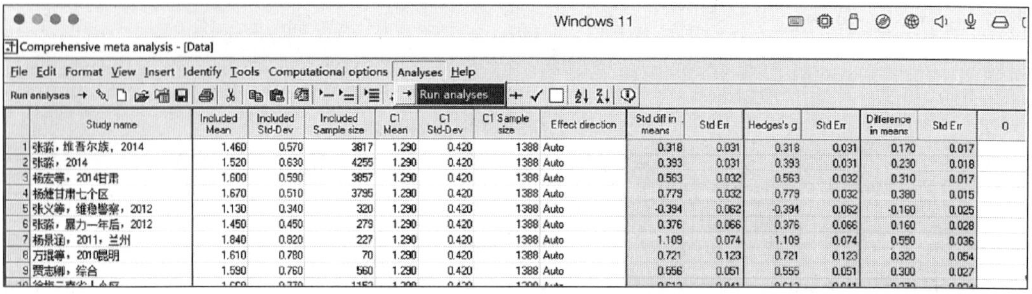

图 2－22　合并效应量（a）

由于本研究采用随机模型进行合并，故可点击 Random，呈现随机模型下的结果（见图 2－23）。

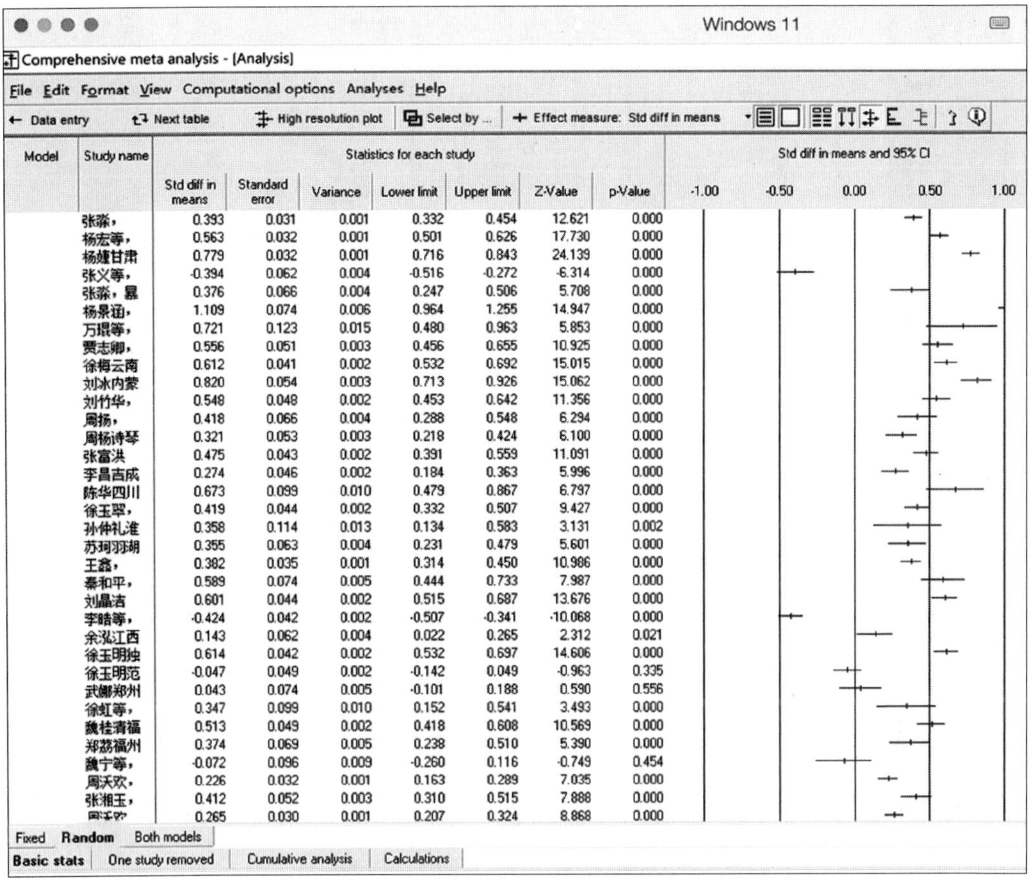

Model	Study name	Std diff in means	Standard error	Variance	Lower limit	Upper limit	Z-Value	p-Value
	张淼，	0.393	0.031	0.001	0.332	0.454	12.621	0.000
	杨宏等，	0.563	0.032	0.001	0.501	0.626	17.730	0.000
	杨婕甘肃	0.779	0.032	0.001	0.716	0.843	24.139	0.000
	张义等，	-0.394	0.062	0.004	-0.516	-0.272	-6.314	0.000
	张淼，暴	0.376	0.066	0.004	0.247	0.506	5.708	0.000
	杨景涵，	1.109	0.074	0.006	0.964	1.255	14.947	0.000
	万琨等，	0.721	0.123	0.015	0.480	0.963	5.853	0.000
	贾志卿，	0.556	0.051	0.003	0.456	0.655	10.925	0.000
	徐梅云南	0.612	0.041	0.002	0.532	0.692	15.015	0.000
	刘冰内蒙	0.820	0.054	0.003	0.713	0.926	15.062	0.000
	刘竹华，	0.548	0.048	0.002	0.453	0.642	11.356	0.000
	周扬，	0.418	0.066	0.004	0.288	0.548	6.294	0.000
	周杨诗琴	0.321	0.053	0.003	0.218	0.424	6.100	0.000
	张富洪	0.475	0.043	0.002	0.391	0.559	11.091	0.000
	李昌吉成	0.274	0.046	0.002	0.184	0.363	5.996	0.000
	陈华四川	0.673	0.099	0.010	0.479	0.867	6.797	0.000
	徐玉翠，	0.419	0.044	0.002	0.332	0.507	9.427	0.000
	孙仲礼淮	0.358	0.114	0.013	0.134	0.583	3.131	0.002
	苏珂羽胡	0.355	0.063	0.004	0.231	0.479	5.601	0.000
	王鑫，	0.382	0.035	0.001	0.314	0.450	10.986	0.000
	秦和平，	0.589	0.074	0.005	0.444	0.733	7.987	0.000
	刘晶洁	0.601	0.044	0.002	0.515	0.687	13.676	0.000
	李皓等，	-0.424	0.042	0.002	-0.507	-0.341	-10.068	0.000
	余泓江西	0.143	0.062	0.004	0.022	0.265	2.312	0.021
	徐玉明独	0.614	0.042	0.002	0.532	0.697	14.606	0.000
	徐玉明范	-0.047	0.049	0.002	-0.142	0.049	-0.963	0.335
	武娜郑州	0.043	0.074	0.005	-0.101	0.188	0.590	0.556
	徐虹等，	0.347	0.099	0.010	0.152	0.541	3.493	0.000
	魏桂青福	0.513	0.049	0.002	0.418	0.608	10.569	0.000
	郑荔福州	0.374	0.069	0.005	0.238	0.510	5.390	0.000
	魏宁等，	-0.072	0.096	0.009	-0.260	0.116	-0.749	0.454
	周沃欢，	0.226	0.032	0.001	0.163	0.289	7.035	0.000
	张湘玉，	0.412	0.052	0.003	0.310	0.515	7.888	0.000
	[illegible]	0.265	0.030	0.001	0.207	0.324	8.868	0.000

图 2－23　合并效应量（b）

此外，可以点击切换符查看简表（见图 2－24）。

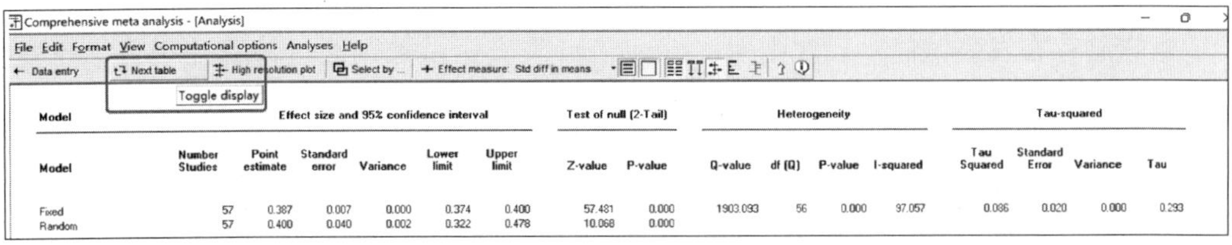

Model	Number Studies	Point estimate	Standard error	Variance	Lower limit	Upper limit	Z-value	P-value	Q-value	df (Q)	P-value	I-squared	Tau Squared	Standard Error	Variance	Tau
	Effect size and 95% confidence interval						Test of null (2-Tail)		Heterogeneity				Tau-squared			
Fixed	57	0.387	0.007	0.000	0.374	0.400	57.481	0.000	1903.093	56	0.000	97.057	0.086	0.020	0.000	0.293
Random	57	0.400	0.040	0.002	0.322	0.478	10.068	0.000								

图 2－24　查看简表

完成分析后，可以点击 High resolution plot 生成森林图（见图 2－25）。如需输出森林图，可点击 File，随后进行输出方式选择（见图 2－26）。

（四）发表偏倚分析

本研究采用漏斗图、Egger 检验以及 Rosenthal 失安全系数来评估发表偏倚。漏斗图对称性高表示发表偏倚小，反之则表示可能存在发表偏倚；Egger 检验对应的 p 值小于

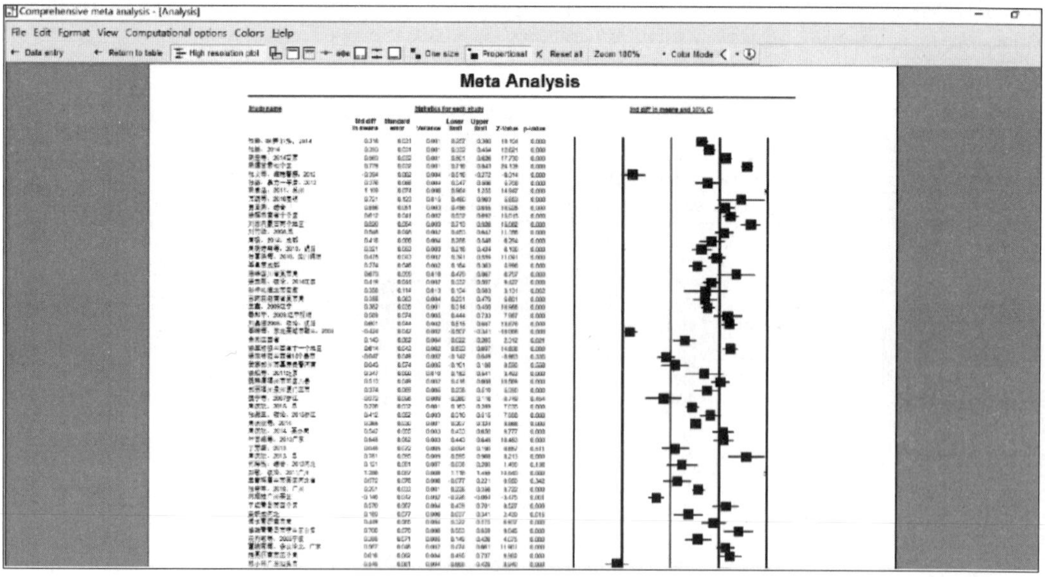

图 2-25　生成森林图

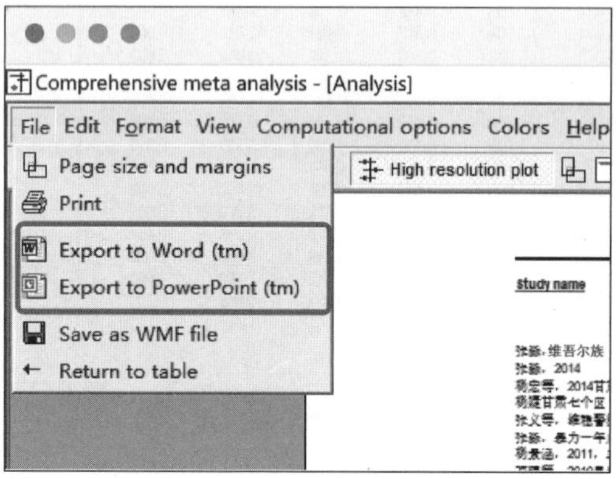

图 2-26　输出森林图

0.05 意味着存在发表偏倚，反之则无；Rosenthal 失安全系数则通过计算让现有结论变得不显著的研究个数最小值来反映发表偏倚，一般来说，失安全系数小于 $5n+10$（n 指效应量的个数）意味着存在发表偏倚，反之则无。

停留在主分析界面（见图 2-23），点击 Analyses→Publication bias（见图 2-27），即可得到如图 2-28 所示的漏斗图。同时，研究者可根据自身需求点击项目栏中的各个选项对漏斗图各参数进行修改。如需导出图片，可点击 File 进行导出格式选择（见图 2-29）。点击 Table→Fail-safe N，即可完成失安全系数检验（见图 2-30），可以看到结果为4 599（见图 2-31），大于 $5n+10$（$n=57$）。此外，点击 Next table→Regression test（见图 2-32），完成 Egger 检验，可以看到结果为 $p>0.05$（见图 2-33）。由于漏斗图基本对称，失安全系数大于 $5n+10$（$n=57$），Egger 检验结果为 $p<0.05$，可以认为纳入的研究中不存在发表偏倚。

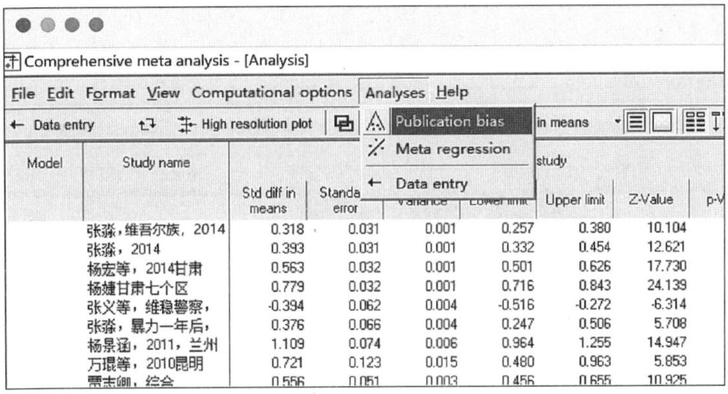

图 2-27　发表偏倚分析

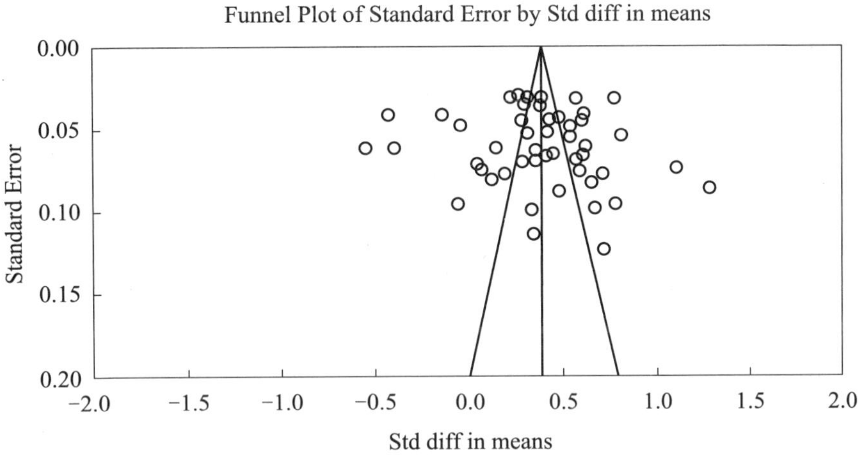

图 2-28　漏斗图

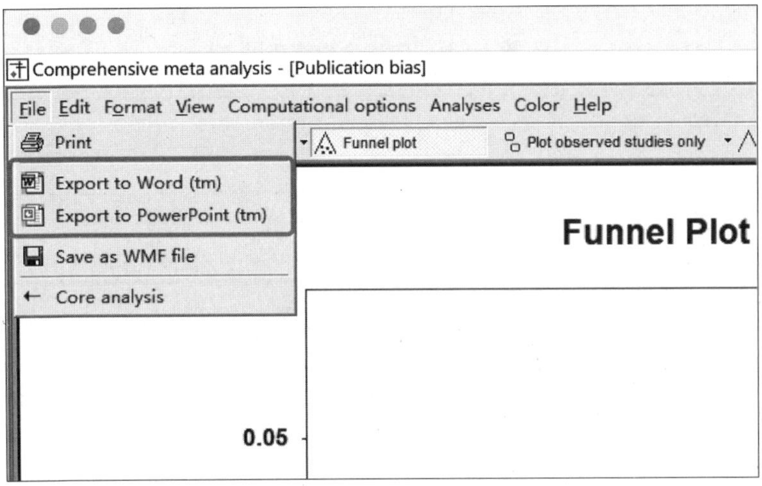

图 2-29　导出漏斗图

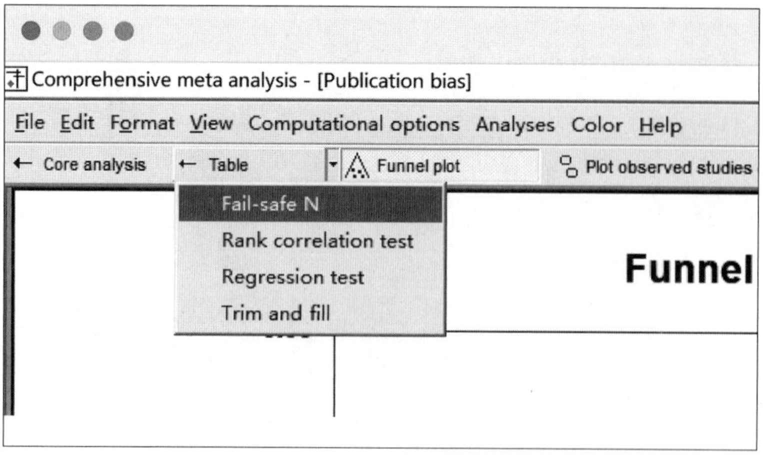

图 2-30　选择失安全系数

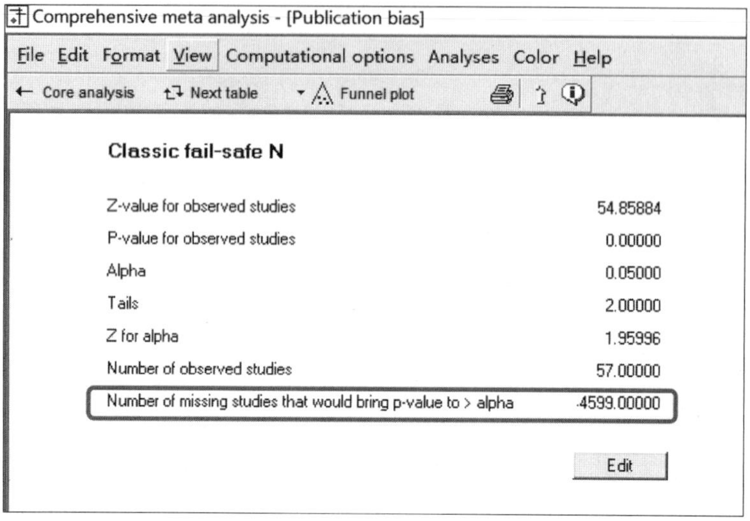

图 2-31　失安全系数结果

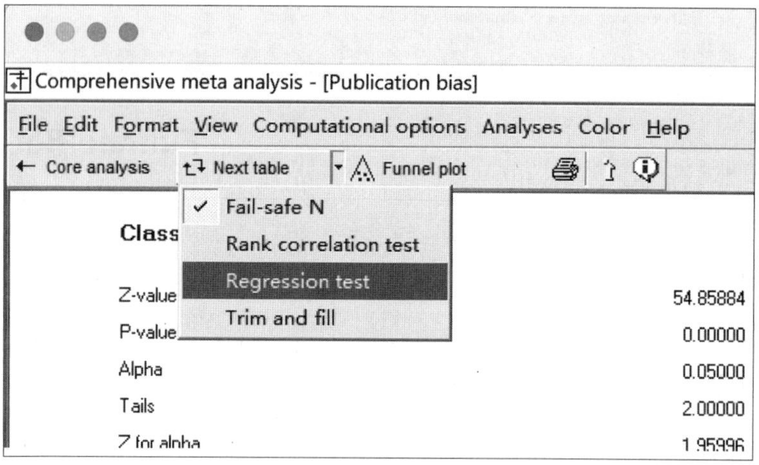

图 2-32　选择 Egger 检验

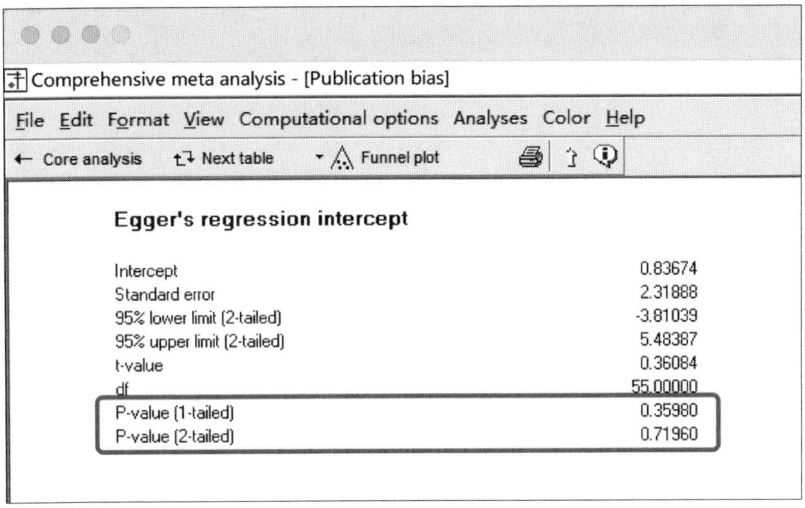

图 2-33　Egger 检验结果

（五）异质性检验及分析

异质性检验用来检验研究所得的平均效应量是否异质。本研究通过 Q（$p<0.05$ 表明存在较大异质性），以及 I^2（当 I^2 值在 25%～50%、50%～75%和 75%及以上时，异质性分别为低、中、高）来反映纳入研究的异质性。异质性高，表明效应量观测值的变异有很大一部分源于效应量之间的真实差异，因此也就意味着有必要进行异质性分析。

当精神病性因子的均值与常模一进行比较时（见图 2-24），异质性检验结果显示 I^2 远远大于 75%这个临界值，说明各个效应量是异质的，采用随机效应模型及进行相关的异质性分析是非常有必要的。因此，接下来将对研究进行异质性分析，具体为亚组分析和元回归分析。

1. 亚组分析

亚组分析旨在探究类别变量对异质性的影响。本研究中主要对年龄、性别、婚姻状况、文化程度、警种和地区进行亚组分析。具体步骤以婚姻状况为例，比较不同婚姻状况（未婚、已婚、离异和再婚）警察的精神病性因子得分与常模一是否存在差异。

由于报告不同亚组数据的研究数量差异较大，故不同的亚组数据单独提取。满足婚姻状况亚组分析的文献有 6 篇，得到未婚样本数据 6 个，已婚样本数据 6 个，离异样本数据 4 个，再婚样本数据 2 个。建立相关的 Excel 表格（需要注明亚组分析变量；见图 2-34），并按照与本例开头相似的方法将 Excel 数据导入 CMA 软件。在此，除了定义 Study names 和 Effect size data 栏，我们还需要定义亚组分析变量栏，步骤为点击 Insert→Column for…→Moderator variable（见图 2-35），在弹出的窗口中对亚组变量命名（本例命名为 Marital status；见图 2-36），最后得到如图 2-37 所示的表格。

	study	M精神病性	S精神病性	N	常一精神病	常一精神病	N常一	婚姻状况
2	周沃欢2014，再婚	1.66	0.71	44	1.29	0.42	1388	再婚
3	周沃欢2014，已婚	1.44	0.55	4716	1.29	0.42	1388	已婚
4	周沃欢2014，未婚	1.34	0.52	1005	1.29	0.42	1388	未婚
5	周沃欢2014，离异	1.53	0.59	119	1.29	0.42	1388	离异
6	张晋军再婚	1.84	0.89	19	1.29	0.42	1388	再婚
7	张晋军已婚	1.45	0.57	2082	1.29	0.42	1388	已婚
8	张晋军未婚	1.34	0.51	464	1.29	0.42	1388	未婚
9	张晋军离异	1.54	0.62	63	1.29	0.42	1388	离异
10	张富洪，已婚	1.49	0.59	719	1.29	0.42	1388	已婚
11	张富洪，未婚	1.48	0.5	109	1.29	0.42	1388	未婚
12	张富洪，离异	1.53	0.55	40	1.29	0.42	1388	离异
13	武娜已婚	1.41	0.53	107	1.29	0.42	1388	已婚
14	武娜未婚	1.5	0.68	81	1.29	0.42	1388	未婚
15	武娜离异	1.46	0.51	25	1.29	0.42	1388	离异
16	孙仲礼已婚	1.46	0.42	67	1.29	0.42	1388	已婚
17	孙仲礼未婚	1.36	0.19	14	1.29	0.42	1388	未婚
18	林海程，已婚	1.23	0.42	714	1.29	0.42	1388	已婚
19	林海程，未婚	1.2	0.32	237	1.29	0.42	1388	未婚

图 2－34　亚组分析 Excel 原始数据

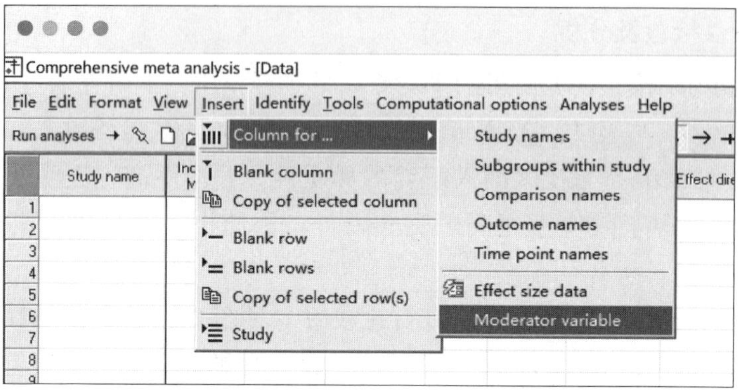

图 2－35　建立亚组分析相关数据栏

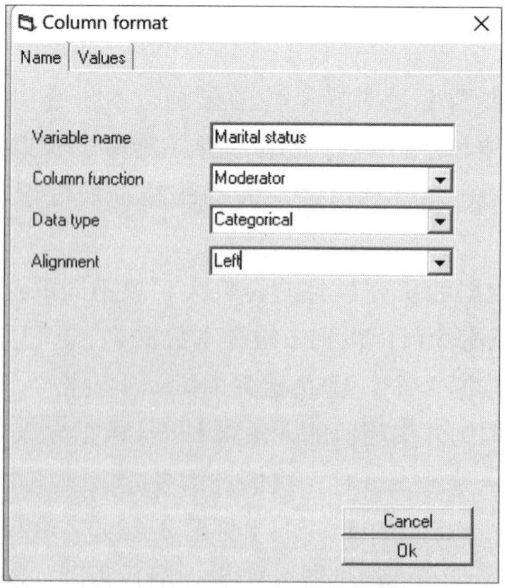

图 2－36　命名亚组变量

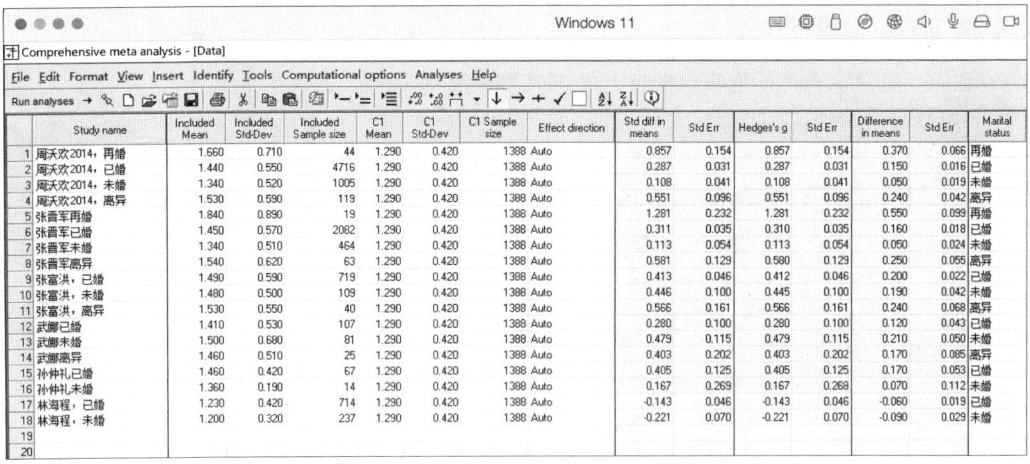

	Study name	Included Mean	Included Std-Dev	Included Sample size	C1 Mean	C1 Std-Dev	C1 Sample size	Effect direction	Std diff in means	Std Err	Hedges's g	Std Err	Difference in means	Std Err	Marital status
1	周沃欢2014，再婚	1.660	0.710	44	1.290	0.420	1388	Auto	0.857	0.154	0.857	0.154	0.370	0.066	再婚
2	周沃欢2014，已婚	1.440	0.550	4716	1.290	0.420	1388	Auto	0.287	0.031	0.287	0.031	0.150	0.016	已婚
3	周沃欢2014，未婚	1.340	0.520	1005	1.290	0.420	1388	Auto	0.108	0.041	0.108	0.041	0.050	0.019	未婚
4	周沃欢2014，离异	1.530	0.590	119	1.290	0.420	1388	Auto	0.551	0.096	0.551	0.096	0.240	0.042	离异
5	张晋军再婚	1.840	0.890	19	1.290	0.420	1388	Auto	1.281	0.232	1.281	0.232	0.550	0.099	再婚
6	张晋军已婚	1.450	0.570	2082	1.290	0.420	1388	Auto	0.311	0.035	0.310	0.035	0.160	0.018	已婚
7	张晋军未婚	1.340	0.510	464	1.290	0.420	1388	Auto	0.113	0.054	0.113	0.054	0.050	0.024	未婚
8	张晋军离异	1.540	0.620	63	1.290	0.420	1388	Auto	0.581	0.129	0.580	0.129	0.250	0.055	离异
9	张富洪，已婚	1.490	0.590	719	1.290	0.420	1388	Auto	0.413	0.046	0.412	0.046	0.200	0.022	已婚
10	张富洪，未婚	1.480	0.500	109	1.290	0.420	1388	Auto	0.446	0.100	0.445	0.100	0.190	0.042	未婚
11	张富洪，离异	1.530	0.550	40	1.290	0.420	1388	Auto	0.566	0.161	0.566	0.161	0.240	0.068	离异
12	武娜已婚	1.410	0.530	107	1.290	0.420	1388	Auto	0.280	0.100	0.280	0.100	0.120	0.043	已婚
13	武娜未婚	1.500	0.680	81	1.290	0.420	1388	Auto	0.479	0.115	0.479	0.115	0.210	0.050	未婚
14	武娜离异	1.460	0.510	25	1.290	0.420	1388	Auto	0.403	0.202	0.403	0.202	0.170	0.085	离异
15	孙仲礼已婚	1.460	0.420	67	1.290	0.420	1388	Auto	0.405	0.125	0.405	0.125	0.170	0.053	已婚
16	孙仲礼未婚	1.360	0.190	14	1.290	0.420	1388	Auto	0.167	0.269	0.167	0.268	0.070	0.112	未婚
17	林海程，已婚	1.230	0.420	714	1.290	0.420	1388	Auto	-0.143	0.046	-0.143	0.046	-0.060	0.019	已婚
18	林海程，未婚	1.200	0.320	237	1.290	0.420	1388	Auto	-0.221	0.070	-0.221	0.070	-0.090	0.029	未婚
19															
20															

图 2-37 包含亚组分析数据的表格

点击 Analyses→Run analyses（见图 2-38），可以得到包含亚组变量所有样本的合并效应量。接下来，点击 Computational options→Group by…（见图 2-39），在弹出的窗口中选择 Marital status，并勾选下面两列内容，点击 Ok（见图 2-40）。

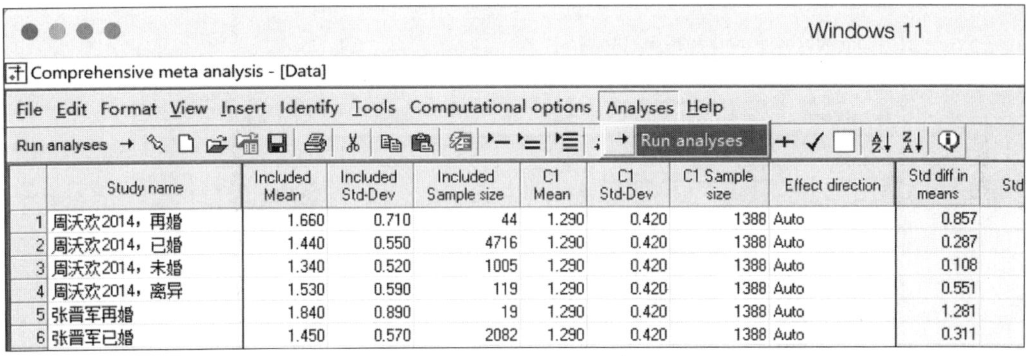

图 2-38 亚组分析（a）

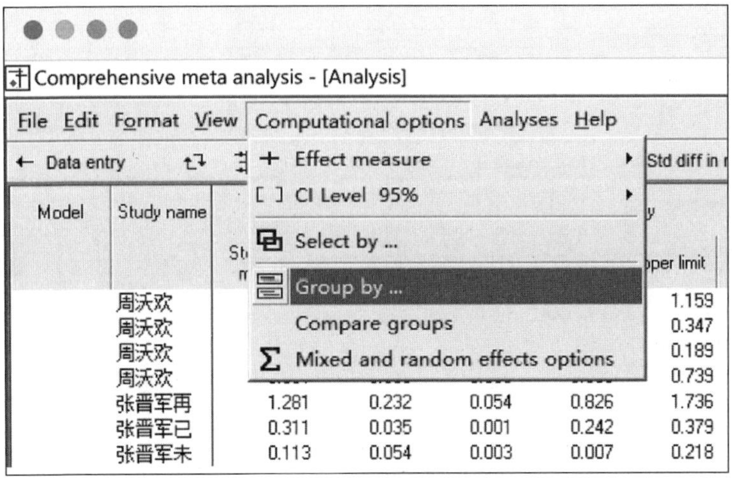

图 2-39 亚组分析（b）

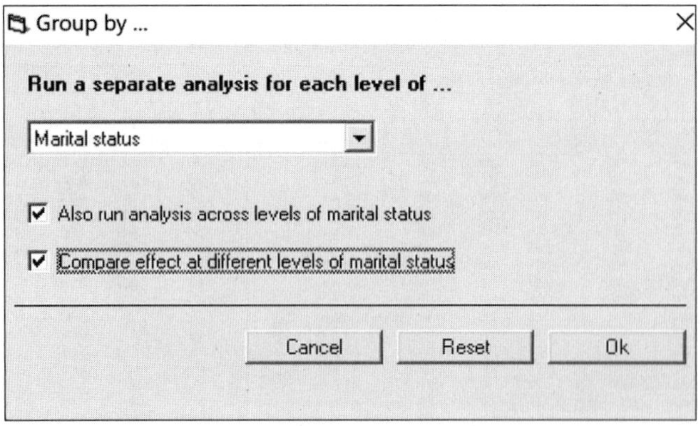

图 2-40　亚组分析（c）

随后，在结果界面点击切换符号（见图 2-41），即可查看简表及组间比较结果（见图 2-42）。由 Mixed effects analysis 表格可以看到每个亚组的合并效应量，组间比较的结果中 $Q=23.193$，$p<0.05$，即组间差异显著，表明婚姻状况可能为影响精神病性异质性的因素。

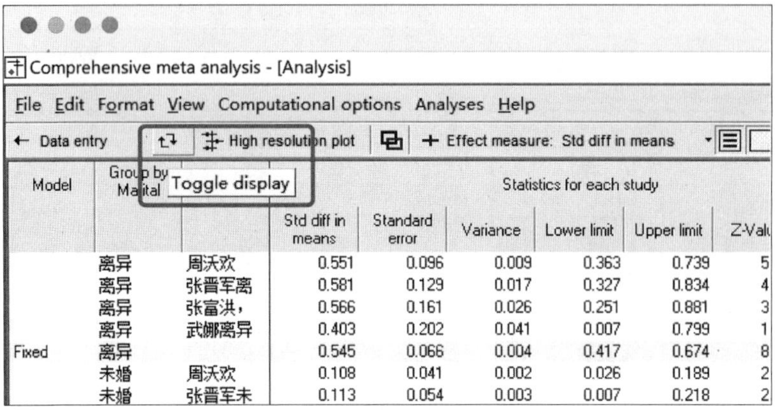

图 2-41　亚组分析（d）

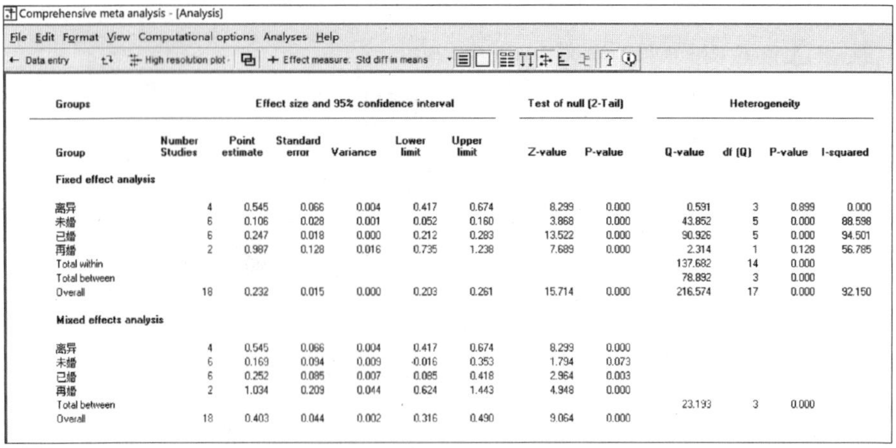

Groups	Effect size and 95% confidence interval						Test of null (2-Tail)		Heterogeneity			
Group	Number Studies	Point estimate	Standard error	Variance	Lower limit	Upper limit	Z-value	P-value	Q-value	df (Q)	P-value	I-squared
Fixed effect analysis												
离异	4	0.545	0.066	0.004	0.417	0.674	8.299	0.000	0.591	3	0.899	0.000
未婚	6	0.106	0.028	0.001	0.052	0.160	3.868	0.000	43.852	5	0.000	88.598
已婚	6	0.247	0.018	0.000	0.212	0.283	13.522	0.000	90.926	5	0.000	94.501
再婚	2	0.987	0.128	0.016	0.735	1.238	7.689	0.000	2.314	1	0.128	56.785
Total within									137.682	14	0.000	
Total between									78.892	3	0.000	
Overall	18	0.232	0.015	0.000	0.203	0.261	15.714	0.000	216.574	17	0.000	92.150
Mixed effects analysis												
离异	4	0.545	0.066	0.004	0.417	0.674	8.299	0.000				
未婚	6	0.169	0.094	0.009	-0.016	0.353	1.794	0.073				
已婚	6	0.252	0.085	0.007	0.085	0.418	2.964	0.003				
再婚	2	1.034	0.209	0.044	0.624	1.443	4.948	0.000				
Total between									23.193	3	0.000	
Overall	18	0.403	0.044	0.002	0.316	0.490	9.064	0.000				

图 2-42　亚组分析（e）

2. 元回归分析

元回归分析旨在探究连续变量对异质性的影响。本研究将对样本量进行元回归分析。

首先，我们需要为现有数据加入元回归分析栏。回到图 2－21 中的界面，添加 Sample size 数据栏，并输入样本量数据（见图 2－43）。输入完成后，点击 Analyses→Run analyses，得到如图 2－44 所示界面后，继续点击 Analyses→Meta regression。随后，在 predictor 处选择 sample size（见图 2－45），即可得到相应图表，点击 Table 可进行散点图和表格的切换（见图 2－46）。由表可知（见图 2－47），slope 处 p 值不显著，表明样本量对精神病性因子效应量不存在影响。

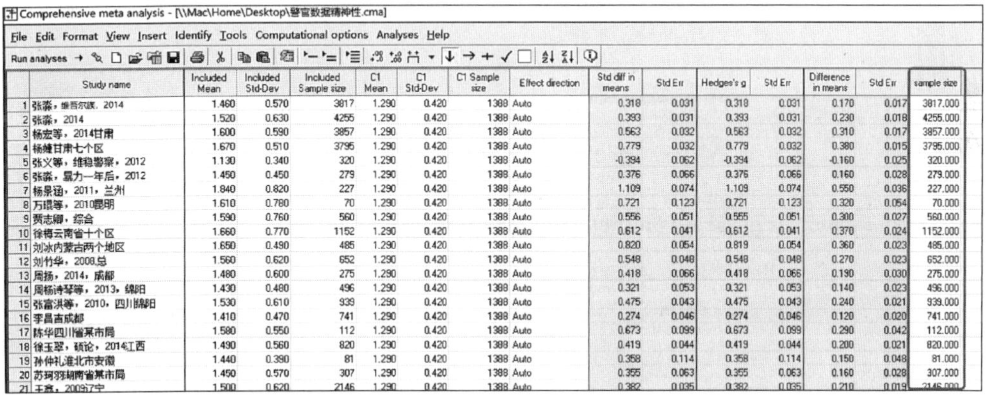

	Study name	Included Mean	Included Std-Dev	Included Sample size	C1 Mean	C1 Std-Dev	C1 Sample size	Effect direction	Std diff in means	Std Err	Hedges's g	Std Err	Difference in means	Std Err	sample size
1	张淼，维吾尔族，2014	1.460	0.570	3817	1.290	0.420	1388	Auto	0.318	0.031	0.318	0.031	0.170	0.017	3817.000
2	张淼，2014	1.520	0.630	4255	1.290	0.420	1388	Auto	0.393	0.031	0.393	0.031	0.230	0.018	4255.000
3	杨宏等，2014甘肃	1.600	0.590	3857	1.290	0.420	1388	Auto	0.563	0.032	0.563	0.032	0.310	0.017	3857.000
4	杨婕甘肃七个区	1.670	0.510	3795	1.290	0.420	1388	Auto	0.779	0.032	0.779	0.032	0.380	0.015	3795.000
5	张义等，维稳警察，2012	1.130	0.340	320	1.290	0.420	1388	Auto	-0.394	0.062	-0.394	0.062	-0.160	0.025	320.000
6	张淼，暴力一年后，2012	1.450	0.450	279	1.290	0.420	1388	Auto	0.376	0.066	0.376	0.066	0.160	0.028	279.000
7	杨景涵，2011，兰州	1.840	0.820	227	1.290	0.420	1388	Auto	1.109	0.074	1.109	0.074	0.550	0.036	227.000
8	万琨等，2010昆明	1.610	0.780	70	1.290	0.420	1388	Auto	0.721	0.123	0.721	0.123	0.320	0.054	70.000
9	贾志卿，综合	1.590	0.760	560	1.290	0.420	1388	Auto	0.556	0.051	0.555	0.051	0.300	0.027	560.000
10	徐梅云南省十个区	1.660	0.770	1152	1.290	0.420	1388	Auto	0.612	0.041	0.612	0.041	0.370	0.024	1152.000
11	刘冰内蒙古两个地区	1.650	0.490	485	1.290	0.420	1388	Auto	0.820	0.054	0.819	0.054	0.360	0.023	485.000
12	刘竹华，2008.总	1.560	0.620	652	1.290	0.420	1388	Auto	0.548	0.048	0.548	0.048	0.270	0.023	652.000
13	周扬，2014，成都	1.480	0.600	275	1.290	0.420	1388	Auto	0.418	0.066	0.418	0.066	0.190	0.030	275.000
14	周杨诗琴等，2013，绵阳	1.430	0.480	496	1.290	0.420	1388	Auto	0.321	0.053	0.321	0.053	0.140	0.023	496.000
15	张富洪等，2010，四川绵阳	1.530	0.610	939	1.290	0.420	1388	Auto	0.475	0.043	0.475	0.043	0.240	0.021	939.000
16	李昌吉成都	1.410	0.470	741	1.290	0.420	1388	Auto	0.274	0.046	0.274	0.046	0.120	0.020	741.000
17	陈华四川省某市局	1.580	0.550	112	1.290	0.420	1388	Auto	0.673	0.099	0.673	0.099	0.290	0.042	112.000
18	徐玉翠，硕论，2014江西	1.490	0.560	820	1.290	0.420	1388	Auto	0.419	0.044	0.419	0.044	0.200	0.021	820.000
19	孙仲礼淮北市安徽	1.440	0.390	81	1.290	0.420	1388	Auto	0.358	0.114	0.358	0.114	0.150	0.048	81.000
20	苏珂羽湖南省某市局	1.450	0.570	307	1.290	0.420	1388	Auto	0.355	0.063	0.355	0.063	0.160	0.028	307.000
21	王鑫，2009辽宁	1.500	0.620	2146	1.290	0.420	1388	Auto	0.382	0.035	0.382	0.035	0.210	0.019	2146.000

图 2－43　建立样本量数据栏

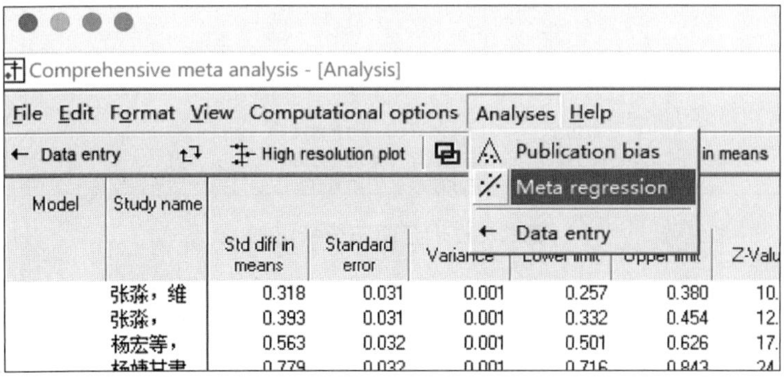

图 2－44　元回归分析（a）

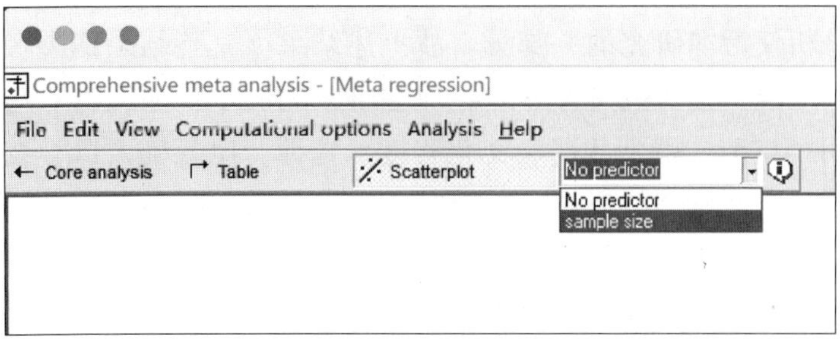

图 2－45　元回归分析（b）

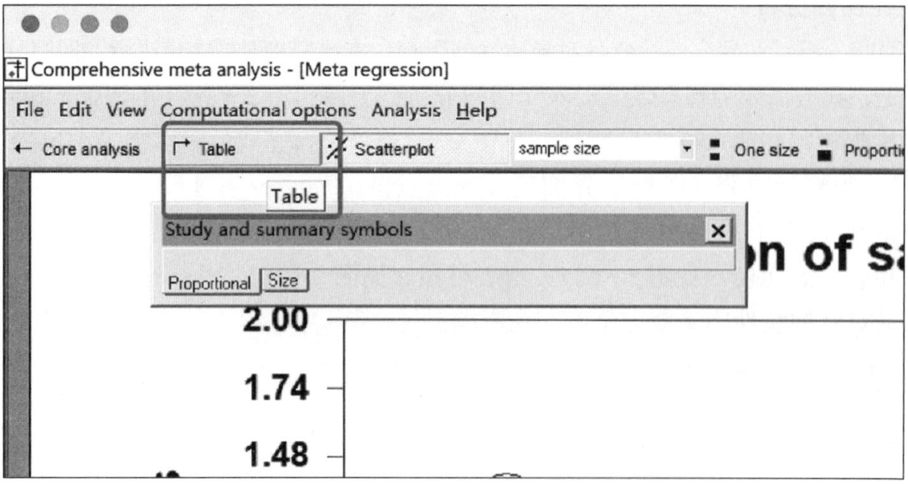

图 2-46　元回归分析（c）

Mixed effects regression (unrestricted maximum likelihood)

	Point estimate	Standard error	Lower limit	Upper limit	Z-value	p-Value
Slope	-0.00000	0.00003	-0.00007	0.00006	-0.13926	0.88924
Intercept	0.40484	0.05351	0.29996	0.50971	7.56554	0.00000
Tau-squared	0.10340					

	Q	df	p-value
Model	0.01939	1.00000	0.88924
Residual	57.20786	55.00000	0.39313
Total	57.22726	56.00000	0.42934

图 2-47　元回归分析（d）

四、讨论

本研究的讨论部分首先对研究结果进行小结，其次对主要结果逐条进行讨论，最后指出本研究的局限及未来研究方向。

由于以上分析仅为本研究的一部分，故上述结果（完整结果请参考原文）并不能代表结论。总的来说，公安机关警察的心理健康状况低于普通人群，与军人相当。亚组分析结果表明，年龄、婚姻状况、文化程度、警种、地区等人口学变量对公安机关警察的心理健康状况有显著的影响，而警察的心理健康状况不存在性别差异。元回归分析表明，样本量这一研究特征变量会影响研究结果。鉴于此，我们在整体地看待公安机关警察这个群体的心理健康状况以及将其与其他群体进行比较时，要考虑到群体内异质性问题。

第四节　实例 3：中国大陆中学生抑郁症状发生率的元分析①

一、实例背景

本研究考察截至 2018 年 1 月（when）中国大陆（where）中学生（who）抑郁症状发生率（what）。

抑郁在青少年中非常普遍，全球范围内青少年抑郁的发生率约为 6%（Eapen & Crncec，2012）。抑郁相关症状及心理障碍会对青少年产生严重的负面影响。Gore 等（2011）发现，单极性抑郁症是 10～19 岁群体出现伤残调整生命年（disability adjusted of life years，DALY）的主要原因。从程度轻的抑郁症状、轻度抑郁、心境恶劣到重度抑郁，抑郁障碍的每个阶段都与心理社会功能障碍的显著增加相关（Ayuso-Mateos et al.，2010）。一系列研究表明，抑郁症状与学业成绩较差、认知功能受损以及人际关系问题相关（Calvete，2011；Shapero et al.，2013；Verboom et al.，2014）。

中国的大多数青少年接受过小学及中学教育。在完成小学及初中的九年义务教育后，约有 87.5%的青少年进入高中，而这些学生不仅面临备战中高考带来的极大学业压力（李海垒，张文新，2014），还可能受到人际冲突、认知因素以及人格缺陷等方面的负面影响。相关研究表明，中学生的抑郁症状发生率高达 64.8%（汪耿夫等，2015）。

由于所使用的测量工具，以及被试群体的年级、性别、地区等因素的不同，调查中国大陆中学生抑郁症状发生率的研究存在较大的异质性，结果并不统一。例如，尽管大多数研究表明抑郁症状在女生中较为普遍（罗金成，2007；杨文辉等，2013），但也有部分研究发现男生的抑郁症状发生率较高（刘莉新等，2016；喻彦，彭宁宁，2012）。鉴于目前研究间较高的异质性以及抑郁症状对青少年的严重影响，本元分析的目标为对中国中学生抑郁症状的发生率进行评估，并探讨性别、年级、户籍和其他变量对发生率的影响。这对未来青少年抑郁症状的预防和治疗有重要意义，一定程度上也能为教育政策的制定提供依据。

二、研究方法

（一）元分析报告原则及 PROSPERO 注册声明

研究需声明遵循 PRISMA 和 MOOSE（Meta-analysis Of Observational Studies in

① 实例来源：Tang et al.，2019。

Epidemiology，流行病学观察性研究元分析）原则，并报告 PROSPERO 官网注册情况。本文详细的研究计划已在该平台注册（CRD42017062343），详情可在网页进行检索查看。

（二）文献检索

1. 检索库

英文检索库包括：Medline，PsycINFO，Embase，CINAHL，Cochrane Central Register of Controlled Trials（CENTRAL），PubMed，Scopus，Web of Science。中文检索库包括：万方，维普。此外，研究者还在 Web of Science 中搜索会议摘要，在 ProQuest 以及中国知网中搜索学位论文，且对类似主题研究及综述中的参考文献进行手动检索，以避免遗漏。

2. 检索词及检索式

本研究依据核心变量将检索词划分为三个概念范畴，即抑郁症状、中国以及中学生。根据布尔逻辑初步拟出检索式，并在各大数据库进行检索（注意：不同数据库用以表示上述逻辑的符号不尽相同，可参见各数据库的检索指引）。检索截至 2018 年 1 月，只纳入英文及中文文章。

所用英文检索式为：

TS = (adolesc * OR preadolesc * OR pre-adolesc * OR child * OR boys OR girls OR juvenil * OR minors OR pre-school OR preschool OR paediatric * OR pediatric * OR pubescen * OR puberty OR * school * OR campus OR teen * OR young OR youth *) AND (Chinese OR China) AND (depression OR depressive OR dysthymi * OR "depressed mood" OR "low mood * " OR "mood disorder * ")

所用中文检索式为：

TS = (抑郁 OR 心境障碍 OR 情绪低落 OR 情绪障碍) AND (青少年 OR 儿童 OR 青年 OR 男孩 OR 女孩 OR 高中 OR 初中 OR中学 OR 初一 OR 初二 OR 初三 OR 高一 OR 高二 OR 高三)

（三）研究筛选

1. 纳入与排除标准

纳入标准：(1) 被试为居住于中国大陆的初中生及高中生的研究；(2) 抽样方法为概率抽样的研究；(3) 样本至少涵盖某县或区级所有中学的研究；(4) 采用具有良好心理测量学指标的工具对抑郁症状进行测量的研究。

排除标准：(1) 综述性研究、案例报告、评论性文章、信件，以及社论（editorials）；(2) 被试包括职校学生、慢性疾病患者、住院病人或灾难幸存者的研究；(3) 针对其他心理障碍或报告精神分裂症、环胸腺疾病及双相情感障碍共病的研究；(4) 无法通过在线数据库、图书馆请求或邮件通信获得必要数据的研究。

2. 筛选流程

首先，使用文献管理软件对检索到的所有文献进行删重处理；其次，根据标题和摘要对删重后的文献进行筛选；最后，根据上述纳入与排除标准对余下文献进行筛选。以上过程由两位作者独立操作，若有争议，与其他作者协商以达成一致。整个流程需依据 PRISMA 原则做作张图，如图 2－48 所示。

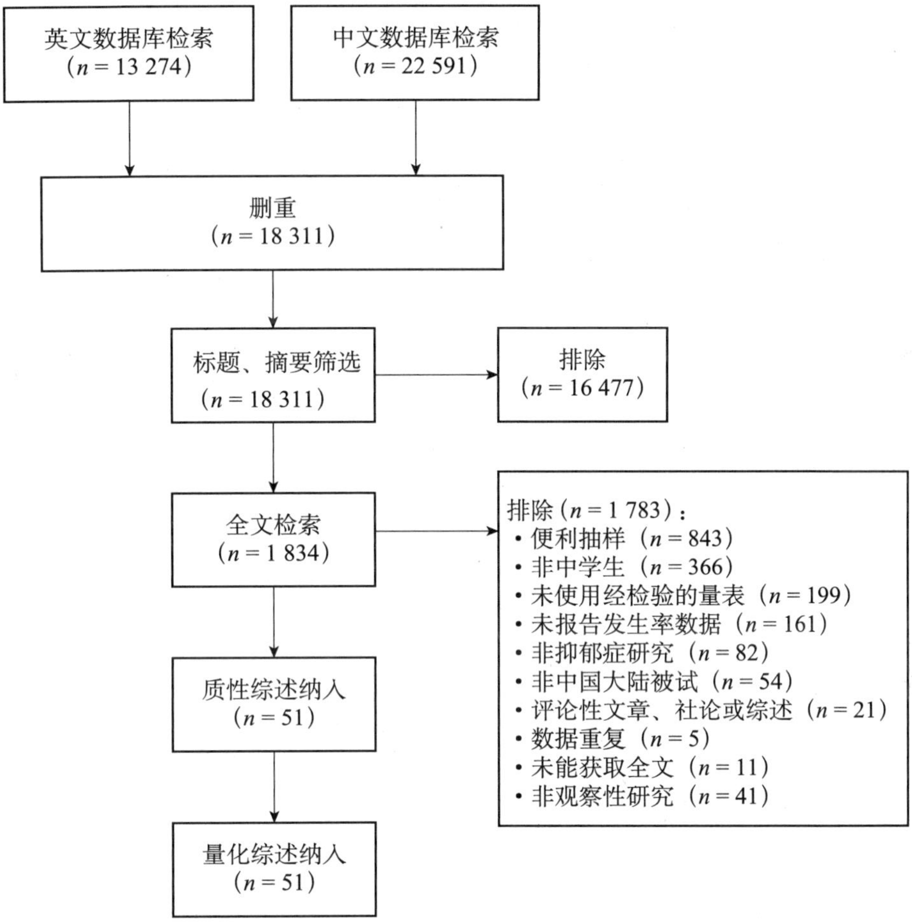

图 2－48　文献筛选和纳入流程图

（四）研究编码

需要提取的资料主要包括以下几方面：（1）研究标识（标题、第一作者姓氏、发表年份）；（2）研究设计；（3）抑郁症状测量工具；（4）样本量；（5）抑郁症状发生率；（6）亚组分析数据（如农村/城市、性别、年级）。若研究报告了多个时间点的抑郁症状发生率，则纳入首次测量的数据；若研究采用多个测量工具对同一时段抑郁发生率进行测量，则纳入采用心理测量学指标最高的工具所收集的数据；若多篇研究基于相同数据集，则纳入具有较大样本量的研究。同时，缺失数据将通过邮件联系作者来获取。

（五）质量评价

本文采用 Hoy 等（2012）编制的专门用于流行率调查研究的质量评价工具，它由

10个项目组成，分为外部效度和内部效度两个子量表。外部效度子量表包括4个项目，内部效度子量表包括6个项目。每个项目的得分为0或1分，总分范围为0～10分。如果总分为5分或以下、6～8分及9～10分，则分别归为低、中和高质量文章。具体项目如表2-4所示。

表2-4 质量评价工具

条目	内容
外部效度	
1	研究的目标人群在相关变量方面是否在全国范围内具有代表性？
2	抽样对象是目标人群的真实代表还是近似代表？
3	采用了某种形式的随机取样来选择样本，还是进行了人口普查？
4	无反应偏倚的可能性小吗？
内部效度	
1	是否直接从被试那里收集数据（而不是通过代理）？
2	研究中是否使用了可接受的病例定义？
3	测量感兴趣变量的研究工具是否被证明具有可靠性和有效性？
4	对于所有被试是否使用相同的数据收集模式？
5	感兴趣变量的最短流行期长度是否合适？
6	感兴趣变量的分子和分母是否合适？

三、数据分析和结果

本元分析共纳入51篇研究，共含144 060名被试，来自中国大陆48个不同的城市及23个省份。统计分析主要从研究水平和国家水平进行。统计分析的主要步骤包括合并效应量计算、发表偏倚检验、亚组分析以及敏感性分析。所有分析均采用CMA 2.0进行。

（一）效应量的处理及数据准备

本文以百分比数据发生率p作为效应量，其计算方法为$p_i=x_i/n_i$（其中x_i为阳性现象数，n_i为总样本量）。注意，此计算仅是针对单个研究中发生率的计算，并不等同于合并发生率效应量的计算。接下来将展示相关步骤。

首先，我们需要建立一个包含原始数据的Excel表格。发生率或流行率实质上是一个比例，即目标阳性现象例数除以总样本量。在运用元分析进行效应量合并时，我们可以直接提取原始研究中报告的发生率，也可以提取原始数据（阳性现象例数和总样本量）。本研究采用前者，故在建立包含原始数据的Excel表格时，需要包括的数据主要有研究标识（通常为第一作者姓氏和发表年份）、p_i（所报告的发生率）、n_i（样本量）以及亚组分析变量（以量表及其临界值为例）。需要注意的是，本元分析所纳入的研究中有报告多个结果（即采用相同的量表但临界值不同），如图2-49中框出的研究。在这种情况下，两个结果需要独立报告，以便后续进行亚组分析。

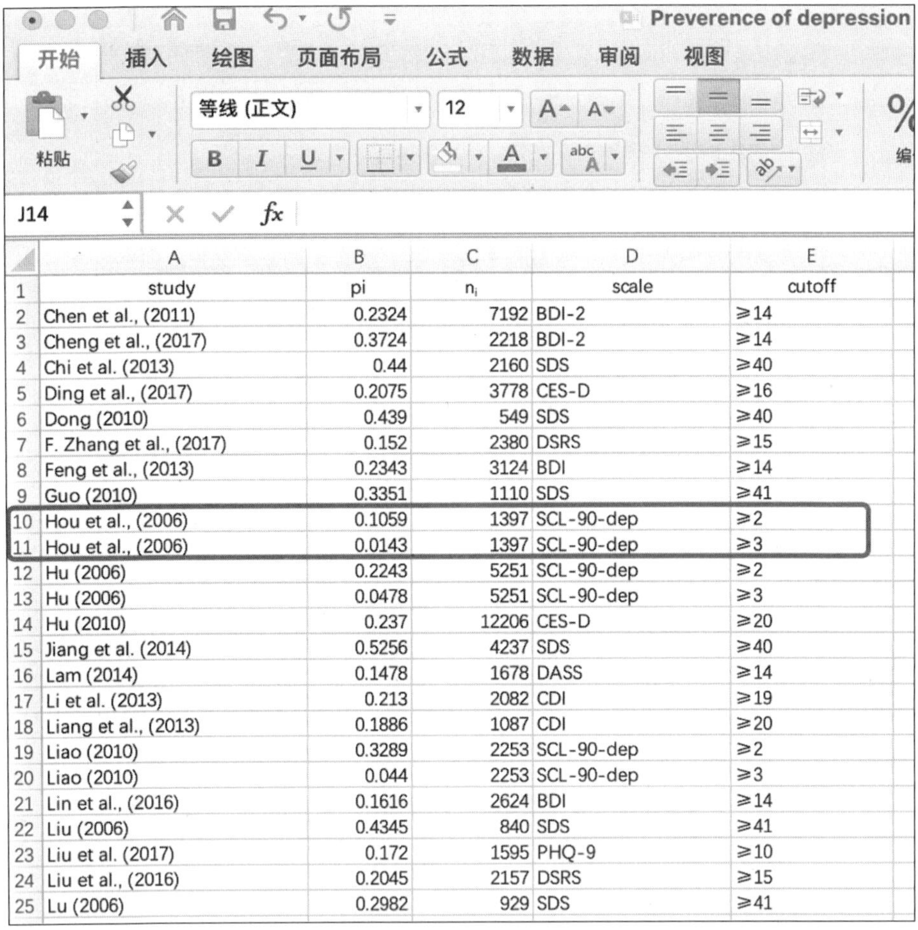

	A	B	C	D	E
1	study	pi	n_i	scale	cutoff
2	Chen et al., (2011)	0.2324	7192	BDI-2	≥14
3	Cheng et al., (2017)	0.3724	2218	BDI-2	≥14
4	Chi et al. (2013)	0.44	2160	SDS	≥40
5	Ding et al., (2017)	0.2075	3778	CES-D	≥16
6	Dong (2010)	0.439	549	SDS	≥40
7	F. Zhang et al., (2017)	0.152	2380	DSRS	≥15
8	Feng et al., (2013)	0.2343	3124	BDI	≥14
9	Guo (2010)	0.3351	1110	SDS	≥41
10	Hou et al., (2006)	0.1059	1397	SCL-90-dep	≥2
11	Hou et al., (2006)	0.0143	1397	SCL-90-dep	≥3
12	Hu (2006)	0.2243	5251	SCL-90-dep	≥2
13	Hu (2006)	0.0478	5251	SCL-90-dep	≥3
14	Hu (2010)	0.237	12206	CES-D	≥20
15	Jiang et al. (2014)	0.5256	4237	SDS	≥40
16	Lam (2014)	0.1478	1678	DASS	≥14
17	Li et al. (2013)	0.213	2082	CDI	≥19
18	Liang et al., (2013)	0.1886	1087	CDI	≥20
19	Liao (2010)	0.3289	2253	SCL-90-dep	≥2
20	Liao (2010)	0.044	2253	SCL-90-dep	≥3
21	Lin et al., (2016)	0.1616	2624	BDI	≥14
22	Liu (2006)	0.4345	840	SDS	≥41
23	Liu et al. (2017)	0.172	1595	PHQ-9	≥10
24	Liu et al., (2016)	0.2045	2157	DSRS	≥15
25	Lu (2006)	0.2982	929	SDS	≥41

图 2-49 原始 Excel 数据

包含分析所需数据的 Excel 表格建立好后，打开 CMA 软件。出现如图 2-50 所示界面后，选中 Start a blank spreadsheet（即新建一个工作表），并点击 OK。

接下来，我们要将 Excel 表格每一栏的数据输入 CMA 软件。为确保 CMA 软件每一栏数据识别的准确性，我们需要确定每一栏的属性。先选定新建工作表的 A 栏，点击 Insert→Column for…→Study names，建立研究标识信息栏（见图 2-51）。随后将 Excel 表格中相应的数据复制粘贴到该栏（见图 2-52）。

由于纳入的研究中存在一篇研究报告多个结果数据的情况，故在研究标识处需要额外插入一栏以区分不同结果。步骤为：点击 Insert→Column for…→Outcome names（见图 2-53）。已知不同结果是由量表的临界值决定的，故在该栏输入原始 Excel 表格中的 cutoff 数据（见图 2-54）。

定义完研究标识信息后，我们需要输入用于计算效应量的数据。运用相同的方法建立相关栏目：点击 Insert→Column for…→Effect size data（见图 2-55）。随后，出

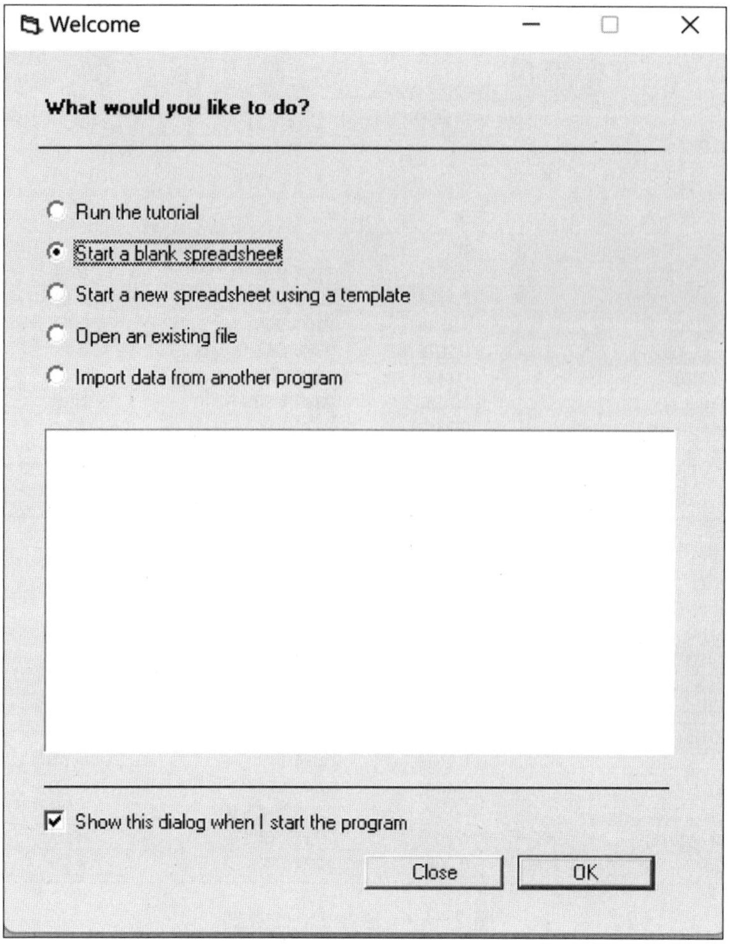

图 2-50　打开 CAM 软件

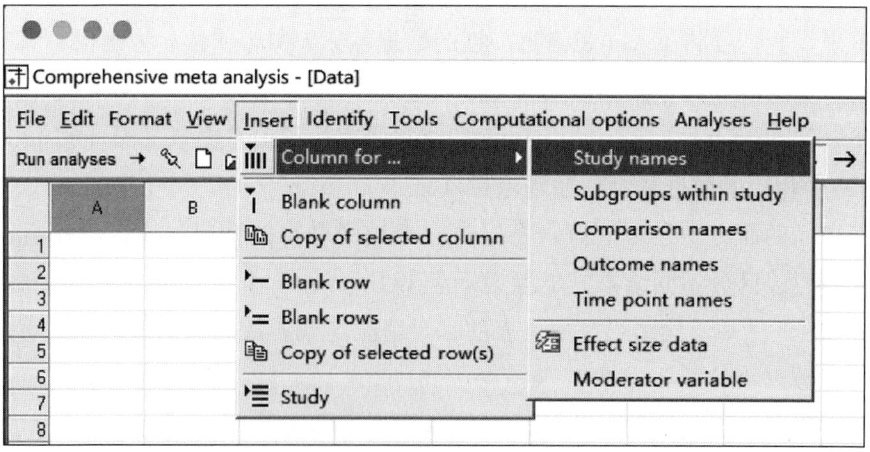

图 2-51　建立 Study names 栏

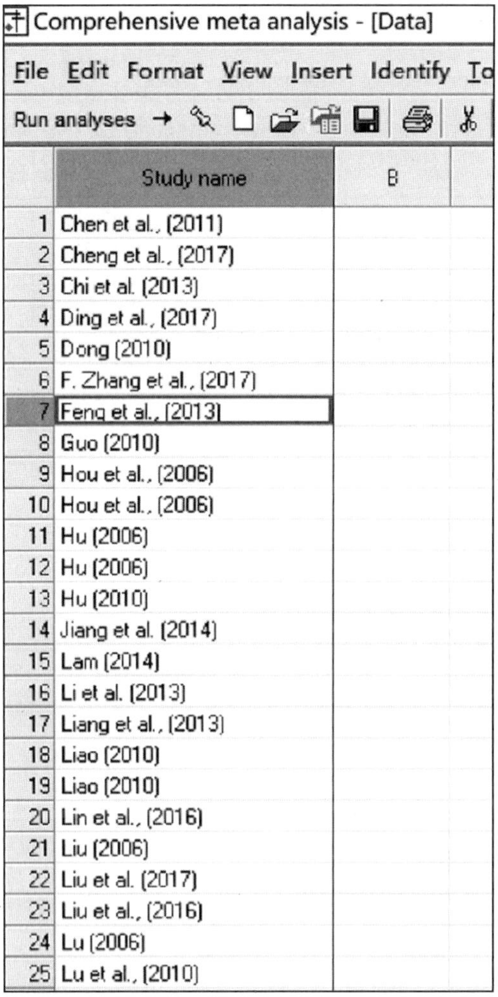

图 2－52　Study names 栏数据

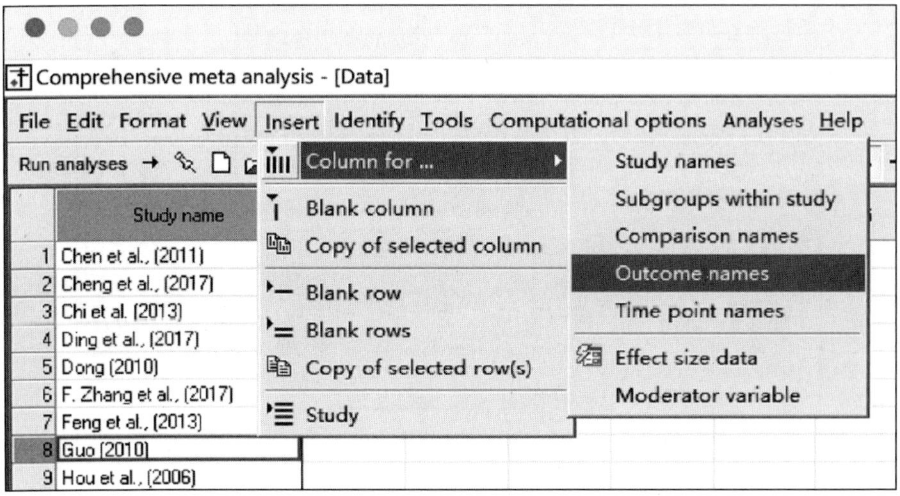

图 2－53　建立 Outcome names 栏

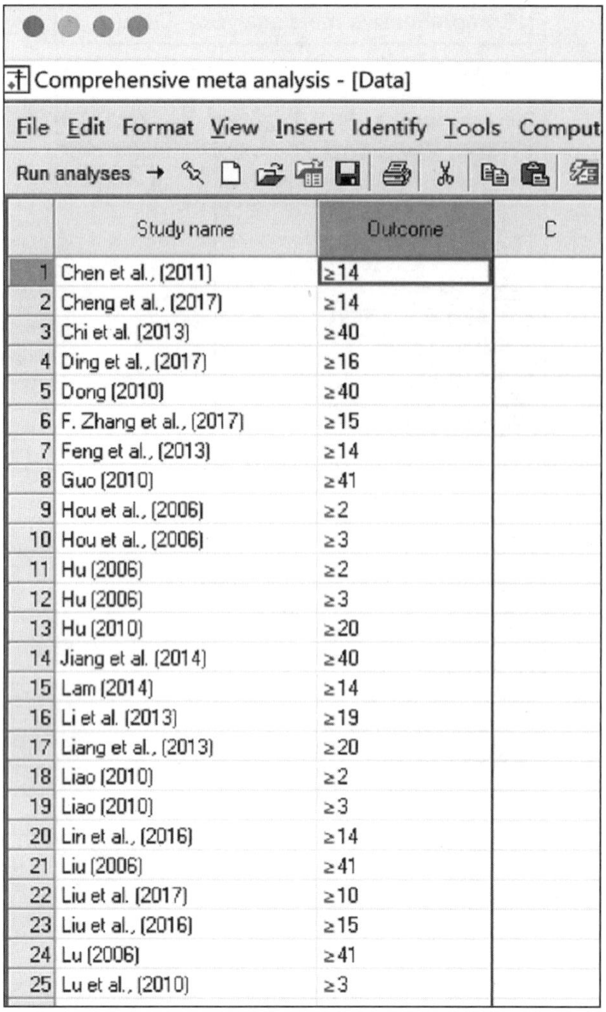

图 2-54　Outcome names 栏数据

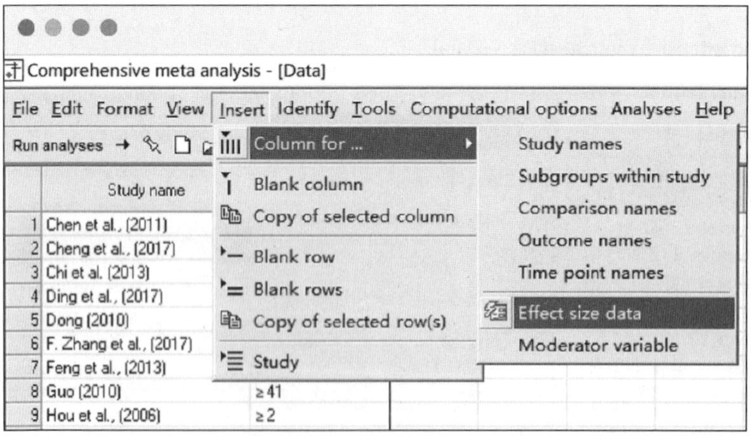

图 2-55　建立效应量数据栏

现选择效应量类型的窗口，点击 Show all 100 formats→Next（见图 2－56）。本研究所采用的效应量为发生率，故选择第二大类（Estimate of means，proportions or rates in one group at one time-point），点击 Next（见图 2－57）。

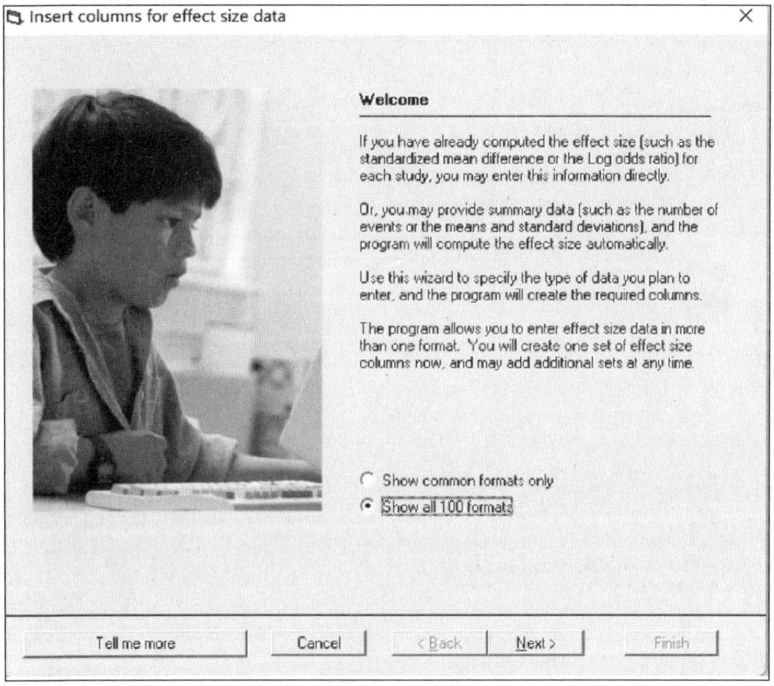

图 2－56 选择效应量类型（a）

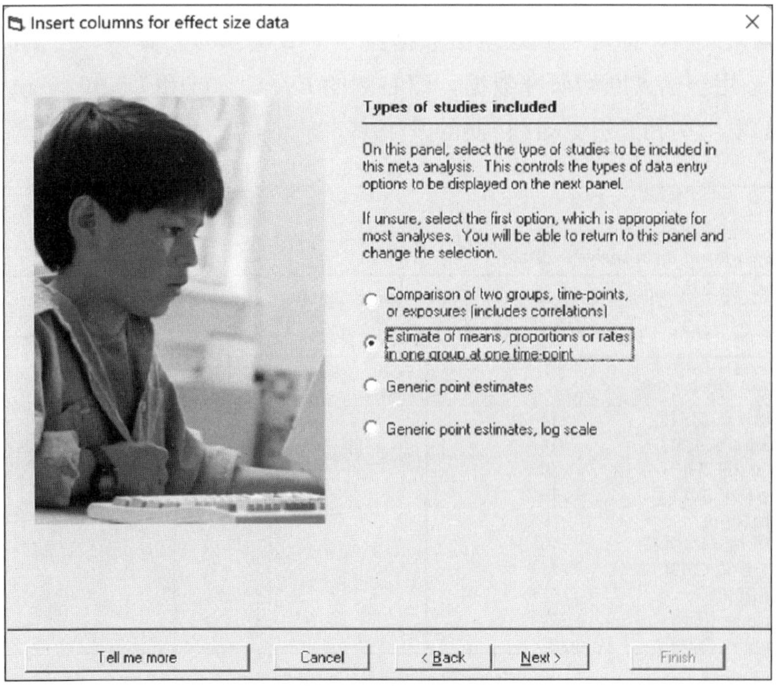

图 2－57 选择效应量类型（b）

根据所提取数据的类型（原始研究中所报告的发生率），在下一个窗口中点击 Dichotomous（number of events）→Raw data→Event rate and sample size→Finish（见图 2－58）。

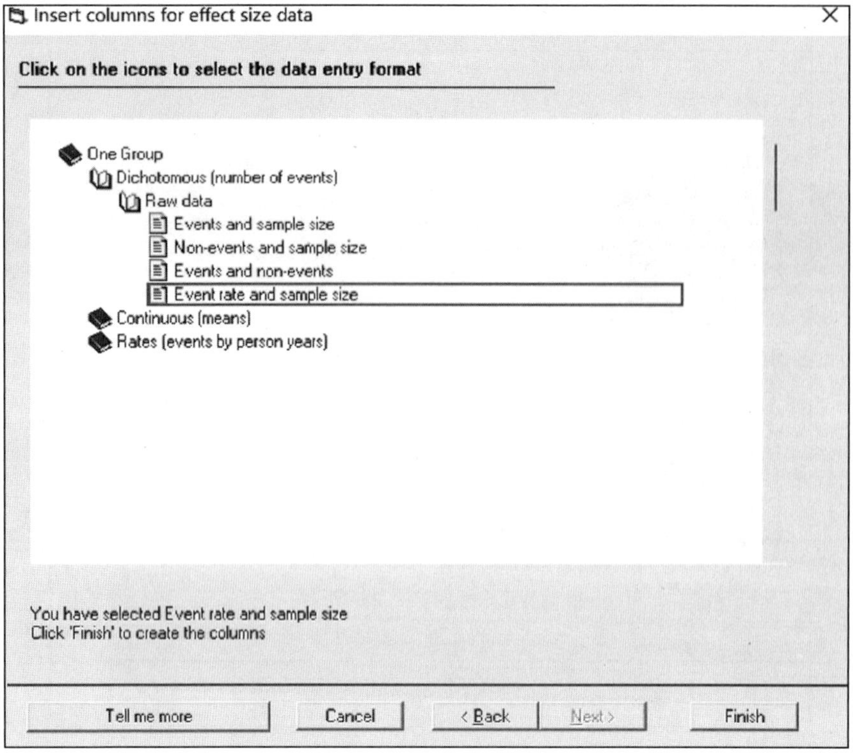

图 2－58　选择效应量类型（c）

以上步骤完成后，即可看到效应量数据栏（见图 2－59）。其中，左侧的 Event rate 和 Sample size 用于输入原始研究数据，而右侧的 Event rate 和 Logit event rate 分别代表未经转换的发生率和经过 logit 转换的发生率。

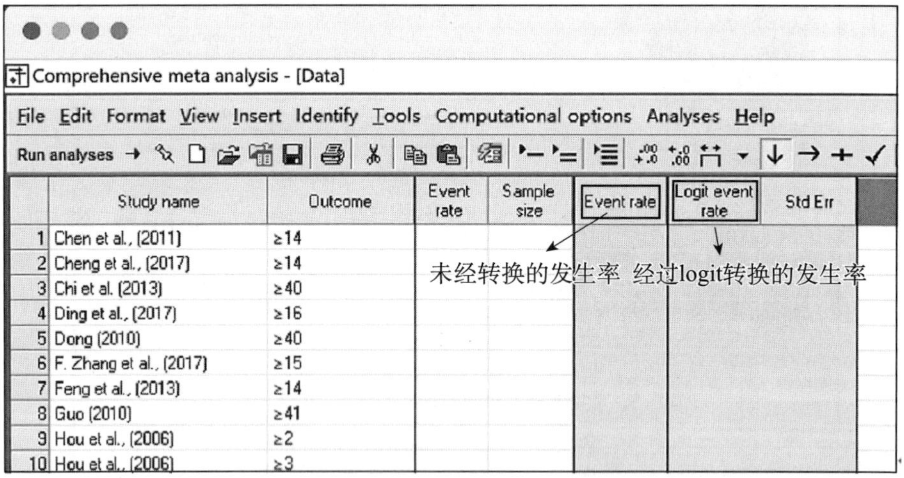

图 2－59　效应量数据栏

接着，我们将 Excel 表格中相应的数据输入（见图 2－60），即可看到自动计算出的效应量出现在数据栏中。

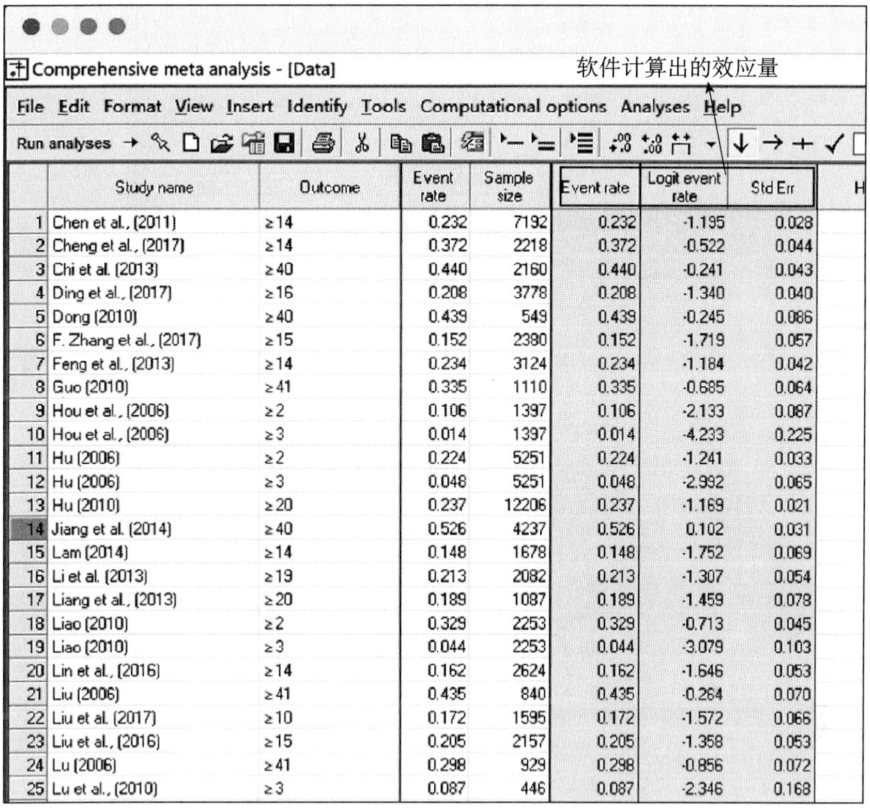

	Study name	Outcome	Event rate	Sample size	Event rate	Logit event rate	Std Err
1	Chen et al., (2011)	≥14	0.232	7192	0.232	-1.195	0.028
2	Cheng et al., (2017)	≥14	0.372	2218	0.372	-0.522	0.044
3	Chi et al. (2013)	≥40	0.440	2160	0.440	-0.241	0.043
4	Ding et al., (2017)	≥16	0.208	3778	0.208	-1.340	0.040
5	Dong (2010)	≥40	0.439	549	0.439	-0.245	0.086
6	F. Zhang et al., (2017)	≥15	0.152	2380	0.152	-1.719	0.057
7	Feng et al., (2013)	≥14	0.234	3124	0.234	-1.184	0.042
8	Guo (2010)	≥41	0.335	1110	0.335	-0.685	0.064
9	Hou et al., (2006)	≥2	0.106	1397	0.106	-2.133	0.087
10	Hou et al., (2006)	≥3	0.014	1397	0.014	-4.233	0.225
11	Hu (2006)	≥2	0.224	5251	0.224	-1.241	0.033
12	Hu (2006)	≥3	0.048	5251	0.048	-2.992	0.065
13	Hu (2010)	≥20	0.237	12206	0.237	-1.169	0.021
14	Jiang et al. (2014)	≥40	0.526	4237	0.526	0.102	0.031
15	Lam (2014)	≥14	0.148	1678	0.148	-1.752	0.069
16	Li et al. (2013)	≥19	0.213	2082	0.213	-1.307	0.054
17	Liang et al., (2013)	≥20	0.189	1087	0.189	-1.459	0.078
18	Liao (2010)	≥2	0.329	2253	0.329	-0.713	0.045
19	Liao (2010)	≥3	0.044	2253	0.044	-3.079	0.103
20	Lin et al., (2016)	≥14	0.162	2624	0.162	-1.646	0.053
21	Liu (2006)	≥41	0.435	840	0.435	-0.264	0.070
22	Liu et al. (2017)	≥10	0.172	1595	0.172	-1.572	0.066
23	Liu et al., (2016)	≥15	0.205	2157	0.205	-1.358	0.053
24	Lu (2006)	≥41	0.298	929	0.298	-0.856	0.072
25	Lu et al., (2010)	≥3	0.087	446	0.087	-2.346	0.168

图 2－60　计算效应量

最后输入亚组分析变量：点击 Insert→Column for…→Moderator variable（见图 2－61）。已知亚组分析变量为所使用的量表，故变量名称输入 scale，类型选择 Categorical（见图 2－62）。同理，建立关于临界值的变量栏。建立完成后，将 Excel 表格中相应的数据输入（见图 2－63）。

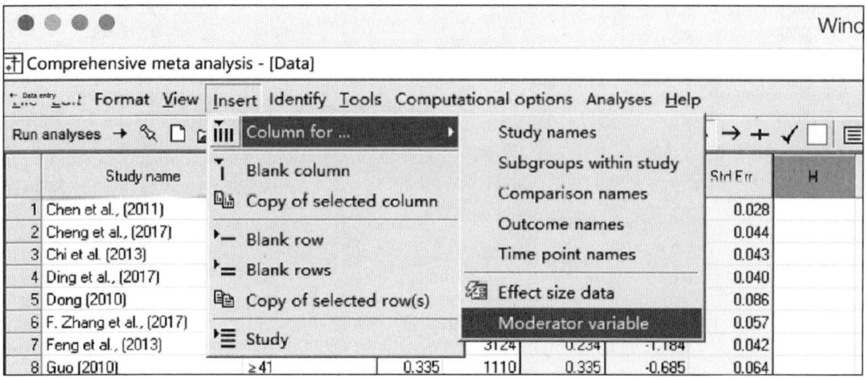

图 2－61　建立亚组变量栏（a）

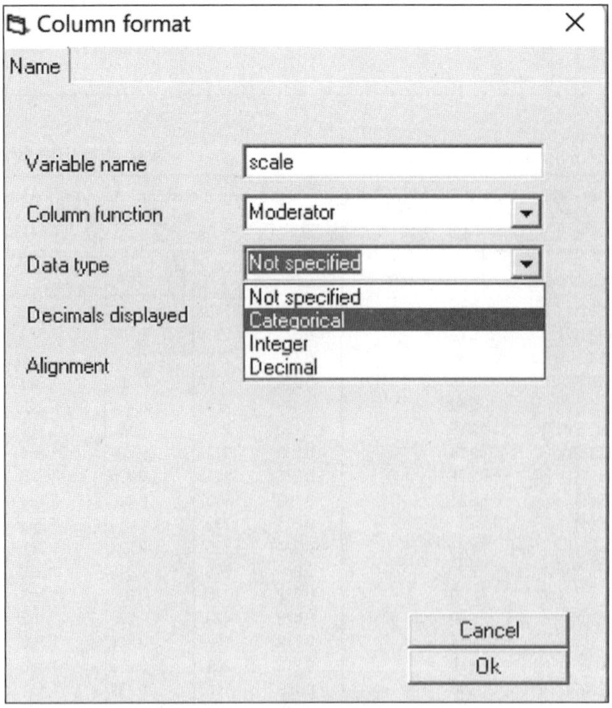

图 2-62　建立亚组变量栏（b）

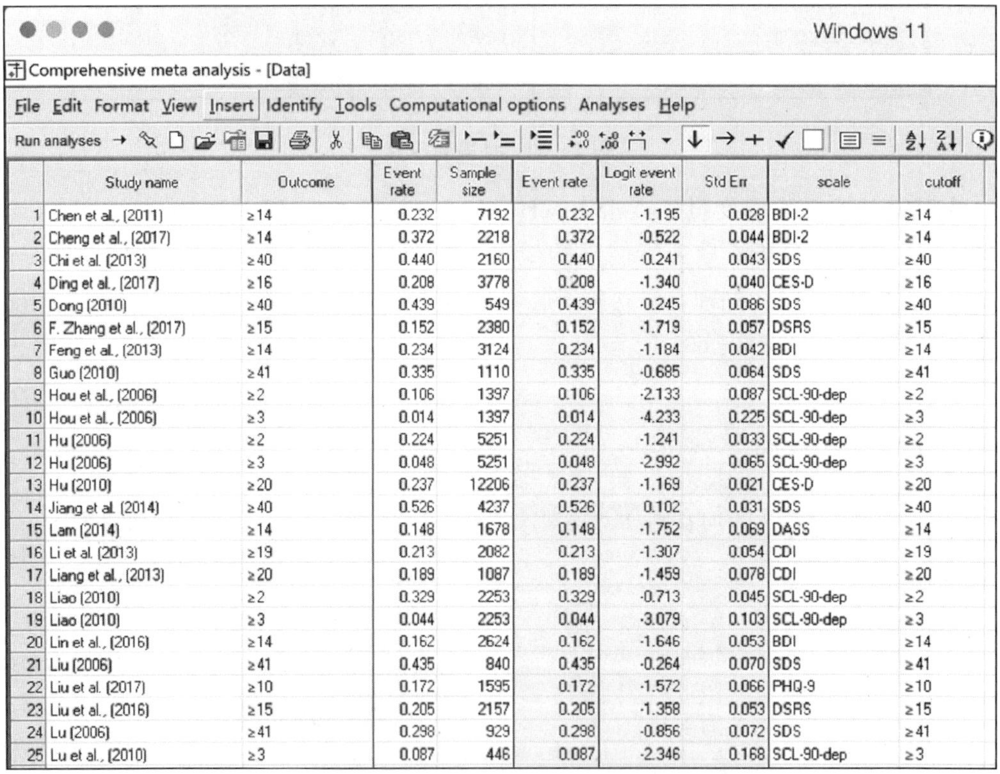

	Study name	Outcome	Event rate	Sample size	Event rate	Logit event rate	Std Err	scale	cutoff
1	Chen et al., (2011)	≥14	0.232	7192	0.232	-1.195	0.028	BDI-2	≥14
2	Cheng et al., (2017)	≥14	0.372	2218	0.372	-0.522	0.044	BDI-2	≥14
3	Chi et al. (2013)	≥40	0.440	2160	0.440	-0.241	0.043	SDS	≥40
4	Ding et al., (2017)	≥16	0.208	3778	0.208	-1.340	0.040	CES-D	≥16
5	Dong (2010)	≥40	0.439	549	0.439	-0.245	0.086	SDS	≥40
6	F. Zhang et al., (2017)	≥15	0.152	2380	0.152	-1.719	0.057	DSRS	≥15
7	Feng et al., (2013)	≥14	0.234	3124	0.234	-1.184	0.042	BDI	≥14
8	Guo (2010)	≥41	0.335	1110	0.335	-0.685	0.064	SDS	≥41
9	Hou et al., (2006)	≥2	0.106	1397	0.106	-2.133	0.087	SCL-90-dep	≥2
10	Hou et al., (2006)	≥3	0.014	1397	0.014	-4.233	0.225	SCL-90-dep	≥3
11	Hu (2006)	≥2	0.224	5251	0.224	-1.241	0.033	SCL-90-dep	≥2
12	Hu (2006)	≥3	0.048	5251	0.048	-2.992	0.065	SCL-90-dep	≥3
13	Hu (2010)	≥20	0.237	12206	0.237	-1.169	0.021	CES-D	≥20
14	Jiang et al. (2014)	≥40	0.526	4237	0.526	0.102	0.031	SDS	≥40
15	Lam (2014)	≥14	0.148	1678	0.148	-1.752	0.069	DASS	≥14
16	Li et al. (2013)	≥19	0.213	2082	0.213	-1.307	0.054	CDI	≥19
17	Liang et al., (2013)	≥20	0.189	1087	0.189	-1.459	0.078	CDI	≥20
18	Liao (2010)	≥2	0.329	2253	0.329	-0.713	0.045	SCL-90-dep	≥2
19	Liao (2010)	≥3	0.044	2253	0.044	-3.079	0.103	SCL-90-dep	≥3
20	Lin et al., (2016)	≥14	0.162	2624	0.162	-1.646	0.053	BDI	≥14
21	Liu (2006)	≥41	0.435	840	0.435	-0.264	0.070	SDS	≥41
22	Liu et al. (2017)	≥10	0.172	1595	0.172	-1.572	0.066	PHQ-9	≥10
23	Liu et al., (2016)	≥15	0.205	2157	0.205	-1.358	0.053	DSRS	≥15
24	Lu (2006)	≥41	0.298	929	0.298	-0.856	0.072	SDS	≥41
25	Lu et al., (2010)	≥3	0.087	446	0.087	-2.346	0.168	SCL-90-dep	≥3

图 2-63　亚组变量栏数据

（二）合并效应量分析

数据输入完成后，可自动获得每个纳入研究的单独的效应量。CMA 软件提供两种发生率效应量：未经转换的原始发生率（Event rate）和经过 logit 转换的发生率（Logit event rate）。本研究采用原始发生率进行效应量合并。具体操作为：点击 Analyses→Run analyses（见图 2－64）。

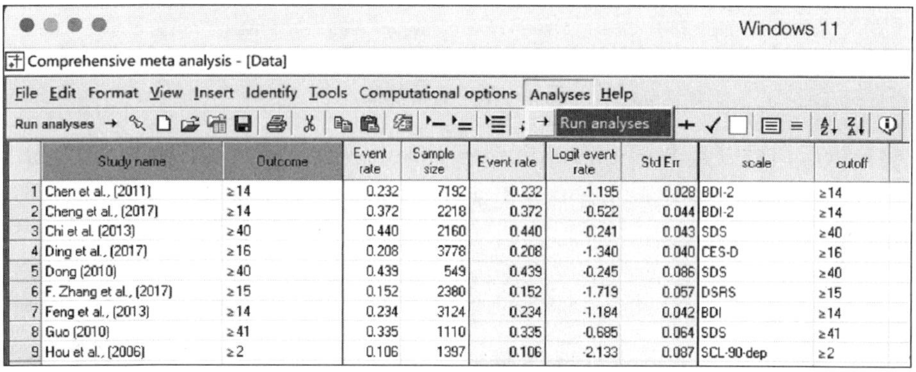

	Study name	Outcome	Event rate	Sample size	Event rate	Logit event rate	Std Err	scale	cutoff
1	Chen et al., (2011)	≥14	0.232	7192	0.232	-1.195	0.028	BDI-2	≥14
2	Cheng et al., (2017)	≥14	0.372	2218	0.372	-0.522	0.044	BDI-2	≥14
3	Chi et al. (2013)	≥40	0.440	2160	0.440	-0.241	0.043	SDS	≥40
4	Ding et al., (2017)	≥16	0.208	3778	0.208	-1.340	0.040	CES-D	≥16
5	Dong (2010)	≥40	0.439	549	0.439	-0.245	0.086	SDS	≥40
6	F. Zhang et al., (2017)	≥15	0.152	2380	0.152	-1.719	0.057	DSRS	≥15
7	Feng et al., (2013)	≥14	0.234	3124	0.234	-1.184	0.042	BDI	≥14
8	Guo (2010)	≥41	0.335	1110	0.335	-0.685	0.064	SDS	≥41
9	Hou et al., (2006)	≥2	0.106	1397	0.106	-2.133	0.087	SCL-90-dep	≥2

图 2－64　合并效应量（a）

由于本研究采用随机模型进行合并，故可点击 Random，呈现随机模型下的结果（见图 2－65）。

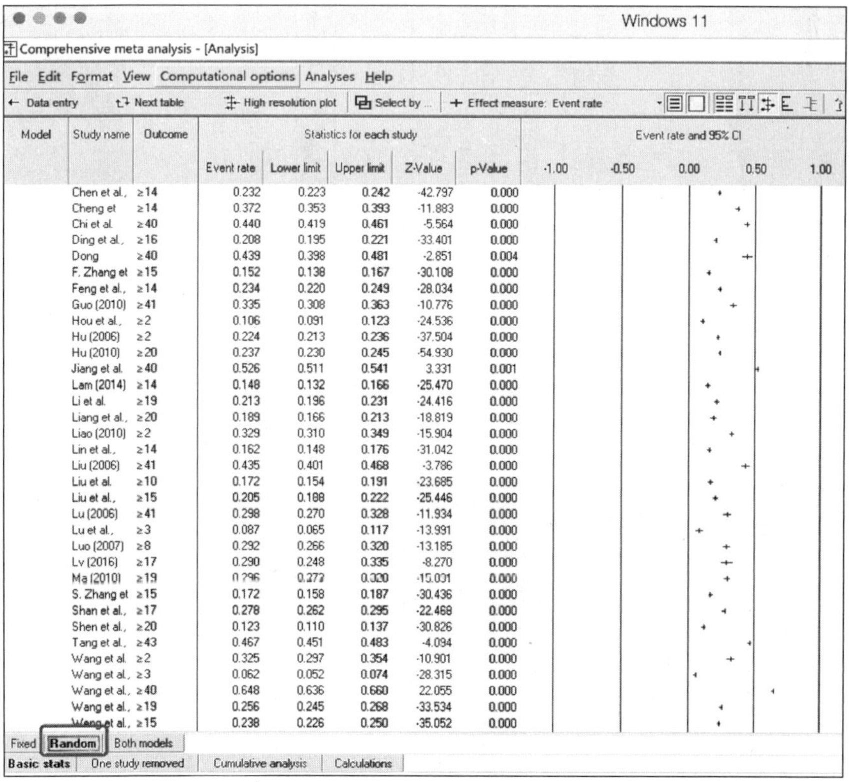

Model	Study name	Outcome	Statistics for each study				
			Event rate	Lower limit	Upper limit	Z-Value	p-Value
	Chen et al.,	≥14	0.232	0.223	0.242	-42.797	0.000
	Cheng et	≥14	0.372	0.353	0.393	-11.883	0.000
	Chi et al.	≥40	0.440	0.419	0.461	-5.564	0.000
	Ding et al.,	≥16	0.208	0.195	0.221	-33.401	0.000
	Dong	≥40	0.439	0.398	0.481	-2.851	0.004
	F. Zhang et	≥15	0.152	0.138	0.167	-30.108	0.000
	Feng et al.,	≥14	0.234	0.220	0.249	-28.034	0.000
	Guo (2010)	≥41	0.335	0.308	0.363	-10.776	0.000
	Hou et al.,	≥2	0.106	0.091	0.123	-24.536	0.000
	Hu (2006)	≥2	0.224	0.213	0.236	-37.504	0.000
	Hu (2010)	≥20	0.237	0.230	0.245	-54.930	0.000
	Jiang et al.	≥40	0.526	0.511	0.541	3.331	0.001
	Lam (2014)	≥14	0.148	0.132	0.166	-25.470	0.000
	Li et al.	≥19	0.213	0.196	0.231	-24.416	0.000
	Liang et al.,	≥20	0.189	0.166	0.213	-18.819	0.000
	Liao (2010)	≥2	0.329	0.310	0.349	-15.904	0.000
	Lin et al.,	≥14	0.162	0.148	0.176	-31.042	0.000
	Liu (2006)	≥41	0.435	0.401	0.468	-3.786	0.000
	Liu et al.	≥10	0.172	0.154	0.191	-23.685	0.000
	Liu et al.,	≥15	0.205	0.188	0.222	-25.446	0.000
	Lu (2006)	≥41	0.298	0.270	0.328	-11.934	0.000
	Lu et al.,	≥3	0.087	0.065	0.117	-13.991	0.000
	Luo (2007)	≥8	0.292	0.266	0.320	-13.185	0.000
	Lv (2016)	≥17	0.290	0.248	0.335	-8.270	0.000
	Ma (2010)	≥19	0.296	0.273	0.320	-15.031	0.000
	S. Zhang et	≥15	0.172	0.158	0.187	-30.436	0.000
	Shan et al.,	≥17	0.278	0.262	0.295	-22.468	0.000
	Shen et al.,	≥20	0.123	0.110	0.137	-30.826	0.000
	Tang et al.,	≥43	0.467	0.451	0.483	-4.094	0.000
	Wang et al.	≥2	0.325	0.297	0.354	-10.901	0.000
	Wang et al.,	≥3	0.062	0.052	0.074	-28.315	0.000
	Wang et al.,	≥40	0.648	0.636	0.660	22.055	0.000
	Wang et al.,	≥19	0.256	0.245	0.268	-33.534	0.000
	Wang et al.,	≥15	0.238	0.226	0.250	-35.052	0.000

图 2－65　合并效应量（b）

此外，可以点击切换符查看简表（见图 2－66）。

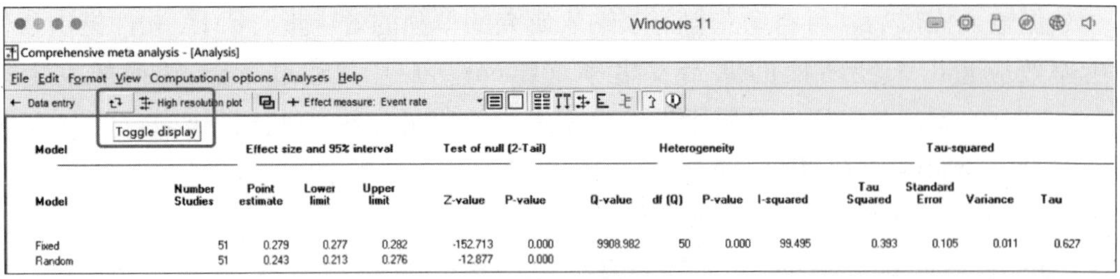

图 2－66　查看简表

完成分析后，可以点击 High resolution plot 生成森林图（见图 2－67）。如需输出森林图，可点击 File，随后进行输出方式选择（见图 2－68）。

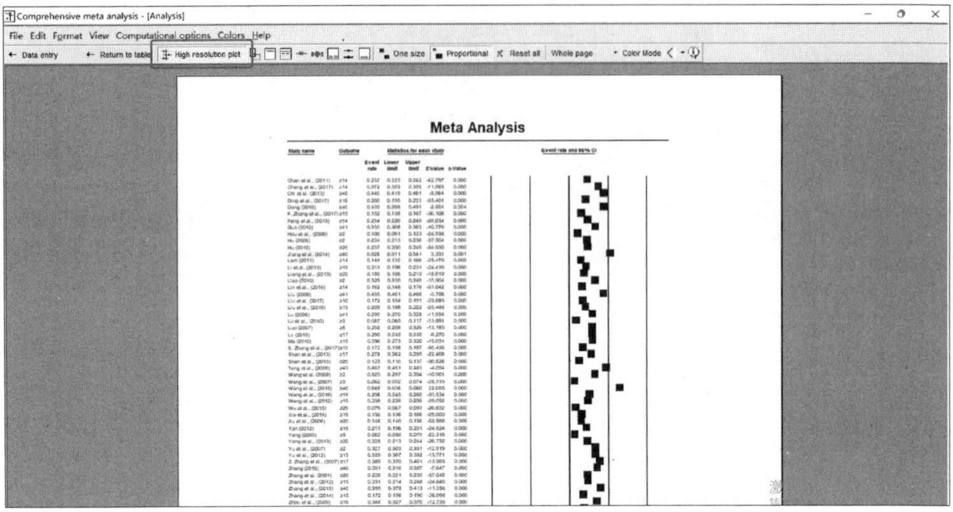

图 2－67　生成森林图

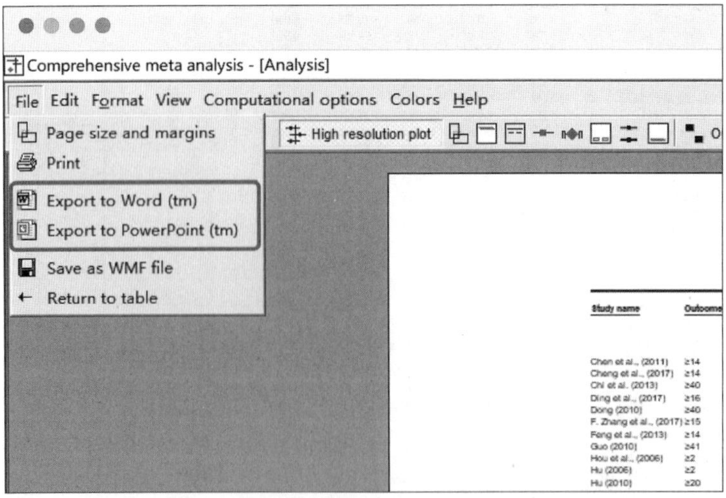

图 2－68　输出森林图

（三）发表偏倚分析

本研究采用漏斗图和 Egger 检验来评估发表偏倚。漏斗图对称性高表示发表偏倚小，反之则表示可能存在发表偏倚；Egger 检验对应的 p 值小于 0.05 意味着存在发表偏倚，反之则无。

在 CMA 软件中进行发表偏倚分析的方法为：在以上分析结果的界面点击 Analyses→Publication bias（见图 2-69），即可得到漏斗图（见图 2-70）。同时，研究者可根据自身需求点击项目栏中的各个选项修改漏斗图各参数。如需导出图片，可点击 File 进行导出格式选择（见图 2-71）。此外，点击 View→Regression test，即可完成 Egger 检验（见图 2-72），并生成结果（见图 2-73）。目测漏斗图发现有明显的不对称性，而 Egger 检验结果显示 $p<0.05$，故纳入的研究中可能存在发表偏倚。

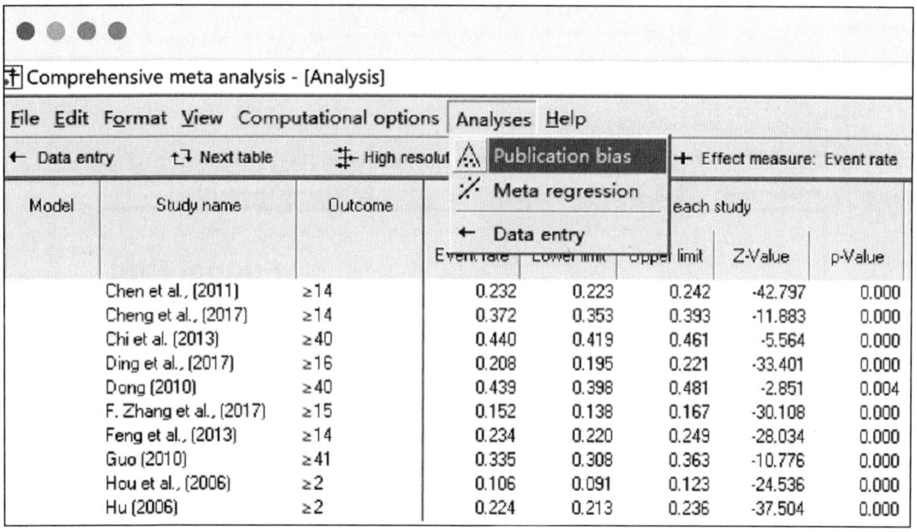

图 2-69 发表偏倚分析

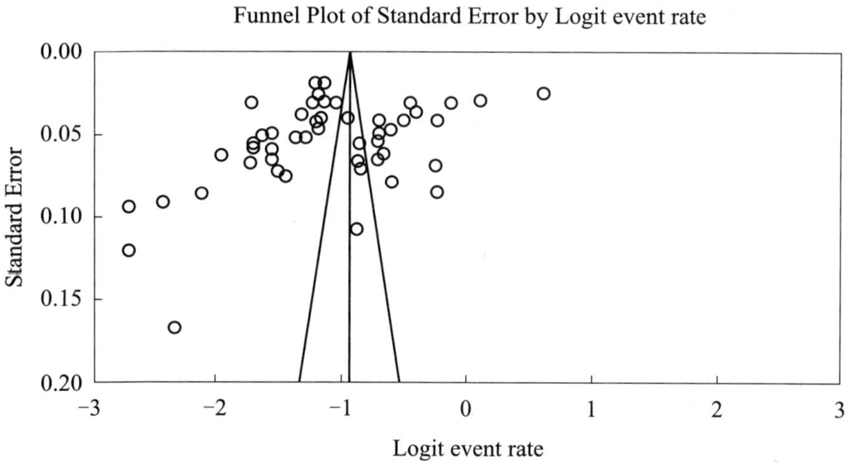

图 2-70 漏斗图

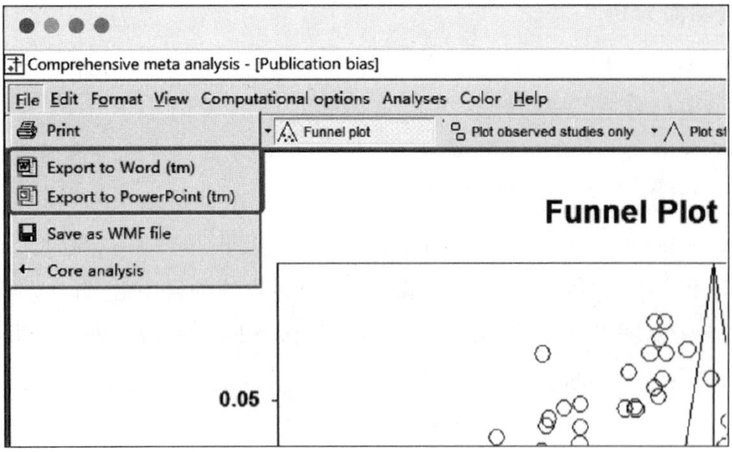

图 2-71　导出漏斗图

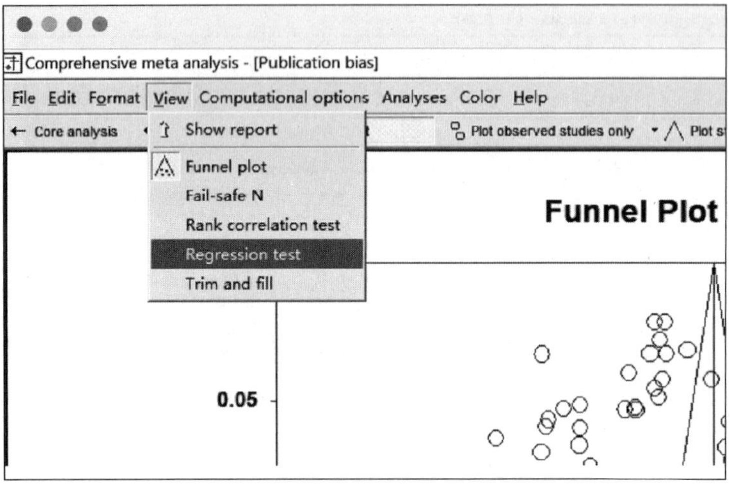

图 2-72　选择 Egger 检验

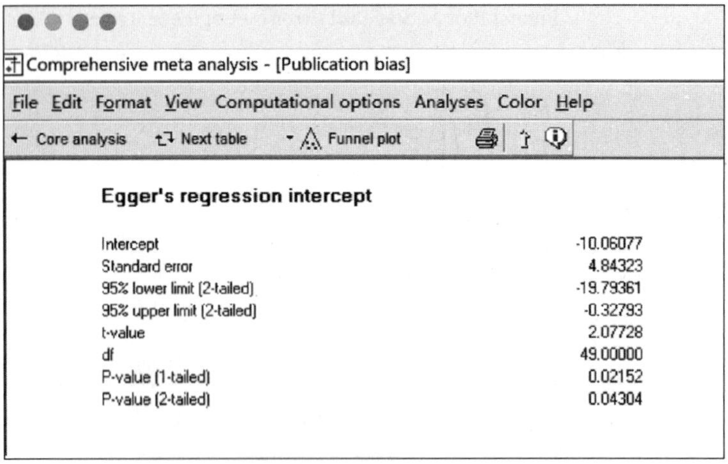

图 2-73　Egger 检验结果

(四)异质性检验及分析

异质性检验用来检验研究所得的平均效应量是否异质。本研究通过 Q ($p<0.05$ 表明存在较大异质性)以及 I^2 (当 I^2 值在 25%～50%、50%～75%和 75%及以上时,异质性分别为低、中、高)来反映纳入研究的异质性。异质性高,表明效应量观测值的变异有很大一部分源于效应量之间的真实差异,因此也就意味着有必要进行异质性分析。

从合并效应量结果(见图 2-66)可知,I^2 值为 99.495%,Q=9 908.982,p 值小于 0.001,表明纳入的研究具有极高的异质性,进行相关的异质性分析是非常有必要的。因此,接下来将对研究进行异质性分析,具体为亚组分析。

亚组分析旨在探究类别变量对异质性的影响。本研究中主要对筛查工具(量表及其临界值)、性别、年级和户籍(城市/农村)进行亚组分析。具体步骤以量表及其临界值为例。

首先需要回到主分析界面(见图 2-65)。为探究特定量表及其临界值对效应量的影响,需要先根据临界值进行初步分组。点击 Computational options→Group by…(见图 2-74),弹出如图 2-75 所示窗口后,选择 Outcome 进行分组,随后将两个选项打钩(见图 2-76),以展示每个亚组内的分析并比较不同亚组间的结果。得到如图 2-77 所示结果后,点击底栏的 Random,可查看随机效应模型下的结果。

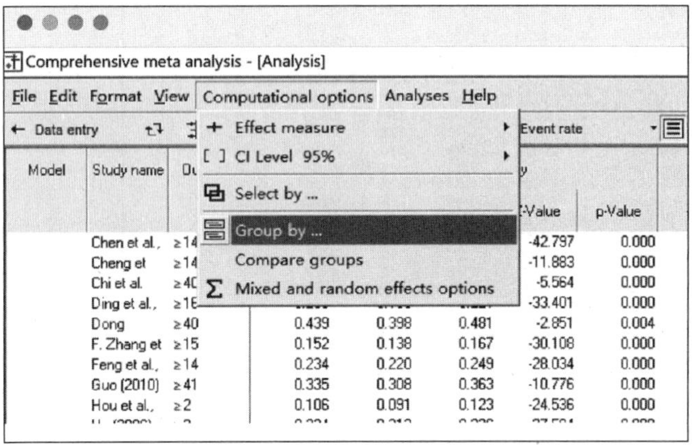

图 2-74　亚组分析(a)

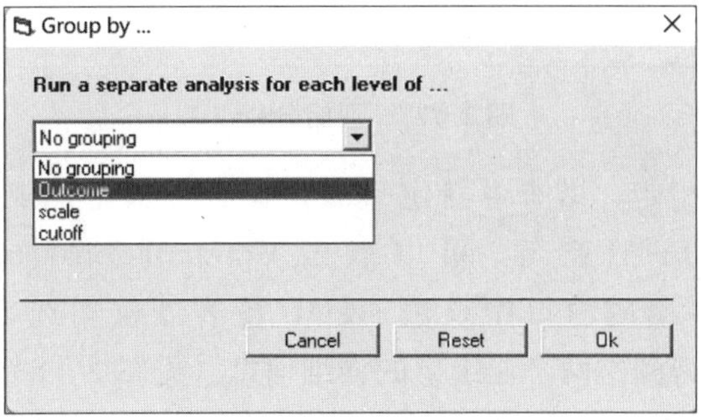

图 2-75　亚组分析(b)

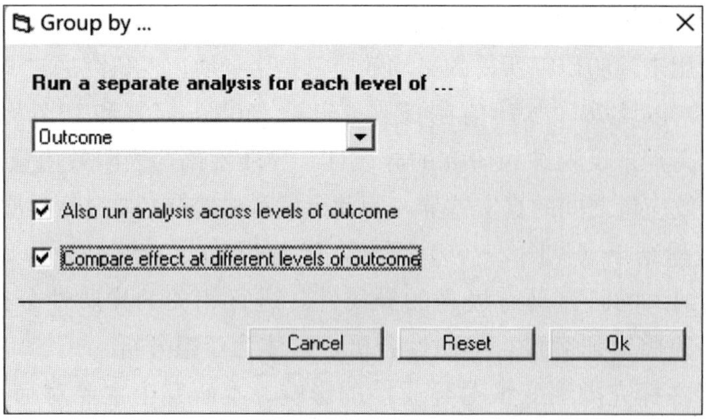

图 2－76　亚组分析（c）

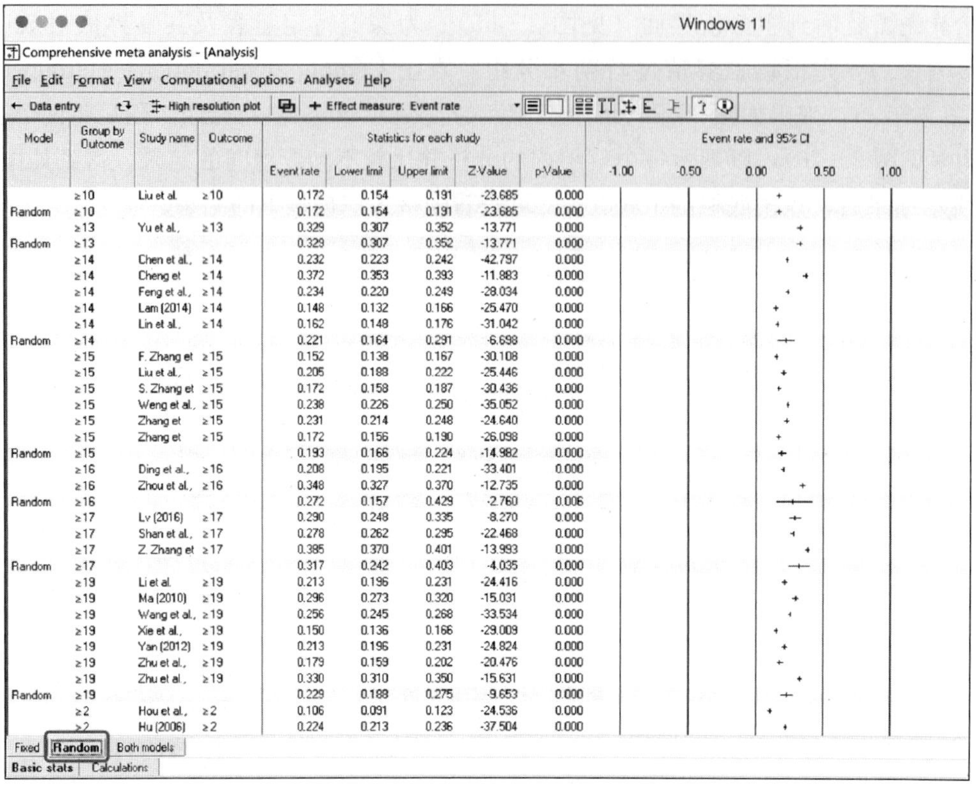

Model	Group by Outcome	Study name	Outcome	Event rate	Lower limit	Upper limit	Z-Value	p-Value
	≥10	Liu et al.	≥10	0.172	0.154	0.191	-23.685	0.000
Random	≥10			0.172	0.154	0.191	-23.685	0.000
	≥13	Yu et al.,	≥13	0.329	0.307	0.352	-13.771	0.000
Random	≥13			0.329	0.307	0.352	-13.771	0.000
	≥14	Chen et al.,	≥14	0.232	0.223	0.242	-42.797	0.000
	≥14	Cheng et	≥14	0.372	0.353	0.393	-11.883	0.000
	≥14	Feng et al.,	≥14	0.234	0.220	0.249	-28.034	0.000
	≥14	Lam (2014)	≥14	0.148	0.132	0.166	-25.470	0.000
	≥14	Lin et al.,	≥14	0.162	0.148	0.176	-31.042	0.000
Random	≥14			0.221	0.164	0.291	-6.698	0.000
	≥15	F. Zhang et	≥15	0.152	0.138	0.167	-30.108	0.000
	≥15	Liu et al.,	≥15	0.205	0.188	0.222	-25.446	0.000
	≥15	S. Zhang et	≥15	0.172	0.158	0.187	-30.436	0.000
	≥15	Weng et al.,	≥15	0.238	0.226	0.250	-35.052	0.000
	≥15	Zhang et	≥15	0.231	0.214	0.248	-24.640	0.000
	≥15	Zhang et	≥15	0.172	0.156	0.190	-26.098	0.000
Random	≥15			0.193	0.166	0.224	-14.982	0.000
	≥16	Ding et al.,	≥16	0.208	0.195	0.221	-33.401	0.000
	≥16	Zhou et al.,	≥16	0.348	0.327	0.370	-12.735	0.000
Random	≥16			0.272	0.157	0.429	-2.760	0.006
	≥17	Lv (2016)	≥17	0.290	0.248	0.335	-8.270	0.000
	≥17	Shan et al.,	≥17	0.278	0.262	0.295	-22.468	0.000
	≥17	Z. Zhang et	≥17	0.385	0.370	0.401	-13.993	0.000
Random	≥17			0.317	0.242	0.403	-4.035	0.000
	≥19	Li et al.	≥19	0.213	0.196	0.231	-24.416	0.000
	≥19	Ma (2010)	≥19	0.296	0.273	0.320	-15.031	0.000
	≥19	Wang et al.,	≥19	0.256	0.245	0.268	-33.534	0.000
	≥19	Xie et al.,	≥19	0.150	0.136	0.166	-29.009	0.000
	≥19	Yan (2012)	≥19	0.213	0.196	0.231	-24.824	0.000
	≥19	Zhu et al.,	≥19	0.179	0.159	0.202	-20.476	0.000
	≥19	Zhu et al.,	≥19	0.330	0.310	0.350	-15.631	0.000
Random	≥19			0.229	0.188	0.275	-9.653	0.000
	≥2	Hou et al.,	≥2	0.106	0.091	0.123	-24.536	0.000
	≥2	Hu (2006)	≥2	0.224	0.213	0.236	-37.504	0.000

图 2－77　亚组分析（d）

接下来进行量表指定，即查看特定量表及其临界值下的亚组结果。如需要查看 BDI≥14 和 BDI≥13 的亚组，可以点击 Computational options→Select by ...（见图 2－78），再在弹出的窗口中点击 scale，量表处仅勾选 BDI（贝克抑郁量表；见图 2－79），就可以得到这两个亚组下的详细信息（见图 2－80）。除 BDI 外，对于其他有不同临界值的量表，如 SCL-90、CES-D（流调用抑郁自评量表）、CDI（儿童抑郁量表）等，都可以通过以上方法查看相应的亚组。

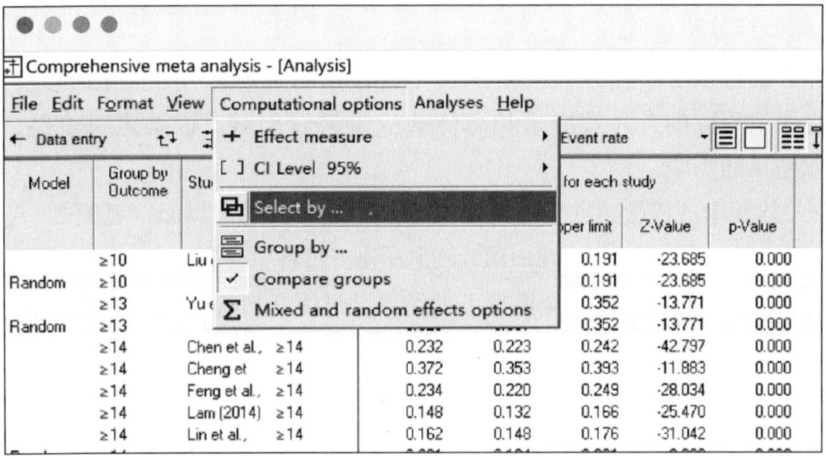

图 2-78　亚组分析（e）

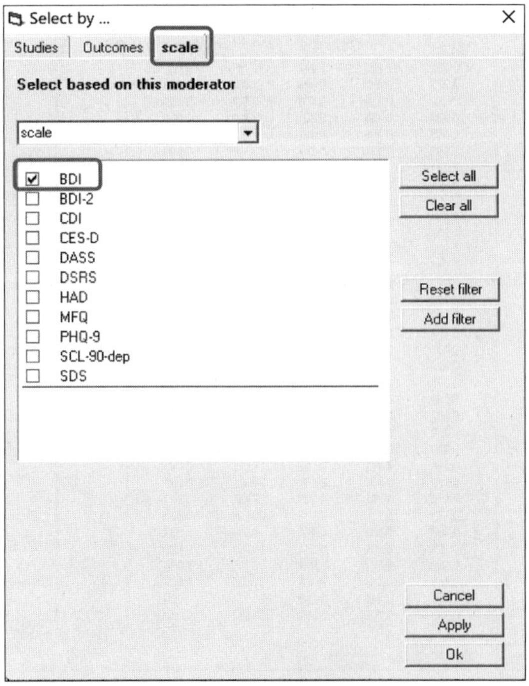

图 2-79　亚组分析（f）

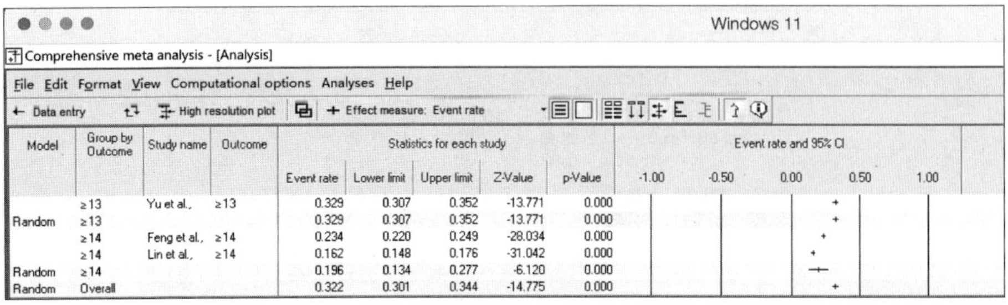

图 2-80　亚组分析（g）

（五）敏感性分析

敏感性分析可以考察合并效应量的稳定性。本研究所采用的方法为逐一剔除每一个研究，将剩下研究的合并效应量和总体效应量进行比对，以确定每个纳入研究的效应量对总体结果的影响。

在 CMA 软件中进行敏感性分析时，需要返回到分析的主界面（见图 2－65）。随后点击底栏 One study removed（见图 2－81），进入分析过程（见图 2－82）。结果出来后，点击底栏 Random 即可查看随机效应模型下的结果（见图 2－83）。此外，若需将敏感性分析结果可视化，可以点击 High resolution plot，生成相应的森林图（见图 2－84）。

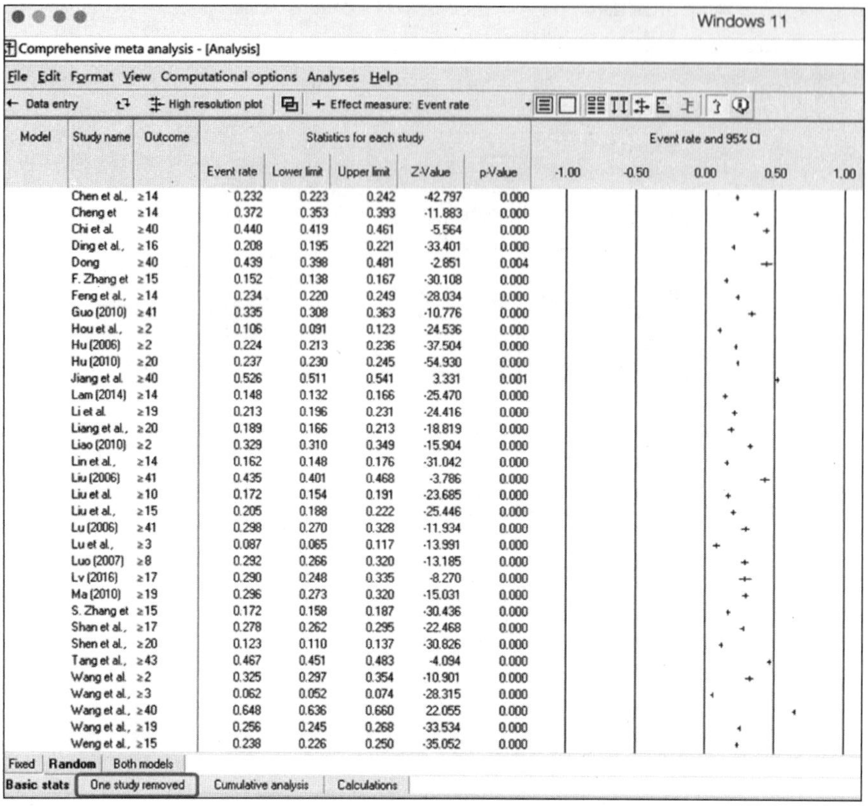

Model	Study name	Outcome	Event rate	Lower limit	Upper limit	Z-Value	p-Value
	Chen et al.,	≥14	0.232	0.223	0.242	-42.797	0.000
	Cheng et	≥14	0.372	0.353	0.393	-11.883	0.000
	Chi et al.	≥40	0.440	0.419	0.461	-5.564	0.000
	Ding et al.,	≥16	0.208	0.195	0.221	-33.401	0.000
	Dong	≥40	0.439	0.398	0.481	-2.851	0.004
	F. Zhang et	≥15	0.152	0.138	0.167	-30.108	0.000
	Feng et al.,	≥14	0.234	0.220	0.249	-28.034	0.000
	Guo (2010)	≥41	0.335	0.308	0.363	-10.776	0.000
	Hou et al.,	≥2	0.106	0.091	0.123	-24.536	0.000
	Hu (2006)	≥2	0.224	0.213	0.236	-37.504	0.000
	Hu (2010)	≥20	0.237	0.230	0.245	-54.930	0.000
	Jiang et al.	≥40	0.526	0.511	0.541	3.331	0.001
	Lam (2014)	≥14	0.148	0.132	0.166	-25.470	0.000
	Li et al.	≥19	0.213	0.196	0.231	-24.416	0.000
	Liang et al.,	≥20	0.189	0.166	0.213	-18.819	0.000
	Liao (2010)	≥2	0.329	0.310	0.349	-15.904	0.000
	Lin et al.,	≥14	0.162	0.148	0.176	-31.042	0.000
	Liu (2006)	≥41	0.435	0.401	0.468	-3.786	0.000
	Liu et al.	≥10	0.172	0.154	0.191	-23.685	0.000
	Liu et al.,	≥15	0.205	0.188	0.222	-25.446	0.000
	Lu (2006)	≥41	0.298	0.270	0.328	-11.934	0.000
	Lu et al.,	≥3	0.087	0.065	0.117	-13.991	0.000
	Luo (2007)	≥8	0.292	0.266	0.320	-13.185	0.000
	Lv (2016)	≥17	0.290	0.248	0.335	-8.270	0.000
	Ma (2010)	≥19	0.296	0.273	0.320	-15.031	0.000
	S. Zhang et	≥15	0.172	0.158	0.187	-30.436	0.000
	Shan et al.,	≥17	0.278	0.262	0.295	-22.468	0.000
	Shen et al.,	≥20	0.123	0.110	0.137	-30.826	0.000
	Tang et al.,	≥43	0.467	0.451	0.483	-4.094	0.000
	Wang et al.	≥2	0.325	0.297	0.354	-10.901	0.000
	Wang et al.,	≥3	0.062	0.052	0.074	-28.315	0.000
	Wang et al.,	≥40	0.648	0.636	0.660	22.055	0.000
	Wang et al.,	≥19	0.256	0.245	0.268	-33.534	0.000
	Weng et al.,	≥15	0.238	0.226	0.250	-35.052	0.000

图 2－81　敏感性分析（a）

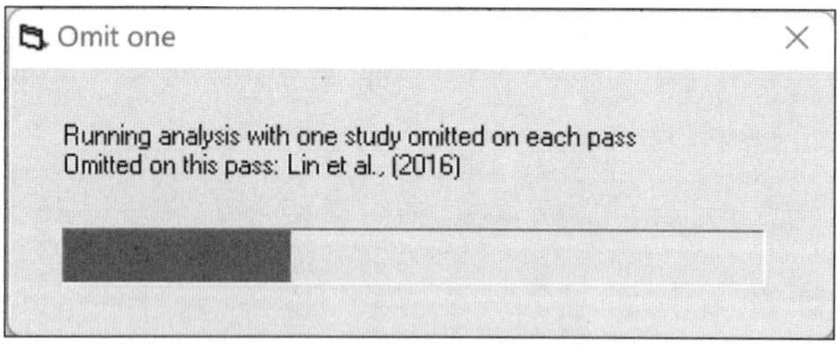

图 2－82　敏感性分析（b）

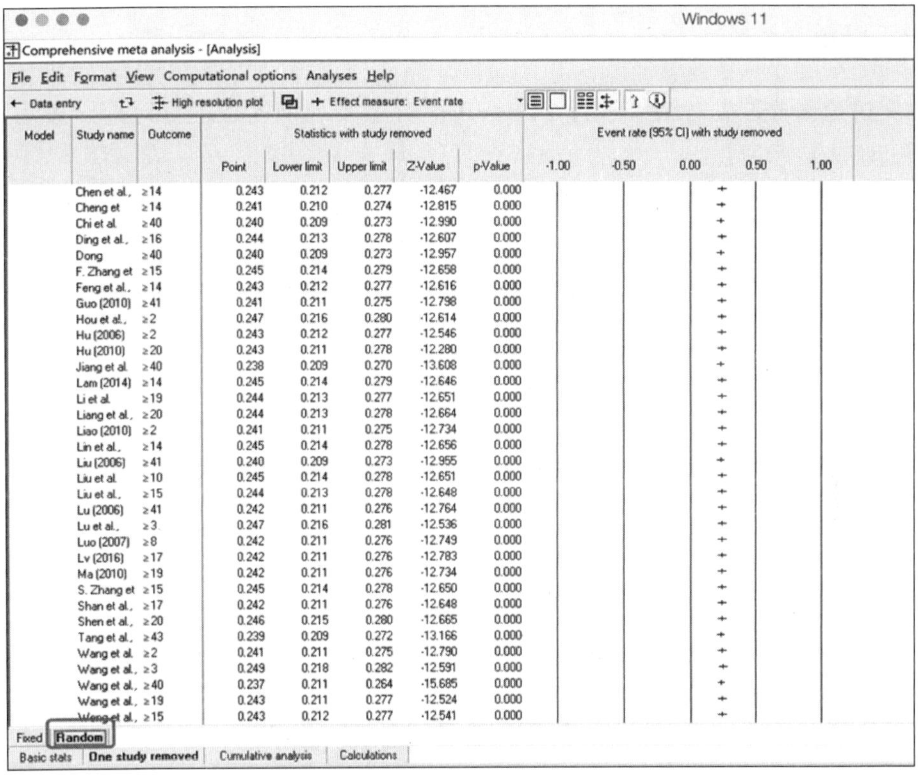

Model	Study name	Outcome	Statistics with study removed				
			Point	Lower limit	Upper limit	Z-Value	p-Value
	Chen et al.,	≥14	0.243	0.212	0.277	-12.467	0.000
	Cheng et	≥14	0.241	0.210	0.274	-12.815	0.000
	Chi et al.	≥40	0.240	0.209	0.273	-12.990	0.000
	Ding et al.,	≥16	0.244	0.213	0.278	-12.607	0.000
	Dong	≥40	0.240	0.209	0.273	-12.957	0.000
	F. Zhang et	≥15	0.245	0.214	0.279	-12.658	0.000
	Feng et al.,	≥14	0.243	0.212	0.277	-12.616	0.000
	Guo (2010)	≥41	0.241	0.211	0.275	-12.798	0.000
	Hou et al.,	≥2	0.247	0.216	0.280	-12.614	0.000
	Hu (2006)	≥2	0.243	0.212	0.277	-12.546	0.000
	Hu (2010)	≥20	0.243	0.211	0.278	-12.280	0.000
	Jiang et al.	≥40	0.238	0.209	0.270	-13.608	0.000
	Lam (2014)	≥14	0.245	0.214	0.279	-12.646	0.000
	Li et al.	≥19	0.244	0.213	0.277	-12.651	0.000
	Liang et al.,	≥20	0.244	0.213	0.278	-12.664	0.000
	Liao (2010)	≥2	0.241	0.211	0.275	-12.734	0.000
	Lin et al.,	≥14	0.245	0.214	0.278	-12.656	0.000
	Liu (2006)	≥41	0.240	0.209	0.273	-12.955	0.000
	Liu et al.	≥10	0.245	0.214	0.278	-12.651	0.000
	Liu et al.,	≥15	0.244	0.213	0.278	-12.648	0.000
	Lu (2006)	≥41	0.242	0.211	0.276	-12.764	0.000
	Lu et al.,	≥3	0.247	0.216	0.281	-12.536	0.000
	Luo (2007)	≥8	0.242	0.211	0.276	-12.749	0.000
	Lv (2016)	≥17	0.242	0.211	0.276	-12.783	0.000
	Ma (2010)	≥19	0.242	0.211	0.276	-12.734	0.000
	S. Zhang et	≥15	0.245	0.214	0.278	-12.650	0.000
	Shan et al.,	≥17	0.242	0.211	0.276	-12.648	0.000
	Shen et al.,	≥20	0.246	0.215	0.280	-12.665	0.000
	Tang et al.,	≥43	0.239	0.209	0.272	-13.166	0.000
	Wang et al.	≥2	0.241	0.211	0.275	-12.790	0.000
	Wang et al.,	≥3	0.249	0.218	0.282	-12.591	0.000
	Wang et al.,	≥40	0.237	0.211	0.264	-15.685	0.000
	Wang et al.,	≥19	0.243	0.211	0.277	-12.524	0.000
	Wang et al.,	≥15	0.243	0.212	0.277	-12.541	0.000

图 2－83　敏感性分析（c）

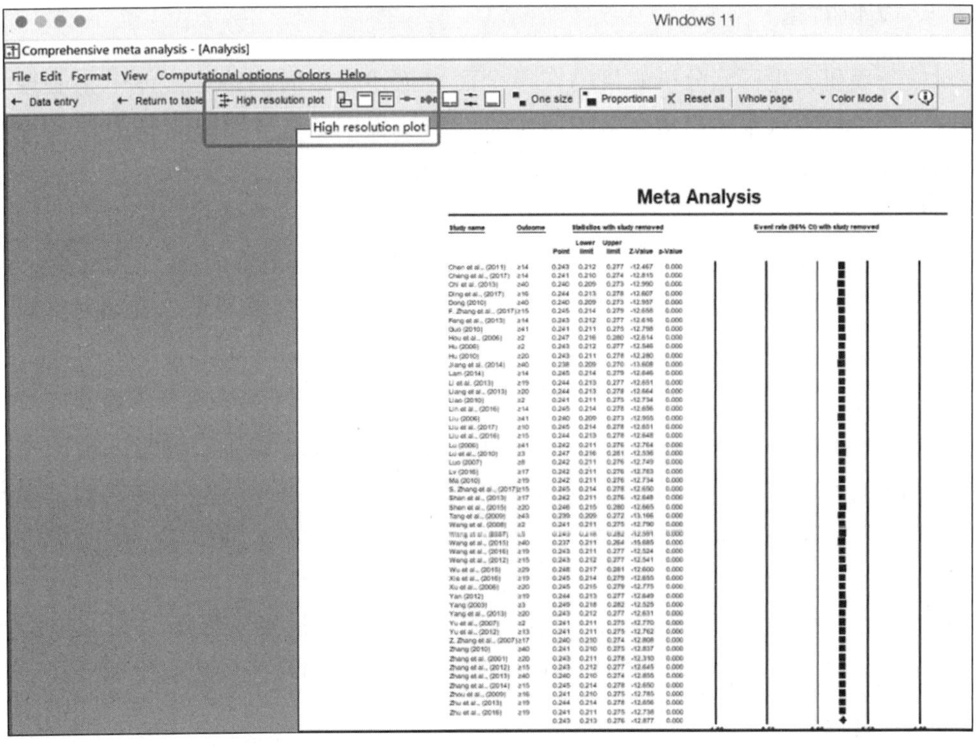

图 2－84　敏感性分析（d）

四、讨论

本文讨论部分首先对结果进行小结，其次对主要结果逐条进行讨论，最后指出研究局限及临床启示所在。

结果表明，中国大陆中学生的合并抑郁症状发生率为 24.3%（95%置信区间为[18%，41%]，I^2=98.9%），即约 1/4 的中学生出现抑郁症状。亚组分析表明，筛查量表及其临界值、年级为可能的研究间异质性来源。其中，使用某些量表（如 SDS）会导致较高的发生率；此外，随着年级的上升，抑郁症状更加普遍。以上结果提示我们，未来的研究要选择心理测量学指标较好的量表进行测量，或者考虑采用其他处理方式，如反向计算（back calculation）、两阶段发生率估计等，以获得可靠的结果。同时，也需要更多高质量的纵向研究来探究中学生出现抑郁症状的原因并进行相关的干预性实验。

第五节　实例 4：Hedges' *g* 作为效应量——男性是否比女性更容易网络成瘾？①

一、实例背景

对横断面研究进行元分析的目的在于全面地描述特定时期特定群体中某心理构念的现状水平。该现状水平通常是基于原始研究中所提取的量表得分与临界值或常模的比较而得到的。相应地，其效应量可为发生率或均值差。上述实例阐述了发生率的详细计算方法，本节将展示以均值差作为效应量的描述性元分析是如何进行的。

本研究所要描述的现象为 2010—2019 年（when）全球范围内 34 个国家（where）男性与女性（who）在网络成瘾上的差异水平，具体来说，该差异由男女间网络成瘾测量得分上的差值（what）来反映。

网络成瘾（Internet addiction，IA）是指过度使用互联网导致损害或痛苦的专注或冲动行为（Shaw & Donald，2008）。相关元分析表明，全球范围内网络成瘾的发生率为 6%（Cheng & Li，2014），但目前基于网络成瘾性别差异的研究所报告的结果并不一致。Mei 等（2016）和 Tsitsik 等（2014）发现，与大多数成瘾行为一样，男性的网络成瘾发生率要高于女性。一项跨文化的综述也得出了相似的结论（Anderson et al.，2017）：男性的网络成瘾风险较大，且网络成瘾发生率的性别差异随时间的推移而扩大。但在 Sun 等（2012）的研究中，尽管中国被试中男性的网络成瘾发生率要显著高于

---

① 实例来源：Su et al.，2019。

女性，但美国被试中女性的成瘾率却高于男性。另一项基于土耳其高中生样本的研究也表明，女性在网络成瘾得分上显著高于男性。由以上研究结果可知，网络成瘾与性别间的关系因调查国家的不同而有所不同，这表明网络成瘾的性别差异可能与文化因素有关。但到底是什么具体的因素导致了这一全球差异，我们知之甚少。

针对网络成瘾与性别间关系存在全球差异的现象，研究者提出了以下几种假说：第一，网络可得性假说（Internet availability hypothesis）认为，网络成瘾的性别差异可能与男性与女性在获取网络的可能性上的差异有关。在全球几乎所有的国家和地区中，男性群体中互联网的普及程度都要高于女性；尤其是在发展中国家以及一些前沿通信技术的使用上，女性的使用率都要显著低于男性。基于该假说，研究者认为，国家间网络成瘾性别差异的不同可能与该国男性与女性在经济参与度（economic participation & opportunity）以及网络普及率（Internet penetration）上的不同有关。第二是社会规范假说（social norms hypothesis）。社会规范通常对于男性与女性成瘾行为的态度是不同的，如许多社会限制女性的吸毒行为，但男性通过药物滥用来获取快感的行为却较容易被大众接受（Becker et al.，2016；Kandall，1996）。因此，研究者认为在那些男性成瘾行为包容度高于女性的国家中，男性的网络成瘾发生率要高于女性。第三，由于网络成瘾常与生活满意度降低、自卑、主观痛苦以及抑郁相关联（Akin，2012；Wang et al.，2013），同时，不同国家中男性与女性对生活的满意度也存在差异，研究者提出了心理幸福感假说（psychological well-being hypothesis），认为生活满意度的性别差异与网络成瘾的性别差异呈负相关，而自杀率的性别差异与网络成瘾的性别差异呈正相关。

本研究旨在探究全球范围内不同国家网络成瘾性别差异是否存在不同，并检验基于网络可得性、社会规范以及心理幸福感假设提出的若干因素（包括 GDP、网络普及率、网络普及率的性别差异、经济指标的性别差异、吸烟率的性别差异、酒精摄入量的性别差异、生活满意度的性别差异以及自杀率的性别差异）对研究间异质性的贡献。

二、研究方法

（一）文献检索

1. 检索库

文献检索库包括：ScienceDirect，Springer，Wiley，MEDLINE，ProQuest，Web of Science。

2. 检索词及检索式

本研究依据核心变量将检索词划分为两个概念范畴，即网络成瘾与性别，再从已有文献（主要是包含这些概念的已有综述或元分析）中提取每个范畴内的具体的主题词，最后根据布尔逻辑初步拟出检索式，并在各大数据库进行检索（注意：不同数据库用以表示上述逻辑的符号不尽相同，可参见各数据库的检索指引）。检索时段设置为2010—2019年。此外，对类似主题研究及综述中的参考文献进行手动检索，以避免遗漏。

所用检索式为：

TS = ("internet addiction" OR "problematic internet use" OR "pathological internet use" OR "net addict" OR "cyber addict" OR "online addiction" OR "internet overuse" OR "compulsive internet use" OR "excessive internet use" OR "internet dependence") AND (gender)

（二）研究筛选

1. 纳入与排除标准

纳入标准：（1）报告原始实证结果的研究；（2）被试均来自社区样本（community sample）而非临床样本（clinical sample）的研究，即未在临床上被诊断为网络成瘾的样本；（3）报告了可以用于计算网络成瘾性别差异效应量（Hedges' *g*）的数据的研究；（4）测量一般的网络成瘾而非特定类型网络成瘾［如网络赌博障碍（Internet gaming disorder）或手机成瘾（smart-phone addiction）］的研究；（5）语言为英文的研究。

排除标准：（1）收集了多个国家的数据但不能够依据单个国家提取数据的研究；（2）使用先前纳入研究中相同数据的研究。

此外，在多篇文献报告同一研究的情况下，使用最新发表的文献。同时，对于仅报告了网络成瘾发生率的研究，我们通过邮件联系作者获取相关的性别数据（即男性与女性网络成瘾的均值和标准差）。

2. 筛选流程

首先，使用文献管理软件对检索到的所有文献进行删重处理；其次，根据标题和摘要对删重后的文献进行筛选；最后，根据上述纳入与排除标准对余下文献进行筛选。以上过程由两位作者独立操作，若有争议，与其他作者协商以达成一致。整个流程需依据 PRISMA 原则作一张图，如图 2 - 85 所示。

（三）研究编码

需要提取的资料主要包括以下几方面：（1）研究标识（标题、第一作者姓氏、发表年份）；（2）数据收集年份；（3）效应量数据（每种性别的样本量、网络成瘾均值和标准差）；（4）网络成瘾测量工具；（5）样本年龄特征（均值、标准差、区间以及年龄分组）；（6）样本来自的国家。资料提取的过程由三位研究者独立进行，评分者间一致性为 0.96。

（四）质量评价

使用自编数据质量指数（Data Quality Index，DQI）对纳入研究进行质量评价。该工具主要从以下两方面进行评价：（1）样本代表性（sample representativeness）。每个纳入研究的初始得分为 1，若具有全国样本、样本年龄多样性或概率抽样特征则分别加 1 分，因此分数从 1～4 分不等；（2）样本量。以对数方式确定样本量得分［得分$=\lg(N)$］，样本量越大，得分越高。每个研究的 DQI 分数＝样本代表性分数＋样本量分数。

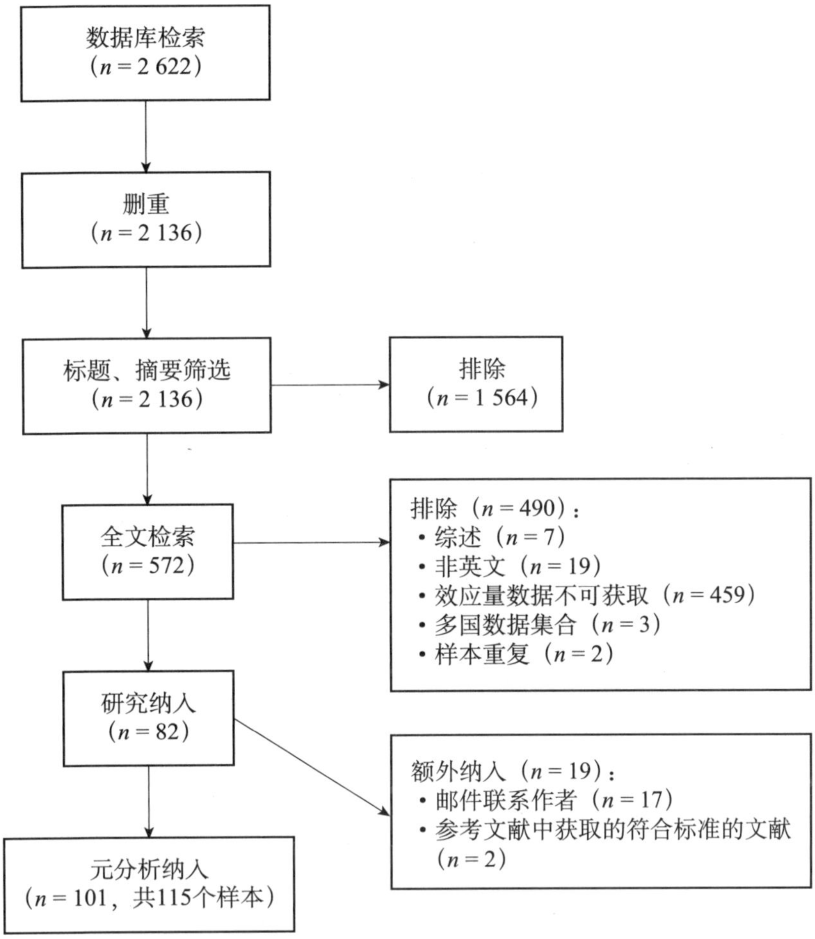

图 2-85　文献筛选和纳入流程图

（五）国家水平指标

本研究将检验以下国家水平指标对研究间异质性来源的贡献：人均 GDP（使用人均 GDP 作为国家经济发展的指标）；网络普及率；网络普及率的性别差异（使用男性与女性网络普及率所计算的 *OR* 值来反映，*OR*>1 表明网络在男性中普及率较高）；经济指标的性别差异（使用经济参与不平等指标来反映，分数越高表明男性主导越多）；吸烟率的性别差异（使用男性与女性吸烟率所计算的 *OR* 值来反映，*OR*>1 表明男性吸烟率较高）；酒精摄入量的性别差异（使用男性与女性酒精摄入量所计算的 *OR* 值来反映，*OR*>1 表明男性摄入量较高）；生活满意度的性别差异（使用已有研究中报告的生活满意度性别差异指标来反映，指标为正表明男性的生活满意度更高）；自杀率的性别差异（使用男性与女性自杀率所计算的 *OR* 值来反映，*OR*>1 表明男性自杀率较高）。

对于以上指标，均通过发表年份或数据收集年份与纳入研究进行配对。此外，为处理 0 值情况，计算 *OR* 值的数据均增加 0.5。

三、数据分析和结果

本研究共纳入来自 4 个大洲 34 个国家的 115 个样本，共含 204 352 名被试，其中 48.1%为男性被试。统计分析主要从研究水平和国家水平进行。其中，研究水平的分析（$k=115$）包括合并效应量计算、发表偏倚检验、亚组分析以及元回归分析；国家水平的分析主要包括计算经 DQI 加权后的平均效应量和国家指数，并将国家水平的效应量及其与相关指数间的关系进行可视化。所有分析均采用 R 软件（Version 4.0.4；http://www.r-project.org）及其 metafor 包（Version 3.0-2；http://cran.r-project.org/package=metafor）进行。以下将详述运用 R 进行数据分析的过程。需要注意的是，由于输入 R 命令时各字段的定值可能稍有不同，以下结果中的具体数值和原文会有一定出入，但不会对结论造成影响。

（一）效应量的处理及数据准备

本研究所使用的效应量为 Hedges' *g*，为 Cohen's *d* 的无偏估计。具体计算方法为：Hedges' g=Cohen's $d\times J$。其中 J 为校正因子，用于矫正 Cohen's *d* 的正偏差，计算公式为：$J=1-3/[4(N_1+N_2-2)-1]$。Hedges' $g\geqslant0.80$，$\geqslant0.50$，$\geqslant0.20$ 对应的效应强度分别为强、中、弱；在本研究中若符号为正，则说明男性网瘾率高于女性。获取单个原始研究中男性与女性网络成瘾测量数值及其样本量，分别作为 *d* 值计算中的 M_1 和 M_2 以及校正因子 J 计算中的 N_1 和 N_2。了解了本研究所使用的效应量类型后，接下来将展示具体分析步骤。

第一，建立 Excel 表格并输出。

根据 Hedges' *g* 的计算方式，我们需要每个纳入研究的以下数据：M_1（样本 1 均值），M_2（样本 2 均值），SD_1（样本 1 标准差），SD_2（样本 2 标准差），N_1（样本 1 大小），N_2（样本 2 大小）。因此，在建立包含原始数据的 Excel 表格时，需要包括的数据主要有研究标识（通常为第一作者姓氏、发表年份、指标匹配年份）、MaleN、MaleMean、MaleSd、FemaleN、FemaleMean、FemaleSd、亚组分析变量（以年龄群体为例）以及元回归分析变量（以网络普及率为例）（见图 2-86）。

包含分析所需数据的 Excel 表格建立好后，需要将 Excel 表格输出为 comma-separated-values（.csv）的格式以便导入 R 中。具体操作为：在选择 Excel 表格存储方式时，点击文件格式→CSV UTF-8（逗号分隔）（.csv）→存储，参见图 2-87。此外，建议对该数据集也以 Excel（.xlsx）格式进行存储备份，以方便更改数据及防止数据丢失。

第二，在 R 中打开 CSV 文件。

最直接的办法就是使用 R 中的 read.csv 函数。具体命令如下：

```
A<-read.csv('/Users/agnesyyf/Desktop/网络成瘾示例数据.csv')
IA
```

其中，首行命令中引号内为需读取文件的路径名称，“<-”指命名某文件，如上述例子中即将读取到的 CSV 文件在本次 R 操作中命名为 IA 文件。次行命令即为打开这个文件。成功打开后如图 2-88 所示。

	Study	year	指标匹配年份	Age-realted Population	TotalN	MaleN	MaleMean	MaleSd	FemaleN	FemaleMean	FemaleSd	InternetPenetration
2	Ahmadi 2014	2014	2014	adolescent	4269	2114	39.95	16.17	2155	34.81	14.72	39.35
3	Ak 2013	2013	2013	adolescent	4311	2001	27.56	19.05	2310	20.25	17.03	46.25
4	Akhter 2013	2013	2013	college	259	156	40.23	12.32	103	37.07	11.47	10.9
5	Amin 2014	2014	2014	college	210	70	51.53	13.48	140	46.66	13.66	21
6	Andreou 2013	2013	2013	adolescent	384	175	41.92	12.27	209	39.75	13.25	59.8663
7	Aylaz 2015	2015	2010	adolescent	433	233	131.16	25	200	137.74	21.6	39.82
8	Ballarotto 2018	2018	2018	adolescent	1105	482	24.01	9.03	623	25.44	9.07	61.30114276
9	Banjanin 2015	2015	2014	adolescent	338	116	24.4	14.46	222	24.78	18.68	62.07508046
10	Bernal-Ruiz 2017	2017	2017	others	310	132	41.02	15.17	178	37.8	13.06	84.6022457
11	Boniel-Nissim 2018	2018	2017	adolescent	1000	470	16.3	5.91	530	17.1	5.44	81.58118359
12	Bruno 2014	2014	2014	adolescent	1035	539	49.91	12.07	496	45.53	12.09	55.63846022
13	Canan 2017	2017	2016	college	652	283	34.1	18.4	369	30	16.8	58.34773401
14	Carbonell 2018	2018	2017	college	792	186	18.09	4.81	606	18.04	4.41	84.6022457
15	Casaló 2019	2019	2014	adolescent	33211	16253	29.192	12.318	16958	31.241	12.47	80.56133294
16	Çelik 2013	2013	2013	college	418	158	84.66	31.65	260	66.53	20.53	46.25
17	Chen 2015	2015	2013	adolescent	1153	573	40.07	15.09	580	43.45	15.22	76.28917129
18	Cho 2012	2012	2012	adolescent	433	275	1.7	0.7	158	1.4	0.55	84.07
19	Choi 2018	2018	2014	adolescent	587	293	24.44	4.62	294	22.73	3.98	92.84302568
20	Cudo 2016	2016	2015	adolescent	260	118	22.39	14.58	142	25.25	15.12	67.997

图 2-86　原始 Excel 数据

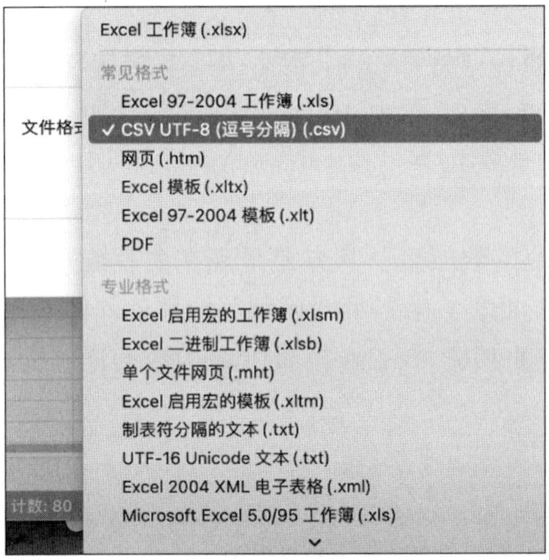

图 2-87　Excel 表格输出

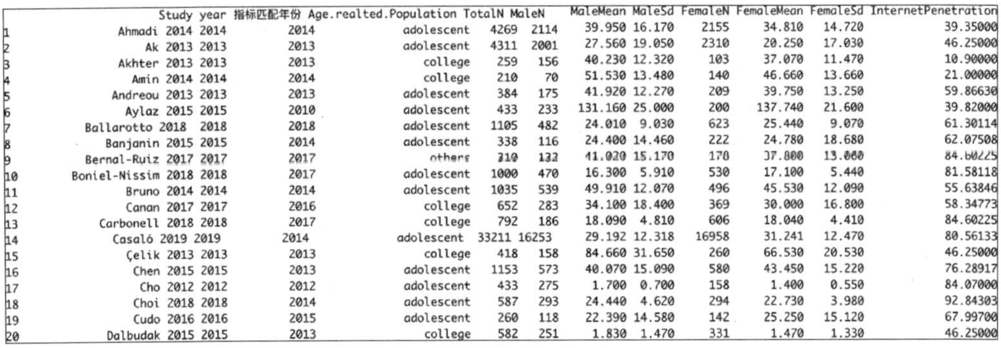

	Study	year	指标匹配年份	Age.realted.Population	TotalN	MaleN	MaleMean	MaleSd	FemaleN	FemaleMean	FemaleSd	InternetPenetration
1	Ahmadi 2014	2014	2014	adolescent	4269	2114	39.950	16.170	2155	34.810	14.720	39.35000
2	Ak 2013	2013	2013	adolescent	4311	2001	27.560	19.050	2310	20.250	17.030	46.25000
3	Akhter 2013	2013	2013	college	259	156	40.230	12.320	103	37.070	11.470	10.90000
4	Amin 2014	2014	2014	college	210	70	51.530	13.480	140	46.660	13.660	21.00000
5	Andreou 2013	2013	2013	adolescent	384	175	41.920	12.270	209	39.750	13.250	59.86630
6	Aylaz 2015	2015	2010	adolescent	433	233	131.160	25.000	200	137.740	21.600	39.82000
7	Ballarotto 2018	2018	2018	adolescent	1105	482	24.010	9.030	623	25.440	9.070	61.30114
8	Banjanin 2015	2015	2014	adolescent	338	116	24.400	14.460	222	24.780	18.680	62.07508
9	Bernal-Ruiz 2017	2017	2017	others	310	132	41.020	15.170	178	37.800	13.060	84.60225
10	Boniel-Nissim 2018	2018	2017	adolescent	1000	470	16.300	5.910	530	17.100	5.440	81.58118
11	Bruno 2014	2014	2014	adolescent	1035	539	49.910	12.070	496	45.530	12.090	55.63846
12	Canan 2017	2017	2016	college	652	283	34.100	18.400	369	30.000	16.800	58.34773
13	Carbonell 2018	2018	2017	college	792	186	18.090	4.810	606	18.040	4.410	84.60225
14	Casaló 2019	2019	2014	adolescent	33211	16253	29.192	12.318	16958	31.241	12.470	80.56133
15	Çelik 2013	2013	2013	college	418	158	84.660	31.650	260	66.530	20.530	46.25000
16	Chen 2015	2015	2013	adolescent	1153	573	40.070	15.090	580	43.450	15.220	76.28917
17	Cho 2012	2012	2012	adolescent	433	275	1.700	0.700	158	1.400	0.550	84.07000
18	Choi 2018	2018	2014	adolescent	587	293	24.440	4.620	294	22.730	3.980	92.84303
19	Cudo 2016	2016	2015	adolescent	260	118	22.390	14.580	142	25.250	15.120	67.99700
20	Dalbudak 2015	2015	2013	college	582	251	1.830	1.470	331	1.470	1.330	46.25000

图 2-88　在 R 中打开 IA 文件

（二）合并效应量分析

第一步，打开进行元分析需要的软件包。本研究将用到 R 中的 metafor 包。具体命令为：

```
library(metafor)
```

打开后的显示界面见图 2－89。可根据指示输入"help(metafor)"或在右栏 Help 中搜索"metafor"，查看该软件包的详细功能介绍。

```
> library(metafor)
载入需要的程辑包：Matrix

Loading the 'metafor' package (version 3.0-2). For an
introduction to the package please type: help(metafor)
```

图 2－89 打开 metafor 包

第二步，使用 escalc 函数进行单个研究效应量的计算。本研究所采用的效应量为 Hedges' *g*，故 measure 条目中选定 SMD，并定义 n1i、n2i、m1i、m2i、sd1i 和 sd2i。具体命令如下：

```
effectsize<- escalc(measure = "SMD", n1i = MaleN, n2i = FemaleN, m1i = Male-
         Mean, m2i = FemaleMean, sd1i = MaleSd, sd2i = FemaleSd, data = IA,
         add = 1/2, to = "only0", vtype = "AV", append = TRUE, digits = 2)
effectsize
```

此时，计算好的每个研究的效应量及其方差呈现在命令输入框中，对应变量名称为 yi 和 vi。如图 2－90 所示。此外，若需要对函数其他部分（如 vtype 以及保留小数位）进行修改，可在右栏 Help 中搜索"escalc"查看该函数的详细介绍以及默认赋值，而后根据研究所需进行修改。

```
> effectsize<-escalc (measure="SMD", n1i=MaleN, n2i=FemaleN, m1i=MaleMean, m2i=FemaleMean, sd1i=MaleSd,
sd2i=FemaleSd, data = IA, add = 1/2, to = "only0", vtype = "AV", append = TRUE, digits=2)
> effectsize
```

	Study	year	指标匹配年份	Age.realted.Population	TotalN	MaleN	MaleMean	MaleSd	FemaleN	FemaleMean	FemaleSd	InternetPenetration	yi	vi
1	Ahmadi 2014	2014	2014	adolescent	4269	2114	39.950	16.170	2155	34.810	14.720	39.35000	0.33	0.00
2	Ak 2013	2013	2013	adolescent	4311	2001	27.560	19.050	2310	20.250	17.030	46.25000	0.41	0.00
3	Akhter 2013	2013	2013	college	259	156	40.230	12.320	103	37.070	11.470	10.90000	0.26	0.02
4	Amin 2014	2014	2014	college	210	70	51.530	13.480	140	46.660	13.660	21.00000	0.36	0.02
5	Andreou 2013	2013	2013	adolescent	384	175	41.920	12.270	209	39.750	13.250	59.86630	0.17	0.01
6	Aylaz 2015	2015	2010	adolescent	433	233	131.160	25.000	200	137.740	21.600	39.82000	-0.28	0.01
7	Ballarotto 2018	2018	2018	adolescent	1105	482	24.010	9.030	623	25.440	9.070	61.30114	-0.16	0.00
8	Banjanin 2015	2015	2014	adolescent	338	116	24.400	14.460	222	24.780	18.680	62.07508	-0.02	0.01
9	Bernal-Ruiz 2017	2017	2017	others	310	132	41.020	15.170	178	37.800	13.060	84.60225	0.23	0.01
10	Boniel-Nissim 2018	2018	2017	adolescent	1000	470	16.300	5.910	530	17.100	5.440	81.58118	-0.14	0.00
11	Bruno 2014	2014	2014	adolescent	1035	539	49.910	12.070	496	45.530	12.090	55.63846	0.36	0.00
12	Canan 2017	2017	2016	college	652	283	34.100	18.400	369	30.000	16.800	58.34773	0.23	0.01
13	Carbonell 2018	2018	2017	college	792	186	18.090	4.810	606	18.040	4.410	84.60225	0.01	0.01
14	Casaló 2019	2019	2014	adolescent	33211	16253	29.192	12.318	16958	31.241	12.470	80.56133	-0.17	0.00
15	Çelik 2013	2013	2013	college	418	158	84.660	31.650	260	66.530	20.530	46.25000	0.72	0.01
16	Chen 2015	2015	2013	adolescent	1153	573	40.070	15.090	580	43.450	15.220	76.28917	-0.22	0.00
17	Cho 2012	2012	2012	adolescent	433	275	1.700	0.700	158	1.400	0.550	84.07000	0.46	0.01
18	Choi 2018	2018	2014	adolescent	587	293	24.440	4.620	294	22.730	3.980	92.84303	0.40	0.01
19	Cudo 2016	2016	2015	adolescent	260	118	22.390	14.580	142	25.250	15.120	67.99700	-0.19	0.02
20	Dalbudak 2015	2015	2013	college	582	251	1.830	1.470	331	1.470	1.330	46.25000	0.26	0.01

图 2－90 计算效应量

第三步，使用 rma 函数（同 rma. uni）进行效应量的合并。本研究采用随机效应模型进行效应量合并，具体命令为：

```
pooledestimate<-rma(yi,vi,data=effectsize)
pooledestimate
```

由此可以得到合并后的详细信息，包括异质性检验指标（Q、I^2 等），如图 2-91 所示。读者若需要采用不同的模型进行效应量合并或呈现其他信息，可自行对命令的字段进行定义。

```
> pooledestimate <- rma(yi, vi, data = effectsize)
> pooledestimate

Random-Effects Model (k = 115; tau^2 estimator: REML)

tau^2 (estimated amount of total heterogeneity): 0.0481 (SE = 0.0072)
tau (square root of estimated tau^2 value):      0.2193
I^2 (total heterogeneity / total variability):   95.19%
H^2 (total variability / sampling variability):  20.81

Test for Heterogeneity:
Q(df = 114) = 2906.5563, p-val < .0001

Model Results:

estimate      se     zval    pval    ci.lb   ci.ub
  0.1449  0.0218   6.6330  <.0001   0.1021  0.1878  ***

---
Signif. codes:  0 '***' 0.001 '**' 0.01 '*' 0.05 '.' 0.1 ' ' 1
```

图 2-91 合并效应量

此外，读者还可根据需要通过 forest 函数来绘制森林图。由于本元分析纳入研究过多，森林图可视化程度较低，故不做示例。

（三）发表偏倚分析

本研究采用漏斗图和 Egger 检验来评估发表偏倚。漏斗图对称性高表示发表偏倚小，反之则表示可能存在发表偏倚；Egger 检验对应的 p 值小于 0.05 意味着存在发表偏倚，反之则无。

漏斗图制作的具体命令如下：

```
funnel(pooledestimate,main="Random-Effects Model",digits=c(1,2))
```

其中，读者可根据研究需要自行定义随机/混合模型，以及 x 和 y 保留的小数位。完成后，可点击 Plots 查看漏斗图，本例结果如图 2-92 所示。

随后使用 regtest 函数进行 Egger 检验，具体命令如下：

```
regtest(pooledestimate,model="rma",predictor="sei")
```

结果如图 2-93 所示，从中可以得到 Z 值及 p 值。

漏斗图和 Egger 检验表明，所纳入研究无发表偏倚。

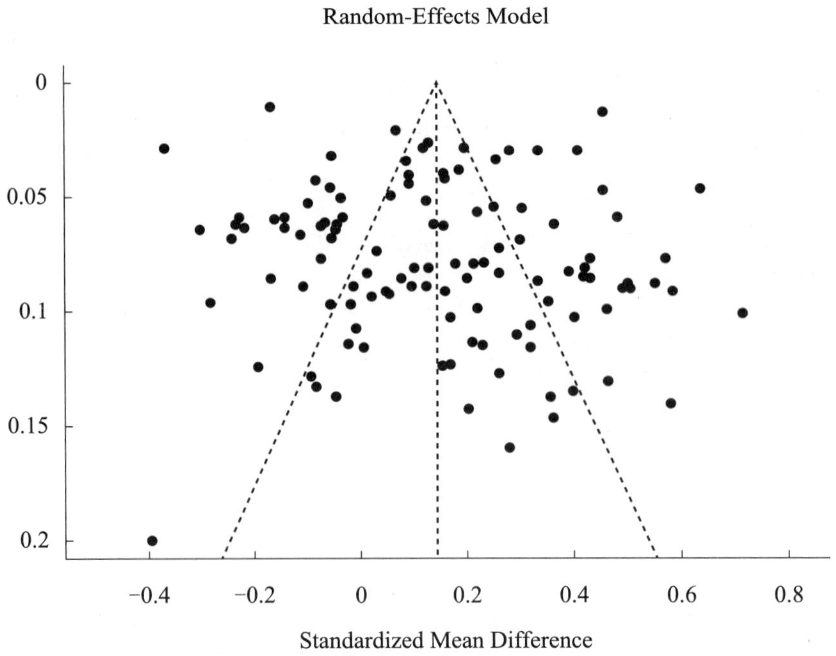

图 2-92　漏斗图

```
> regtest(pooledestimate, model = "rma", predictor="sei" )

Regression Test for Funnel Plot Asymmetry

Model:     mixed-effects meta-regression model
Predictor: standard error

Test for Funnel Plot Asymmetry: z = 1.3181, p = 0.1875
Limit Estimate (as sei -> 0):   b = 0.0796 (CI: -0.0264, 0.1856)
```

图 2-93　Egger 检验结果

（四）异质性检验及分析

异质性检验用来检验研究所得的平均效应量是否异质。本研究通过 Q（$p<0.05$ 表明存在较大异质性）以及 I^2（当 I^2 值在 25%～50%、50%～75%和 75%及以上时，异质性分别为低、中、高）来反映纳入研究的异质性。异质性高，表明效应量观测值的变异有很大一部分源于效应量之间的真实差异，因此也就意味着有必要进行异质性分析。

从合并效应量结果（见图 2-91）可知，I^2 值为 95.19%，Q=2 906.56，p 值小于 0.001，表明纳入的研究具有极高的异质性，进行相关的异质性分析是非常有必要的。因此，接下来将对研究进行异质性分析，具体为亚组分析和元回归分析。

1. 亚组分析

亚组分析旨在探究类别变量对异质性的影响。本研究主要对地区（按国家分为 34

个国家，按大洲分为非洲、北美洲、亚洲和欧洲）和年龄群体（青少年、大学生、成年人或其他）进行亚组分析。具体步骤以被试所在年龄群体为例。

亚组分析仍然需要使用 rma 函数。可通过两种方法进行。

第一种为定义 rma 中的 subset 字段，即只选择对应的研究进行效应量合并。在本研究中需要在 subset 中分别定义四类年龄群体，具体命令如下：

```
rma(yi, vi, data = effectsize, subset = (Age.realted.Population = = "adolescent"))
rma(yi,vi,data = effectsize,subset = (Age.realted.Populatio = = "college"))
rma(yi,vi,data = effectsize,subset = (Age.realted.Populatio = = "adult"))
rma(yi,vi,data = effectsize,subset = (Age.realted.Populatio = = "others"))
```

由此可以得到每个亚组的详细信息，如图 2 - 94 所示（以青少年亚组为例）。

```
> rma(yi, vi, data = effectsize, subset = (Age.realted.Population=="adolescent"))

Random-Effects Model (k = 67; tau^2 estimator: REML)

tau^2 (estimated amount of total heterogeneity): 0.0583 (SE = 0.0111)
tau (square root of estimated tau^2 value):      0.2415
I^2 (total heterogeneity / total variability):   97.04%
H^2 (total variability / sampling variability):  33.83

Test for Heterogeneity:
Q(df = 66) = 2647.6886, p-val < .0001

Model Results:

estimate      se     zval    pval   ci.lb   ci.ub
  0.1185  0.0309   3.8366  0.0001  0.0579  0.1790  ***

---
Signif. codes:  0 '***' 0.001 '**' 0.01 '*' 0.05 '.' 0.1 ' ' 1
```

图 2 - 94 青少年亚组分析结果

第二种较为简单，即直接利用 rma 中的 mods 字段，并使用 factor 函数直接定义亚组，具体命令如下：

```
rma(yi,vi,mods = ~factor(Age.realted.Population) - 1,data = effectsize)
```

由此，可以直接得到亚组分析各个亚组的结果（见图 2 - 95）。

根据这些结果，我们可以看到该变量各个亚组对效应量是否有显著的影响。然而，为了检验该变量是否对研究间效应量的异质性有贡献，我们还需要使用以下命令：

```
rma(yi,vi,mods = ~factor(Age.realted.Population),data = effectsize)
```

得到的结果如图 2 - 96 所示。从 Test of Moderator 中可以看出，年龄亚组对效应量不具有显著的调节作用。

```
> rma(yi, vi, mods = ~ factor(Age.realted.Population) - 1, data =effectsize)

Mixed-Effects Model (k = 115; tau^2 estimator: REML)

tau^2 (estimated amount of residual heterogeneity):     0.0478 (SE = 0.0073)
tau (square root of estimated tau^2 value):             0.2186
I^2 (residual heterogeneity / unaccounted variability): 95.10%
H^2 (unaccounted variability / sampling variability):   20.41

Test for Residual Heterogeneity:
QE(df = 111) = 2876.3663, p-val < .0001

Test of Moderators (coefficients 1:4):
QM(df = 4) = 48.1546, p-val < .0001

Model Results:

                                          estimate      se    zval    pval
factor(Age.realted.Population)adolescent    0.1186  0.0282  4.2049  <.0001
factor(Age.realted.Population)adult         0.2040  0.0806  2.5316  0.0114
factor(Age.realted.Population)college       0.2071  0.0435  4.7591  <.0001
factor(Age.realted.Population)others        0.0922  0.0775  1.1897  0.2342
                                           ci.lb   ci.ub
factor(Age.realted.Population)adolescent  0.0633  0.1738  ***
factor(Age.realted.Population)adult       0.0460  0.3619    *
factor(Age.realted.Population)college     0.1218  0.2924  ***
factor(Age.realted.Population)others     -0.0597  0.2440

---
Signif. codes:  0 '***' 0.001 '**' 0.01 '*' 0.05 '.' 0.1 ' ' 1
```

图 2-95　亚组分析各组结果

```
> rma(yi, vi, mods = ~ factor(Age.realted.Population), data = effectsize)

Mixed-Effects Model (k = 115; tau^2 estimator: REML)

tau^2 (estimated amount of residual heterogeneity):     0.0478 (SE = 0.0073)
tau (square root of estimated tau^2 value):             0.2186
I^2 (residual heterogeneity / unaccounted variability): 95.10%
H^2 (unaccounted variability / sampling variability):   20.41
R^2 (amount of heterogeneity accounted for):            0.64%

Test for Residual Heterogeneity:
QE(df = 111) = 2876.3663, p-val < .0001

Test of Moderators (coefficients 2:4):
QM(df = 3) = 3.9178, p-val = 0.2705

Model Results:

                                     estimate      se     zval    pval    ci.lb   ci.ub
intrcpt                                0.1186  0.0282   4.2049  <.0001   0.0633  0.1738  ***
factor(Age.realted.Population)adult    0.0854  0.0854   1.0004  0.3171  -0.0819  0.2527
factor(Age.realted.Population)college  0.0886  0.0519   1.7081  0.0876  -0.0131  0.1902  .
factor(Age.realted.Population)others  -0.0264  0.0824  -0.3200  0.7490  -0.1880  0.1352

---
Signif. codes:  0 '***' 0.001 '**' 0.01 '*' 0.05 '.' 0.1 ' ' 1
```

图 2-96　进一步的亚组分析结果

2. 元回归分析

元回归分析旨在探究连续变量对异质性的影响。本研究主要对基于几种假设获取的各国家指标以及其他变量分别进行元回归分析，包括国家经济背景（人均 GDP 的常用对数 lg 以及网络普及率）、网络可得性假说指标（网络普及率性别差异 *OR* 值和经济指标性别差异 *OR* 值）、社会规范假说指标（吸烟率性别差异 *OR* 值和酒精摄入量性别差异 *OR* 值）、心理幸福感假说指标（生活满意度性别差异 *OR* 值和自杀率性别差异 *OR* 值），以及混淆变量（样本代表性和样本量的常用对数 lg）。在此，以网络普及率为例演示元回归分析步骤。

进行元回归分析需要对 rma 中的 mods 字段进行定义，具体命令如下：

```
rma(yi,vi,mods = cbind(InternetPenetration),data = effetsize)
```

由此可得到相关结果指标，如图 2 - 97 所示。

```
> rma(yi, vi, mods = cbind(InternetPenetration), data = effectsize)

Mixed-Effects Model (k = 115; tau^2 estimator: REML)

tau^2 (estimated amount of residual heterogeneity):     0.0428 (SE = 0.0066)
tau (square root of estimated tau^2 value):             0.2069
I^2 (residual heterogeneity / unaccounted variability): 94.49%
H^2 (unaccounted variability / sampling variability):   18.16
R^2 (amount of heterogeneity accounted for):            10.96%

Test for Residual Heterogeneity:
QE(df = 113) = 2714.7949, p-val < .0001

Test of Moderators (coefficient 2):
QM(df = 1) = 12.3227, p-val = 0.0004

Model Results:

                     estimate      se     zval    pval    ci.lb    ci.ub
intrcpt                0.3691  0.0672   5.4902  <.0001   0.2373   0.5009  ***
InternetPenetration   -0.0036  0.0010  -3.5104  0.0004  -0.0056  -0.0016  ***

---
Signif. codes:  0 ‘***’ 0.001 ‘**’ 0.01 ‘*’ 0.05 ‘.’ 0.1 ‘ ’ 1
```

图 2 - 97　元回归分析结果

以上结果表明，网络普及率对研究间异质性具有贡献。

（五）国家水平效应量分析

值得注意的是，本研究还从国家水平进行分析，探究不同国家之间网络成瘾性别差异是否有所不同。本质上说，该分析属于以国家为亚组的亚组分析，但每个国家的合并效应量为经 DQI 加权后的平均值，和一般的合并效应量的计算不太一样。接下来将展示该平均效应量的计算，其大致思路为：先对每个效应量进行 DQI 加权，随后根据国家进行平均。由于操作不涉及元分析步骤，此处将不做示例。

四、讨论

本研究的讨论部分首先对研究结果进行小结，其次对主要结果逐条进行讨论，最后指出本研究的局限及未来研究方向。

总的来说，网络成瘾性别差异的效应量为0.145。尽管效应强度较弱，但也反映出一个现象，即男性的网络成瘾水平普遍高于女性。

亚组分析的结果表明，不同大洲及年龄群体网络成瘾性别差异的水平不同；同时，国家层面的分析也表明，不同国家网络成瘾性别差异的水平也不同。

元回归分析对研究者提出的三种假设进行论证。结果表明，人均GDP、网络普及率、网络普及率性别差异和经济指标的性别差异显著调节网络成瘾的性别差异，因此网络可得性假说成立；吸烟率性别差异和酒精摄入量性别差显著调节网络成瘾的性别差异，因此社会规范假说成立；此外，生活满意度性别差异不显著且自杀率性别差异与效应量呈负相关，因此心理幸福感假说不成立。

该结果提示政策制定者在制定与网络成瘾预防相关的政策时要考虑社会文化背景对性别的影响。在未来的研究中，研究者应扩展调查的年龄群体、国家范围，细化网络成瘾的种类，并使用更加准确的指标对社会规范假说进行验证以保证实验结果的可靠性。

第三章 ▸ 心理学研究中相关关系的元分析

学习目标

（1）了解心理学中探索相关关系的研究设计；

（2）掌握针对相关关系的元分析的操作要点；

（3）掌握三水平元分析的操作要点。

章节导读

在心理学的研究中，识别与某一特定问题相关的情感、认知、行为和背景环境（如他人的特征）的特征，对于阐述问题的性质、检验或发展关于问题的发生或过程的理论非常重要（Kazdin，2017）。从研究的角度看，识别与特定问题相关的特征，需要研究者去探索不同变量之间的关系。根据变量间关系的不同性质，科学研究可以分为两种：一种称为实验研究，另一种称为相关关系研究（舒华，张亚旭，2008）。前者需要操纵自变量，并观察该操纵所引起的因变量的变化，以揭示变量间的因果关系；后者不包含对变量的操纵，只涉及对变量的测量，以检验自然发生的变量之间的相互关系，但在揭示因果关系上存在一定的限制（Coon et al.，2018；舒华，张亚旭，2008）。本章首先介绍心理学中常见的相关关系研究设计，进而结合实例谈一谈如何采用元分析的方法整合性地探究变量间的相关关系。

第一节　心理学中的相关关系研究

一、相关与因果

相关关系研究主要是为了说明变量之间可能存在的某种关系，并为进一步提出变量间可能的因果关系奠定基础。相关关系不等于因果关系；相关关系的存在可能强烈暗示因果关系的存在，但不能证实因果关系的存在。相关性是建立因果关系的必要条件，却不是充分条件。当变量 A 和变量 B 显著相关时，这可能反映了以下几种情况中的一种：（1）A 是因，B 是果；（2）B 是因，A 是果；（3）A 和 B 都是由变量 C 引起的；（4）A 和 B 之间存在一个中介或调节变量；（5）A 和 B 之间存在概念混淆（Barker et al.，2016）。

科学家一直在试图定义因果推断的前提，目前普遍认同的四个条件是（Haynes & O'Brien，2000；Shadish et al.，2002）：

- 共变（covariation）：两个变量的变化要一起发生。相关性越强，因果推断越有说服力。
- 遵循时间序列（precedence）：原因变量（自变量）的变化必须发生在结果变量（因变量）的变化之前。
- 排除其他解释（exclusion of alternative explanations）：必须合理地排除对观察到的共变的其他解释。
- 符合逻辑机制（logical mechanism）：对假设的因果关系必须有一个合理的解释。

在这些条件中，相关设计可在第一个和第三个条件的验证中发挥一定的作用。然而，为了能够清晰地描绘研究变量之间的关系，研究者还需结合实验设计，通过系统地操纵一个或多个变量来拓展相关关系研究的发现。

二、相关关系研究的具体设计

在心理学领域的相关关系研究中，研究者通常会在特定的时间点对被试的认知过程、情绪状态、人格特点、家庭功能、生理状态、行为表现等变量进行测量，并对理论或以往文献所预测的相关关系进行检验（Kazdin，2021）。例如，一项关注心理咨询师共情的研究（赖丽足等，2021），对新冠疫情期间在教育部华中师范大学心理援助热线平台上工作的咨询师进行了问卷调查，测量的变量涉及共情、正念、寻求意义、继发性创伤应激和替代性创伤后成长。结果显示，心理咨询师的共情与寻求意义、继发性创伤应激、创伤后成长均呈显著的正相关，与正念呈显著的负相关。这些变量之间的相关，为检验共情的双刃剑效应（共情的积极与消极作用并存）提供了初步基础，也为进一步检验其作用机制提供了可能。

此外，相关关系研究也常用来探索个体差异（Barker et al.，2016），即根据一定的个体特征标准（如心理或精神症状），将被试分成不同的组别，并比较不同组别在认知、情绪、行为等变量上的差异。如果组间差异显著，则可确定与该特征相关的认知、情绪、行为变量；反之，则表明这些特征与所测量的认知、情绪、行为变量无关。这种研究设计也称准则组（criterion-group）设计，用于揭示两个存在一定关系的变量之间表现出什么样的不同状态（黄希庭，张志杰主编，2010），其本质也是探索变量间的相关关系。例如，一项关注疾病焦虑障碍（illness anxiety disorder，IAD）与注意偏向之间关系的研究（Zhang et al.，2021），结合眼动追踪技术（eye-tracking technique）

和点探测范式（dot-probe paradigm），比较了 IAD 组与健康对照组在对疾病相关刺激的注意偏向上的差异。结果显示，与健康对照组相比，IAD 组对疾病图片刺激表现出更弱的注意警觉（attentional vigilance）以及更强的注意解离困难（difficulty in disengagement）。这在一定程度上揭示了 IAD 患者的注意偏向特点，实际上也表明了这些注意特征与 IAD 之间的显著相关。

值得注意的是，相关关系研究既可以使用横断面设计，也可以使用纵向设计（Barker et al.，2016）。在横断面设计中，所有的测量均在同一时间点进行；而在纵向设计中，测量在两个或多个不同的时间点进行。在心理学领域的相关关系研究中，纵向设计常被用来探索个体心理行为特征发生的风险因素或保护性因素。

风险因素是在公共卫生领域中研究疾病和死亡的背景下出现的，用于探讨风险做法（如吸烟、高脂肪饮食）与有害结果（如心脏病、死亡）之间的关系；保护性因素则始于特殊人群的研究背景，用于探讨如何降低遭受风险（如遭受虐待）的个体表现出特定的有害结果的可能性（Kazdin，2021）。风险因素和保护性因素均意味着一种相关；在这种关系中，一个变量先于另一个变量出现，即一种经验或事件与后来出现的特征相关。这两种因素也可称作预测变量（predictor），即发生在结果变量（outcome）之前且能预测结果变量变化的变量。风险因素与特定结果的增加相关，保护性因素则与特定结果的减少相关。由于研究的相关性质，我们不能将预测因素与心理行为特征发生的原因混淆。例如，家庭成员丧失、亲子沟通不良、同伴拒绝、学业压力等是中学生抑郁的风险因素（Tang et al.，2020）。虽然这些因素会增加中学生抑郁发生的风险，但它们不一定会导致抑郁的发生。如果想要确定因果关系，则需要开展进一步的实验研究。

当现有的相关关系研究对于不同变量间的相关关系并未达成一致时，我们就需要利用元分析来整合这些研究的结果，以厘清变量间的相关关系，即量化变量间的相关强度及方向，并探讨可能导致已有研究结果不一致的因素。以下将结合三个元分析实例来介绍心理学研究中相关关系的元分析。

第二节　实例 1：观察者自我吸引力与性别二态性偏好的关系的元分析①

一、实例背景

本研究主要关注观察者自我吸引力（observers' self-attractiveness）与性别二态性

① 实例来源：Chen et al.，2018。

偏好（preference for sexual dimorphism）之间的相关关系。性别二态性指的是同一物种不同性别之间的差异。性别二态性上的体征对于人类的配偶选择与偏好至关重要。根据生命史权衡模型（life history trade-off model），男性和女性在择偶时都面临好基因（good genes）与高亲代投资（parental investment）之间的权衡（Gangestad & Simpson，2000）。好基因通过外形特征体现，高亲代投资则通过社会经济特征以及好父亲或好母亲的特征体现。性别二态性偏好正是好基因与高亲代投资之间权衡结果的体现，不同个体在这二者的权衡中的侧重不同，导致了不同的性别二态性偏好。根据条件依存偏好观点（condition-dependent preference；Little et al.，2008），个体自身条件会影响性别二态性偏好。例如，自身条件（外形）欠佳的女性会偏好那些更有可能做出高亲代投资的男性；而自身条件好的女性则更容易被拥有好基因的男性吸引，因为她们自身的好条件意味着她们更容易获得男性的投资，亲代投资对她们而言并非那么稀缺（Little et al.，2001）。条件依存偏好也称作基于市场价值的偏好（market value dependent preferences），因为个体会根据社会比较对自身在择偶中的优势地位进行自我校准。例如，女性在看了一些高吸引力女性的面孔之后对自身的评价会下降，进而削弱对男性化的偏好；而看了低吸引力面孔后，表现则相反（Little & Mannion，2006）。值得注意的是，现有研究中，观察者自我吸引力与性别二态性偏好之间的相关关系并不一致。因此，有必要利用元分析整合已有研究结果，明确观察者自我吸引力与性别二态性偏好之间的相关强度，并探索这种相关关系潜在的调节变量。

（一）观察者自我吸引力与性别二态性偏好之间的关系

在开展相关关系的元分析之前，首先需要结合已有实证研究来论述核心变量之间相关关系的不一致，以凸显元分析的必要性及价值。

一些研究表明有吸引力的女性偏好男性化面孔（Kandrik & DeBruine，2012；Welling et al.，2009），但另一些研究并没有这个发现（de Lurdes Carrito et al.，2016；Zietsch et al.，2015）。还有一些研究则发现观察者的自我吸引力与其他一些变量交互影响他们的偏好（Burriss et al.，2011；陈丽君等，2017）。

（二）潜在的调节变量

前言中论述的调节变量决定了后续具体分析过程中所要探索的变量。至于论述哪些变量，通常是基于已有理论模型或实证文献以及实际的研究需要。在本研究中，我们主要论述关系背景（长短期关系）、观察者年龄、避孕药使用情况和自我吸引力的测量方式。

1. 关系背景对异性偏好的影响

择偶存在两种关系情境：一种是短期的性伴侣（短期关系），一种是持续长久的夫妻关系（长期关系）。根据权衡模型，情境因素影响人类对男性化或女性化配偶偏好的强度（Gangestad & Simpson，2000）。有吸引力的女性比不那么有吸引力的女性更喜欢男性化的男性面孔，这种差异在长期而非短期的关系中才会出现（Penton-Voak et al.，2003）。反之，有吸引力的男性只会在短期关系中对女性化的女性表现出更强的偏好（Burriss et al.，2011；Little et al.，2014）。因此，我们假设，对女性来说，吸引力在长期关系中对男性的男性化的偏好的影响比在短期关系中更显著；对男性来说，吸引力的影响在短期关系中更显著。

2. 观察者年龄及避孕措施的使用

有研究表明，生育能力强的女性对男性的男性化有最强烈的偏好（Jones et al.，2011；Little et al.，2010），另有研究仅在未使用避孕措施的女性中发现了年龄效应（Little et al.，2002）。一些研究还发现，激素避孕药的使用可能调节女性的男性化偏好的个体差异（Feinberg et al.，2008；Little et al.，2002）。此外，在未使用激素避孕药的女性中，自我评估的吸引力与对男性化的男性声音的偏好呈正相关，而在使用激素避孕药的女性中则没有这种相关（Vukovic et al.，2008）。事实上，女性观察者的年龄和避孕措施的使用都与她们的生理激素水平有关。因此，我们推测，与使用激素避孕药的女性相比，与吸引力相关的偏好在未使用的女性中更强。

3. 自我吸引力的自我测量方式

最初，研究者使用自我报告法评估观察者的自我吸引力。Little 等（2001）发现，有吸引力的女性更喜欢男性化的男性面孔；Little 和 Mannion（2006）发现，女性对自身市场价值的主观印象（即自我评估的吸引力）在吸引力对女性的男性化偏好的影响方面尤为重要。然而，其他研究未能证实这些发现（Cornwell et al.，2006）。对自我吸引力进行客观测量的研究则发现，高腰臀比（waist-to-hip ratio，WHR）和/或面孔吸引力相对较低的女性在选择男性作为长期伴侣时，会偏好更女性化的男性面孔（O'Connor et al.，2012；Penton-Voak et al.，2003）。因此，我们尝试检验观察者自我吸引力测量方式（主观或客观）的调节作用。

二、研究方法

（一）元分析报告原则声明

与前述实例一样，研究需声明遵循 PRISMA 原则。

（二）文献检索

1. 检索库

文献检索库包括：Web of Science，PsycINFO，PubMed，ProQuest，Google Scholar。

2. 检索词及检索式

本研究依据核心变量将检索词划分为两个概念范畴，即自我吸引力与性别二态性，再从已有文献（主要是包含这些概念的已有综述或元分析）中提取每个范畴内的具体的主题词，最后根据布尔逻辑初步拟出检索式，并在各大数据库进行检索（注意：不同数据库用以表示上述逻辑的符号不尽相同，可参见各数据库的检索指引）。

以 Web of Science 为例，本研究的具体检索式为：

```
TS = ("self-rated attractiveness"OR "self-perceived attractiveness" OR "self-
```

reported attractiveness" OR "self-perceptions of attractiveness" OR "self-ratings of attractiveness" OR "other-rated attractiveness" OR "third-party attractiveness ratings") AND ("sexual dimorphism" OR masculine * OR feminine * OR fac * OR bod * OR vocal OR voice)

（三）研究筛选

1. 纳入与排除标准

纳入标准：(1) 探讨了观察者自我吸引力与性别二态性偏好的关系；(2) 为这种关系提供了效应量计算数据（如相关系数 r、平均值、标准差、样本量或相应的 F、t 或 χ^2 ）。

排除标准：排除结构方程模型、路径分析和多变量回归分析的数据。

另外，在多篇文献报告同一研究的情况下，使用最新发表的文献。

2. 筛选流程

首先，使用文献管理软件对检索到的所有文献进行删重处理；其次，根据标题和摘要对删重后的文献进行筛选；最后，根据上述纳入与排除标准对余下文献进行筛选。以上过程由两位作者独立操作，若有争议，与其他作者协商以达成一致。整个流程需依据 PRISMA 原则作一张图，如图 3－1 所示。

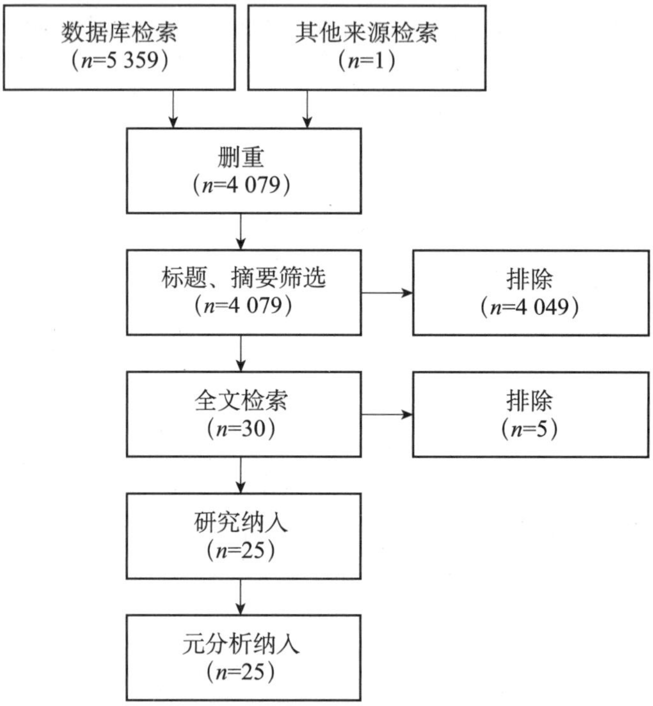

图 3－1　文献筛选和纳入流程图

（四）研究编码

文献编码过程由两位作者独立完成。本研究从纳入文献中提取了以下信息：第一作者姓氏、发表年份、观察者的样本量、观察者的年龄、刺激的性别（男性或女性）、观察者的性别（男性或女性）、面孔吸引力任务（带有吸引力评级的迫选测试、单独的迫选测试或面孔序列测试）、性别二态性偏好（男性化或女性化）、观察者自我吸引力的测量方式（客观或主观）、刺激类型（面孔、声音、身体）、关系背景（长期或短期）、避孕措施的使用（是或否，仅限女性观察者）、观察者自我吸引力与性别二态性偏好的相关系数。若纳入文献没有报告相关系数而报告其他数据（如 t 值、F 值、χ^2 值），就利用以下公式进行转换（Card，2012）：

$$r=\sqrt{\frac{t^2}{t^2+df}}\text{；}r=\sqrt{\frac{F_{(1,df)}}{F_{(1,df)}+df}}\text{；}r=\sqrt{\frac{\chi^2_{(1)}}{N}}$$

三、数据分析和结果

本研究使用 CMA 3.0 对数据进行主效应分析和调节效应分析。

（一）效应量的处理及数据准备

本研究以 Pearson's r 作为效应量。在统计分析时，为使数据分布更接近正态分布，需要对相关系数进行 Fisher's Z 转换，即 $Z=0.5\times\ln[(1+r)/(1-r)]$；分析结束后，为便于结果解释，再将 Z 值转换为 r 值，即 $r=(e^{2Z}-1)/(e^{2Z}+1)$（Card，2012）。注意，CMA 软件可以自动进行 r 和 Z 之间的转换。以下将详述元分析前期的数据准备步骤。

第一，打开软件，建立一张新的空白表格。具体有两种方法：一是依次点击 File→New→Blank file；二是依次点击 File→Opening screen wizard→Start a blank spreadsheet→Ok。

第二，将 Excel 中的原始数据导入软件。导入方式为：全选 Excel 里的内容，再复制粘贴至软件的编辑窗口，参见图 3-2。

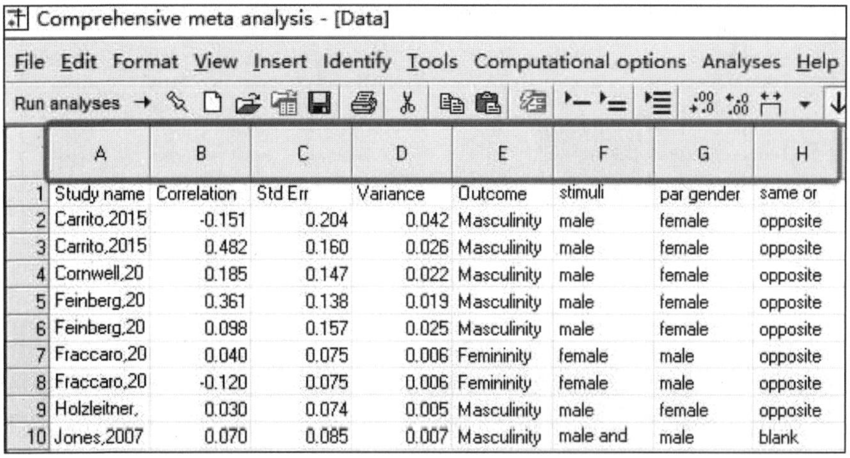

	A	B	C	D	E	F	G	H
1	Study name	Correlation	Std Err	Variance	Outcome	stimuli	par gender	same or
2	Carrito,2015	-0.151	0.204	0.042	Masculinity	male	female	opposite
3	Carrito,2015	0.482	0.160	0.026	Masculinity	male	female	opposite
4	Cornwell,20	0.185	0.147	0.022	Masculinity	male	female	opposite
5	Feinberg,20	0.361	0.138	0.019	Masculinity	male	female	opposite
6	Feinberg,20	0.098	0.157	0.025	Masculinity	male	female	opposite
7	Fraccaro,20	0.040	0.075	0.006	Femininity	female	male	opposite
8	Fraccaro,20	-0.120	0.075	0.006	Femininity	female	male	opposite
9	Holzleitner,	0.030	0.074	0.005	Masculinity	male	female	opposite
10	Jones,2007	0.070	0.085	0.007	Masculinity	male and	male	blank

图 3-2　粘贴至 CMA 软件的原始数据

第三，将 Excel 原始数据的第一栏变量名转换为 CMA 标签。具体操作为：依次点击 Format→Use first row as labels。此时，Study name、Correlation 等变量名将从 CMA 表格的第一行转移至 CMA 标签栏（见图 3-3 中菜单栏下方的加粗黑框），替换原有标签栏上的 A 至 H 名称（见图 3-2 中菜单栏下方的加粗黑框）。

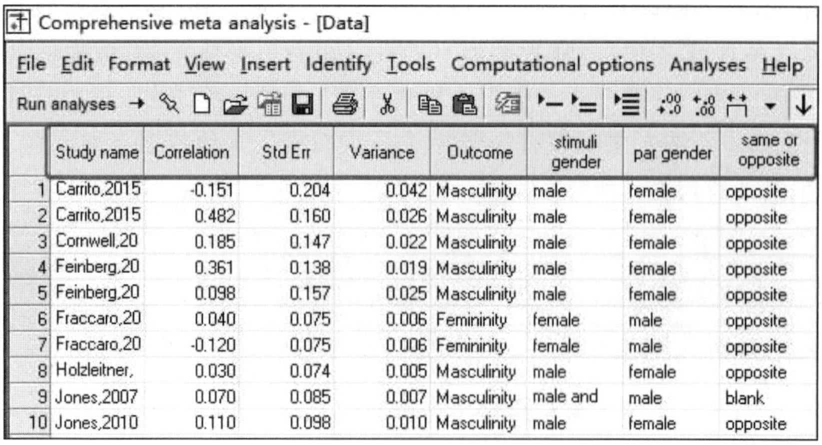

	Study name	Correlation	Std Err	Variance	Outcome	stimuli gender	par gender	same or opposite
1	Carrito,2015	-0.151	0.204	0.042	Masculinity	male	female	opposite
2	Carrito,2015	0.482	0.160	0.026	Masculinity	male	female	opposite
3	Cornwell,20	0.185	0.147	0.022	Masculinity	male	female	opposite
4	Feinberg,20	0.361	0.138	0.019	Masculinity	male	female	opposite
5	Feinberg,20	0.098	0.157	0.025	Masculinity	male	female	opposite
6	Fraccaro,20	0.040	0.075	0.006	Femininity	female	male	opposite
7	Fraccaro,20	-0.120	0.075	0.006	Femininity	female	male	opposite
8	Holzleitner,	0.030	0.074	0.005	Masculinity	male	female	opposite
9	Jones,2007	0.070	0.085	0.007	Masculinity	male and	male	blank
10	Jones,2010	0.110	0.098	0.010	Masculinity	male	female	opposite

图 3-3　将变量名转入 CMA 标签栏

第四，识别“研究名称”标签栏。先用鼠标点击选中 Study name 标签栏任一内容，再依次点击 Identify→Column for…→Study names，并在随后弹出的 Confirm 对话框中点击“确定”；识别完成后，“研究名称”标签栏的内容与其他标签栏的内容之间将会出现一条明显的分界线，参见图 3-4。

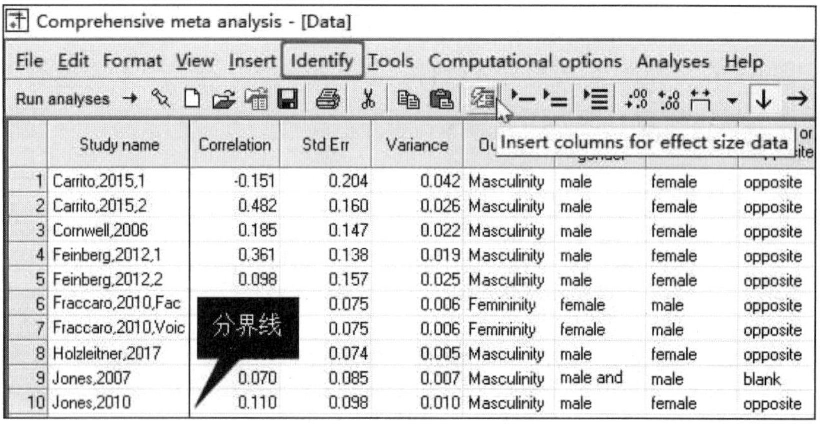

	Study name	Correlation	Std Err	Variance	Ou…			
1	Carrito,2015,1	-0.151	0.204	0.042	Masculinity	male	female	opposite
2	Carrito,2015,2	0.482	0.160	0.026	Masculinity	male	female	opposite
3	Cornwell,2006	0.185	0.147	0.022	Masculinity	male	female	opposite
4	Feinberg,2012,1	0.361	0.138	0.019	Masculinity	male	female	opposite
5	Feinberg,2012,2	0.098	0.157	0.025	Masculinity	male	female	opposite
6	Fraccaro,2010,Fac		0.075	0.006	Femininity	female	male	opposite
7	Fraccaro,2010,Voic		0.075	0.006	Femininity	female	male	opposite
8	Holzleitner,2017		0.074	0.005	Masculinity	male	female	opposite
9	Jones,2007	0.070	0.085	0.007	Masculinity	male and	male	blank
10	Jones,2010	0.110	0.098	0.010	Masculinity	male	female	opposite

图 3-4　使用 Identify 识别“研究名称”标签栏

第五，识别效应量数据栏。具体操作为：依次点击 Identify→Column for…→Effect size data，弹出格式选择的对话框；一般选择 Show common formats only，这是 CMA 软件内置的各种数据格式，涵盖了常用的元分析所需数据格式；随后点击 Next 进行具体的格式设置（见图 3-5）。CMA 软件提供四种常见的与效应量数据相对应的研究类型；因本研究使用的效应量为相关系数，我们选择第一项，随后点击 Next 进行原始数据类型的选择（见图 3-6）。由于原始数据包含相关系数及标准误，我们依次点击 Correlation→Computed effect sizes→Correlation and standard error，随后点击 Next 识别包含这些数据的对应标签栏（见图 3-7）。在 Column name 的下拉菜单中，选择与数据相对应的标签栏，确定后点击 Finish（见图 3－8）。由于原始数据中并未事先将效应量方向作为一个变量单独列出，上述步骤完成后，CMA 表格会增加 5 个标签栏，分别是 Effect direction、Correlation、Std Err、Fisher's Z、Std Err（见图 3－9）。

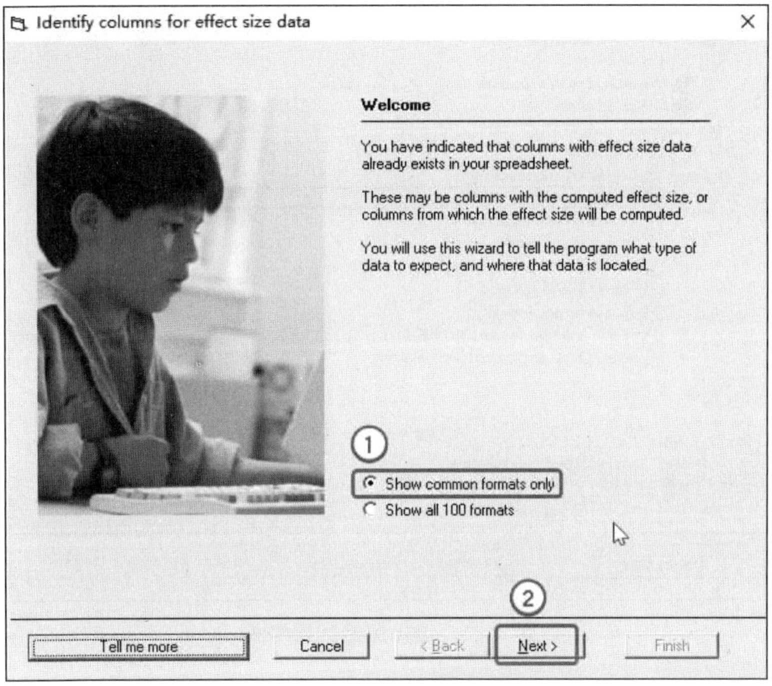

图 3－5 识别效应量数据栏

图 3－6 选择与效应量数据相对应的研究类型

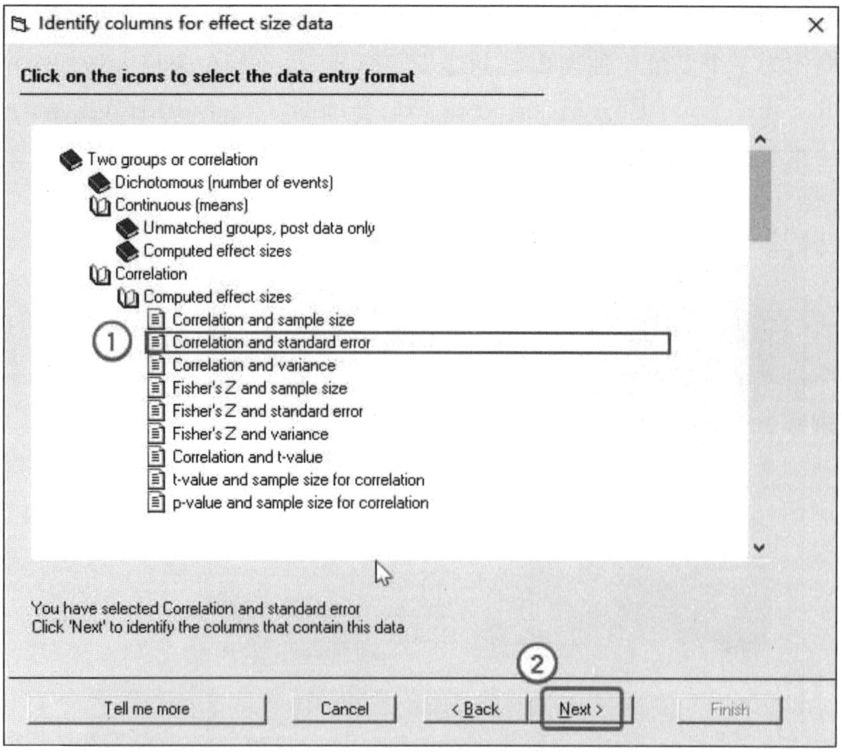

图 3-7　选择原始数据格式

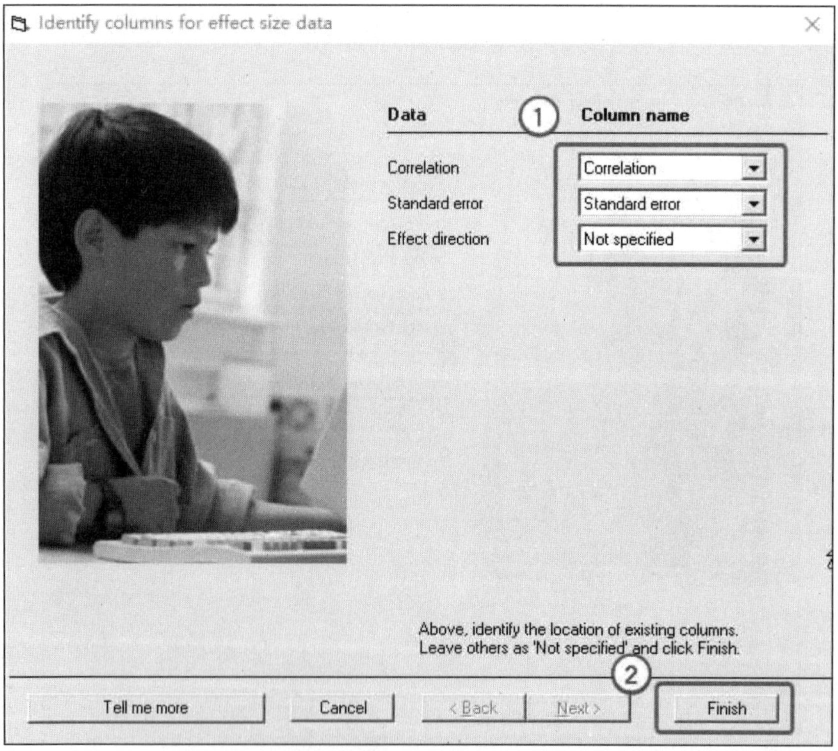

图 3-8　选择与效应量数据相对应的 CMA 标签栏

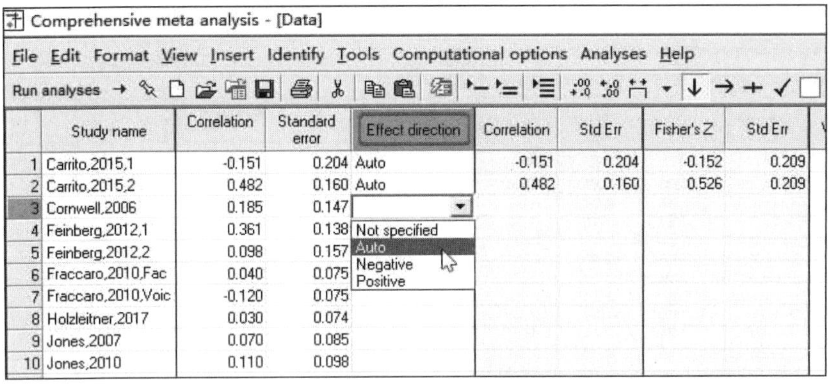

图 3-9　效应量数据识别后的 CMA 表格

第六，设置效应量的正负方向。本研究中的相关系数已经自带正负方向，因此在 Effect direction 标签栏下只需选择 Auto。既可以用鼠标逐一点击该标签栏的下拉菜单进行选择，也可以先左手按 A 键（英文模式），后右手按 Enter 键，以快速向下的方式进行连续设置。每完成一个效应量方向的设置，CMA 软件便会自动计算对应的效应量数值，并呈现在 Correlation、Std Err、Fisher's Z、Std Err 标签栏下（见图 3-9）。

至此，效应量分析之前的数据准备已完成，以下将详述相关关系的效应量的具体分析步骤。

（二）总体效应量分析

考虑到性别二态性偏好分为男性化偏好和女性化偏好，观察者自身的吸引力与其男性化或女性化偏好的相关性是相反的，本研究不仅计算了观察者自我吸引力与性别二态性偏好之间相关的总体效应量，还分别计算了男性化和女性化偏好的效应量。

首先，在当前 CMA 主界面菜单栏依次点击 Analyses→Run analyses，可得到总体效应量分析的结果报表（见图 3-10）。点击报表左下方的三种分析模式，可在固定效应模型（Fixed）、随机效应模型（Random）和两种效应模型（Both models）下的分析结果间进行切换。点击图 3-10 上方的 Next table，可得到另一张分析结果的简表（见图 3-11），其中包含效应值及其置信区间（Effect size and 95% interval）、效应量显著性检验结果（Test of null）、异质性检验结果（Heterogeneity）、研究间方差（Tau-squared）。

本研究使用随机效应模型进行效应量评价。随机效应模型假设各个研究来自不同的总体，不同研究之间的变异性很大，每一个研究都有其相应的总体效应，即各个研究的真实效应值不同。根据随机效应模型进行分析，结果可以有更宽的置信区间，减少犯Ⅰ类错误的风险，且能赋予小样本研究更大的权重（Berkeljon & Baldwin, 2009）。根据主报表（见图 3-10）以及简表（见图 3-11）的结果，在随机效应模型下，观察者自我吸引力与性别二态性偏好之间相关的效应量（$n=55$）为 $r=0.095$（$p<0.001$），95%置信区间为［0.059，0.130］。值得注意的是，这里报告的结果是 r 值，如要报告 Fisher's Z 值，可依次点击 Computational options→Effect measure→Fisher's Z，效应量 r 值会自动转换为 Z 值。

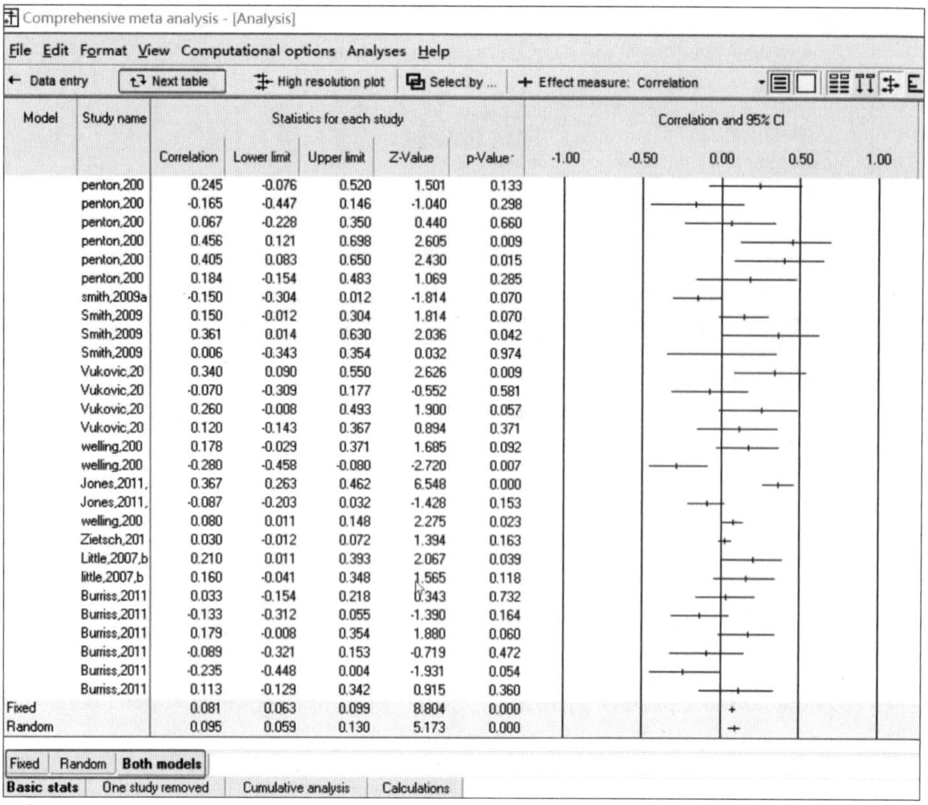

Model	Study name	Statistics for each study				
		Correlation	Lower limit	Upper limit	Z-Value	p-Value
	penton,200	0.245	-0.076	0.520	1.501	0.133
	penton,200	-0.165	-0.447	0.146	-1.040	0.298
	penton,200	0.067	-0.228	0.350	0.440	0.660
	penton,200	0.456	0.121	0.698	2.605	0.009
	penton,200	0.405	0.083	0.650	2.430	0.015
	penton,200	0.184	-0.154	0.483	1.069	0.285
	smith,2009a	-0.150	-0.304	0.012	-1.814	0.070
	Smith,2009	0.150	-0.012	0.304	1.814	0.070
	Smith,2009	0.361	0.014	0.630	2.036	0.042
	Smith,2009	0.006	-0.343	0.354	0.032	0.974
	Vukovic,20	0.340	0.090	0.550	2.626	0.009
	Vukovic,20	-0.070	-0.309	0.177	-0.552	0.581
	Vukovic,20	0.260	-0.008	0.493	1.900	0.057
	Vukovic,20	0.120	-0.143	0.367	0.894	0.371
	welling,200	0.178	-0.029	0.371	1.685	0.092
	welling,200	-0.280	-0.458	-0.080	-2.720	0.007
	Jones,2011,	0.367	0.263	0.462	6.548	0.000
	Jones,2011,	-0.087	-0.203	0.032	-1.428	0.153
	welling,200	0.080	0.011	0.148	2.275	0.023
	Zietsch,201	0.030	-0.012	0.072	1.394	0.163
	Little,2007,b	0.210	0.011	0.393	2.067	0.039
	little,2007,b	0.160	-0.041	0.348	1.565	0.118
	Burriss,2011	0.033	-0.154	0.218	0.343	0.732
	Burriss,2011	-0.133	-0.312	0.055	-1.390	0.164
	Burriss,2011	0.179	-0.008	0.354	1.880	0.060
	Burriss,2011	-0.089	-0.321	0.153	-0.719	0.472
	Burriss,2011	-0.235	-0.448	0.004	-1.931	0.054
	Burriss,2011	0.113	-0.129	0.342	0.915	0.360
Fixed		0.081	0.063	0.099	8.804	0.000
Random		0.095	0.059	0.130	5.173	0.000

图 3-10　CMA 基本统计分析的主报表（*r*）

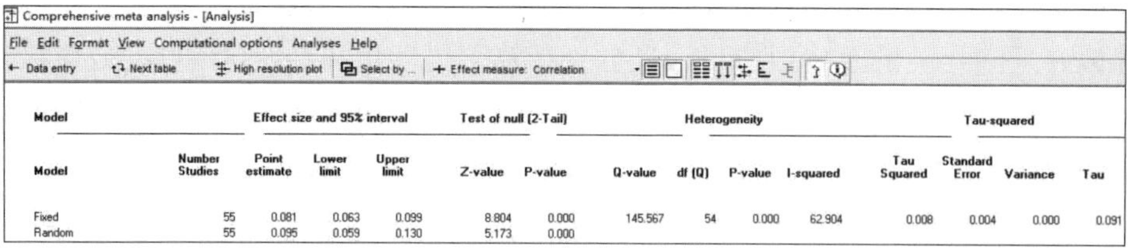

Model		Effect size and 95% interval			Test of null (2-Tail)		Heterogeneity				Tau-squared			
Model	Number Studies	Point estimate	Lower limit	Upper limit	Z-value	P-value	Q-value	df (Q)	P-value	I-squared	Tau Squared	Standard Error	Variance	Tau
Fixed	55	0.081	0.063	0.099	8.804	0.000	145.567	54	0.000	62.904	0.008	0.004	0.000	0.091
Random	55	0.095	0.059	0.130	5.173	0.000								

图 3-11　CMA 基本统计分析的简表（*r*）

其次，为了分别计算男性化和女性化偏好的效应量，我们需要先设置分组。具体操作为：点击图 3-10 上方的 Data entry，进入数据编辑窗口；双击窗口中的 Outcome 标签；弹出栏目格式设置对话框，在栏目功能的下拉菜单中选择 Outcome，点击 Ok 后即完成设置，参见图 3-12。

再次，在基本统计分析之后进行分组的统计分析。具体操作为：重复上述基本统计分析步骤，即在当前 CMA 主界面菜单栏依次点击 Analyses→Run analyses，得到总体效应量分析的结果报表，再在当前窗口中点击 Select by…，在弹出的对话框中点击 Outcomes 标签，选中想要分析的某一组，再点击 Ok（见图 3-13）。此时，窗口会呈现所选组别的统计分析结果，再点击 Next table，可获得统计分析结果的简表（见图 3-14）。图 3-13 中，我们选择了男性化偏好（Masculinity），因此，图 3-14 呈现的是观察者自我吸引力与男性化偏好的相关。同样，这里需报告随机效应模型下的效应量，$r=0.102$（$p<0.001$），95%置信区间为［0.060，0.143］。重复上述步骤，选择女性化偏好（Femininity），可获得观察者自我吸引力与女性化偏好的相关，$r=0.076$（$p<0.001$），95%置信区间为［0.007，0.145］。

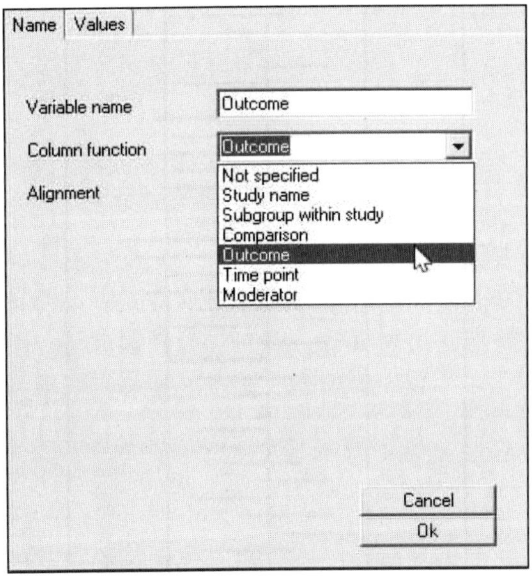

图 3－12　纳入研究的内部分组

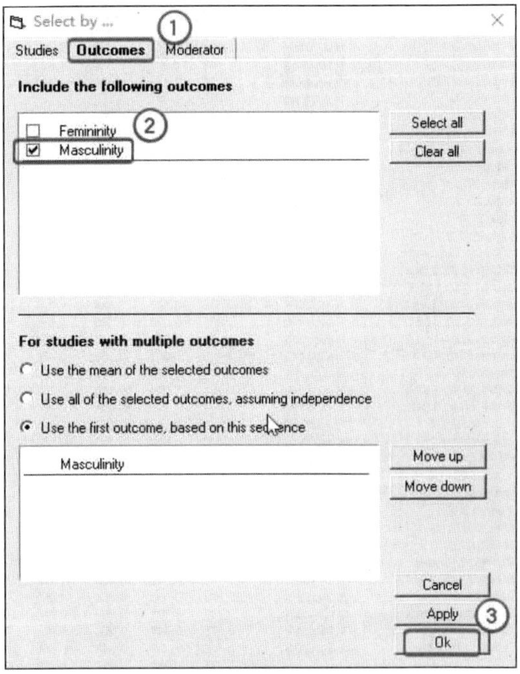

图 3－13　分组的统计分析操作

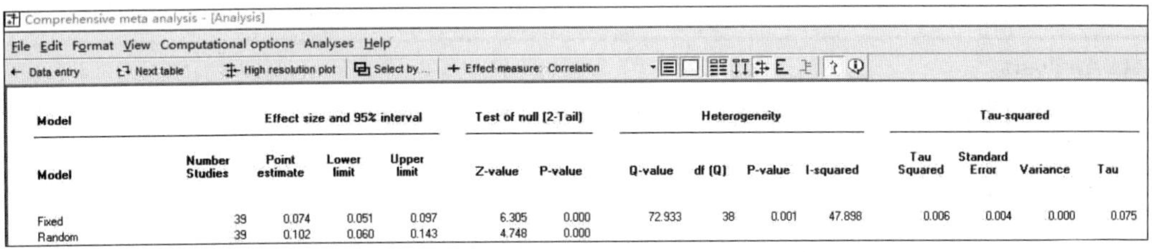

Model	Effect size and 95% interval				Test of null (2-Tail)		Heterogeneity				Tau-squared			
Model	Number Studies	Point estimate	Lower limit	Upper limit	Z-value	P-value	Q-value	df (Q)	P-value	I-squared	Tau Squared	Standard Error	Variance	Tau
Fixed	39	0.074	0.051	0.097	6.305	0.000	72.933	38	0.001	47.898	0.006	0.004	0.000	0.075
Random	39	0.102	0.060	0.143	4.748	0.000								

图 3－14　男性化偏好组统计分析结果的简表（r）

最后，输出森林图。在图 3－14 的界面下，点击 High resolution plot 标签，即可呈现高清森林图；再点击当前窗口中的 File 菜单，可选择森林图的导出方式：点击 Export to Word 可直接启动 Word，将该图呈现在 Word 文件中；点击 Export to PowerPoint 可直接启动 PowerPoint，将该图呈现在 PPT 文件中。图 3－15 是森林图的输出结果。森林图中的方块代表对应研究的权重，方块越大代表对合并效应量的影响越大。方块所在的线段代表对应研究效应量的置信区间。菱形的中心代表合并效应量的估计值，其宽度为置信区间。若要输出女性化偏好组的森林图，在女性化偏好组统计分析结果简表界面下重复上述操作即可。

Meta Analysis

Study name	Outcome	Correlation	Lower limit	Upper limit	Z-Value	p-Value
Carrito,2015,1	Masculinity	-0.151	-0.509	0.251	-0.730	0.466
Carrito,2015,2	Masculinity	0.482	0.116	0.733	2.521	0.012
Cornwell,2006	Masculinity	0.185	-0.111	0.451	1.227	0.220
Feinberg,2012,1	Masculinity	0.361	0.068	0.597	2.391	0.017
Feinberg,2012,2	Masculinity	0.098	-0.208	0.387	0.622	0.534
Holzleitner,2017	Masculinity	0.030	-0.114	0.172	0.404	0.687
Jones,2007	Masculinity	0.070	-0.097	0.233	0.821	0.412
Jones,2010	Masculinity	0.110	-0.084	0.296	1.110	0.267
Kandrik,, 2012,2	Masculinity	0.121	0.059	0.182	3.839	0.000
Kandrik,2012,3	Masculinity	0.050	-0.012	0.112	1.580	0.114
Lefevre,2017	Masculinity	-0.140	-0.308	0.037	-1.557	0.120
Little,2001,1	Masculinity	0.258	0.017	0.471	2.095	0.036
Little,2001,2	Masculinity	0.093	-0.091	0.272	0.990	0.322
Little,2006,1	Masculinity	0.280	-0.064	0.565	1.602	0.109
Little,2006,2	Masculinity	0.150	-0.216	0.479	0.800	0.424
O'Connor,2012,voice	Masculinity	0.303	0.060	0.512	2.423	0.015
O'Connor,2012,face	Masculinity	0.264	0.017	0.480	2.095	0.036
penton,2003,1 WHR SHORT	Masculinity	0.245	-0.076	0.520	1.501	0.133
penton,2003,2 OTHER S	Masculinity	-0.165	-0.447	0.146	-1.040	0.298
penton,2003,3 SELF S	Masculinity	0.067	-0.228	0.350	0.440	0.660
penton,2003,4 WHR LONG	Masculinity	0.456	0.121	0.698	2.605	0.009
penton,2003,5 OTHER L	Masculinity	0.405	0.083	0.650	2.430	0.015
penton,2003,6 SELF L	Masculinity	0.184	-0.154	0.483	1.069	0.285
Smith,2009b,1 WHR	Masculinity	0.361	0.014	0.630	2.036	0.042
Smith,2009b,2 BMI	Masculinity	0.006	-0.343	0.354	0.032	0.974
Vukovic,2008,1	Masculinity	0.340	0.090	0.550	2.626	0.009
Vukovic,2008,2	Masculinity	-0.070	-0.309	0.177	-0.552	0.581
Vukovic,2010,3	Masculinity	0.260	-0.008	0.493	1.900	0.057
Vukovic,2010,4	Masculinity	0.120	-0.143	0.367	0.894	0.371
welling,2009,2	Masculinity	0.080	0.011	0.148	2.275	0.023
Zietsch,2015	Masculinity	0.030	-0.012	0.072	1.394	0.163
Little,2007,body,l	Masculinity	0.210	0.011	0.393	2.067	0.039
little,2007,body,s	Masculinity	0.160	-0.041	0.348	1.565	0.118
Burriss,2011,self,l	Masculinity	0.033	-0.154	0.218	0.343	0.732
Burriss,2011,self,s	Masculinity	-0.133	-0.312	0.055	-1.390	0.164
Burriss,2011,self	Masculinity	0.179	-0.008	0.354	1.880	0.060
Burriss,2011,other,l	Masculinity	-0.089	-0.321	0.153	-0.719	0.472
Burriss,2011,other,s	Masculinity	-0.235	-0.448	0.004	-1.931	0.054
Burriss,2011,other	Masculinity	0.113	-0.129	0.342	0.915	0.360
		0.074	0.051	0.097	6.305	0.000

(Statistics for each study)

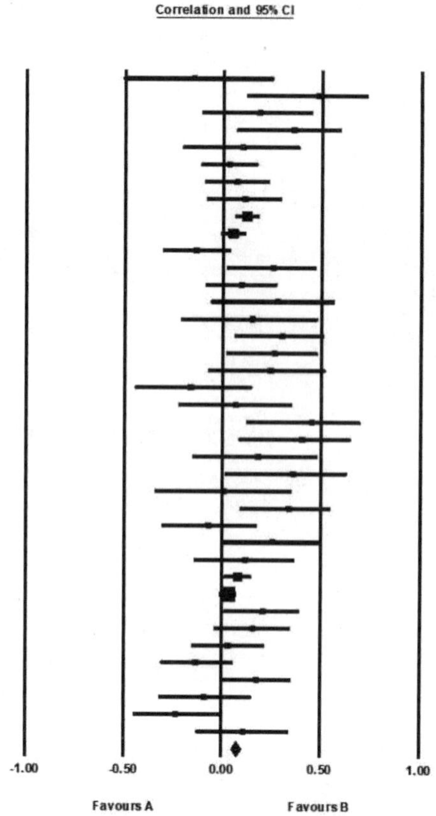

Meta Analysis

图 3-15 男性化偏好组的森林图

（三）敏感性分析

敏感性分析可以考察合并效应量的稳定性，即逐一剔除每一个研究，将剩下研究的合并效应量和总体效应量进行对比，以确定每个纳入研究的效应量对总体结果的影响。

具体操作为：在 CMA 基本统计分析的主报表（如图 3-10 所示）界面下，点击左下方的 One study removed，即可输出敏感性分析的结果。在当前结果窗口中重复图 3-13 的分组统计操作，可分别得到男性化偏好研究（见图 3-16）和女性化偏好研究（见图 3-17）的敏感性分析结果。图中 Statistics with study removed 栏下的估计值 Point 代表相应研究移除后的合并效应值。由图可知，无论是在男性化偏好研究中还是在女性化偏好研究中，均没有发现影响合并效应量的极端值，表明两类研究的合并效应量都比较稳定。

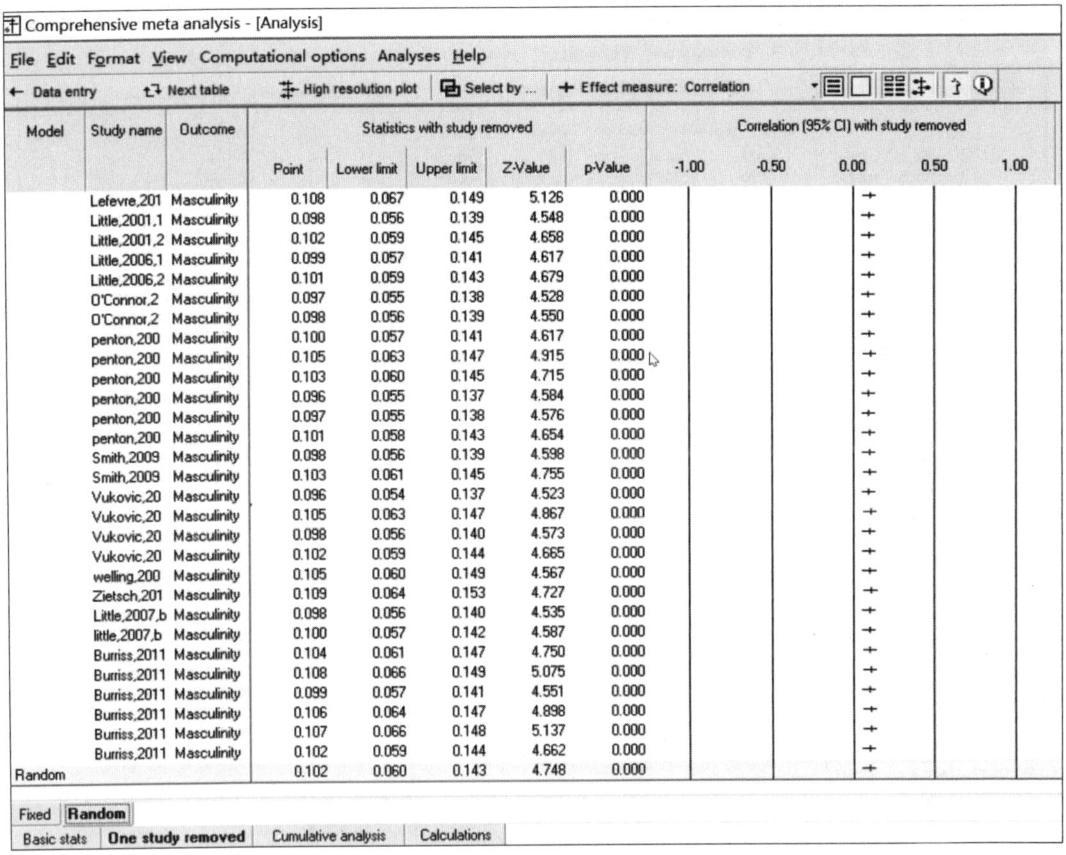

Comprehensive meta analysis - [Analysis]

File Edit Format View Computational options Analyses Help

Data entry | Next table | High resolution plot | Select by ... | Effect measure: Correlation

Model	Study name	Outcome	Statistics with study removed					Correlation (95% CI) with study removed
			Point	Lower limit	Upper limit	Z-Value	p-Value	-1.00 -0.50 0.00 0.50 1.00
	Lefevre,201	Masculinity	0.108	0.067	0.149	5.126	0.000	
	Little,2001,1	Masculinity	0.098	0.056	0.139	4.548	0.000	
	Little,2001,2	Masculinity	0.102	0.059	0.145	4.658	0.000	
	Little,2006,1	Masculinity	0.099	0.057	0.141	4.617	0.000	
	Little,2006,2	Masculinity	0.101	0.059	0.143	4.679	0.000	
	O'Connor,2	Masculinity	0.097	0.055	0.138	4.528	0.000	
	O'Connor,2	Masculinity	0.098	0.056	0.139	4.550	0.000	
	penton,200	Masculinity	0.100	0.057	0.141	4.617	0.000	
	penton,200	Masculinity	0.105	0.063	0.147	4.915	0.000	
	penton,200	Masculinity	0.103	0.060	0.145	4.715	0.000	
	penton,200	Masculinity	0.096	0.055	0.137	4.584	0.000	
	penton,200	Masculinity	0.097	0.055	0.138	4.576	0.000	
	penton,200	Masculinity	0.101	0.058	0.143	4.654	0.000	
	Smith,2009	Masculinity	0.098	0.056	0.139	4.598	0.000	
	Smith,2009	Masculinity	0.103	0.061	0.145	4.755	0.000	
	Vukovic,20	Masculinity	0.096	0.054	0.137	4.523	0.000	
	Vukovic,20	Masculinity	0.105	0.063	0.147	4.867	0.000	
	Vukovic,20	Masculinity	0.098	0.056	0.140	4.573	0.000	
	Vukovic,20	Masculinity	0.102	0.059	0.144	4.665	0.000	
	welling,200	Masculinity	0.105	0.060	0.149	4.567	0.000	
	Zietsch,201	Masculinity	0.109	0.064	0.153	4.727	0.000	
	Little,2007,b	Masculinity	0.098	0.056	0.140	4.535	0.000	
	little,2007,b	Masculinity	0.100	0.057	0.142	4.587	0.000	
	Burriss,2011	Masculinity	0.104	0.061	0.147	4.750	0.000	
	Burriss,2011	Masculinity	0.108	0.066	0.149	5.075	0.000	
	Burriss,2011	Masculinity	0.099	0.057	0.141	4.551	0.000	
	Burriss,2011	Masculinity	0.106	0.064	0.147	4.898	0.000	
	Burriss,2011	Masculinity	0.107	0.066	0.148	5.137	0.000	
	Burriss,2011	Masculinity	0.102	0.059	0.144	4.662	0.000	
Random			0.102	0.060	0.143	4.748	0.000	

Fixed | Random

Basic stats | One study removed | Cumulative analysis | Calculations

图 3-16 男性化偏好研究的敏感性分析结果

（四）发表偏倚分析

本研究采用漏斗图、Egger 检验以及 Rosenthal 失安全系数来评估发表偏倚。漏斗图对称性高表示发表偏倚小，反之则表示可能存在发表偏倚；Egger 检验对应的 p 值小于 0.05 意味着存在发表偏倚，反之则无；失安全系数小于 $5n+10$（n 指效应量的个数）意味着存在发表偏倚，反之则无。

从软件操作来看，只有在 CMA 基本统计分析执行之后才能进行发表偏倚分析。CMA 软件提供了四种发表偏倚指标：Fail-safe N（失安全系数）、Rank correlation test（失相关检验）、Regression test（回归检验）以及 Trim and fill（剪补法）。

漏斗图分析的具体操作为：在如图 3-10 所示的界面下，点击 Analyses→Publication bias，即可输出漏斗图（见图 3-18）。点击当前页面上方的 File 菜单，可将漏斗图导出至 Word 或 PPT 文件。

其他的发表偏倚评估指标，如 Egger 检验结果和 Rosenthal 失安全系数，可通过点击图 3-18 中上方 View 菜单的相应选项获得。点击 Fail-safe N 可获得失安全系数，点击 Regression test 可获得 Egger 检验结果。如图 3-19 所示，失安全系数的结果为 973

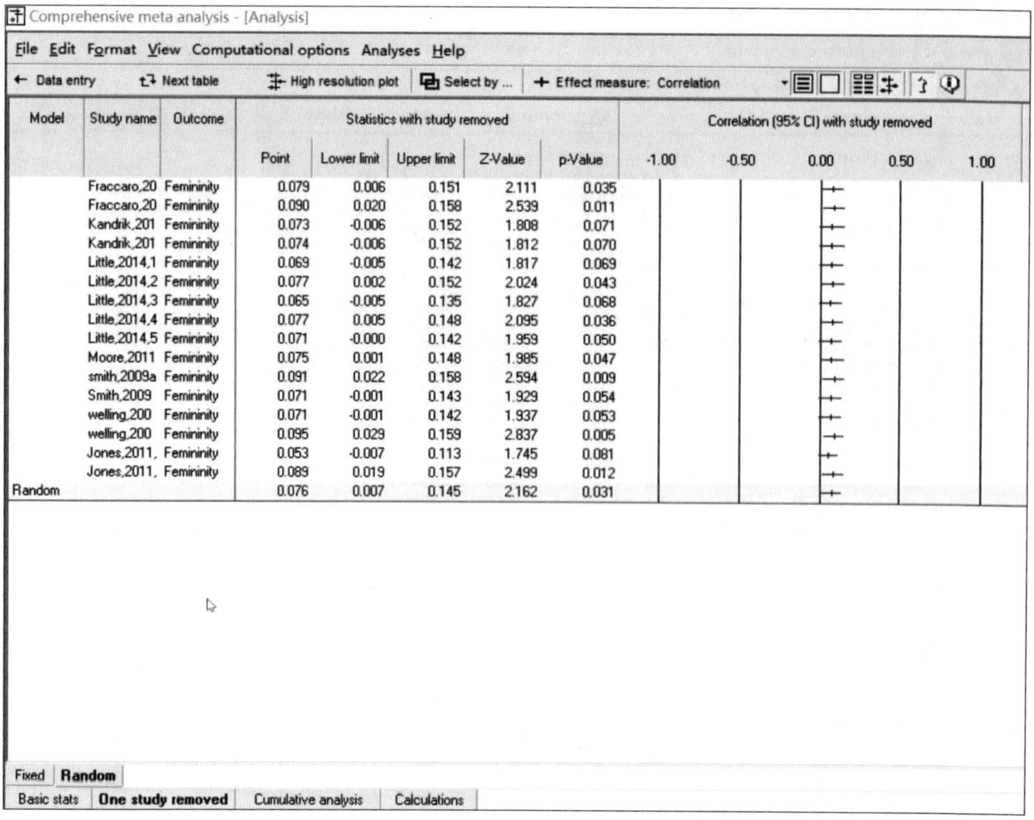
Comprehensive meta analysis - [Analysis]

Model	Study name	Outcome	Point	Lower limit	Upper limit	Z-Value	p-Value
	Fraccaro,20	Femininity	0.079	0.006	0.151	2.111	0.035
	Fraccaro,20	Femininity	0.090	0.020	0.158	2.539	0.011
	Kandrik,201	Femininity	0.073	-0.006	0.152	1.808	0.071
	Kandrik,201	Femininity	0.074	-0.006	0.152	1.812	0.070
	Little,2014,1	Femininity	0.069	-0.005	0.142	1.817	0.069
	Little,2014,2	Femininity	0.077	0.002	0.152	2.024	0.043
	Little,2014,3	Femininity	0.065	-0.005	0.135	1.827	0.068
	Little,2014,4	Femininity	0.077	0.005	0.148	2.095	0.036
	Little,2014,5	Femininity	0.071	-0.000	0.142	1.959	0.050
	Moore,2011	Femininity	0.075	0.001	0.148	1.985	0.047
	smith,2009a	Femininity	0.091	0.022	0.158	2.594	0.009
	Smith,2009	Femininity	0.071	-0.001	0.143	1.929	0.054
	welling,200	Femininity	0.071	-0.001	0.142	1.937	0.053
	welling,200	Femininity	0.095	0.029	0.159	2.837	0.005
	Jones,2011,	Femininity	0.053	-0.007	0.113	1.745	0.081
	Jones,2011,	Femininity	0.089	0.019	0.157	2.499	0.012
Random			0.076	0.007	0.145	2.162	0.031

图 3-17　女性化偏好研究的敏感性分析结果

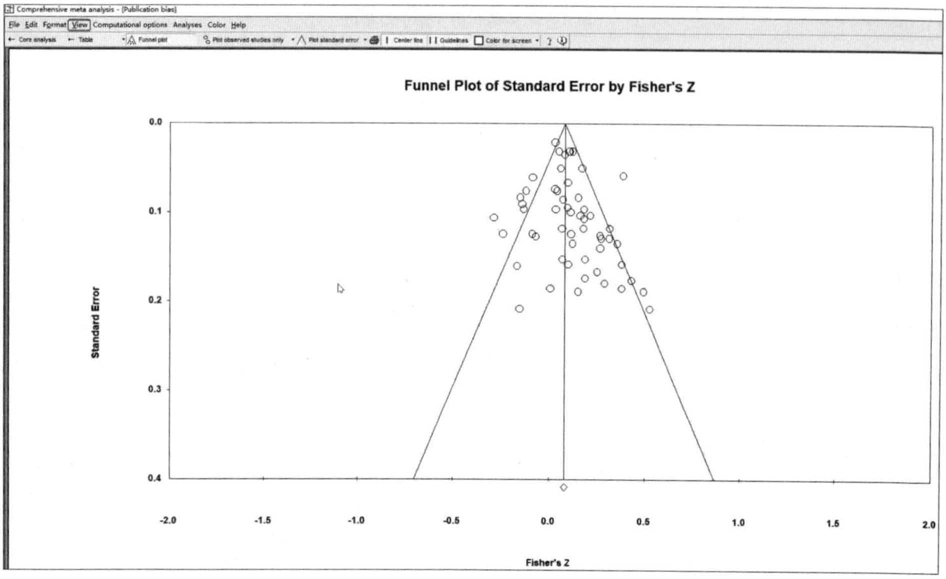

图 3-18　总体效应量的漏斗图

[大于 $5n+10$（$n=25$）]，同样表明不太可能出现发表偏倚。如图 3-20 所示，Egger 检验的结果并不显著，$t(53)=1.39$，$p=0.17$。

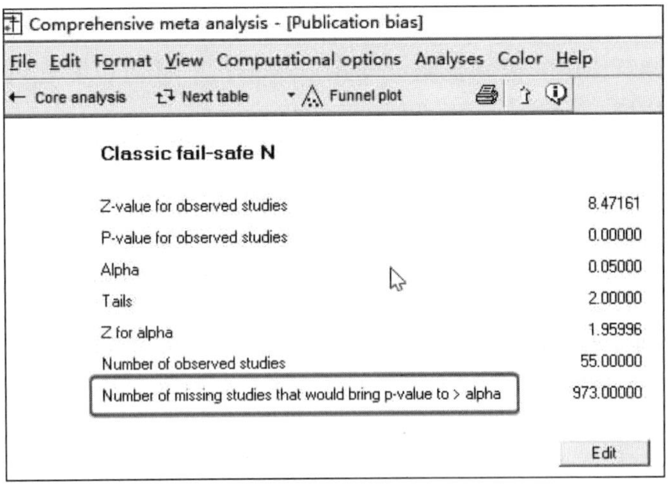

图 3－19　总体效应量的失安全系数

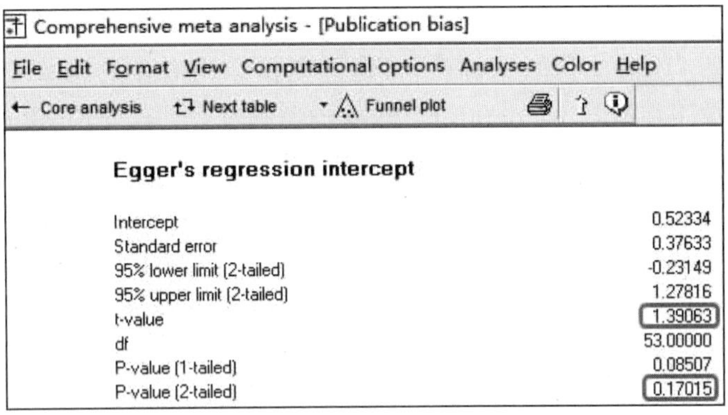

图 3－20　总体效应量的 Egger 检验结果

总体来看，虽然漏斗图底部有一些不对称，但这种不对称相对主观；Egger 检验以及失安全系数的结果均表明不太可能存在发表偏倚。

（五）异质性检验

异质性检验用来检验研究所得的平均效应量是否异质。一般通过 I^2（Card，2012）和 Q 值（Borenstein et al.，2021）来考察异质性。Q 值对应的 p 值小于 0.05，则表明存在较大异质性；当 I^2 值在 25%～50%、50%～75%、75%及以上时，异质性分别对应低、中、高。异质性高，表明效应量观测值的变异有很大一部分源于效应量之间的真实差异，因此也就意味着有必要进行调节变量分析。

从软件操作上看，在输出 CMA 基本统计分析的简表时，可获得异质性检验的结果。如图 3－11 所示，整体效应量的异质性检验（$n=55$）结果显示，$Q=145.567$（$p<0.001$），$I^2=62.904$，表明存在中等异质性。如图 3－14 所示，男性化偏好效应量的异质性检验（$n=39$）结果显示，$Q=72.93$（$p<0.001$），$I^2=47.90$，表明存在中等异质性。研究间存在不可忽视的异质性，表明选择随机效应模型是合理的（Huedo-Medina et al.，2006），也表明需要进一步分析可能影响效应量的调节变量。

（六）调节变量分析

针对可能起调节作用的类别变量，使用亚组分析；针对可能起调节作用的连续变量，使用元回归分析。

1. 亚组分析

本研究所关注的自我吸引力的测量方式、偏好任务类型、刺激类型、刺激与观察者的性别异同、避孕措施的使用等变量均属于类别变量。亚组分析对每个类别变量下子类别所包含的研究数量有一定的要求；一般情况下，至少包含3个研究的子类别才能进入亚组分析（van Eldik et al.，2020）。例如，女性化偏好研究中没有使用客观的自我吸引力测量方式，因此，这个子类别无法进入亚组分析；由于测量方式只有两个子类别（主观、客观），所以我们无法分析自我吸引力测量方式对女性化偏好效应量的调节作用。

从软件操作上看，在亚组分析开始之前，需在CMA软件中先将这些变量设置为类别变量。具体步骤为：在上述所有分析完成之后，返回CMA数据编辑窗口，双击类别变量对应的标签栏，在弹出的Column format对话框中设置栏目功能（Column function）和数据类型（Data type）。我们要将这些变量作为潜在的调节变量进行分析，所以，栏目功能菜单下应选择Moderator，数据类型则选择Categorical（见图3-21），最后点击Ok完成设置。所有将要进入亚组分析的类别变量均需一一进行上述设置。

以男性化偏好研究中自我吸引力的测量方式为例。将测量方式设置为类别变量之后，重复上述分组的总体效应量分析操作过程，呈现如图3-14所示的结果。此时，在当前界面依次点击Computational options→Group by…，在弹出的对话框的下拉菜单中选择与自我吸引力的测量方式相对应的变量名，即MOOA，并勾选对话框底部的两个选项（见图3-22），再点击Ok，即可呈现亚组分析的结果。

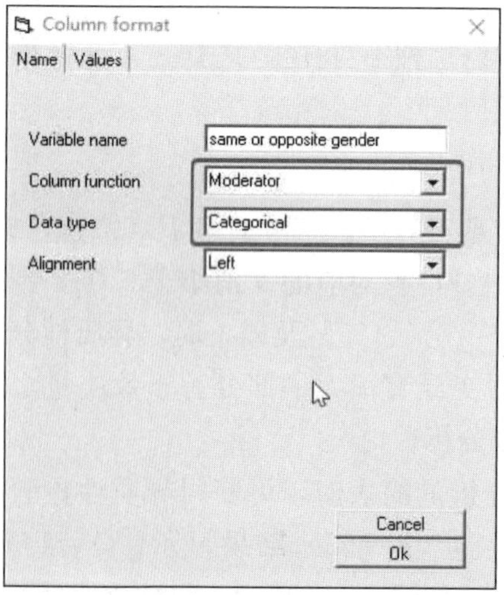

图3-21　作为潜在调节变量的类别变量的设置

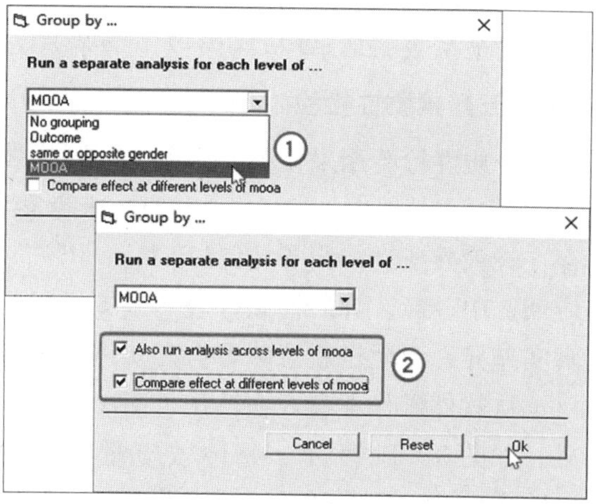

图3-22　Group by…对话框

由于本研究在评估总体效应量时采用的是随机效应模型，在加入调节变量后应关注混合效应模型的结果。如图3-23所示，在男性化偏好研究中，客观测量自我吸引力的研究有 13 个，主观测量自我吸引力的研究有 26 个；混合效应分析（Mixed effects analysis）的结果表明，客观测量的自我吸引力与男性化偏好之间相关的效应量为 $r=0.150$（$p=0.017$），95%置信区间为［0.027，0.269］；主观测量的自我吸引力与男性化偏好之间相关的效应量为 $r=0.086$（$p<0.001$），95%置信区间为［0.045，0.126］；调节效应（不同自我吸引力测量方式下效应量之间的差异）对应的 p 值为 0.330，表明自我吸引力测量方式的调节作用不显著，即自我吸引力的测量方式没有显著调节观察者自我吸引力与男性化偏好之间的相关。

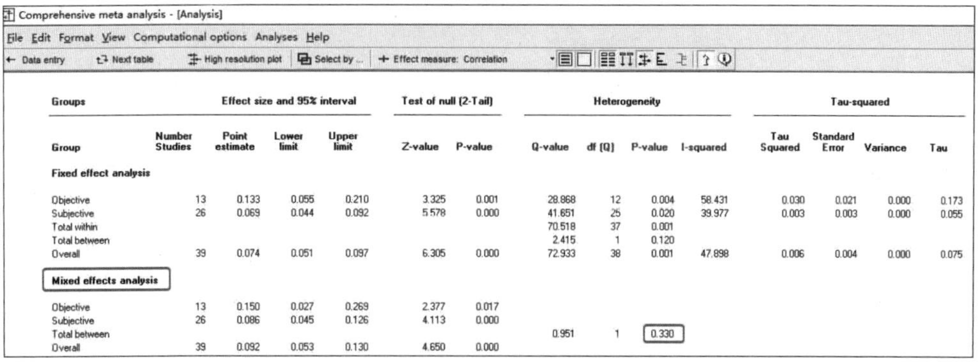

Groups		Effect size and 95% interval			Test of null (2-Tail)		Heterogeneity				Tau-squared			
Group	Number Studies	Point estimate	Lower limit	Upper limit	Z-value	P-value	Q-value	df (Q)	P-value	I-squared	Tau Squared	Standard Error	Variance	Tau
Fixed effect analysis														
Objective	13	0.133	0.055	0.210	3.325	0.001	28.868	12	0.004	58.431	0.030	0.021	0.000	0.173
Subjective	26	0.069	0.044	0.092	5.578	0.000	41.651	25	0.020	39.977	0.003	0.003	0.000	0.055
Total within							70.518	37	0.001					
Total between							2.415	1	0.120					
Overall	39	0.074	0.051	0.097	6.305	0.000	72.933	38	0.001	47.898	0.006	0.004	0.000	0.075
Mixed effects analysis														
Objective	13	0.150	0.027	0.269	2.377	0.017								
Subjective	26	0.086	0.045	0.126	4.113	0.000								
Total between							0.951	1	0.330					
Overall	39	0.092	0.053	0.130	4.650	0.000								

图 3 - 23 观察者自我吸引力的测量方式对男性化偏好效应量的调节作用分析

此外，有些类别变量的子类别本身也可被视为低一级的类别变量，并且细分出更小的子类别以进行亚组分析。例如，男性化偏好研究中，刺激性别（一级类别变量）包含两个子类别，即刺激为男性和刺激为女性；刺激为男性（二级类别变量）又可分为两个子类别，即刺激和观察者同为男性以及刺激和观察者性别不同。

以“刺激为男性”条件下性别异同的调节作用分析为例，具体操作为：在如图 3 - 14 所示的界面点击 Select by…，在弹出的对话框中点击 Moderator 标签，在下拉菜单中选择与刺激性别对应的变量名，即 stimuli gender，并勾选想要分析的子类别，即 male，再点击 Ok（见图 3 - 24）；随后依次点击 Computational options→Group by…，在弹出的对话框中选择与性别异同相对应的变量名，即 same or opposite gender，并勾选对话框底部的两个选项，再点击 Ok（见

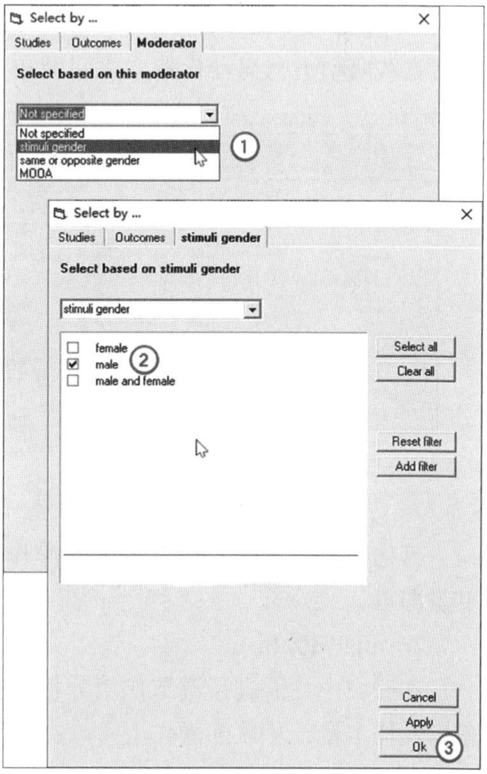

图 3 - 24 “刺激为男性”这一子类别的筛选

图 3－25），最后输出性别异同的调节作用分析结果。

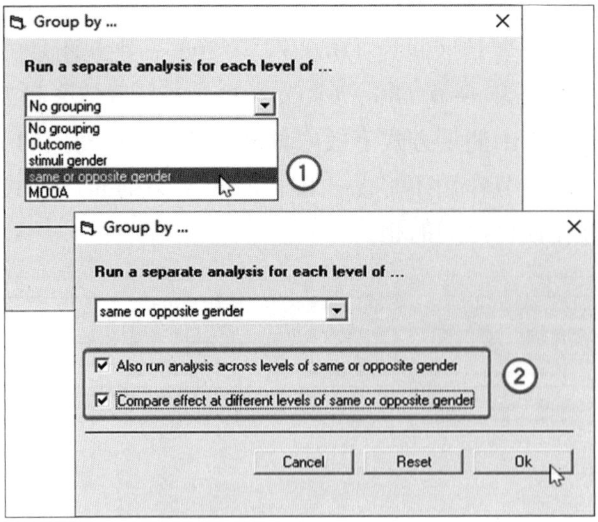

图 3－25　性别异同的分组

图 3－26 显示，在使用男性刺激的男性化偏好研究中，观察者（被试）性别同为男性的研究有 3 个，观察者性别为女性的研究有 31 个；前者的合并效应量为 $r=0.066$（$p=0.025$），95%置信区间为［0.008，0.122］；后者的合并效应量为 $r=0.134$（$p<0.001$），95%置信区间为［0.084，0.183］；性别异同没有显著调节男性刺激条件下观察者自我吸引力与男性化偏好之间的相关（$p=0.075$）。

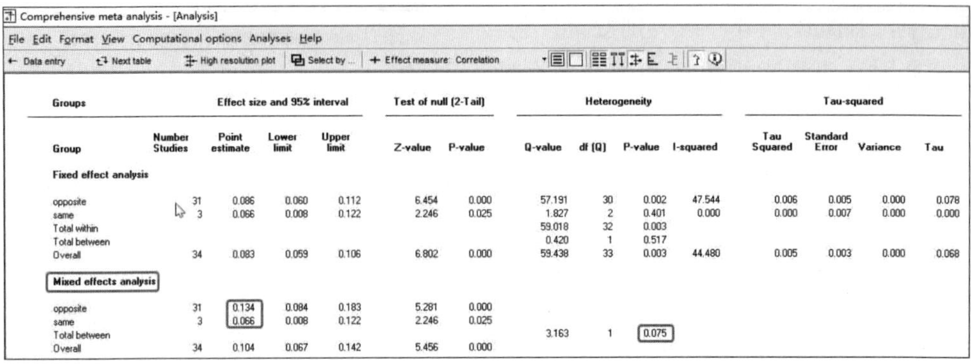

Groups		Effect size and 95% interval			Test of null (2-Tail)		Heterogeneity				Tau-squared			
Group	Number Studies	Point estimate	Lower limit	Upper limit	Z-value	P-value	Q-value	df (Q)	P-value	I-squared	Tau Squared	Standard Error	Variance	Tau
Fixed effect analysis														
opposite	31	0.086	0.060	0.112	6.454	0.000	57.191	30	0.002	47.544	0.006	0.005	0.000	0.078
same	3	0.066	0.008	0.122	2.246	0.025	1.827	2	0.401	0.000	0.000	0.007	0.000	0.000
Total within							59.018	32	0.003					
Total between							0.420	1	0.517					
Overall	34	0.083	0.059	0.106	6.802	0.000	59.438	33	0.003	44.480	0.005	0.003	0.000	0.068
Mixed effects analysis														
opposite	31	0.134	0.084	0.183	5.281	0.000								
same	3	0.066	0.008	0.122	2.246	0.025								
Total between							3.163	1	0.075					
Overall	34	0.104	0.067	0.142	5.456	0.000								

图 3－26　“刺激为男性”条件下性别异同的调节作用分析结果

其他类别变量调节作用分析的操作步骤与上述基本一致，在分析过程中选择相应变量即可。

2. 元回归分析

本研究中，需进行调节作用分析的连续变量包括观察者（被试）的年龄、发表年份以及样本量。从软件操作上看，在元回归分析开始之前，需在 CMA 软件中先将这些变量设置为连续变量。具体步骤与类别变量的设置基本一致，不同之处在于设置数据类型（Data type）时应选择 Decimal（见图 3－27），最后点击 Ok 完成设置。所有将要进行元回归分析的连续变量均需进行上述设置。

以男性化偏好研究中的样本量为例。先在如图 3－14 所示的界面依次点击 Analyses→Meta regression 2，然后在弹出的 Covariates not on main screen 对话框中（见图 3－28）选择样本量对应的变量名，即 sample size，再点击 Add to main screen，随后在 Model 1 中勾选 sample size，代表将其加入回归模型，最后依次点击 Analyses→Run regression（见图 3－28），输出元回归分析结果。如图 3－29 所示，样本量的调节作用不显著（$p=0.218$）。

其他连续变量调节作用分析的操作步骤与上述基本一致，在图 3－28 中将相应变量加入模型并勾选即可。

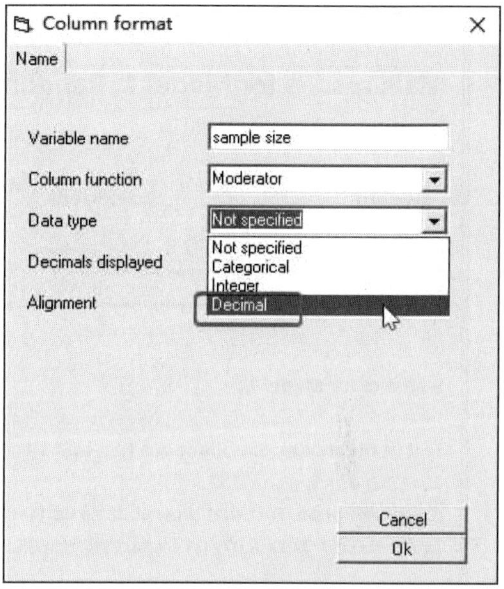

图 3－27 作为潜在调节变量的连续变量的设置

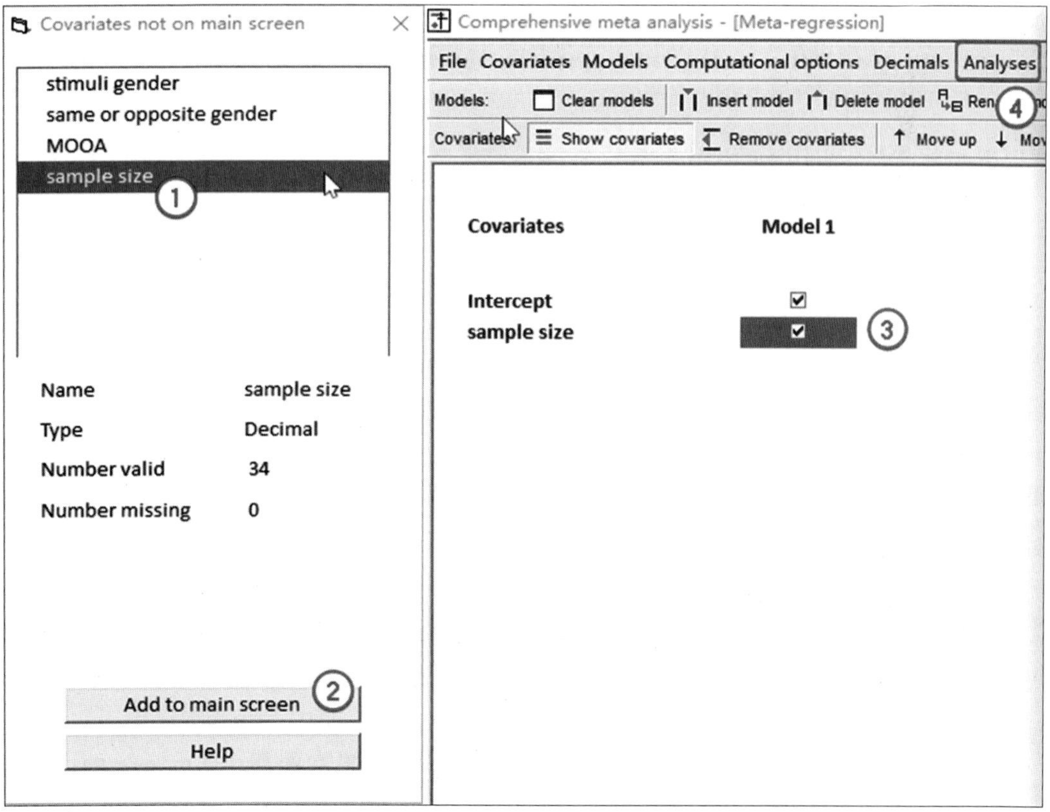

图 3－28 构建元回归分析模型

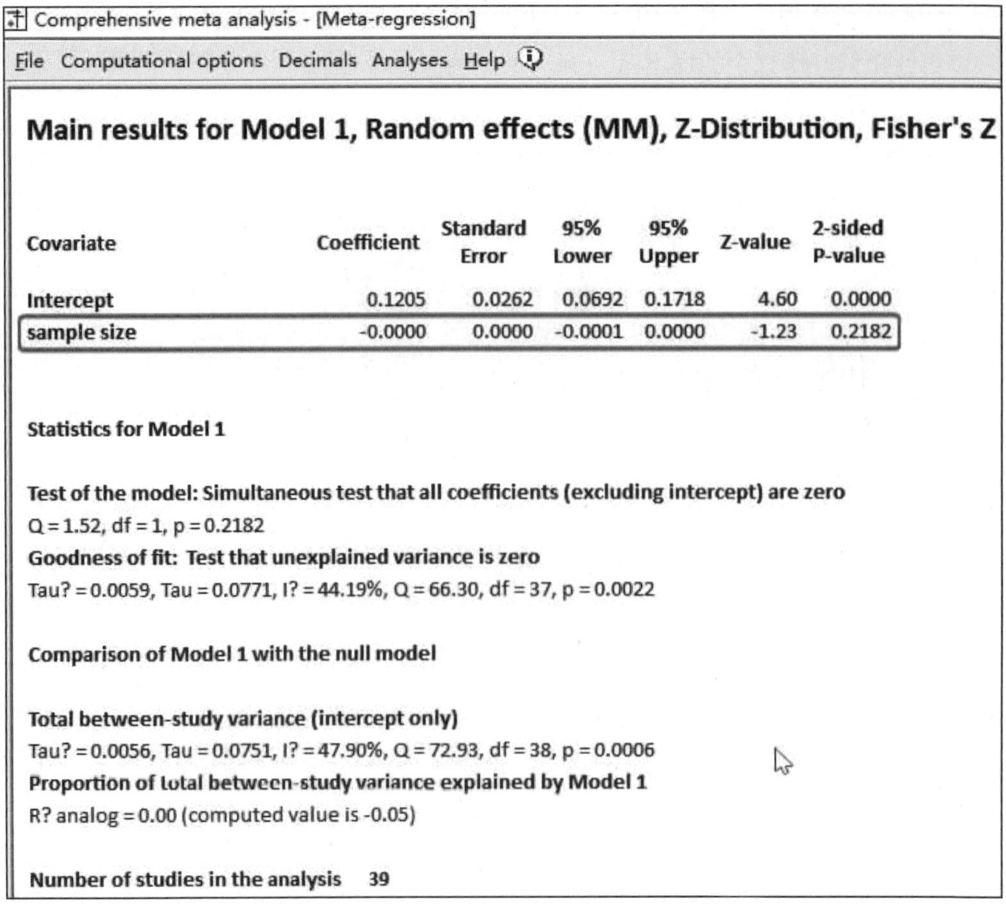

Comprehensive meta analysis - [Meta-regression]

File Computational options Decimals Analyses Help

Main results for Model 1, Random effects (MM), Z-Distribution, Fisher's Z

Covariate	Coefficient	Standard Error	95% Lower	95% Upper	Z-value	2-sided P-value
Intercept	0.1205	0.0262	0.0692	0.1718	4.60	0.0000
sample size	-0.0000	0.0000	-0.0001	0.0000	-1.23	0.2182

Statistics for Model 1

Test of the model: Simultaneous test that all coefficients (excluding intercept) are zero

Q = 1.52, df = 1, p = 0.2182

Goodness of fit: Test that unexplained variance is zero

Tau? = 0.0059, Tau = 0.0771, I? = 44.19%, Q = 66.30, df = 37, p = 0.0022

Comparison of Model 1 with the null model

Total between-study variance (intercept only)

Tau? = 0.0056, Tau = 0.0751, I? = 47.90%, Q = 72.93, df = 38, p = 0.0006

Proportion of total between-study variance explained by Model 1

R? analog = 0.00 (computed value is -0.05)

Number of studies in the analysis 39

图 3－29　元回归分析结果（以样本量作为预测变量）

四、讨论

本研究的讨论部分首先对研究结果进行小结，其次对主要结果逐条进行讨论，最后指出本研究的局限及未来研究方向。

亚组分析的结果表明，偏好任务类型、关系背景、观察者性别与刺激性别的异同、自我吸引力的测量方式等均未能显著影响观察者自我吸引力与男性化偏好的相关；女性对男性男性化的偏好也随着避孕措施使用与否及关系背景的变化而变化；偏好任务类型、关系背景、观察者性别与刺激性别的异同影响观察者自我吸引力与女性化偏好的相关。

元回归分析的结果表明，观察者的年龄、样本量及发表年份显著调节观察者自我吸引力与男性化偏好之间的相关；仅发表年份显著调节观察者自我吸引力与女性化偏好之间的相关。

总的来说，性别二态性偏好和观察者的自我吸引力之间确实存在联系。因此，在未来的研究中，研究者应对自我吸引力进行控制，以保证实验结果的可靠性；同时，还应考虑本研究中所发现的调节变量及其交互作用。

第三节　实例2：羞耻、内疚与创伤后应激症状的关系的元分析①

一、实例背景

本研究主要关注羞耻与创伤后应激障碍（posttraumatic stress disorder，PTSD）、内疚与PTSD之间的相关关系。在第五版《精神疾病诊断与统计手册》（DSM-5）出版之前，PTSD一直被归类为焦虑障碍。DSM-5将PTSD从焦虑障碍中分离出来，并在其诊断标准中首次明确提到了羞耻与内疚。然而，现有的实证研究中，羞耻、内疚与创伤后应激症状（posttraumatic stress symptoms，PTSS）之间的相关关系并不完全一致。因此，有必要利用元分析整合已有研究结果，明确羞耻与PTSS、内疚与PTSS之间的相关强度，并探索这两种相关关系潜在的调节变量。

（一）羞耻、内疚与PTSS之间的关系

在开展相关关系的元分析研究之前，首先需要结合理论模型与实证研究来论述核心变量之间相关关系的不一致，以凸显元分析的必要性及价值。

具体到本研究，从理论模型上看，当代认知模型（Ehlers & Clark，2000）和基于羞耻与内疚的PTSD临床模型（Lee et al.，2001）都表明羞耻、内疚与PTSS关系密切。从实证研究上看，羞耻与PTSS的相关并不一致，大部分研究发现羞耻与PTSS呈显著正相关（Dewey et al.，2014；Feiring & Taska，2005；Sippel & Marshall，2011），有的则发现二者之间没有显著相关（Barr，2012；Shin et al.，2014；Straub et al.，2018）；内疚与PTSS的相关更加复杂，正相关、零相关、负相关的结果都有（Pugh et al.，2015）。这些不同的研究结果提示研究者需要开展元分析研究并探索可能解释这种异质性的因素。

（二）潜在的调节变量

前言中论述的调节变量决定了后续具体分析过程中所要探索的变量。至于论述哪些变量，通常是基于已有理论模型或实证文献以及实际的研究需要。在本研究中，我们主要论述了测量工具类型、文化类型、样本类型、创伤类型、样本的年龄和性别因素。

1. 测量工具类型

Kim等（2011）的元分析研究表明，在使用不同类型的测量工具的研究中，羞耻与

① 实例来源：Shi，2021。

抑郁症状以及内疚与抑郁症状之间相关的效应量是不同的。Cândea 和 Szentagotai-Tătar (2018) 的元分析研究也表明，测量工具的类型显著调节羞耻与焦虑症状以及内疚与焦虑症状的相关强度。基于已有元分析研究，我们将羞耻的测量工具分为三类，分别测量一般性羞耻（generalized shame）、情境性羞耻（contextual shame）和创伤特异性羞耻（trauma-specific shame）；将内疚的测量工具也分为三类，分别测量一般性内疚（generalized guilt）、情境性内疚（contextual guilt）和创伤特异性内疚（trauma-specific guilt），并将测量工具的类型作为潜在的调节变量进行分析。

2. 文化类型

以往研究已经揭示了羞耻与内疚的跨文化差异。一方面，东方文化下羞耻与内疚之间的差异并没有西方文化下那么明显（Wong & Tsai，2007）。另一方面，与西方文化相比，东方文化将羞耻与内疚视为更有价值、更有建设性的情绪（Wong & Tsai，2007；杨玲等，2012）。据此，我们将文化类型作为潜在的调节变量进行分析。

3. 样本和创伤类型

以往研究一致表明，与受创伤的平民相比，军人样本中创伤相关内疚与 PTSS 之间的关联更强（Pugh et al.，2015）。此外，羞耻感与人为创伤有关，这类创伤中包含与控制和征服有关的人际因素（Kallstrom-Fuqua et al.，2004）。La Bash 和 Papa（2014）的研究以大学生为样本，发现与非人际创伤相比，人际创伤与羞耻、PTSS 有更高的相关。因此，我们也将检验创伤和样本类型可能的调节作用。

4. 样本的年龄和性别

已有研究表明，年龄和性别与 PTSD 相关（Schäfer et al.，2019），而且，年龄负向预测内疚与 PTSD 的相关，女性比例负向预测羞耻与 PTSD 之间的相关（Cândea & Szentagotai-Tătar，2018）。因此，我们将样本的年龄和性别纳入调节变量的分析。

二、研究方法

（一）元分析注册及报告原则声明

与前述实例一样，在确定开展元分析研究之后，需要尽快在 PROSPERO 官网进行注册。本研究已在该平台注册（CRD42020189605），详情可在进入官网后检索查看。同时，需声明研究遵循 PRISMA 原则。

（二）文献检索

1. 检索库

英文检索库：Web of Science，PsycINFO，PubMed，Scopus。

中文检索库：中国知网，万方，维普。

2. 检索词及检索式

本研究依据核心变量将检索词划分为三个概念范畴，即羞耻、内疚、PTSS，再从已有文献（主要是包含这些概念的已有综述或元分析）中提取每个范畴内的具体的主题词，最后根据布尔逻辑初步拟出检索式，并在各大数据库进行检索（注意：不同数据库用以表示上述逻辑的符号不尽相同，可参见各数据库的检索指引）。

以 Web of Science 为例，本研究的具体检索式为：

TS = (ashamed OR shame * OR guilt * OR "self-blame" OR "self-disgust") AND ("post-traumatic stress" OR "posttraumatic stress" OR "post traumatic stress" OR "post-traumatic syndrome * " OR "posttraumatic syndrome * " OR "post traumatic syndrome * " OR PTSD OR PTSS)

（三）研究筛选

1. 纳入与排除标准

纳入标准：（1）原始研究；（2）经同行评议的英文或中文期刊文章；（3）使用了有效的羞耻和内疚测量工具的研究；（4）使用了至少一种量化的 PTSS 测量（问卷测量或临床诊断访谈）的研究；（5）提供了足够信息从而可以计算效应量的研究。

排除标准：使用了混淆羞耻与内疚概念的测量工具，或仅使用一个条目来测量羞耻或内疚的研究。

2. 筛选流程

首先，使用文献管理软件对检索到的所有文献进行删重处理；其次，根据标题和摘要对删重后的文献进行筛选；最后，根据上述纳入与排除标准对余下文献进行筛选。以上过程由两位作者独立操作，若有争议，与其他作者协商以达成一致。在纳入文献初步确定后，再由一位作者进行参考文献反向搜索（backward reference search），以确定其他可能的相关研究。整个流程需依据 PRISMA 原则作一张图，如图 3 - 30 所示。

（四）研究编码

本研究从纳入文献中提取了以下信息：研究特征、样本特征、测量工具特征、羞耻与 PTSS 以及内疚与 PTSS 的相关系数。若纳入文献没有报告相关系数而报告了其他统计数据（如 t 值、F 值），我们就利用如下公式进行转换（Card，2012）：

$$r=\sqrt{\frac{t^2}{t^2+df}}\text{；}r=\sqrt{\frac{F_{(1,df)}}{F_{(1,df)}+df}}$$

为了评估编码过程的可靠性，所有纳入文献的编码先由一位作者完成，再随机选择部分文献让另外两位作者独立编码，之后计算评分者间一致性。对于类别变量，计算 kappa 值进行评估；对于连续变量，计算组内相关系数（intraclass correlation，ICC）进行评估。编码如有不一致，也需要进行讨论以达成一致。

三、数据分析和结果

本研究属于三水平元分析（three-level meta-analysis，也称多水平元分析），所以，我们将使用 R 4.1.0 的 metafor 包（Viechtbauer，2010b），并根据 Assink 和 Wibbelink（2016）的步骤指导，对数据进行主效应分析和调节效应分析。

（一）三水平元分析

在纳入的研究中，我们经常可以从一个研究中提取到多个效应量：一个研究中有

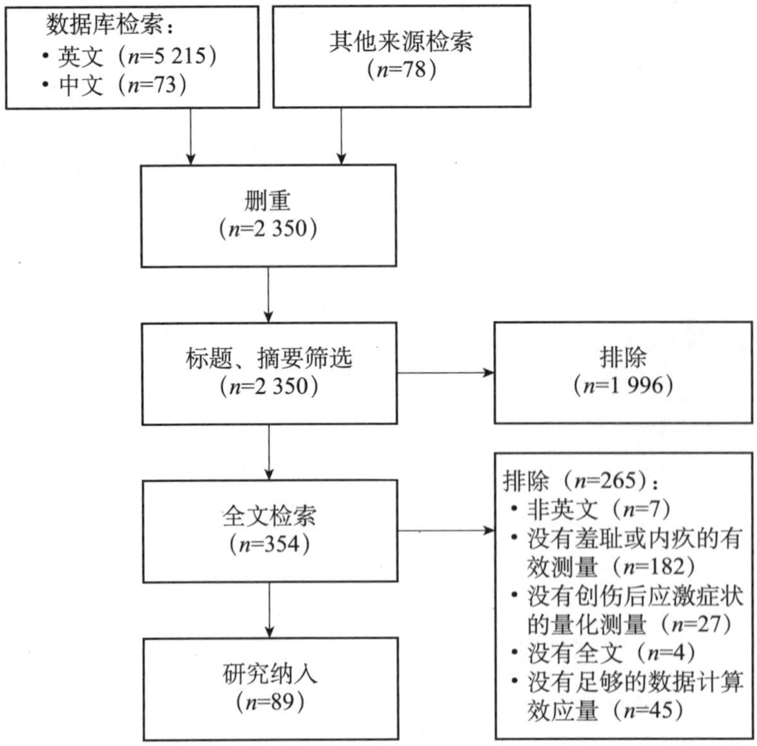

图 3-30　文献筛选和纳入流程图

多种测量工具被用来测量同一个变量；一个测量工具包含某变量的多个维度并计算了每个维度与另一个变量之间的相关。例如，本研究中，Turner 等（2013）同时使用了内在羞耻量表（Internalized Shame Scale，ISS）、他人羞耻量表（Other as Shamer，OAS）以及羞耻体验量表（Experience of Shame Scale，ESS）测量羞耻，并分别计算了羞耻与 PTSS 的相关。于是，一个研究中可以同时提取三个效应量。这就违背了传统元分析所需的效应量之间相互独立的前提假设（Lipsey & Wilson，2001）。

为了处理效应量之间的这种非独立性，传统做法是取同一个研究中多个效应量的加权平均，或是根据理论/文献仅选择其中一个效应量。这些方法都有一定的局限性，因为它们没有利用所有可用的效应量，使得效应量的信息产生一定程度的缺失，以致降低了参数估计的准确性以及统计效力（Cheung，2014b）。然而，三水平元分析不需要考虑效应量之间的独立性，可以将同一研究中提取的多个效应量同时纳入分析，因为该模型比传统元分析多了一个效应量变异——传统元分析只考虑抽样误差引起的效应量变异（水平 1）以及不同研究之间的效应量变异（水平 3），而三水平元分析增加了同一个研究内部的效应量变异（水平 2）。这使得三水平元分析能够最大限度地利用各个研究中可用的效应量，从而提升统计效力（Assink et al.，2015）。

（二）效应量的处理及数据准备

本研究以 Pearson's r 作为效应量。在统计分析时，为使数据分布更接近正态，需要对相关系数进行 Fisher's Z 转换，即 $Z=0.5\times\ln[(1+r)/(1-r)]$；分析结束后，为便于结果解释，再将 Z 值转换为 r 值，即 $r=(e^{2Z}-1)/(e^{2Z}+1)$。以下将以内疚与 PTSS 之间相关的效应量分析为例。

在利用 R 开展三水平元分析之前，需要在数据内容及格式上做一些准备。图 3-31 显示了本研究中用于内疚与 PTSS 之间相关的效应量分析的部分原始数据。与传统元分析不同，三水平元分析允许研究者从一个研究中提取多个效应量，所以数据文件中需设置两个变量，分别代表研究编号（见图 3-31 中的 studyID）和效应量编号（见图 3-31中的 esID）。每一个独立研究都有一个 studyID，提取的每一个效应量都有一个 esID。如图 3-31 所示，我们从研究 1 中提取了 3 个效应量，从研究 3 和 4 中各提取了 1 个效应量，从研究 6 中提取了 20 个效应量；变量 correlation 代表我们从每个研究中提取的效应量，即相关系数 r；yi 代表与 r 对应的 Fisher's Z，vi 代表方差，sei 代表标准误。变量 sampletype 是后续需要分析的潜在的调节变量；需要注意的是，为了比较类别变量下不同子类别之间的效应，每个类别变量需事先转换成哑变量。这些数据可保存为 txt、Excel、SPSS、SAS、Stata 文件，以供 R 软件读取。

	A	B	C	D	E	F	G	H	I	J	K	L	M	N
1	Author	studyID	esID	correlation	yi	vi	sei	Year	size	age	female	sampletype	veteran	civilian
2	Herbert et al.	1	1	0.63	0.741416	0.007299	0.085436	2020	140	42.12	10	Military	1	0
3	Herbert et al.	1	2	0.55	0.618381	0.007299	0.085436	2020	140	42.12	10	Military	1	0
4	Herbert et al.	1	3	0.5	0.549306	0.007299	0.085436	2020	140	42.12	10	Military	1	0
5	Badour et al.	3	4	0.14	0.140926	0.016393	0.128037	2020	64	29.91	100	Civilian	0	1
6	Slagel et al.	4	5	0.68	0.829114	0.004785	0.069171	2020	212		27.8	Military	1	0
7	Jinkerson & Battles	6	6	0.55	0.618381	0.014493	0.120386	2019	72		12.5	Military	1	0
8	Jinkerson & Battles	6	7	0.65	0.775299	0.014493	0.120386	2019	72		12.5	Military	1	0
9	Jinkerson & Battles	6	8	0.48	0.522984	0.014493	0.120386	2019	72		12.5	Military	1	0
10	Jinkerson & Battles	6	9	0.58	0.662463	0.014493	0.120386	2019	72		12.5	Military	1	0
11	Jinkerson & Battles	6	10	-0.1	-0.10034	0.014493	0.120386	2019	72		12.5	Military	1	0
12	Jinkerson & Battles	6	11	0.6	0.693147	0.014493	0.120386	2019	72		12.5	Military	1	0
13	Jinkerson & Battles	6	12	0.72	0.907645	0.014493	0.120386	2019	72		12.5	Military	1	0
14	Jinkerson & Battles	6	13	0.34	0.354093	0.014493	0.120386	2019	72		12.5	Military	1	0
15	Jinkerson & Battles	6	14	0.6	0.693147	0.014493	0.120386	2019	72		12.5	Military	1	0
16	Jinkerson & Battles	6	15	0.03	0.030009	0.014493	0.120386	2019	72		12.5	Military	1	0
17	Jinkerson & Battles	6	16	0.62	0.725005	0.014493	0.120386	2019	72		12.5	Military	1	0
18	Jinkerson & Battles	6	17	0.67	0.810743	0.014493	0.120386	2019	72		12.5	Military	1	0
19	Jinkerson & Battles	6	18	0.37	0.388423	0.014493	0.120386	2019	72		12.5	Military	1	0
20	Jinkerson & Battles	6	19	0.63	0.741416	0.014493	0.120386	2019	72		12.5	Military	1	0
21	Jinkerson & Battles	6	20	0.1	0.100335	0.014493	0.120386	2019	72		12.5	Military	1	0
22	Jinkerson & Battles	6	21	0.66	0.792814	0.014493	0.120386	2019	72		12.5	Military	1	0
23	Jinkerson & Battles	6	22	0.73	0.928727	0.014493	0.120386	2019	72		12.5	Military	1	0
24	Jinkerson & Battles	6	23	0.44	0.472231	0.014493	0.120386	2019	72		12.5	Military	1	0
25	Jinkerson & Battles	6	24	0.71	0.887184	0.014493	0.120386	2019	72		12.5	Military	1	0
26	Jinkerson & Battles	6	25	0.13	0.13074	0.014493	0.120386	2019	72		12.5	Military	1	0
27	Smigelsky et al.	7	26	0.4	0.423649	0.004785	0.069171	2019	212	45.18	14.2	Military	1	0

图 3-31 用于三水平元分析的 Excel 原始数据

（三）总体效应量分析

在分析总体效应量之前，需先新建脚本文件，设置工作路径，读取原始数据，并加载 R 软件的 metafor 包。具体步骤如下：打开 R 软件，在软件界面上方的菜单栏依次点击“文件”→“新建程序脚本”，建立一个新的脚本文件。在新脚本文件中，通过以下代码来设置工作路径、读取原始数据，并调用程序包：

```
setwd("C:/Rdata")
gpdata<-read.csv("Codeguilt.csv")
library(metafor)
```

其中，“C：/Rdata”是数据文件的存放路径。（提示：为了方便，最好将数据文件和新建脚本文件放在相同文件夹中。）“Codeguilt. csv”是将要被导入 R 的原始数据的文件名。CSV 格式的原始数据通过 read. csv 函数来读取，并通过运算符“＜－”给该数据指派一个新的变量名，即 gpdata，以方便后续分析。

调用程序包用 library 函数实现，调用 metafor 包的代码为 library(metafor)。

以上代码既可以写一条运行一条，也可以写完后一起运行。至此，总体效应量分析的环境准备工作已经完成。

接下来是总体效应量的分析，代码如下：

```
overallgp<-rma.mv(yi,
                  vi,
                  random = list(~1 | esID,~1 | studyID),
                  test = "t",
                  data = gpdata)
summary(overallgp,digits = 3)
```

三水平元分析的效应量分析是通过 rma. mv 函数来实现的。其中，overallgp 是对 rma. mv 函数的结果赋予的变量名（当然，它可以换成其他任何名称）；yi 是读取的数据文件中效应量（本研究中使用的是 Fishers' *Z*）所对应的变量名；vi 是读取的数据文件中效应量方差所对应的变量名；random 代表随机效应模型，list(～1 | esID，～1 | studyID）是用来定义三水平模型中三个水平的结构，其中 esID 定义了三水平模型的水平 2，即同一个研究内部的效应量变异，studyID 定义了三水平模型的水平 3，即不同研究之间的效应量变异，这个公式意味着将随机效应分配给一个分组变量，这个分组变量通常被称作随机截距（random intercept），因为它告诉这个模型对每个分组要假设有不同的效应（即截距）；test 代表用于回归系数估计的检验方法，可以选择 *Z*（默认）或者 *t*（推荐），rma. mv 函数的默认设置是基于正态分布（即 *Z* 分布）估计回归系数及置信区间，但为了减少显著结果不合理的增加，通常使用 Knapp 和 Hartung（2003）的校正方法，即基于 *t* 分布进行估计；data 用来描述变量名（即之前指派的数据集的变量名）；summary 函数是为了使上述总体效应量分析的结果呈现出来，digits 则用于设定输出结果所保留的小数点后位数，默认设置是保留小数点后 4 位。

运行上述总体效应量分析的代码，呈现的结果如图 3－32 所示。

在变异成分（Variance Components）中，sigma^2. 1 代表研究内部（水平 2）的效应量变异；sigma^2. 2 代表研究之间（水平 3）的效应量变异，相当于传统元分析中研究之间异质性变异 τ^2。nlvls 列呈现的是每个水平上的组数，水平 3 有 64 组，即纳入了 64 个独立研究；水平 2 有 193 组，即 193 个效应量。总的来说，本元分析纳入的 64 个研究中包含 193 个效应量。

在模型结果（Model Results）中，estimate 代表总体效应量的估计值，即 $Z=0.442$，估计的标准误（se）是 0.029，效应量是显著的，$t(192)=15.029$，$p<0.001$，

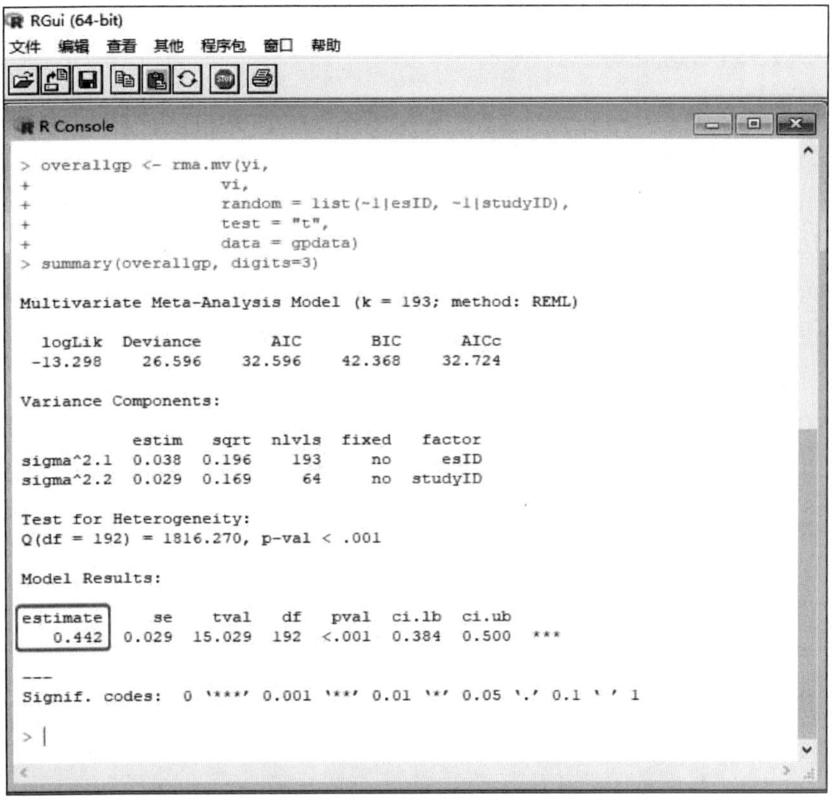

图 3-32 总体效应量的三水平元分析结果

95%置信区间为［0.384，0.500］。为了便于解释，我们需要将 Z 转换为 r，这种转换可以通过 esc 包中的 convert_z2r 函数实现。转换代码如下：

```
library(esc)
convert_z2r(0.442)
```

转换后的数值为 0.415。因此，总体效应量分析的结果显示，内疚与 PTSS 之间存在显著的正相关，相关系数的大小为 0.415。

若要输出森林图，需用以下代码：

```
jpeg("forest.jpeg",#指定图形输出为 jpeg 文件,并为森林图命名
     height = 4000,#图形高度(可依据数据量多少调整)
     width = 1000)#图形宽度(可依据数据量多少调整)
forest(overallgp,#存储总体效应量的变量
     xlim = c(-3,3),#图形水平区域的范围
     xlab = "Fisher's Z",#图形 x 轴的标签
      slab = paste(gpdata $ esID, gpdata $ Author, gpdata $ Year, sep = ","))
             #每个研究的标签
text(-3,195,"Authors and Year",pos = 4,font = 2)#文本的位置、方向、格式
```

```
text(2.8,195,"[95% CI]",font=2)#文本的位置、格式
dev.off()#关闭绘图窗口
```

(四) 敏感性分析

本研究中，敏感性分析包括异常值和影响力分析，我们采用三项评估指标。SDR (studentized deleted residual，学生化删除残差) 表示单个效应量观测值大小与预测的平均效应量大小之间的偏差。SDR 的绝对值大于 1.96 意味着该效应量属于异常值 (Viechtbauer & Cheung，2010)。影响力指标通过 CD (Cook 距离) 和 DFBETAS 来评估。CD 是指包含某个效应量和不包含某个效应量的预测值之间的马氏距离，DFBETAS是指当模型中排除了某个效应量之后相关性变化的标准差。当某个效应量的 CD 值大于 0.45 (Cook & Weisberg，1982) 或 DFBETAS 值大于 1 (Viechtbauer & Cheung，2010) 时，这个效应量就被认为对总体效应量是有影响的。

SDR 的计算与绘图代码如下：

```
rst.gp<-rstudent(overallgp)#使用 rstudent 函数计算数值
windowsFonts(TNM=windowsFont("Times New Roman"))#设置文本字体族
plot(rst.gp$z,#使用 rst.gp 数据集中的变量 z 所包含的数据绘图
     type="o",#绘制的图形类型,o 代表点线图
     pch=19,#指定绘制点时使用的符号
     xlab="",#x 轴标签
     ylab="Studentized Deleted Residual",#y 轴标签
     xaxt="n",#不显示 x 轴的刻度
     yaxt="n",#不显示 y 轴的刻度
     font.lab=2,#坐标轴标签的字体样式
     family="TNM",#绘制文本时使用的字体族
     cex.lab=1.3)#坐标轴标签的缩放倍数
abline(h=1.96,#在 y 轴 1.96 处绘制水平参考线
     lty=3,#指定线条类型
     lwd=1)#指定线条宽度
abline(h=-1.96,lty=3,lwd=1)
abline(h=0,lty=5,lwd=1)
axis(1,#在图形的下边绘制坐标轴
     at=seq(1,193,1),#指定需要绘制刻度线位置,从 1 到 193,步长为 1
     las="2")#指定坐标刻度标签的方向,2 代表垂直于坐标轴
axis(2,#在图形的左边绘制坐标轴
     at=c(-1.96,-1,0,1,1.96))#指定需要绘制刻度线位置
```

CD 的计算与绘图代码如下：

```
cookd.gp<-cooks.distance(overallgp)
```

```
plot(cookd.gp,
        type = "o",
        pch = 19,
        xlab = "",
        ylab = "Cook's Distance",
        xaxt = "n",
        font.lab = 2,
        family = "TNM",
        cex.lab = 1.3)
axis(1,at = seq(1,193,1,),las = "2")
```

DFBETAS 的计算与绘图代码如下：

```
dfbe.gp<-dfbetas(overallgp)
plot(dfbe.gp$intrcpt,
        type = "o",
        pch = 19,
        xlab = "",
        ylab = "DFBETAS",
        xaxt = "n",
        font.lab = 2,
        family = "TNM",
        cex.lab = 1.3)
axis(1,at = seq(1,193,1,),las = "2")
```

（五）发表偏倚分析

三水平元分析中，主要通过修正的 Egger 检验以及 Rosenthal 失安全系数来评估发表偏倚。在修正的 Egger 检验中，以效应量的观测值为因变量，将效应量的标准误加入三水平元分析的回归模型，斜率显著意味着存在发表偏倚（Assink et al.，2019）。失安全系数小于 $5n+10$（n 指效应量的个数）意味着存在发表偏倚，反之则无。

三水平元分析中 Egger 检验的代码如下：

```
gp.egg<-rma.mv(yi,
                vi,
                random = list(~1 | esID,~1 | studyID),
                test = "t",
                data = gpdata,
                mods = ~sei) #sei 是数据集中包含效应量标准误的变量名
summary(gp.egg,digits = 3)
```

可以看出，与总体效应量分析的代码相比，Egger 检验的代码只是增加了一行效应量标准误（sei）调节作用分析的代码（mods=～sei）。也就是说，通过 sei 对效应量的调节作用的显著与否来判断是否存在发表偏倚。

三水平元分析中失安全系数的计算代码如下：

```
fsn(yi,vi,sei,data = gpdata)
```

如图 3-33 所示，Egger 检验的结果并不显著，$t(191)=-0.682$，$p=0.496$，表明不存在发表偏倚；失安全系数的结果（296 530>$5n+10$，$n=193$）也表明不太可能出现发表偏倚。

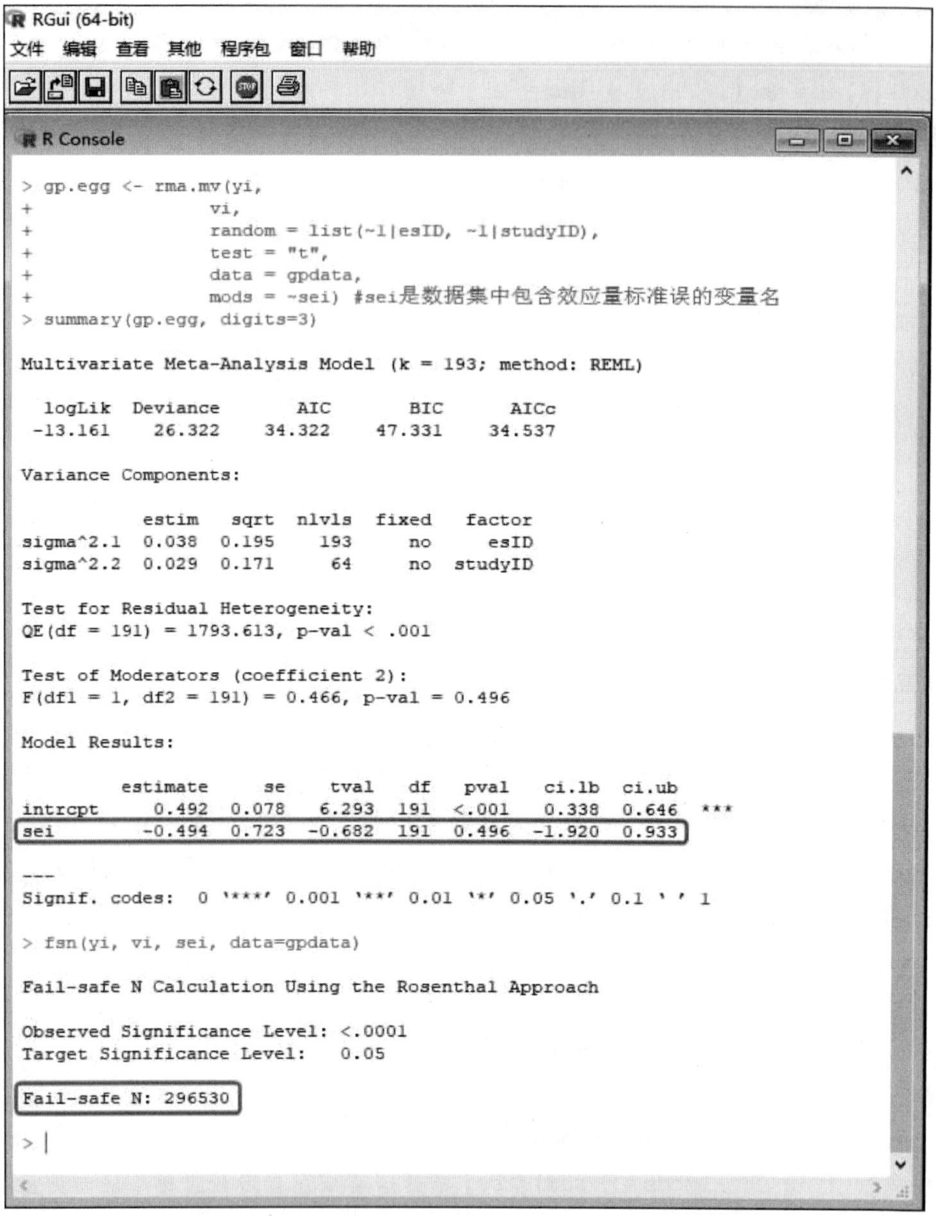

```
RGui (64-bit)
文件 编辑 查看 其他 程序包 窗口 帮助
R Console
> gp.egg <- rma.mv(yi,
+                  vi,
+                  random = list(~1|esID, ~1|studyID),
+                  test = "t",
+                  data = gpdata,
+                  mods = ~sei) #sei是数据集中包含效应量标准误的变量名
> summary(gp.egg, digits=3)

Multivariate Meta-Analysis Model (k = 193; method: REML)

  logLik  Deviance       AIC       BIC      AICc
 -13.161    26.322    34.322    47.331    34.537

Variance Components:

           estim   sqrt  nlvls  fixed   factor
sigma^2.1  0.038  0.195    193     no     esID
sigma^2.2  0.029  0.171     64     no  studyID

Test for Residual Heterogeneity:
QE(df = 191) = 1793.613, p-val < .001

Test of Moderators (coefficient 2):
F(df1 = 1, df2 = 191) = 0.466, p-val = 0.496

Model Results:

         estimate     se    tval   df    pval    ci.lb   ci.ub
intrcpt     0.492  0.078   6.293  191  <.001    0.338   0.646  ***
sei        -0.494  0.723  -0.682  191  0.496   -1.920   0.933

---
Signif. codes:  0 '***' 0.001 '**' 0.01 '*' 0.05 '.' 0.1 ' ' 1

> fsn(yi, vi, sei, data=gpdata)

Fail-safe N Calculation Using the Rosenthal Approach

Observed Significance Level: <.0001
Target Significance Level:   0.05

Fail-safe N: 296530

> |
```

图 3-33　Egger 检验和 Rosenthal 失安全系数计算结果

（六）异质性检验

与传统元分析不同，三水平元分析需要在两个水平（水平 2 和水平 3）上分别进行异质性检验。三水平元分析中效应量的异质性主要通过两个独立的单尾对数似然比检验来评估（Assink & Wibbelink，2016）。如果在水平 2 和/或水平 3 上发现了显著变异，这意味着有必要进行调节变量分析。此外，还有一种方法可用来评估异质性，即计算各水平的方差贡献比例，如果源于抽样误差的变异比例小于 75%，这也意味着有必要进行调节变量分析（Hunter & Schmidt，2004）。

1. 水平 2 的异质性检验

代码如下：

```
modelnolev2<-rma.mv(yi,
                    vi,
                    random = list(~1 | esID, ~1 | studyID),
                    sigma2 = c(0,NA),
                    test = "t",
                    data = gpdata)
anova(overallgp,modelnolev2)
```

可以看出，与总体效应量分析的代码相比，异质性检验的代码增加了参数 sigma2＝c(0，NA)，以固定特定的方差成分。参数 0 代表研究内部的方差固定为 0，参数 NA 代表研究之间的方差需要自由估计。注意，0 和 NA 的位置对应于上一行中变量 esID 和 studyID 的位置。使用 anova 函数是为了检验两水平模型 modelnolev2（不考虑研究内部效应量变异的模型）相对于三水平全模型 overallgp 的拟合程度。

运行上述代码，结果如图 3－34 所示。Full 代表存储于变量 overallgp 的三水平模型，Reduced 代表存储于变量 modelnolev2 的两水平模型。Reduced 模型的自由度比

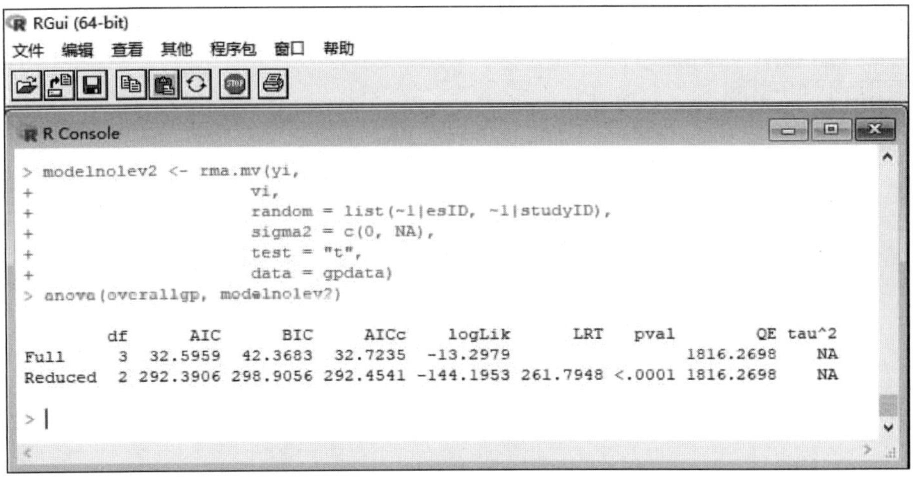

图 3－34 水平 2 的异质性检验结果

Full 模型的自由度少一个，是因为研究内部的方差在 Reduced 模型中已经固定为 0。Full 模型的 AIC 和 BIC 均小于 Reduced 模型的相应值，表明三水平全模型的拟合优于两水平模型（不包含水平 2 的模型）。LRT 显示的是似然比检验统计量的数值，检验结果的 p 值小于 0.001，表明研究内部（水平 2）效应量的变异是显著的 [$\sigma^2=0.038$，$\chi^2(1)=261.795$，$p<0.001$]。QE 代表数据集中所有效应量的异质性，但这个数值并不是重点，因为三水平元分析分别关注水平 2 和水平 3 的异质性，而不是整体效应量的异质性。

2. 水平 3 的异质性检验

代码如下：

```
modelnolev3<-rma.mv(yi,
                    vi,
                    random = list(~1 | esID,~1 | studyID),
                    sigma2 = c(NA,0),
                    test = "t",
                    data = gpdata)
anova(overallgp,modelnolev3)
```

可以看出，与水平 2 的异质性检验代码相比，水平 3 的异质性检验代码在参数 sigma2 的设置上有一个重要变化，即将研究之间的方差固定为 0，同时对研究内部的方差进行自由估计；而 anova 函数是为了检验两水平模型 modelnolev3（不考虑研究之间效应量变异的模型）相对于三水平全模型 overallgp 的拟合程度。

运行上述代码，结果如图 3-35 所示。拟合指标 AIC 和 BIC 的结果表明，三水平全模型的拟合优于两水平模型（不包含水平 3 的模型）。似然比检验结果的 p 值小于 0.001，表明研究之间（水平 3）效应量的变异是显著的 [$\sigma^2=0.029$（该变异值见图 3-32），$\chi^2(1)=21.505$，$p<0.001$]。

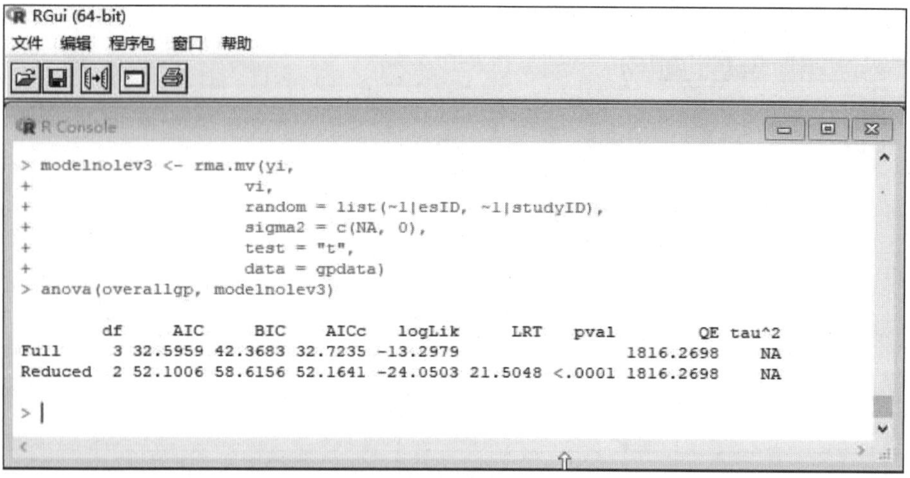

图 3-35 水平 3 的异质性检验结果

3. 各水平的方差贡献比例分布

总变异在三个水平上的分布比例的计算代码如下：

```
n<-length(gpdata$vi)
list.inverse.variances<-1/(gpdata$vi)
sum.inverse.variances<-sum(list.inverse.variances)
squared.sum.inverse.variances<-(sum.inverse.variances)^2
list.inverse.variances.square<-1/(gpdata$vi^2)
sum.inverse.variances.square<-sum(list.inverse.variances.square)
numerator<-(n-1)*sum.inverse.variances
denominator<-squared.sum.inverse.variances-sum.inverse.variances.square
estimated.sampling.variance<-numerator/denominator
I2_1<-(estimated.sampling.variance)/(overallgp$sigma2[1]+overallgp
        $sigma2[2]+estimated.sampling.variance)
I2_2<-(overallgp$sigma2[1])/(overallgp$sigma2[1]+overallgp$sigma2[2]+
      estimated.sampling.variance)
I2_3<-(overallgp$sigma2[2])/(overallgp$sigma2[1]+overallgp$sigma2[2]+
      estimated.sampling.variance)
amountvariancelevel1<-I2_1*100
amountvariancelevel2<-I2_2*100
amountvariancelevel3<-I2_3*100
amountvariancelevel1
amountvariancelevel2
amountvariancelevel3
```

以上代码的前八行，是根据Cheung（2014b）的公式分解而成的；每一个分解步骤都新建一个变量以存储计算结果；最后，源于抽样的变异存储在变量estimated.sampling.variance中。gpdata$vi代表数据集中的变量vi。^2代表变量的平方运算。overallgp$sigma2[1]代表变量overallgp（总体效应量分析时创建的变量）中研究内部的变异数值，overallgp$sigma2[2]代表变量overallgp中研究之间的变异数值。I2_1、I2_2和I2_3分别代表源于抽样的变异、研究内部的变异以及研究之间的变异占总变异的比例。创建变量amountvariancelevel1、amountvariancelevel2以及amountvariancelevel3是为了让分布比例从小数转换成百分比；再次输入并运行amountvariancelevel1、amountvariancelevel2以及amountvariancelevel3可输出百分比的具体数值。运行上述代码，结果显示，源于抽样的变异、研究内部的变异、研究之间的变异分别为10.052%、51.568%、38.379%。

综合上述分析结果，研究内部（水平2）和研究之间（水平3）效应量的变异显著，且源于抽样的变异比例小于75%，因此，有必要进行下一步的调节变量分析。

（七）调节变量分析

在调节变量分析中，类别变量需要先转换为哑变量，再选择其中一个子类别作为参照组，参照组不进入分析模型。连续变量无须做任何变化，直接进入分析模型。与上一个实例相同，进入调节变量分析的子类别要满足一个前提条件，即该子类别所包含的研究数量一般不能少于 3 个（van Eldik et al.，2020）。

1. 亚组分析

当类别变量以哑变量的形式进入模型时，亚组分析也可能表现为元回归分析，即在三水平模型中增加一个回归项。以文化类型为例，其调节作用分析代码如下：

```
west<-rma.mv(yi,
             vi,
             mods=~east,
             random=list(~1 | esID,~1 | studyID),
             test="t",
             data=gpdata)
summary(west,digits=3)
```

可以看出，与总体效应量分析的代码相比，调节变量分析的代码有一些不同。首先，调节作用分析的结果存储于变量 west 中，意味着 west 被选为参考类别（east 被编码为 0，west 被编码为 1）。与简单回归分析中的类别变量预测作用的检验一样，一个子类别作为参考类别，另一个子类别就会与之比较。其次，增加了参数 mods 以检验潜在的调节变量；公式以～为开头，后面写上进入模型的变量名。本例要分析东方文化背景下的效应量是否与西方文化背景下的效应量显著不同，所以，我们将 east 加入 mods 参数，写成 mods=～east。随后的 summary 函数则是为了使上述调节作用分析的结果呈现出来。

运行上述代码，结果如图 3-36 所示。Test for Residual Heterogeneity 表示在文化类型进入模型后，仍然有显著的未被解释的效应量变异［$QE(190)=1\ 761.481$，$p<0.001$］。Test of Moderators 显示 p 值大于 0.05 但小于 0.1，即边缘显著［$F(1，190)=3.402$，$p=0.067$］，表明总体效应量（即内疚与 PTSS 之间的相关）有被文化类型调节的趋势。Model Results 则显示，参考类别的效应量，即西方文化背景下内疚与 PTSS 之间的相关，是 $Z=0.458$；这个相关的效应量是显著的，因为 $t(190)=15.256$，$p<0.001$。东方文化背景下内疚与 PTSS 之间相关的效应量则为 $0.458+(-0.213)=0.245$，且其与参考类别（西方文化背景下的效益量）之间的差异边缘显著［$t(190)=-1.844$，$p=0.067$］，这与前面的调节作用分析结果一致。综合上述结果可知，文化类型对内疚与 PTSS 之间相关的调节作用边缘显著。

2. 元回归分析

将上述模型中的类别变量替换成连续变量后，调节作用分析便称为元回归分析。以年龄为例，其调节作用分析代码如下：

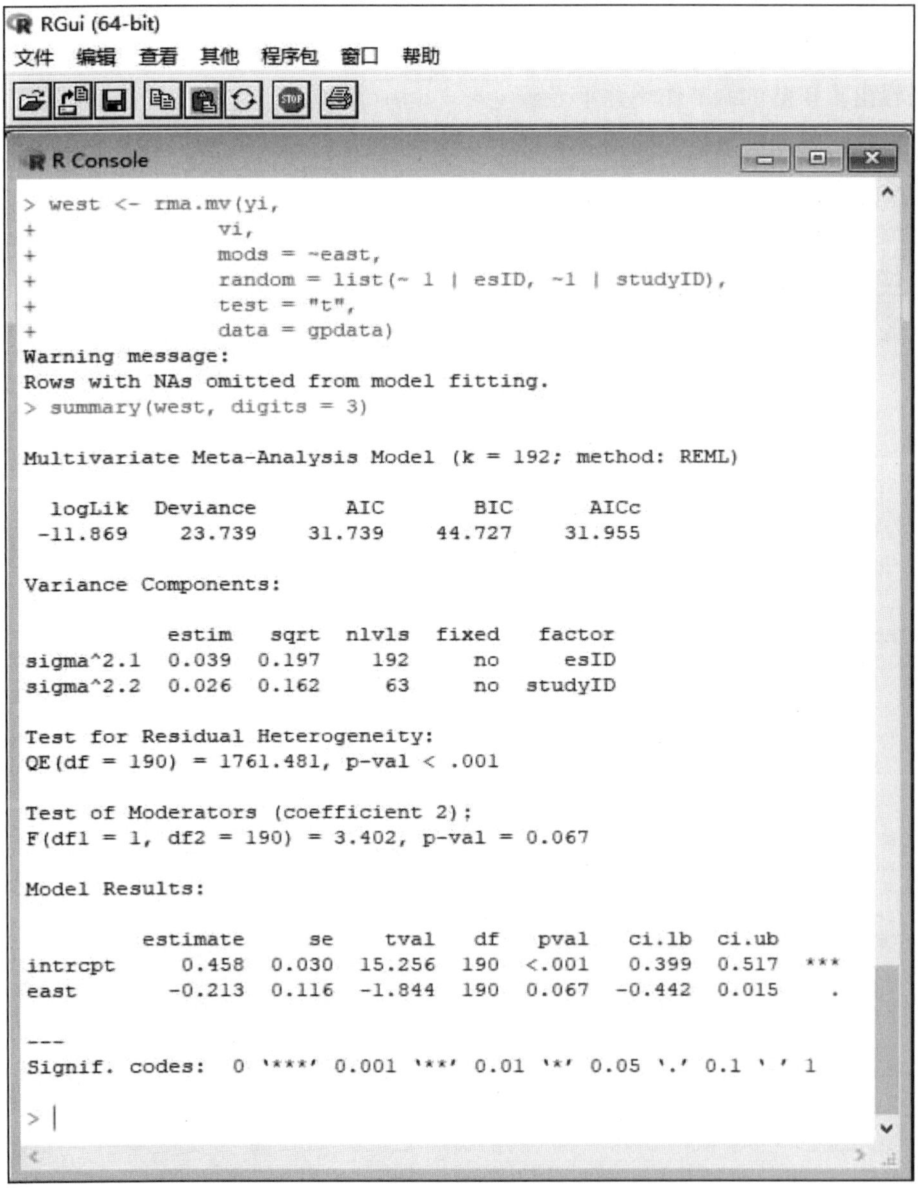

图 3-36　三水平元分析中的亚组分析结果

```
age<-rma.mv(yi,
            vi,
            mods = ~ age,
            random = list(~1 | esID, ~1 | studyID),
            test = "t",
            data = gpdata)
summary(age, digits = 3)
```

可以看出，与文化类型的调节作用分析相比，核心变化仅在于将参数 mods 中的变量

east 替换成变量 age。

运行上述代码，结果如图 3 - 37 所示。从 Test of Moderators 以及 Model Results 中可以看出，年龄的调节作用并不显著［$F(1, 167)=0.123$，$p=0.726$］，即年龄对内疚与 PTSS 的相关没有显著的调节作用。

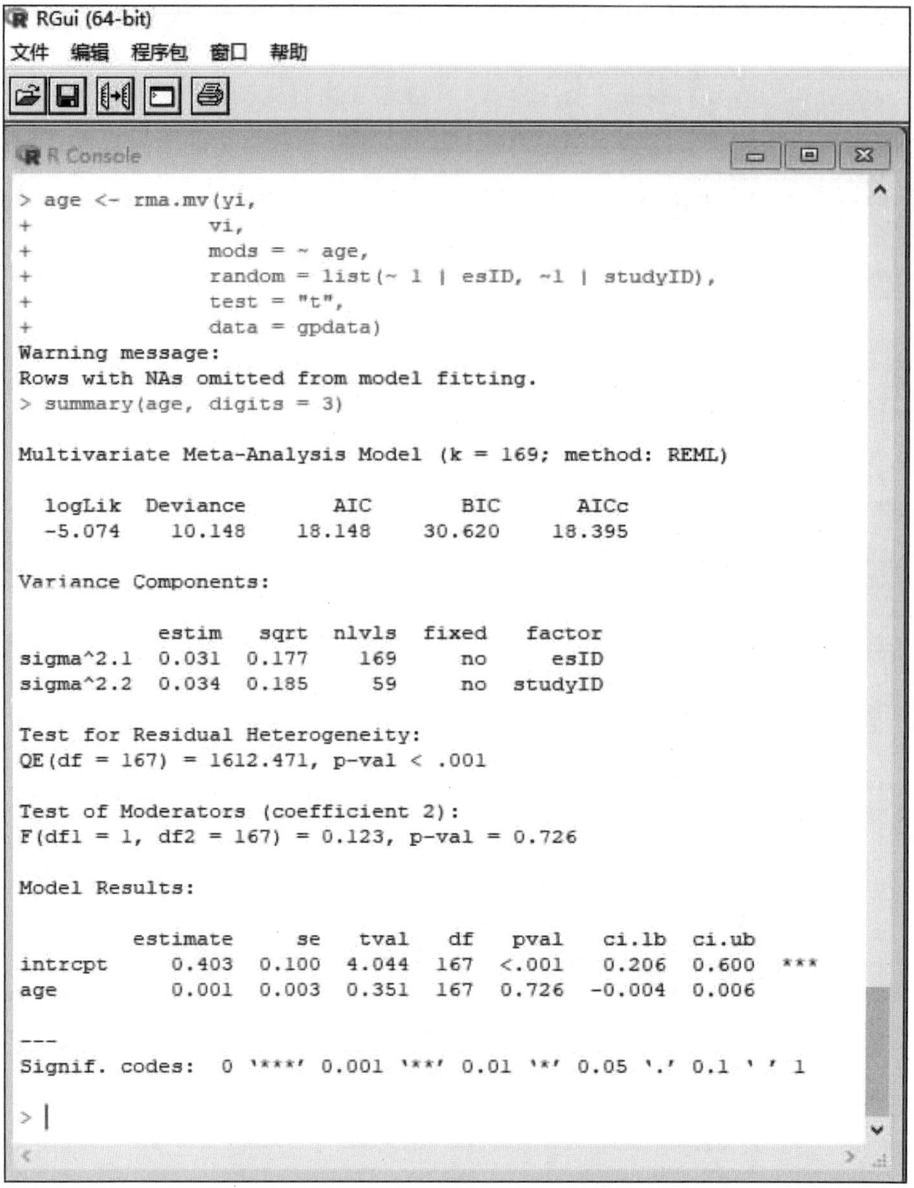


```
> age <- rma.mv(yi,
+               vi,
+               mods = ~ age,
+               random = list(~ 1 | esID, ~1 | studyID),
+               test = "t",
+               data = gpdata)
Warning message:
Rows with NAs omitted from model fitting.
> summary(age, digits = 3)

Multivariate Meta-Analysis Model (k = 169; method: REML)

  logLik  Deviance       AIC       BIC      AICc
  -5.074    10.148    18.148    30.620    18.395

Variance Components:

            estim   sqrt  nlvls  fixed   factor
sigma^2.1   0.031  0.177    169     no     esID
sigma^2.2   0.034  0.185     59     no  studyID

Test for Residual Heterogeneity:
QE(df = 167) = 1612.471, p-val < .001

Test of Moderators (coefficient 2):
F(df1 = 1, df2 = 167) = 0.123, p-val = 0.726

Model Results:

          estimate     se   tval   df    pval   ci.lb  ci.ub
intrcpt      0.403  0.100  4.044  167  <.001   0.206  0.600  ***
age          0.001  0.003  0.351  167  0.726  -0.004  0.006

---
Signif. codes:  0 '***' 0.001 '**' 0.01 '*' 0.05 '.' 0.1 ' ' 1

>
```

图 3 - 37　三水平元分析中的元回归分析结果

四、讨论

本研究的讨论部分首先对研究结果进行小结，其次对主要结果逐条进行讨论，最后指出本研究的局限及未来研究方向。

本研究实际包含四种相关关系的元分析，即羞耻与 PTSS 的相关、内疚与 PTSS 的相关、控制内疚影响后的羞耻与 PTSS 的相关，以及控制羞耻影响后的内疚与 PTSS 的相关。

总的来看，羞耻与 PTSS、内疚与 PTSS 之间均存在显著正相关，羞耻、内疚的测量类型均具有调节作用。此外，文化类型有调节内疚与 PTSS 的相关的趋势。因此，澄清羞耻和内疚之间的概念区别及其相关特征，将有助于更好地理解 PTSD，并提高针对这些情绪体验的 PTSD 干预的有效性。在未来研究中，需要开展更多的东方文化背景下的研究，检验羞耻与 PTSS 以及内疚与 PTSS 之间的方向性关系，并探索羞愧与 PTSS 以及内疚与 PTSS 的关系机制。

第四节 实例 3：健康焦虑者对健康威胁刺激的注意偏向的元分析[①]

一、实例背景

本研究主要关注高健康焦虑者与低健康焦虑者在对健康威胁相关刺激的注意偏向（attentional bias）上的差异。健康焦虑（health anxiety）是一种很常见的体验。适度的健康焦虑可以激励个体积极应对健康威胁，但过度的健康焦虑是有害的，会促使个体反复求医，引发不必要的医疗资源使用行为，从而造成相当大的经济负担（Asmundson & Taylor，2020；Eilenberg et al.，2016）。长期以来，病理性健康焦虑（pathological health anxiety）一直被认为与疑病症（hypochondriasis）等同，现在则被认为与疾病焦虑障碍（illness anxiety disorder，IAD）和躯体症状障碍（somatic symptom disorders，SSD）密切相关（Bailer et al.，2016；Tyrer et al.，2021）。健康焦虑的认知行为模型（cognitive-behavioural model）强调注意偏向对健康焦虑发展和维持的重要性（Abramowitz et al.，2002；Leonidou & Panayiotou，2018；Taylor，2020；Warwick & Salkovskis，1990）。一系列的实证研究也试图证实高健康焦虑者存在对健康威胁刺激的注意偏向。然而，迄今为止尚无定论。因此，本研究试图从注意偏向的角度来加深我们对健康焦虑的理解，从而为严重健康焦虑的干预提供有价值的参考。

一篇有关健康焦虑的认知行为模型的质性综述（Leonidou & Panayiotou，2018）显示，并非所有的研究都表明，高健康焦虑者具有比低健康焦虑者更大的注意偏向。这些不一致的研究结果可能与每个研究中不同的样本及实验相关变量有关。例如，在一项改良的 Stroop 研究中（Karademas et al.，2008），在健康威胁刺激颜色命名的潜

① 实例来源：Shi et al.，2022。

伏期上，自我报告高健康焦虑的人并没有显示出比低健康焦虑的人更长，但是在其他采用相同任务的研究中（Gropalis et al.，2013；Owens et al.，2004），自我报告或临床上被诊断为高健康焦虑的人则表现出更大的对健康威胁刺激的注意偏向。类似的不一致结果也出现在使用其他范式的研究中：一些研究揭示了健康焦虑与对疾病图片刺激的注意偏向之间的正相关（Cannito et al.，2020；Leonidou & Panayiotou，2022），而其他研究（Albery et al.，2021；Lees et al.，2005；Zhang et al.，2021），无论是采用图片刺激还是词刺激，均没有发现二者之间显著相关。

此外，高健康焦虑者的注意偏向模式有待进一步研究。目前，研究者已经提出三个著名的模型，以描述注意加工和焦虑的相互作用。这三个模型分别是警觉模型（vigilance model；Beck & Clark，1997）、警觉-回避模型（vigilance-avoidance model；Mogg & Bradley，1998），以及延迟解离模型（delayed disengagement model；Fox et al.，2001）或注意维持模型（attention maintenance model；Weierich et al.，2008）。在健康焦虑的背景下，根据警戒模型的预测，健康焦虑者会比非健康焦虑者更容易发现健康威胁，并更快地将注意力转向健康威胁。警觉-回避模型在支持高健康焦虑者对健康威胁刺激表现出高度警觉的同时，还增加了一个有关注意后期过程的假设，即高健康焦虑者比低健康焦虑者更有可能回避健康威胁刺激。一项点探测研究（Jasper & Witthöft，2011）通过揭示健康焦虑水平与注意定向指标和解离指标之间的正相关支持了这一模型，但 Albery 等（2021）的点探测研究并没有复制这一结果。相比之下，注意维持模型认为，健康焦虑者的注意不一定会被更有效地转移到健康威胁刺激上；然而，一旦被健康威胁吸引，他们的注意就比非健康焦虑者更难从刺激中解离出来。最近的一项眼动研究（Zhang et al.，2021）发现，与健康对照组相比，IAD 患者对健康威胁相关图片刺激表现出更强的早期注意回避和延迟解离，这为注意维持模型提供了证据。总的来说，尽管研究者探索了健康焦虑者的不同类型的注意偏向，但是很难确定哪个模型能更好地解释健康焦虑者的注意偏向模式。

因此，本研究旨在利用元分析总结和综合健康焦虑者对健康威胁刺激注意偏向的研究结果。具体而言，本研究将探索：（1）与低健康焦虑组相比，高健康焦虑组是否对健康威胁刺激表现出更强的注意偏向？（2）有哪些可能影响上述两组注意偏向之间差异的因素，包括注意偏向类型、样本类型和实验变量（实验范式、刺激类型等）？（3）哪个理论模型能更好地解释健康焦虑者对健康威胁刺激的注意偏向模式？

二、研究方法

（一）元分析注册及报告原则声明

与前述实例一样，在确定开展元分析研究之后，需要尽快在 PROSPERO 官网进行注册。本研究已在该平台注册（CRD42021247849），详情可在进入官网后检索查看。同时，需声明研究遵循 PRISMA 原则。

（二）文献检索

1. 检索库

英文检索库：Web of Science，PsycINFO，PubMed，Scopus。

2. 检索词及检索式

本研究依据核心变量将检索词划分为两个概念范畴，即健康焦虑与注意偏向，再从已有文献（主要是包含这些概念的已有综述或元分析）中6提取每个范畴内的具体的主题词，最后根据布尔逻辑初步拟出检索式，并在各大数据库进行检索（注意：不同数据库用以表示上述逻辑的符号不尽相同，可参见各数据库的检索指引）。

以Web of Science为例，本研究的具体检索式为：

TS = ("attent * bias" OR "selective attent * " OR attent *) AND ("health anxiety" OR "illness anxiety" OR hypochondri * OR "somatic symptom disorder" OR "somatoform disorders" OR "somatization disorder")

（三）研究筛选

1. 纳入与排除标准

纳入标准：(1) 原始研究；(2) 经同行评议的英文或中文期刊文章；(3) 健康焦虑程度通过临床诊断（包含IAD、SSD或疑病症）或问卷测量来确定的研究；(4) 使用实验范式测量注意偏向的研究；(5) 比较健康威胁刺激与中性刺激之间差异的研究；(6) 包含组间比较（即高健康焦虑组与低健康焦虑组之间的比较）的研究。

排除标准：(1) 使用实验操纵来诱发健康焦虑的研究；(2) 使用的刺激没有区分健康威胁和非威胁刺激的研究；(3) 没有提供足够数据来计算效应量的研究。

2. 筛选流程

首先，使用文献管理软件对检索到的所有文献进行删重处理；其次，根据标题和摘要对删重后的文献进行筛选；最后，根据上述纳入与排除标准对余下文献进行筛选。以上过程由两位作者独立操作，若有争议，与其他作者协商以达成一致。在纳入文献初步确定后，再由一位作者进行参考文献反向搜索，以确定其他可能的相关研究。整个流程需依据PRISMA原则作一张图，如图3-38所示。

（四）研究编码

参考Bar-Haim等（2007）和Pool等（2016）的元分析研究，我们制定了一些编码规则，具体如下：

- 注意警觉的指标包括：改良的点探测任务中的警觉指标（即中性-中性试次的平均反应时与一致试次的平均反应时之差），空间线索任务中的注意易化分（即中性一致试次的平均反应时与威胁一致试次的平均反应时之差），早期眼动指标（即首次注视概率）。
- 注意维持的指标包括：改良的点探测任务中的延迟解离指标（即不一致试次的平均反应时与中性-中性试次的平均反应时之差），注意解离困难分（即威胁不

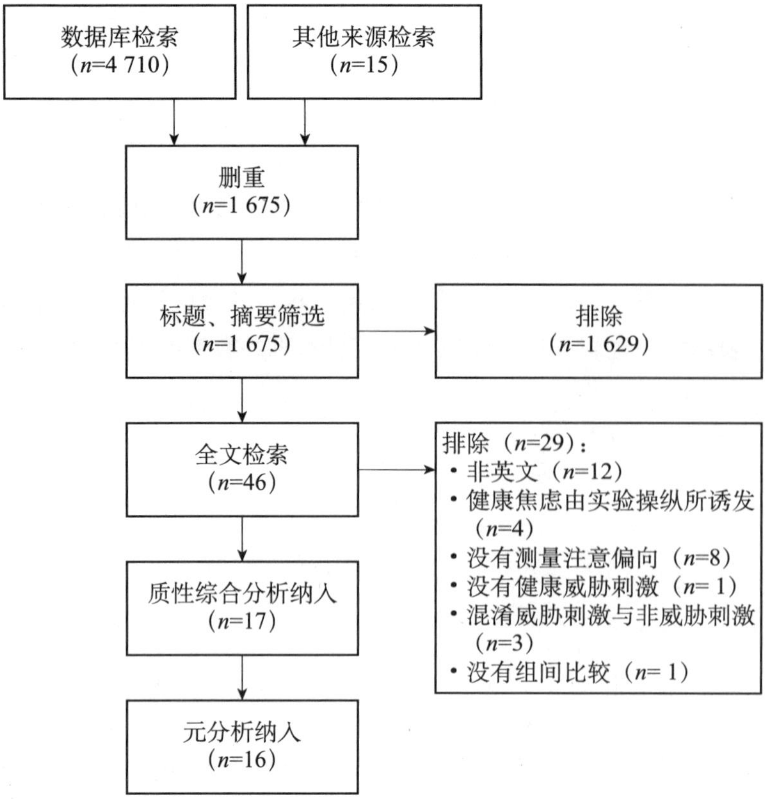

图 3－38　文献筛选和纳入流程图

一致试次的平均反应时与中性不一致试次的平均反应时之差），空间线索任务中的回避指标反向分（即中性一致试次的平均反应时与威胁一致试次的平均反应时之差），后期眼动指标（即首次注视时间、停留时间、总体注视时间），改良的 Stroop 任务指标。

- 不在使用直接测量的研究（如眼动研究）中提取刺激暴露时间，因为这些任务中的刺激暴露时间与注意偏向时间是分离的；也不在使用改良的 Stroop 任务的研究中提取刺激暴露时间，因为这些任务中的刺激暴露时间因人而异。
- 当依据不同程度的健康焦虑将被试分成两组以上（如高、中、低）时，仅提取两个极端组（即高和低）的数据。
- 当研究测量了干预前和干预后的注意偏向时，仅提取干预前的注意偏向指标。
- 从同一研究中提取多个效应量的情况包括：使用了不同类型的范式来测量注意偏向；将不同类型的健康威胁刺激（即刺激类型：文字、图片；威胁类型：疾病、症状、健康威胁）与中性刺激进行比较；使用了不同长度的刺激暴露时间；测量了不同类型的注意偏向（即注意警觉和注意维持）；样本之间相互独立。

为了评估编码过程的可靠性，所有纳入文献的编码先由一位作者完成，再随机选择部分文献让另外两位作者独立编码，之后计算评分者间一致性。对于类别变量，计算 kappa 值进行评估；对于连续变量，计算 ICC 值进行评估。编码如有不一致，也需要进行讨论以达成一致。

三、数据分析和结果

（一）三水平元分析

在纳入的研究中，一些研究者在同一样本中使用了不同的实验范式、刺激类型或刺激暴露时间，这使得我们可以从同一样本中提取出多个效应量。例如，Lees 等（2005）不仅比较了高健康焦虑组与低健康焦虑组在对健康威胁词刺激的注意偏向上的差异，还比较了这两组在对健康威胁图片刺激的注意偏向上的差异。此时，在词刺激和图片刺激这两种条件下，我们可以分别提取一个组间差异的效应量，即从同一样本中提取两个效应量。Stefan 等（2020）比较了疾病焦虑障碍组与正常对照组在不同刺激暴露时间（175ms、500ms、1 200ms）下对健康威胁图片刺激的注意偏向差异。此时，每种刺激暴露时间条件下，我们可以分别提取一个组间差异的效应量，即从同一样本中提取三个效应量。上述情况就违背了传统元分析所需的效应量之间相互独立的前提假设（Lipsey & Wilson，2001）。

为了处理效应量之间的这种非独立性，传统做法是取同一个研究中多个效应量的加权平均，或是根据理论/文献仅选择其中一个效应量。这些方法都有一定的局限性，因为它们没有利用所有可用的效应量，使得效应量的信息产生一定程度的缺失，以致降低了参数估计的准确性以及统计效力（Cheung，2014b）。然而，三水平元分析不需要考虑效应量之间的独立性，可以将同一研究中提取的多个效应量同时纳入分析，因为该模型比传统元分析多了一个效应量变异——传统元分析只考虑抽样误差引起的效应量变异（水平 1）以及不同研究之间的效应量变异（水平 3），而三水平元分析增加了同一个研究内部的效应量变异（水平 2）。这使得三水平元分析能够最大限度地利用各个研究中可用的效应量，从而提升统计效力（Assink et al.，2015）。

（二）效应量的处理及数据准备

本研究以标准化均值差 Hedges' g 作为效应量。0.2、0.5、0.8 分别代表小、中、大效应量。在大多数研究中，我们可以直接提取两组注意偏向的均值和标准差来计算效应量。在某些情况下，我们根据研究提供的其他数据，如相关系数 r、回归系数 B，计算出 g 值（Harrer et al.，2021）。正值 g 代表健康焦虑组对健康威胁刺激的注意偏向大于对照组，负值 g 代表对照组对健康威胁刺激的注意偏向大于健康焦虑组。

在利用 R 开展三水平元分析之前，需要在数据内容及格式上做一些准备。图 3－39 显示了本研究中用于比较健康焦虑组和非健康焦虑组之间注意偏向差异的效应量分析的部分原始数据。与传统元分析不同，三水平元分析允许研究者从一个研究中提取多个效应量，所以数据文件中需设置两个变量，分别代表研究编号（见图 3－39 中的 studyID）和效应量编号（见图 3－39 中的 esID）。每一个独立研究都有一个 studyID，提取的每一个效应量都有一个 esID。如图 3－39 所示，我们从研究 1 中提取了 1 个效应量，从研究 2、3 和 4 中各提取了 4 个效应量，从研究 5 中提取了 12 个效应量。d 代表我们从每个研究中提取或计算出来的效应量 *d* 值；yi 代表与 *d* 值对应的 *g* 值；vi 代表 *g* 值的方差；*sei* 代表 *g* 值的标准误。变量 sampletype 和 stimuli 是后续需要分析的潜在调节变量。需要注意的是，为了比较类别变量下不同子类别之间的效应，每个类别变量需事先转换成哑变量。例如，图 3－39 中的变量 sampletype 转换成 nonclinical、clinical，变量 stimuli 转换成 word、picture。这些数据可保存为 txt、Excel、SPSS、SAS、Stata 文件，以供 R 软件读取。

	A	B	C	D	E	F	G	H	I	J	K	L	M	N	O	P	Q	R
1	Author	studyID	esID	d	yi	vi	sei	Year	Country	n1	age	female	sampletype	nonclinical	clinical	stimuli	word	picture
2	Owens et al.	1	1	0.9681	0.953506	0.08333	0.288669	2004	Canada	26		50	self-reported	1	0	words	1	0
3	Lees et al.	2	2	-0.0605	-0.05951	0.080688	0.284056	2005	UK	24	19.88	87.5	self-reported	1	0	words	1	0
4	Lees et al.	2	3	-0.029	-0.02852	0.080591	0.283886	2005	UK	24	19.88	87.5	self-reported	1	0	words	1	0
5	Lees et al.	2	4	0.1893	0.186197	0.080978	0.284567	2005	UK	24	19.88	87.5	self-reported	1	0	pictures	0	1
6	Lees et al.	2	5	0.1946	0.19141	0.080978	0.284567	2005	UK	24	19.88	87.5	self-reported	1	0	pictures	0	1
7	Witthoft et al.	3	6	0.9444	0.930713	0.080029	0.282894	2008	Germany	28			self-reported	1	0	words	1	0
8	Witthoft et al.	3	7	0.7119	0.701583	0.07663	0.276821	2008	Germany	28			self-reported	1	0	words	1	0
9	Witthoft et al.	3	8	0.6004	0.591699	0.07527	0.274354	2008	Germany	28			self-reported	1	0	words	1	0
10	Witthoft et al.	3	9	0.6438	0.63447	0.075756	0.275237	2008	Germany	28			self-reported	1	0	words	1	0
11	Witthoft et al.	4	10	0.3925	0.3867	0.074741	0.273388	2008	Germany	26			self-reported	1	0	words	1	0
12	Witthoft et al.	4	11	0.4801	0.473005	0.07542	0.274628	2008	Germany	26			self-reported	1	0	words	1	0
13	Witthoft et al.	4	12	0.6375	0.628079	0.076973	0.277441	2008	Germany	26			self-reported	1	0	words	1	0
14	Witthoft et al.	4	13	0.4227	0.416453	0.074935	0.273743	2008	Germany	26			self-reported	1	0	words	1	0
15	Jasper & Wittho	5	14	0.4296	0.42561	0.0493	0.2221	2011	Germany	83	24.45	71.1	self-reported	1	0	pictures	0	1
16	Jasper & Wittho	5	15	-0.5833	-0.57788	0.0502	0.2242	2011	Germany	83	24.45	71.1	self-reported	1	0	pictures	0	1
17	Jasper & Wittho	5	16	-0.1202	-0.11908	0.0483	0.2197	2011	Germany	83	24.45	71.1	self-reported	1	0	pictures	0	1
18	Jasper & Wittho	5	17	0.4727	0.46831	0.0495	0.2226	2011	Germany	83	24.45	71.1	self-reported	1	0	pictures	0	1
19	Jasper & Wittho	5	18	-0.2417	-0.23946	0.0486	0.2203	2011	Germany	83	24.45	71.1	self-reported	1	0	pictures	0	1
20	Jasper & Wittho	5	19	0.2213	0.219245	0.0485	0.2202	2011	Germany	83	24.45	71.1	self-reported	1	0	pictures	0	1
21	Jasper & Wittho	5	20	-0.5833	-0.57788	0.0502	0.2242	2011	Germany	83	24.45	71.1	self-reported	1	0	pictures	0	1
22	Jasper & Wittho	5	21	0.4082	0.404409	0.0492	0.2218	2011	Germany	83	24.45	71.1	self-reported	1	0	pictures	0	1
23	Jasper & Wittho	5	22	-0.0801	-0.07936	0.0482	0.2196	2011	Germany	83	24.45	71.1	self-reported	1	0	pictures	0	1
24	Jasper & Wittho	5	23	-0.5164	-0.5116	0.0498	0.2232	2011	Germany	83	24.45	71.1	self-reported	1	0	pictures	0	1
25	Jasper & Wittho	5	24	0.4945	0.489907	0.0497	0.2229	2011	Germany	83	24.45	71.1	self-reported	1	0	pictures	0	1
26	Jasper & Wittho	5	25	0.06	0.059443	0.0482	0.2196	2011	Germany	83	24.45	71.1	self-reported	1	0	pictures	0	1
27	Lee et al.	7	26	0.4945	0.4876	0.0736	0.2713	2013	USA	56	21.16	64.3	self-reported	1	0	words	1	0

图 3－39　用于三水平元分析的数据文件

（三）总体效应量分析

在分析总体效应量之前，需先新建脚本文件，设置工作路径，读取原始数据，并加载 R 软件的 metafor 包。效应量分析之前的这些环境准备工作步骤与本章的实例 2 完全相同。具体代码如下：

```
setwd("C:/Rdata")
hadata<-read.csv("healthanxiety.csv")
library(metafor)
```

其中，“C：/Rdata”是数据文件的存放路径。（提示：为了方便，最好将数据文件和新建脚本文件放在相同文件夹中。）“healthanxiety. csv”是将要被导入 R 的原始数据的文件名。CSV 格式的原始数据通过 read. csv 函数来读取，并通过运算符“<－”给该数据指派一个新的变量名，即 hadata，以方便后续分析。调用 metafor 程序包用 library 函数实现。

以上代码既可以写一条运行一条，也可以写完后一起运行。至此，总体效应量分析的环境准备工作已经完成。

接下来进行总体效应量的分析，代码如下：

```
overallha< - rma.mv(yi,
                    vi,
                    random = list(~1 | esID, ~1 | studyID),
                    test = "t",
```

```
                data = hadata)
summary(overallha,digits = 3)
```

三水平元分析的效应量分析是通过 rma. mv 函数来实现的。其中，overallha 是对 rma. mv 函数的结果赋予的变量名（当然，它可以换成其他任何名称）；yi 是读取的数据文件中效应量（本研究中使用的是 Hedge's *g*）所对应的变量名；vi 是读取的数据文件中效应量方差所对应的变量名；random 代表随机效应模型，list(～1 | esID，～1 | studyID）是用来定义三水平模型中三个水平的结构，其中 esID 定义了三水平模型的水平 2，即同一个研究内部的效应量变异，studyID 定义了三水平模型的水平 3，即不同研究之间的效应量变异，这个公式意味着将随机效应分配给一个分组变量，这个分组变量通常被称作随机截距，因为它告诉这个模型对每个分组要假设有不同的效应（即截距）；test 代表用于回归系数估计的检验方法，可以选择 *Z*（默认）或者 *t*（推荐），rma. mv 函数的默认设置是基于正态分布（即 *Z* 分布）估计回归系数及置信区间，但为了减少显著结果不合理的增加，通常使用 Knapp 和 Hartung（2003）的校正方法，即基于 *t* 分布进行估计；data 用来描述变量名（即之前指派的数据集的变量名）；summary 函数是为了使上述总体效应量分析的结果呈现出来；digits 则用于设定输出结果所保留的小数点后位数，默认设置是保留小数点后 4 位。

运行上述总体效应量分析的代码，呈现的结果如图 3－40 所示。

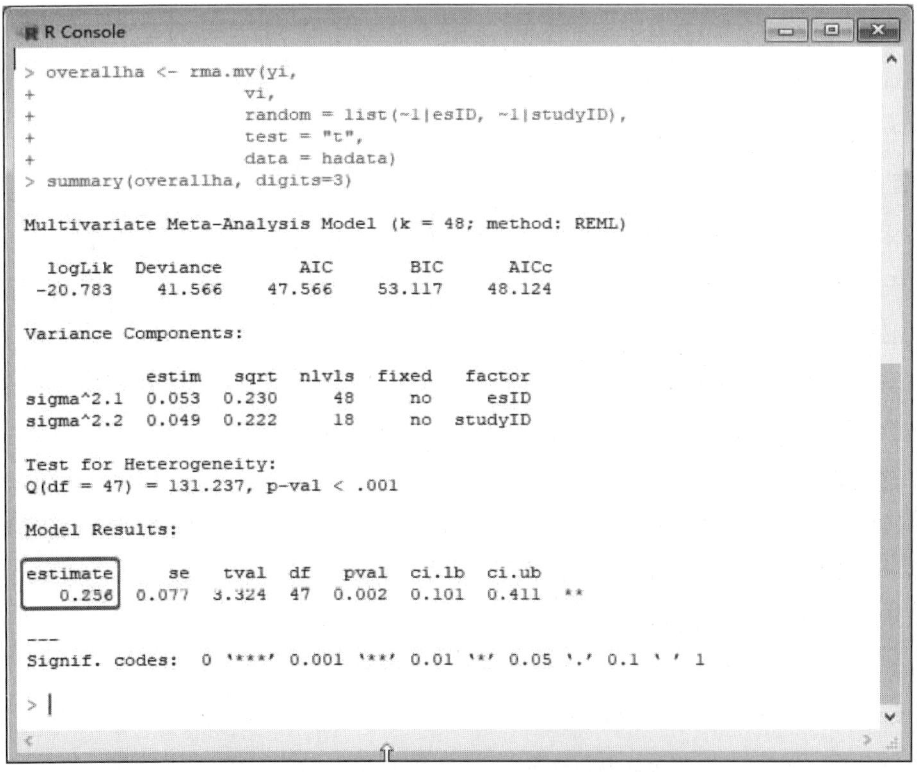

图 3－40 总体效应量的三水平元分析结果

在变异成分（Variance Components）中，sigma^2.1代表研究内部（水平2）的效应量变异；sigma^2.2代表研究之间（水平3）的效应量变异，相当于传统元分析中研究之间异质性变异τ^2。随后的nlvls列呈现的是每个水平上的组数，水平3有18组，即纳入了18个独立研究；水平2有48组，即48个效应量。总的来说，本元分析纳入的18个研究中包含48个效应量。

在模型结果（Model Results）中，estimate代表总体效应量的估计值，即$g=0.256$，估计的标准误（se）是0.077，效应量是显著的，$t(47)=3.324$，$p<0.01$，95%置信区间为[0.101，0.411]。

若要输出森林图，需用以下代码：

```
jpeg("haforest.jpeg",#指定图形输出为jpeg文件,并为森林图命名
        height=1300,#图形高度(可依据数据量多少调整)
        width=800)#图形宽度(可依据数据量多少调整)
forest(overallha,#存储总体效应量的变量
        xlim=c(-3,3),#图形水平区域的范围
        xlab="Hedge's g",#图形x轴的标签
         slab=paste(hadata$esID,hadata$Author,hadata$Year,sep=","))
                #每个研究的标签
text(-3,49.5,"Authors and Year",pos=4,font=2)#文本的位置、方向、格式
text(2.8,49.5,"[95% CI]",font=2)#文本的位置、格式
dev.off()#关闭绘图窗口
```

（四）敏感性分析

与本章中的实例2相同，本研究中的敏感性分析也采用三项评估指标来分析效应量的异常值和影响力。SDR表示单个效应量观测值大小与预测的平均效应量大小之间的偏差。SDR的绝对值大于1.96意味着该效应量属于异常值（Viechtbauer & Cheung，2010）。影响力指标通过CD和DFBETAS来评估。CD是指包含某个效应量和不包含某个效应量的预测值之间的马氏距离，DFBETAS是指当模型中排除了某个效应量之后相关性变化的标准差。当某个效应量的CD值大于0.45（Cook & Weisberg，1982）或DFBETAS值大于1（Viechtbauer & Cheung，2010）时，这个效应量就被认为对总体效应量是有影响的。

SDR的计算与绘图代码如下：

```
rst.ha<-rstudent(overallha)#使用rstudent函数计算数值
windowsFonts(TNM=windowsFont("Times New Roman"))#设置文本字体族
plot(rst.ha$z,#使用rst.ha数据集中的变量z所包含的数据绘图
        type="o",#绘制的图形类型,o代表点线图
```

```
        pch = 19, # 指定绘制点时使用的符号
        xlab = "", # x 轴标签
        ylab = "Studentized Deleted Residual", # y 轴标签
        xaxt = "n", # 不显示 x 轴的刻度
        yaxt = "n", # 不显示 y 轴的刻度
        font.lab = 2, # 坐标轴标签的字体样式
        family = "TNM", # 绘制文本时使用的字体族
        cex.lab = 1.3) # 坐标轴标签的缩放倍数
abline(h = 1.96, # 在 y 轴 1.96 处绘制水平参考线
        lty = 3, # 指定线条类型
        lwd = 1) # 指定线条宽度
abline(h = -1.96, lty = 3, lwd = 1)
abline(h = 0, lty = 5, lwd = 1)
axis(1, # 在图形的下边绘制坐标轴
        at = seq(1,48,1)), # 指定需要绘制刻度线位置,从 1 到 48,步长为 1
axis(2, # 在图形的左边绘制坐标轴
        at = c(-1.96, -1, 0, 1, 1.96)) # 指定需要绘制刻度线位置
```

CD 的计算与绘图代码如下：

```
cookd.ha <- cooks.distance(overallha)
plot(cookd.ha,
        type = "o",
        pch = 19,
        xlab = "",
        ylab = "Cook's Distance",
        xaxt = "n",
        font.lab = 2,
        family = "TNM",
        cex.lab = 1.3)
axis(1, at = seq(1,48,1,))
```

DFBETAS 的计算与绘图代码如下：

```
dfbe.ha <- dfbetas(overallha)
plot(dfbe.ha$intrcpt,
        type = "o",
        pch = 19,
        xlab = "",
```

```
    ylab = "DFBETAS",
    xaxt = "n",
    font.lab = 2,
    family = "TNM",
    cex.lab = 1.3)
axis(1,at = seq(1,48,1,))
```

（五）发表偏倚分析

与本章中的实例 2 相同，本研究主要通过修正的 Egger 检验和 Rosenthal 失安全系数来评估发表偏倚。在修正的 Egger 检验中，以效应量的观测值为因变量，将效应量的标准误加入三水平元分析的回归模型，斜率显著意味着存在发表偏倚（Assink et al.，2019）。失安全系数小于 $5n+10$（n 指效应量的个数）意味着存在发表偏倚，反之则无。

三水平元分析中 Egger 检验的代码如下：

```
ha.egg<-rma.mv(yi,
               vi,
               random = list(~1 | esID,~1 | studyID),
               test = "t",
               data = hadata,
               mods = ~sei)
summary(ha.egg,digits = 3)
```

可以看出，与总体效应量分析的代码相比，Egger 检验的代码只是增加了一行效应量标准误（sei）调节作用分析的代码（mods=～sei）。也就是说，通过 sei 对效应量的调节作用的显著与否来判断是否存在发表偏倚。

三水平元分析中失安全系数的计算代码如下：

```
fsn(yi,vi,sei,data = hadata)
```

如图 3-41 所示，Egger 检验的结果并不显著，$t(46)=1.915$，$p=0.062$，表明不太可能存在发表偏倚；失安全系数的结果（$463>5n+10$，$n=48$）也表明不太可能出现发表偏倚。

（六）异质性检验

与本章中的实例 2 相同，本研究采用两种方法来检验效应量的异质性。一是通过两个独立的单尾对数似然比检验来评估（Assink & Wibbelink，2016）。如果在水平 2 和/或水平 3 上发现了显著变异，这意味着有必要进行调节变量分析。二是通过计算各水平的方差贡献比例来评估。如果源于抽样误差的变异比例小于 75%，这也意味着有必要进行调节变量分析（Hunter & Schmidt，2004）。

```
R Console
> ha.egg <- rma.mv(yi,
+                 vi,
+                 random = list(~1|esID, ~1|studyID),
+                 test = "t",
+                 data = hadata,
+                 mods = ~sei) #sei是数据集中包含效应量标准误的变量名
> summary(ha.egg, digits=3)

Multivariate Meta-Analysis Model (k = 48; method: REML)

  logLik  Deviance        AIC        BIC       AICc
 -18.908    37.815     45.815     53.130     46.791

Variance Components:

            estim    sqrt  nlvls  fixed   factor
sigma^2.1   0.054   0.233     48     no     esID
sigma^2.2   0.035   0.187     18     no  studyID

Test for Residual Heterogeneity:
QE(df = 46) = 116.872, p-val < .001

Test of Moderators (coefficient 2):
F(df1 = 1, df2 = 46) = 3.669, p-val = 0.062

Model Results:

         estimate     se    tval  df   pval   ci.lb  ci.ub
intrcpt    -0.314  0.301  -1.044  46  0.302  -0.920  0.292
sei         2.345  1.224   1.915  46  0.062  -0.119  4.809  .

---
Signif. codes:  0 '***' 0.001 '**' 0.01 '*' 0.05 '.' 0.1 ' ' 1

> fsn(yi, vi, sei, data=hadata)

Fail-safe N Calculation Using the Rosenthal Approach

Observed Significance Level: <.0001
Target Significance Level:   0.05

Fail-safe N: 463

> |
```

图 3-41　Egger 检验和 Rosenthal 失安全系数计算结果

1. 水平 2 的异质性检验

代码如下：

```
modelnolev2<-rma.mv(yi,
                    vi,
                    random = list(~1 | esID, ~1 | studyID),
                    sigma2 = c(0, NA),
                    test = "t",
                    data = hadata)
```

```
anova(overallha,modelnolev2)
```

可以看出，与总体效应量分析的代码相比，异质性检验的代码增加了参数 sigma2＝c(0，NA)，以固定特定的方差成分。参数 0 代表研究内部的方差固定为 0，参数 NA 代表研究之间的方差需要自由估计。注意，0 和 NA 的位置对应于上一行中变量 esID 和 studyID 的位置。使用 anova 函数是为了检验两水平模型 modelnolev2（不考虑研究内部效应量变异的模型）相对于三水平全模型 overallha 的拟合程度。

运行上述代码，结果如图 3-42 所示。Full 代表存储于变量 overallha 的三水平模型，Reduced 代表存储于变量 modelnolev2 的两水平模型。Reduced 模型的自由度比 Full 模型的自由度少一个，是因为研究内部的方差在 Reduced 模型中已经固定为 0。Full 模型的 AIC 和 BIC 均小于 Reduced 模型的相应值，表明三水平全模型的拟合优于两水平模型（不包含水平 2 的模型）。LRT 显示的是似然比检验统计量的数值，检验结果的 p 值小于 0.001，表明研究内部（水平 2）效应量的变异是显著的 [$\sigma^2=0.053$（该变异值见图 3-40），$\chi^2(1)=11.94$，$p=0.000\ 5$]。QE 代表数据集中所有效应量的异质性，但这个数值并不是重点，因为三水平元分析分别关注水平 2 和水平 3 的异质性，而不是整体效应量的异质性。

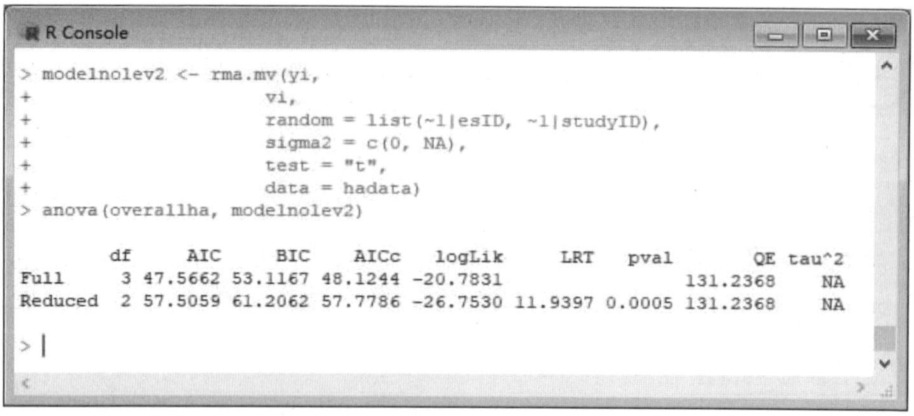

图 3-42　水平 2 的异质性检验结果

2. 水平 3 的异质性检验

代码如下：

```
modelnolev3<-rma.mv(yi,
                    vi,
                    random = list(~1 | esID,~1 | studyID),
                    sigma2 = c(NA,0),
                    test = "t",
                    data = hadata)
anova(overallha,modelnolev3)
```

可以看出，与水平 2 的异质性检验代码相比，水平 3 的异质性检验代码在参数 sigma2

的设置上有一个重要变化，即将研究之间的方差固定为 0，同时对研究内部的方差进行自由估计；而 anova 函数是为了检验两水平模型 modelnolev3（不考虑研究之间效应量变异的模型）相对于三水平全模型 overallha 的拟合程度。

运行上述代码，结果如图 3-43 所示。拟合指标 AIC 和 BIC 的结果表明，三水平全模型的拟合优于两水平模型（不包含水平 3 的模型）。似然比检验结果的 p 值小于 0.05，表明研究之间（水平 3）效应量的变异是显著的 [$\sigma^2=0.049$（该变异值见图 3-40），$\chi^2(1)=4.981$，$p=0.025\ 6$]。

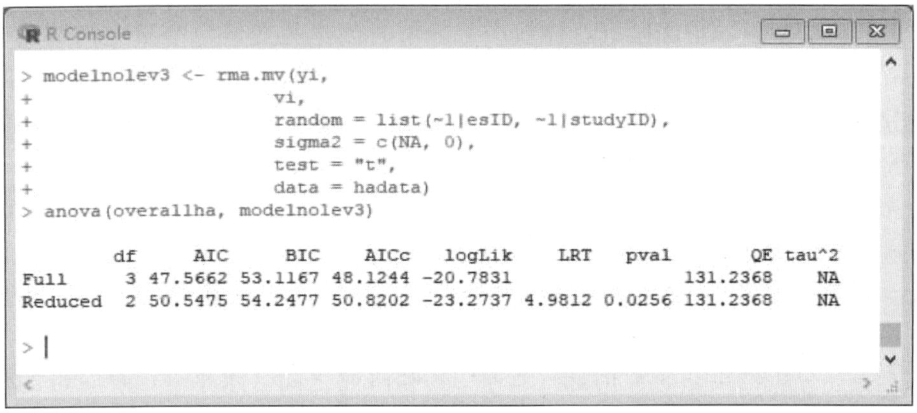

图 3-43 水平 3 的异质性检验结果

3. 各水平的方差贡献比例分布

总变异在三个水平上的分布比例的计算代码如下：

```
n<-length(hadata$vi)
list.inverse.variances<-1/(hadata$vi)
sum.inverse.variances<-sum(list.inverse.variances)
squared.sum.inverse.variances<-(sum.inverse.variances)^2
list.inverse.variances.square<-1/(hadata$vi^2)
sum.inverse.variances.square<-sum(list.inverse.variances.square)
numerator<-(n-1) * sum.inverse.variances
denominator<-squared.sum.inverse.variances-sum.inverse.variances.square
estimated.sampling.variance<-numerator/denominator
I2_1<-(estimated.sampling.variance)/(overallha$sigma2[1]+overallha
        $sigma2[2]+estimated.sampling.variance)
I2_2<-(overallha$sigma2[1])/(overallha$sigma2[1]+overallha$sigma2
        [2]+estimated.sampling.variance)
I2_3<-(overallha$sigma2[2])/(overallha$sigma2[1]+overallha$sigma2
        [2]+estimated.sampling.variance)
amountvariancelevel1<-I2_1 * 100
```

```
amountvariancelevel2<-I2_2 * 100
amountvariancelevel3<-I2_3 * 100
amountvariancelevel1
amountvariancelevel2
amountvariancelevel3
```

以上代码的前八行是根据 Cheung（2014c）的公式分解而成的；每一个分解步骤都新建一个变量以储存计算结果；最后，源于抽样的变异存储在变量 estimated. sampling. variance中。hadata $ vi 代表数据集中的变量 vi。^2 代表变量的平方运算。overallha $ sigma2[1] 代表变量 overallha（总体效应量分析时创建的变量）中研究内部的变异数值，overallha $ sigma2[2] 代表变量 overallha 中研究之间的变异数值。I2_1、I2_2 和 I2_3 分别代表源于抽样的变异、研究内部的变异以及研究之间的变异占总变异的比例。创建变量 amountvariancelevel1、amountvariancelevel2 以及 amountvariancelevel3 是为了让分布比例从小数转换成百分比；再次输入并运行 amountvariancelevel1、amountvariancelevel2 以及 amountvariancelevel3 可输出百分比的具体数值。运行上述代码，结果显示，源于抽样的变异、研究内部的变异、研究之间的变异分别为 32.638%、34.892%、32.470%。

综合上述分析结果，研究内部（水平 2）和研究之间（水平 3）效应量的变异显著，且源于抽样的变异比例小于 75%，因此，有必要进行下一步的调节变量分析。

（七）调节变量分析

在调节变量分析中，类别变量需要先转换为哑变量，再选择其中一个子类别作为参照组，参照组不进入分析模型。连续变量无须做任何变化，直接进入分析模型。与本章中的其他实例相同，进入调节变量分析的子类别要满足一个前提条件，即该子类别所包含的研究数量一般不能少于 3 个（van Eldik et al.，2020）。

1. 亚组分析

当类别变量以哑变量的形式进入模型时，亚组分析也可能表现为元回归分析，即在三水平模型中增加一个回归项。以刺激类型为例，其调节作用分析代码如下：

```
stype<-rma.mv(yi,
              vi,
              mods = ~word,
              random = list(~1 | esID,~1 | studyID),
              test = "t",
              data = hadata)
summary(stype,digits = 3)
```

可以看出，与总体效应量分析的代码相比，调节变量分析的代码有一些不同。首先，调节作用分析的结果存储于变量 word 中，意味着 word 被选为参考类别（picture 被编码为 0，word 被编码为 1）。与简单回归分析中的类别变量预测作用的检验一样，一个子类别作为参考类别，另一个子类别就会与之比较。其次，增加了参数 mods 以检验潜在的调节变量；公式以～为开头，后面写上进入模型的变量名。本例要分析词刺激条件下的效应量是否与图片刺激条件下的效应量显著不同，所以，我们将 word 加入 mods 参数，写成 mods=～word。随后的 summary 函数则是为了使上述调节作用分析的结果呈现出来。

运行上述代码，结果如图 3-44 所示。Test for Residual Heterogeneity 表示在刺激类型进入模型后，仍然有显著的未被解释的效应量变异 [$QE(46)=116.987$，$p<0.001$]。Test of Moderators 显示 p 值小于 0.01，即该变量的调节作用显著 [$F(1, 46)=8.107$，$p=0.007$]，表明总体效应量（即高健康焦虑组与低健康焦虑组在对健康威胁刺激的注意偏向上的差异）有被刺激类型调节的趋势。Model Results 则显示，参考类别的效应量，即图片刺激条件下两组之间的差异，是 $g=0.028$；这个差异的效应量是不显著的，因为 $t(46)=0.311$，$p=0.757$。词刺激条件下两组之间差异的效应量则为 $0.028+0.344=0.372$，且其与图片刺激条件下效应量之间的差异显著 [$t(46)=2.847$，$p=0.007$]，这与前面的调节作用分析结果一致。综合上述结果，我们可知，刺激类型对高健康焦虑组与低健康焦虑组在对健康威胁刺激的注意偏向上的差异的调节作用显著。

```
R Console
> stype <- rma.mv(yi,
+                 vi,
+                 mods = ~word,
+                 random = list(~ 1 | esID, ~1 | studyID),
+                 test = "t",
+                 data = hadata)
> summary(stype, digits = 3)

Multivariate Meta-Analysis Model (k = 48; method: REML)

  logLik  Deviance       AIC       BIC      AICc
 -17.673    35.346    43.346    50.660    44.321

Variance Components:

            estim   sqrt  nlvls  fixed   factor
sigma^2.1   0.060  0.246     48     no     esID
sigma^2.2   0.014  0.118     18     no  studyID

Test for Residual Heterogeneity:
QE(df = 46) = 116.987, p-val < .001

Test of Moderators (coefficient 2):
F(df1 = 1, df2 = 46) = 8.107, p-val = 0.007

Model Results:

         estimate     se   tval  df   pval   ci.lb  ci.ub
intrcpt     0.028  0.091  0.311  46  0.757  -0.155  0.212
word        0.344  0.121  2.847  46  0.007   0.101  0.587  **

---
Signif. codes:  0 '***' 0.001 '**' 0.01 '*' 0.05 '.' 0.1 ' ' 1

> |
```

图 3-44　三水平元分析中的亚组分析结果

2. 元回归分析

将上述模型中的类别变量替换成连续变量后，调节作用分析便称为元回归分析。以高健康焦虑组的年龄为例，其调节作用分析代码如下：

```
age<-rma.mv(yi,
            vi,
            mods=~age,
            random=list(~1|esID,~1|studyID),
            test="t",
            data=hadata)
summary(age,digits=3)
```

可以看出，与刺激类型的调节作用分析相比，核心变化仅在于将参数 mods 中的变量 word 替换成变量 age。

运行上述代码，结果如图 3-45 所示。从 Test of Moderators 以及 Model Results 中可以看出，年龄的调节作用并不显著［$F(1,\ 33)=0.266$，$p=0.609$］，即健康焦虑组的年龄对高健康焦虑组与低健康焦虑组在对健康威胁刺激的注意偏向上的差异没有显著的调节作用。

四、讨论

本研究的讨论部分首先对研究结果进行小结，其次对主要结果逐条进行讨论，最后指出本研究的局限及未来研究方向。

亚组分析的结果表明，实验范式、刺激类型、注意偏向类型均对高健康焦虑组与低健康焦虑组在对健康威胁刺激的注意偏向上的差异具有显著的调节作用。值得注意的是，两组之间在对健康威胁刺激的注意警觉上没有显著差异，但在对健康威胁刺激的注意维持上存在显著差异，这为健康焦虑注意偏向的注意维持模型提供了证据。此外，是否临床样本、威胁刺激的类型、刺激暴露时间对高健康焦虑组与低健康焦虑组在对健康威胁刺激的注意偏向上的差异均没有显著的调节作用。

元回归分析的结果表明，高健康焦虑者的年龄、性别对高健康焦虑组与低健康焦虑组在对健康威胁刺激的注意偏向上的差异均没有显著的调节作用。

总的来看，高健康焦虑组比低健康焦虑组表现出对健康威胁刺激更大的注意偏向，且注意维持模型能更好地解释健康焦虑者的注意偏向模式。值得注意的是，本研究的结果主要基于反应时实验，尤其是 Stroop 范式，所以，未来还需要更多的研究来检验本研究的发现。

```
> age <- rma.mv(yi,
+               vi,
+               mods = ~ age,
+               random = list(~ 1 | esID, ~1 | studyID),
+               test = "t",
+               data = hadata)
Warning message:
Rows with NAs omitted from model fitting.
> summary(age, digits = 3)

Multivariate Meta-Analysis Model (k = 35; method: REML)

  logLik  Deviance        AIC        BIC       AICc
 -15.741    31.482     39.482     45.468     40.910

Variance Components:

            estim    sqrt  nlvls  fixed   factor
sigma^2.1   0.087   0.295     35     no     esID
sigma^2.2   0.007   0.086     12     no  studyID

Test for Residual Heterogeneity:
QE(df = 33) = 95.130, p-val < .001

Test of Moderators (coefficient 2):
F(df1 = 1, df2 = 33) = 0.266, p-val = 0.609

Model Results:

         estimate     se   tval  df   pval   ci.lb  ci.ub
intrcpt     0.013  0.233  0.055  33  0.957  -0.461  0.486
age         0.004  0.008  0.516  33  0.609  -0.012  0.020

---
Signif. codes:  0 '***' 0.001 '**' 0.01 '*' 0.05 '.' 0.1 ' ' 1
```

图 3-45 三水平元分析中的元回归分析结果

第五节 拓展延伸

一、与元分析相关的 R 软件包

传统的元分析通常使用简单的逆方差加权平均值来估计总效应量，因此，研究者可通过手工或电子表格来进行计算，不需要复杂的算法或软件来实现。但随着相关技术的发展以及研究的深入，简单的元分析技术已不能满足研究的需求，这对相关的计算软件提出了更高的要求。而R作为一种强大的编程语言及开源软件，受到了不少研究者的青睐。

据Polanin等（2017）统计，截至2015年，约有63个与元分析相关的R软件包。根据各软件包的主要功能，可进一步划分成适用于9个领域的软件包：一般元分析（general meta-analysis）、基因组学元分析（genome meta-analysis）、多变量元分析（multivariate meta-analysis）、诊断性元分析（diagnostic meta-analysis）、网状元分析（network meta-analysis）、贝叶斯元分析（Bayesian meta-analysis）、特定函数、偏倚评估（assessment of bias），以及图形用户界面（graphical user interface）。考虑到心理学的运用范围，表3-1只罗列了除基因组学元分析外的8类软件包。近年来随着计算机科学以及统计分析方法的进步，功能更为强大的元分析R软件包数量激增。因此，除这63个软件包外，研究者可根据自身需求在各大数据库进行关键词检索，找到最为合适的软件包进行元分析。

表3-1　元分析R软件包介绍

类别	全称
一般元分析	
CAMAN	Finite Mixture Models and Meta-Analysis Tools
epiR	Tools for the Analysis of Epidemiological Data
gmeta	Meta-Analysis via a Unified Framework of Confidence Distribution
Mac	Meta-Analysis with Correlations
MAd	Meta-Analysis with Mean Differences
meta	General Package for Meta-Analysis
metacor	Meta-Analysis of Correlation Coefficients
metafor	Meta-Analysis Package for R
metaplus	Robust Meta-Analysis and Meta-Regression
psychometric	Applied Psychometric Theory
rmeta	Meta-Analysis
多变量元分析	
dosresmeta	Multivariate Dose-Response Meta-Analysis
ecoreg	Ecological Regression Using Aggregate and Individual Data
metagen	Generic Inverse Variance Meta-Analysis
metaLik	Likelihood Inference in Meta-Analysis and Meta-Regression Models
metaSEM	Meta-Analysis with Structural Equation Modeling
metatest	Fit and Test Meta-Regression Models
mmeta	Multivariate Meta-Analysis

续表

类别	全称
多变量元分析	
mvmeta	Multivariate and Univariate Meta-Analysis and Meta-Regression
mvtmeta	Multivariate Meta-Analysis
robumeta	Robust Variance Meta-Regression
诊断性元分析	
CopulaREMADA	Copula Mixed Models for Multivariate Meta-Analysis of Diagnostic Test Accuracy Studies
HSROC	Meta-Analysis of Diagnostic Test Accuracy when Reference Test is Imperfect
mada	Meta-Analysis of Diagnostic Accuracy
metamisc	Meta-Analysis of Diagnostic and Prognostic Research Studies
Metatron	Meta-Analysis for Classification Data and Correction to Imperfect Reference
特定函数	
compute. es	Compute Effect Sizes
CRTSize	Sample Size Estimation Functions for Cluster Randomized Trials
exactmeta	Exact Fixed Effect Meta-Analysis
extfunnel	Additional Funnel Plot Augmentations
forestplot	Advanced Forest Plot Using ‘grid’ Graphics
ipdmeta	Tools for Subgroup Analyses with Multiple Trial Data Using Aggregate Statistics
metap	Meta-Analysis of Significance Values
metaplot	Data-Driven Plot Design
SCMA	Single-Case Meta-Analysis
网状元分析	
gemtc	Network Meta-Analysis Using Bayesian Methods
netmeta	Network Meta-analysis Using Frequentist Methods
pcnetmeta	Patient-Centered Network Meta-Analysis
偏倚评估	
metasens	Statistical Methods for Sensitivity Analysis in Meta-Analysis
PuBias	Performs Simulation Study to Look for Publication Bias
SAMURAI	Sensitivity Analysis of a Meta-Analysis with Unpublished but Registered Analytical Investigations
selectMeta	Estimation of Weight Functions in Meta-Analysis
weightr	Estimating Weight-Function Models for Publication Bias

续表

类别	全称
贝叶斯元分析	
bamdit	Bayesian Meta-Analysis of Diagnostic Test Data
bspmma	Bayesian Semiparametric Models for Meta-Analysis
图形用户界面	
MAVIS	Meta-Analysis via Shiny
RcmdrPlugin. MA	Graphical User Interface for Conducting Meta-Analyses in R

由于R的灵活性强，代码开源，目前已经有越来越多基于R的元分析软件包出现，感兴趣的读者可以参见 https：//cran. r-project. org/web/views/metaanalysis. html，其中对这些软件包进行了比较全面的梳理。以上软件包中，使用最为广泛的便是 meta 包和 metafor 包。以下将对这两个软件包进行较为详细的介绍。

meta 包是运用R进行元分析的一个较为基础的软件包，其涵盖的功能较广，学习起来也比较容易，非常适合初学者使用。研究者可通过网站 https：//cran. r-project. org/package=meta 获得该软件包。其主要的优势在于代码的简洁性以及命令的直观性，研究者可以准确找到所需的功能函数并进行快速的分析，但需注意分析前要详细查看默认配置是否符合当前分析（Lortie & Filazzola，2020）。目前，meta 包有 33 个函数、7 个示例数据集以及 1 部参考手册。通过该软件包，研究者可执行大部分元分析步骤，如使用固定或随机模型、绘制各类图（如森林图、漏斗图、气泡图等）、发表偏倚检验、元回归分析、敏感性分析、亚组分析、使用广义线性模型等。研究者可以通过参考手册（https：//cloud. r-project. org/web/packages/meta/meta. pdf）查看各函数的详细介绍和代码，若需更为详细的指导示例，可参见 Schwarzer（2022）和 Balduzzi 等（2019）的文章。

相较于 meta 包，metafor 包是一个功能更为全面、更为高级和强大的元分析软件包，但对于初学者来说可能较为复杂。研究者可通过网站 https：//cran. r-project. org/package=metafor 获得该软件包。其最大的优势在于能够提供更复杂和高级的分析功能，使研究者进行更为深入的数据挖掘，解决一些特定的研究问题，但其数据准备过程、代码以及功能描述也更为复杂，可能需要花费更多的时间和精力进行特定的分析。目前，该软件包有 76 个函数、36 个数据集以及 1 部参考手册。通过该软件包，研究者可以进行 meta 包所含有的基础性分析，还可以使用混合模型合并效应量、使用部分特殊方法（如 Mantel-Haenszel 法、Peto 法、混合效应 logit 回归及泊松回归等方法）、进行多变量多水平元分析及网状元分析等。研究者可以通过参考手册（https：//cloud. r-project. org/web/packages/metafor/metafor. pdf）查看各函数的详细介绍和代码，若需更为详细的指导示例，可参见 Viechtbauer（2010）的文章或相关网页（http：//www. metafor-project. org/doku. php）。

二、Pearson's r 的计算与常见转换

（一）Pearson's r 转换为 Fisher's Z

对于报告两个连续变量间关系的研究，Pearson's r 本身就可作为效应量指标。

在统计分析时，为使数据分布更接近正态分布，需要将 Pearson's r 转换为 Fisher's Z（Card，2012）：

$$Z = 0.5 \times \ln\left(\frac{1+r}{1-r}\right)$$

分析结束后，为便于结果解释，再将 Z 值转换为 r 值（Card，2012）：

$$r = \frac{e^{2Z}-1}{e^{2Z}+1}$$

除了效应量数值之外，元分析的数据还需效应量数值对应的方差。r 的方差近似为：

$$S^2 = \frac{(1-r^2)^2}{n-1}$$

Fisher's Z 的方差近似为：

$$S^2 = \frac{1}{n-3}$$

上述两个公式中的 n 均为样本量。

（二）标准化均值差 d 转换为 Pearson's r

探索个体差异的研究实际上也是在探索变量之间的相关关系；具体而言，一般是比较临床意义上的患者与健康对照组在认知、情绪、行为等变量上的差异，或是比较非临床样本的症状高分组与低分组之间的差异。如果组间差异显著，则可确定与该症状相关的特征；反之，则表明这些特征与症状无关。这类研究通常报告各组在一些特征变量上的均值、标准差。此时，需要先行计算标准化均值差 d 值，再将其转换为 r。

成组设计研究中的标准化均值差的计算公式为：

$$d = \frac{\overline{X}_1 - \overline{X}_2}{S_{\text{within}}}$$

$$S_{\text{within}} = \sqrt{\frac{(n_1-1)S_1^2 + (n_2-1)S_2^2}{n_1+n_2-2}}$$

式中，$\overline{X}_1$ 和 $\overline{X}_2$ 是两组的样本均值；S_{within} 是组内标准差；n_1 和 n_2 是两组的样本量；S_1 和 S_2 是两组的标准差。

d 值方差（一个很好的估计值）的计算公式为：

$$S_d^2 = \frac{n_1+n_2}{n_1 n_2} + \frac{d^2}{2(n_1+n_2)}$$

d 值转换为 r 值的公式为：

$$r = \frac{d}{\sqrt{d^2 + a}}$$

$$a = \frac{(n_1 + n_2)^2}{n_1 n_2}$$

r 值方差的计算公式为：

$$S_r^2 = \frac{a^2 S_d^2}{(d^2 + a)^3}$$

三、Hedges' g 的计算与常见转换

（一）Cohen's d 转换为 Hedges' g

在小样本的情况下，d 值作为效应量的样本估计值，对效应量参数的估计会偏高。通过使用一个简单的校正因子 J，可以得到效应量参数的无偏估计。这个无偏估计称为 Hedges' g（Hedges，1981），公式如下：

$$g = J \times d$$

$$S_g^2 = J^2 \times S_d^2$$

式中，J 的确切计算公式为：

$$J = 1 - \frac{3}{4df - 1}$$

式中，df 是自由度，用来估计 S_{within}。

（二）Pearson's r 转换为 Hedges' g

Pearson's r 可以先转换为 Cohen' d，公式如下：

$$d = \frac{2r}{\sqrt{1 - r^2}}$$

再经由上述公式转换为 Hedges' g。

用这种方法计算 d 值方差的公式为：

$$S_d^2 = \frac{4S_r^2}{(1 - r^2)^3}$$

四、利用 R 的 esc 包转换效应量

（一）Pearson's r 转换为标准化均值差

代码如下：

```
library(esc)#调用 esc 包
esc_rpb(r = 0.25, #Pearson's r 值
        grp1n = 99, # 组 1 的样本量
        grp2n = 120, # 组 2 的样本量
        es.type = "d") # 转换为标准化均值差;若计算 g,要将 d 改成 g
```

（二）回归系数转换为标准化均值差

代码如下：

```
library(esc)#调用 esc 包
esc_B(b = 3.3, #非标准化回归系数值;若是标准化回归系数,将 b 改为 beta
        sdy = 5, #因变量 y 的标准误
        grp1n = 100, #组 1 的样本量
        grp2n = 150, #组 2 的样本量
        es.type = "d")#转换为标准化均值差;若计算 g,要将 d 改成 g
```

（三）独立样本 t 检验中的 t 值转换为标准化均值差

代码如下：

```
library(esc)#调用 esc 包
esc_t(t = 3.3, #独立样本 t 检验中的 t 值
        grp1n = 100, #组 1 的样本量
        grp2n = 150, #组 2 的样本量
        es.type = "d")#转换为标准化均值差;若计算 g,要将 d 改成 g
```

（四）单因素方差分析中的 F 值转换为标准化均值差

代码如下：

```
library(esc)#调用 esc 包
esc_f(f = 5.04, #单因素方差分析中的 F 值
        grp1n = 519, #组 1 的样本量
        grp2n = 528, #组 2 的样本量
        es.type = "d")#转换为标准化均值差;若计算 g,要将 d 改成 g
```

第四章 心理学研究中干预效果的元分析

学习目标

(1) 了解心理学中干预效果研究的常见范式;

(2) 掌握随机对照研究干预效果元分析操作要点;

(3) 掌握针对干预效果的试验序贯分析操作要点;

(4) 掌握针对干预效果的网状元分析操作要点。

章节导读

在心理学研究中,备受关注的还有对非适应性的心理、行为的干预,即先前章节所说的"控制"。针对不同的心理问题和不同的人群,目前已经发展出了非常多的干预方法,如药物治疗、心理治疗、团体辅导、自助干预等(Trull & Prinstein,2012)。这些干预方法基于不同的理论和技术手段,终极目的都是减轻个体的非适应性心理症状(消极),提高个体认知、情绪或者行为的适应性(积极)。干预研究尤为关注干预效果,即从循证的角度为某种干预方法提供证据支持,以确保疗法的科学性。本章关注元分析在干预效果研究中的应用,这也是元分析最为常见的研究主题。我们将从干预效果研究的研究设计讲起,并列举几个常见的干预效果元分析实例,以促进读者理解。

第一节 心理学中的干预效果研究

要检验某种干预方法的有效性,现有的科学研究方法是什么呢?干预效果研究主要依靠实验设计,具体包括两种类型。

首先是单一受试者实验设计(single case design),包含单组前后测设计(one

group before-after design)、时间序列设计（time-series design)、单一个案设计（single-case research design)，这种设计一般只针对一个/组被试进行前后测或者多次测量，与之对照是该被试或被试群体的基线测量（Kratochwill et al.，2013)。单一受试者实验设计常用于精神病学、心理治疗、戒毒等领域的研究，如心理治疗中的个案研究就是典型的例子（一个受试者，单一个案设计)。还有一些研究考察认知行为疗法（CBT）对抑郁症的干预效果。研究者会招募一群抑郁症患者，对所有被试都进行 CBT 干预，不存在其他对照组。在这种研究中，效果的衡量基于全体被试前测和后测的比较（一组受试者，单组前后测设计)。此外，还有一些研究先不做干预，让被试处于基线期，随后加入干预，最后去除干预，考察三个阶段被试的特点（时间序列设计的 ABA 范式)，这样的范式只适用于行为可逆的研究。在此基础上，还产生了 ABAB 的时间序列范式。此范式同样只适用于行为可逆的研究，但是在去除干预后经过基线期，又重新加入干预，这样能够产生两个可以进行比较的干预效果，同时能够避免因去除干预而导致的伦理问题（如去除希望)。不得不提的是，以上实验设计存在很大的问题，因为有很多的额外变量没有被控制，如被试群体的特殊性；另外，随着时间变化，有些症状可能不需要干预也会自行缓解。以上额外变量可能都不是干预带来的，但无法得到有效排除和控制。

在干预效果研究当中，更为常见的实验设计是实验组和对照组设计（control and comparison groups)，其中最重要的是随机对照试验（randomized control trial，RCT)。RCT 的设计遵循三个基本原则：随机化分组，设置对照组，盲法设计。随机化分组指的是将参与研究（干预）的被试随机分配到干预组和对照组。随机化过程可采用查阅随机对照表或者计算机产生随机序列的方法，以帮助消除误差。例如在非随机的情况下，有的研究者可能会根据个人倾向对被试进行分组，进而影响研究结果。而在随机化（样本量充足）的情况下，可以减少个体间差异对结果的影响，也可以避免研究者的主观因素对结果的影响，进而减少系统偏差和选择偏差。设置的对照组包含阳性对照组（对照组也接受积极的干预）和阴性对照组（安慰剂组和空白对照组)。由于在心理学试验中，伦理规范要求被试需要知晓研究目的、方法、疗效和风险等信息，并且有权随时退出试验，所以如果对照组是阴性对照组，参与者就有很大概率知晓自己的所在组别。这种情况下，很难做到严格的盲法设计，即研究者和被试都不知道具体的干预措施（双盲)。更多情况下，采用单盲设计或者其他方法降低偏倚。

对于 RCT 设计，我们需要着重厘清以下一些要点：

首先是研究的样本选择（participant)。样本的选择首要考虑的是样本类型，即研究所纳入的样本是临床、亚临床还是一般人群。临床样本指的是在临床上被诊断为某种精神障碍或者疾病的患者，亚临床样本指的是可能达到某些自评测量工具的标准但未进行临床诊断的人群，一般人群则包含健康人群，其症状水平较高但未达到诊断标准。在样本选择中需要关注共病的问题。很多研究无法排除共病的被试，因为不共病的精神障碍患者较为难找，在此情况下，对共病的说明是必需的。样本选择最主要还是取决于研究结果的推广人群，即要考虑干预方案要在什么人群中推广，实验设计要选择对应的人群。

其次是干预设置（intervention)。例如，主要干预方案的类别是基于 CBT 还是其他理论基础，是个体咨询还是团体辅导；干预手段是网络化干预还是面对面干预；等等。这些干预设置是研究的核心关注点，研究者应当清楚具体的设置。

再次是对照类型（comparison)。实验组和对照组设计中的对照组是相对于实验组而言的，常见的包括：(1) 空白等待组（waitlist control)，即对照组接受前后测，且没有其他干预介入。(2) 注意-安慰组/非具体对照组（attention-placebo/nonspecific control)，即对照组接受和所关注的核心干预要素无关的干预。(3) 标准化治疗/常规治疗对照组（standard treatment/routine care control)，即对照组也接受相应的针对性治疗。需要注意的是，有时在选取重症精神障碍患者进行干预实验研究的时候，不对对照组进行干预是违反伦理的。因此有时对照组也会接受常规治疗，然后和所关注的干预方案进行对照。因为在对照研究中，干预效果的计算是相对而言的，所以了解对照组的类型是十分重要的。举个例子，对于同一个关注 CBT 疗效的研究，对照组选取空白等待组与常规治疗组的结果是不同的，后者算出的效应值有极大可能会低于前者。表 4-1 呈现了不同的研究问题对应的干预设置。

表 4-1　干预效果研究常见问题和设计

研究问题	研究设计
某种干预方法是否能引起改变?	干预组与空白等待组
干预中哪些成分是必需的、必要的或者有利于改变的?	2 个或者 2 个以上干预组，其中一个组包含所有干预成分，其他组逐一减少 1 个或者多个成分
哪些成分或者增加哪些干预可以有效提高干预效果?	2 个或者 2 个以上干预组，干预设置（如干预周期、强度等）不同
不同疗法的比较	2 个或者 2 个以上干预组，接受不同疗法干预
什么变量会影响干预效果（调节变量)?	1 个或者 1 个以上干预组，测量或者区分不同水平的调节变量
干预起效的机制（中介变量)	1 个或者 1 个以上干预组，干预过程中多次测量可能的机制变量

资料来源：Kazdin，2021。

最后是结果测量（outcome)。多数研究并不会使用单一的指标作为测量结果，不同的施测方式（例如自评、他评）、不同的指标内容（例如症状、压力、生活质量等）可能会被作为更全面的结果评估。但是这些结果一般会分为主要结果（primary outcome）和次要结果（secondary outcome）。

此外，还需要关注研究设计、追踪、数据分析等要点。例如，需要关注研究是否进行随机化设置。随机化主要是为了尽可能保证不同组别的被试在基线水平是同质的。在不同类型的干预对照中，RCT 是最为严格的用于检验干预效果的实验设计，基于 RCT 的元分析证据也更为可靠。一个研究是否进行随机化、是否报告随机化的程序，以及随机化是否双盲等问题都是干预效果类实验设计需要着重关注的要点，因为这些程序直接影响研究的质量和结果的可靠性。

在元分析当中，以上要素在一定程度上需要一致，或者有些要素不一致的时候应作为调节变量来分析异质性。以下，我们将具体针对具有对照组的干预研究介绍三种常见的元分析：传统元分析、试验序贯分析和网状元分析。

第二节　传统元分析实例：国民心理健康素养干预效果①

一、实例背景

本研究的目的有两个：

第一，探索教育和接触（Arboleda-Flórez & Sartorius，2008）在提升公众心理健康素养方面的效果。教育指的是通过提供与心理问题相关的信息，破除与心理疾病相关的迷思，一般以主题讲座、课程、发放阅读材料、团体辅导、会谈等形式进行。接触指将个体暴露在心理疾病患者面前，听心理疾病患者分享自己的故事，通过减少焦虑和增加共情等来降低个体对心理疾病患者的污名态度（Corrigan et al.，2015）。心理健康素养包括多个方面，但大部分心理健康素养干预研究只关注心理健康素养的某一方面，其中知识（Morgan et al.，2018b）、污名态度（Maunder & White，2019）和求助（Xu et al.，2017a，2017b）得到了较多的关注。具体来说，知识指基本的心理学常识，包括对常见心理疾病的表现、病因与治疗方法、专业求助渠道，以及对维护心理健康的常用方法的了解和掌握（江光荣等，2020）；污名态度是对心理疾病及心理疾病患者的负面或消极的看法（Corrigan et al.，2009；Corrigan & Watson，2002）；求助是指个体做出的任何以积极的方式满足自己需要的行动或活动，这些行动或活动可以使个人在心理上、情感上获得社会支持、关怀或服务（Barker，2007）。

① 实例来源：任志洪等，2020。

第二，本研究还关注教育和接触对心理健康素养的干预效果的影响因素。知识、污名态度和求助上的干预效果受诸多调节因素影响。现有的针对心理健康素养的元分析对影响心理健康素养干预效果的调节变量探讨不足。首先，尚未有同时探讨知识、污名态度和求助的元分析。已有的元分析中，只有 2 篇涉及知识（Hadlaczky et al.，2014；Morgan et al.，2018b），1 篇涉及求助（Xu et al.，2017a，2017b），其余均是探讨污名及其影响因素（Corrigan et al.，2012；Griffiths et al.，2014；Hadlaczky et al.，2014；Maunder & White，2019；Morgan et al.，2018a，2018b；Xu et al.，2017a）。其次，对调节变量的分析并不全面。已有研究表明，互动（Brijnath et al.，2016）、接触（Maunder & White，2019）、地域（Wong & Xuesong，2011）、干预人员类型（Reavley et al.，2014）以及试验类型均可能影响心理健康素养干预的效果，但并未有全面探索上述变量的元分析。

基于循证医学（evidence-based medicine）的理念（Akobeng，2005），并综合已有研究，本研究提出以下可能提出影响心理健康素养干预效果的因素：（1）被试特征，包括地域（大陆与港澳台）、年龄、被试类型（专业人员与非专业人员）3 个方面；（2）干预特征，包括干预周期、干预时间、干预形式（干预者与被干预者之间的互动形式：高互动与低互动；被干预者间有无互动：有与无；干预中以及日常生活中被干预者是否与患者接触：是与否）、干预方式（教育与接触）4 个方面；（3）研究特征，即试验类型（RCT 与非 RCT）；（4）结果变量，包括知识、污名态度和求助 3 个方面。

综上，本研究的目的在于探索中国文化背景下心理健康素养干预的效果，分析影响干预效果的调节变量，以期为高效地提升心理健康素养提供借鉴。

二、研究方法

（一）元分析报告原则及注册声明

与前述实例一样，研究需声明遵循 PRISMA 原则。元分析方案也已在 PROSPERO 注册（CRD42019126819）。

（二）文献检索

1. 检索库

检索库包括 PubMed、PsycARTICLES、PsycINFO、Elsevier、Web of Science 和 Cochrane Central Register of Controlled Trials（CENTRAL）六个外文数据库，以及中国知网、万方、维普三个中文数据库。数据库可根据研究内容调整。

2. 检索词及检索式

检索关键词为：心理疾病（mental illness）、心理健康（mental health）、心理障碍（mental disorder）等主题词；态度（attitude）、知识（knowledge）、求助（help-seeking，help seek，seek help，seek care）等结果指标词；健康教育或卫生教育（health education)、健康促进（health promotion)、课程（curriculum，course）等干预措施词；中国（China)、大陆（Mainland)、香港（Hong Kong)、台湾（Taiwan)、澳门（Macao，Macau）等地域词。首次文献检索时间为 2018 年 7 月，2018 年 12 月二次更新。文献由第一作者筛选，第二作者核对，有异议时与通讯作者协商一致解决。检索文献以全面为准则。

以 PubMed 为例，本研究的具体检索式如表 4－2 所示。

表 4－2 针对 PubMed 的检索式

检索序号	检索式
#1	("mental health" OR "mental disorder" OR "mental illness" OR "mental disease" OR "psychotic disorder" OR "psycho disorders" OR psychiat OR psychosis OR psychiatry OR "mentally ill person" OR schizo OR depress OR "somatoform dissociation" OR "neurotic disorders" OR "self-injurious behavior" OR anxiety OR paranoid OR "bipolar disorder" OR "mood disorder" OR "obsessive compulsive disorder" OR "personality disorder" OR "eating disorder" OR anorexia OR bulimia OR "delusional disorder")
#2	("health education" OR "health promotion" OR curriculum OR educate OR intervention OR program OR train OR campaign OR management OR course OR psychoeducation OR education OR training)
#3	(attitude OR knowledge OR discrimination OR stigma OR prejudice OR "social distance" OR "social stigma" OR stereotype OR "public opinion" OR recognition OR "helping seeking" OR "help seek" OR "seek help" OR "seek care" OR "service seeking" OR "treatment seeking" OR "service use" OR "service utilization" OR " health care utilization" OR " help seeking behavior" OR awareness OR belief OR ability OR "mental health literacy" OR identify OR shame OR literacy)
#4	(China OR Chinese OR Mainland OR "Hong Kong" OR Macao OR Taiwan)
#5	#1 AND #2 AND #3 AND #4

（三）研究筛选

1. 纳入与排除标准

纳入标准：(1) 中国样本，即生活在大陆、香港、台湾和澳门的中国人；(2) 对照试验，包括 RCT 和非 RCT，检验心理干预前后被干预人群心理健康素养的变化；(3) 结果变量，心理健康素养的结果指标至少包括知识、污名态度和求助三者之一；(4) 干预措施，为提升心理健康素养而进行的教育和接触干预；(5) 纳入的研究为经过同行审议的期刊论文及硕士、博士学位论文。

排除标准：(1) 干预对象为心理疾病患者，因为心理疾病患者的干预情况更为复杂，需单独研究（Xu et al.，2017a）；(2) 非中英文。

2. 筛选流程

首先，使用文献管理软件对检索到的所有文献进行删重处理；其次，根据标题和摘要对删重后的文献进行筛选；最后，根据上述纳入与排除标准对余下文献进行筛选。以上过程由两位作者独立操作，若有争议，可与其他作者协商以达成一致。整个流程需依据 PRISMA 原则作一张流程图，如图 4-1 所示。

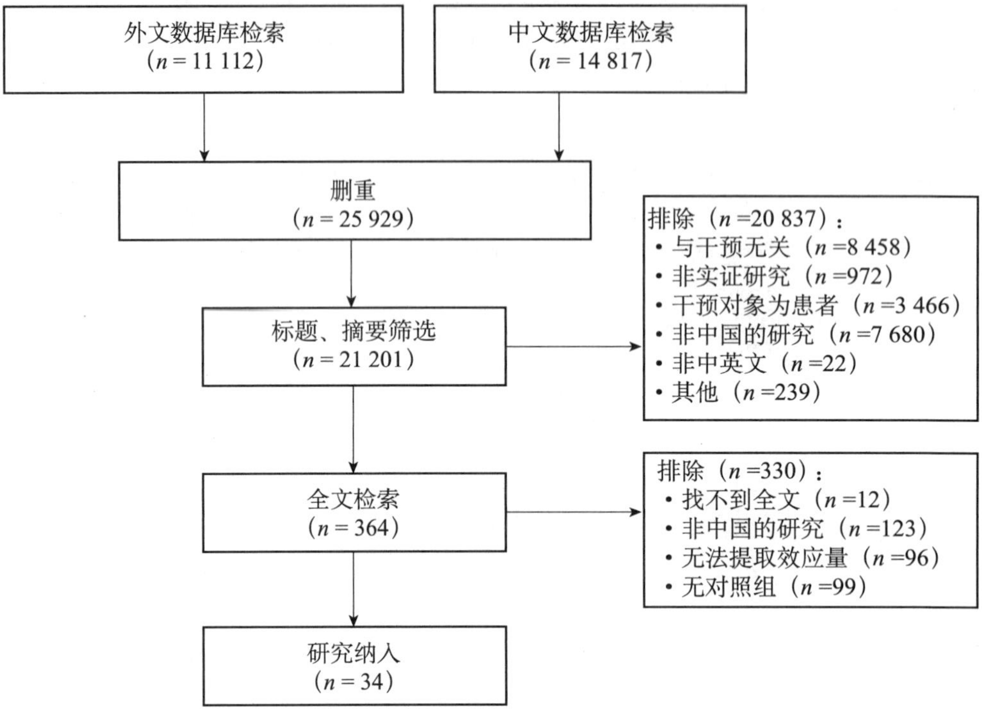

图 4-1　文献筛选和纳入流程图

（四）研究编码和数据提取

本研究提取并编码每篇文献的特征和纳入分析的结果数据。由两位作者独立提取并编码（Borenstein et al.，2021），有异议的话与通讯作者协商后确定最终方案。需要编码的特征根据每个研究的内容可做调整，一般包括研究的基本信息以及需要分析的内容。需要在遵守基本规则的前提下，结合每项元分析的具体内容，制定数据提取的规则，并且需要在论文中报告。

根据江光荣等（2020）关于心理健康素养的新概念框架，将提取三类知识方面的数据：(1) 心理疾病方面的知识；(2) 常见心理问题识别方面的知识；(3) 心理问题应对方面的知识。

数据提取的规则如下：(1) 如果同一个研究中存在测量一种以上疾病的结果变量，则提取测量流行率高的疾病的结果变量（Huang et al.，2019）；(2) 如果量表中同时包含总分和分量表分数，则优先提取总分，如果只有分量表分数，则提取与结果变量显著相关的分量表的分数（Livingston & Boyd，2010）；(3) 将测量污名的回避维度和社会距离量表合并；(4) 如果同一个研究中同时出现态度和污名的测量，则同时提取。

考虑到一个研究设置多种条件或多项试验时得到的多个效应量会占据较大的权重，从而导致结果产生偏差（Borenstein et al.，2021），对于设置两个及以上的对照组、采用不同的结果测量量表的研究，先分析文献所报告的不同条件是否为本研究所关注的，如果符合本研究的要求，再按照这些条件分解为多个独立研究，分别计算效应量。

三、数据分析和结果

本研究使用 CMA 3.0 对数据进行主效应分析和调节效应分析。

（一）效应量和模型的选择

使用标准化均值差 Hedges' g，即 Cohen's d 的修正量（Vøllestad et al.，2012），作为心理干预的效应量。Hedges' g 通过输入干预组与对照组的样本量、后测（或追踪测量）的均值和标准差，由软件直接计算获得；若缺少均值或标准差，则选用 χ^2、t、F 等来计算。效应量的评价标准为：0.2 为小效应量，0.5 为中等效应量，0.8 为大效应量（Kallapiran et al.，2015）。

效应量计算使用随机效应模型，调节变量分析使用混合模型。使用随机效应模型的主要理论依据有以下三点：(1) 随机效应模型假定每个独立效应量均基于多个真实效应量的汇聚，因此独立效应量之间存在一定程度的差异，而结果数据因来自多个独立研究而有所差异；(2) 研究结果在一定程度上可推广到其他情境（Carrero et al.，2019）；(3) 能使结果获得更宽的置信区间，降低犯 I 类错误的风险，且能赋予小样本研究更大的权重（Berkeljon & Baldwin，2009）。同时在数据分析上，采用 I^2 和 Q 进行异质性评估：I^2 指各研究之间方差在总体方差中所占的比例（$I^2=25\%$，50%，75%：异质性低、中、高）；Q 显著且 $I^2\geqslant75\%$ 意味着研究间存在不可忽视的异质性，表明选择随机效应模型是合理的（Huedo-Medina et al.，2006）。

（二）质量评价

纳入文献的质量基本上决定了元分析结果的可靠性。元分析最基本的是要对纳入文献的质量进行评价。除此之外，有的元分析会根据纳入文献的特点和所研究内容的特殊性对文中用到的量表、干预方式等进行评价。评价一般需要两位研究者分别进行，并计算一致性系数。

本研究因为测量心理健康素养的量表的多样性，所以在评价文献质量的同时，增加了对测量工具质量的评价，具体如下：

采用 Clements 等（2020）制定的三个风险等级，即低风险（low risk）、高风险（high risk）以及风险不明（unclear risk）来评价测量工具的质量。其中，低风险是指：（1）由中国研究者开发且 Cronbach's α 系数≥0.7；（2）引用的是在中国样本中具有信效度的量表。高风险是指：（1）量表由中国研究者开发但是没有报告测量学特征；（2）Cronbach's α系数≤0.7；（3）无引用的测量。风险不明是指：引用了未说明是否适用于中国样本的量表。采用 Jadad 量表（Brouwers et al.，2005；Jadad et al.，1996）评价研究质量。评价项目包括：（1）随机分组序列的产生方法；（2）双盲法的实施；（3）退出与失访。每项得分相加即为总分（0～5 分）。测量工具和研究质量的评价方法是，两位作者独立评价，然后求评分者间一致性，最后与通讯作者协商确定最终结果。使用 kappa 系数测量评分者间一致性，测量工具评价的 kappa 系数为 0.85，研究质量评价的 kappa 系数为 0.89。根据 0.75 及以上为一致性非常好的评判标准（Orwin & Vevea，2009），本研究的测量工具评价和研究质量评价有较高的一致性。

（三）发表偏倚评估和敏感性分析

采用漏斗图与失安全系数（N_{fs}）初步评估发表偏倚（Khoury et al.，2013），并结合 Egger 线性回归法进行进一步检验。漏斗图是发表偏倚的主观评估，如果数据分布左右对称，集中在中部及以上，则发表偏倚存在的可能性较低。但采用漏斗图评估发表偏倚，一般要求纳入的研究数量≥10（Morgan et al.，2018a）。如果 Egger 线性回归得到的截距接近 0 且不显著，则发表偏倚存在的可能性较低（Egger et al.，1997）。N_{fs}指让现有结论“不显著”的研究个数的最小值，N_{fs}越大，偏倚存在的可能性越小；当 $N_{fs}>5n+10$（n 为原始研究的数目）时，发表偏倚应引起警惕（Borenstein et al.，2021）。

通过敏感性分析来检验结果的稳健性。文献纳入标准的选择、数据提取方法及缺失值处理方式都会影响元分析的结果，因此有必要进行敏感性分析（Borenstein et al.，2021）。在本研究中，依次剔除 1 篇文献，对剩余文献（$n-1$ 篇）进行元分析合并，通过观察合并结果的变化情况，评估元分析结果是否受某些研究的影响而发生显著变化。如果剔除某个研究导致合并效应值发生巨大改变（置信区间和原元分析效应置信区间不存在重叠），则该研究为异常研究（Morgan et al.，2018b）。

（四）数据分析的具体步骤

以下以教育和接触干预知识的效应量分析为例展示数据分析的具体步骤（CMA 分析的数据准备步骤在第三章第二节已经详细介绍，这里不再赘述，直接从分析效应量开始）。

1. 总体效应量分析

首先，打开软件，导入之前已经输入的数据：点击 File→Open，参见图 4-2。其次，选择结果变量为知识、测量的时间点为后测的研究纳入分析。步骤为：点击 Analyses→Run analyses→Select by…，菜单中会出现 Studies（研究）、Subgroups（亚组）、Comparisons（对照）、Outcomes（结果变量）、Time points（时间点）和 Moderator（调节变量），按照设置的变量，选择相对应的变量进行分析。本研究中选择的结果变量为知识相关变量，时间点为后测，具体见图 4-3。

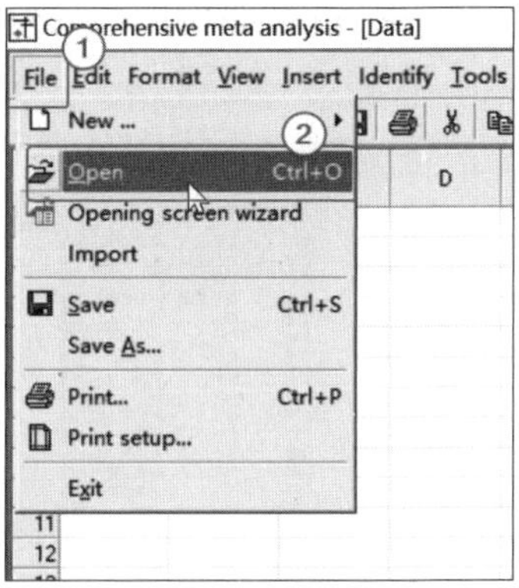

图 4-2　导入数据

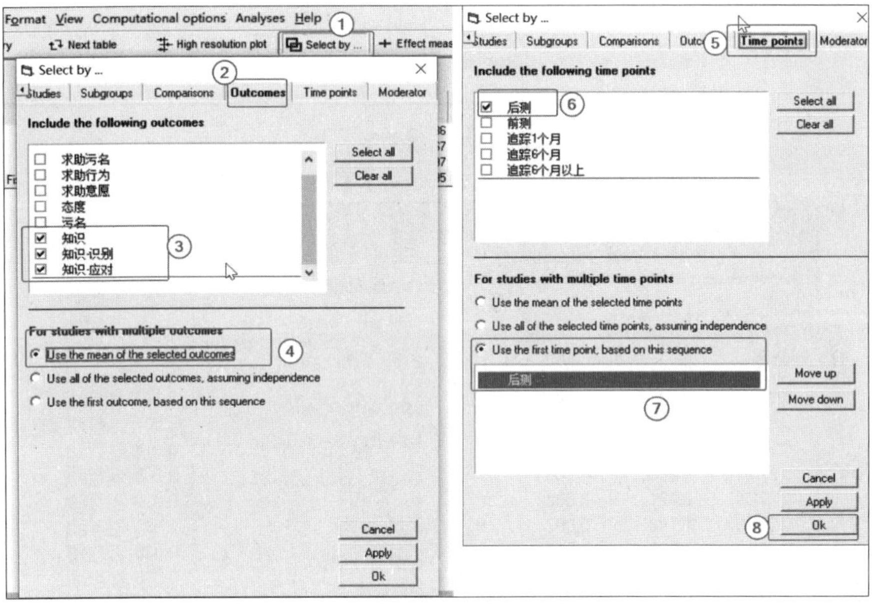

图 4-3　知识的后测的效应量分析

得到的结果见图 4-4。这是一个详细的结果图，呈现了纳入分析的每个研究的效应量（Std diff in means）。点击效应量按钮选择本例所用的效应量，即 Hedges' *g*，见图 4-5。此时的结果为固定效应模型结果，点击左下角的 Random 可以切换成随机效应模型结果。

点击 Next table 可转换为汇总效应量表，见图 4-6。

2. 总体效应量的解释

由图 4-6 可知，*Q* 值为 337.256，$p<0.001$，$I^2=93.773\%\geqslant 75\%$，显示研究间存在不可忽视的异质性，表明选择随机效应模型更合理。所以本研究的总体效应量可见图 4-6 中的随机效应模型，即 0.702，为中等效应量。此外，结果显示有两个异常值（置信区间包括 0），见图 4-4。

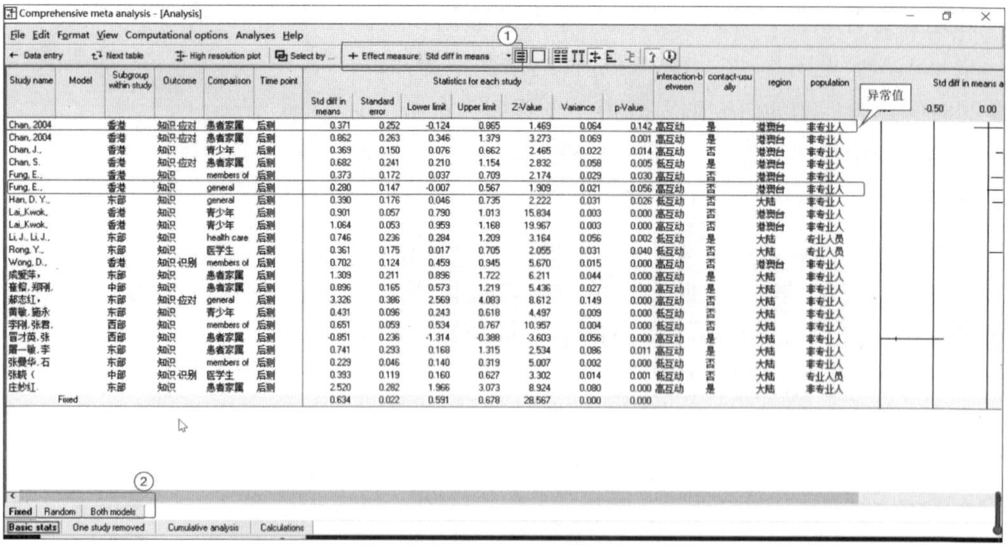

图 4-4　结果图

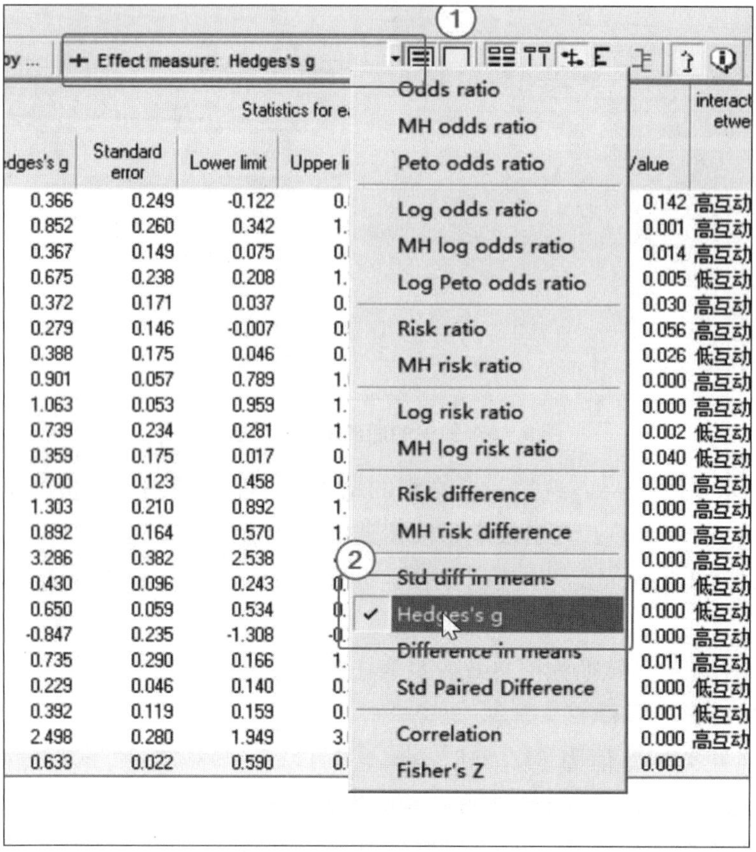

图 4-5　选择效应量

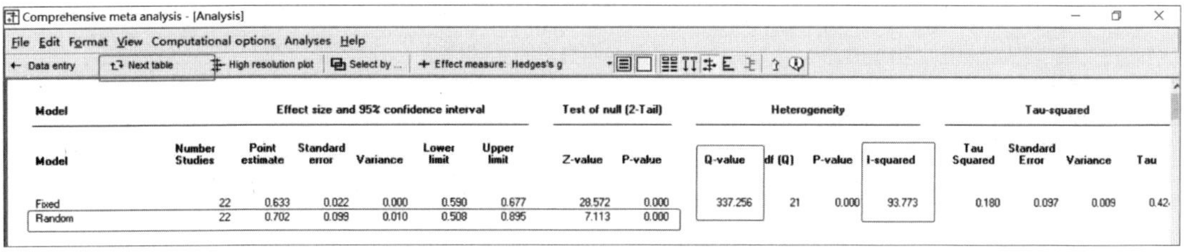

图 4-6 汇总效应量

3. 发表偏倚分析

发表偏倚采用漏斗图与失安全系数，并结合 Egger 线性回归法进行分析。具体步骤为：点击 Analyses→Publication bias，得到漏斗图（见图 4-7）。其中，菜单栏中的不同选项可以调整漏斗图的类型、线条和颜色等，Core analysis 是返回按钮，点击 Table 按钮则展现具体的发表偏倚指标，本研究用的是 Classic fail-safe N 和 Egger's regression intercept，具体见图 4-8。

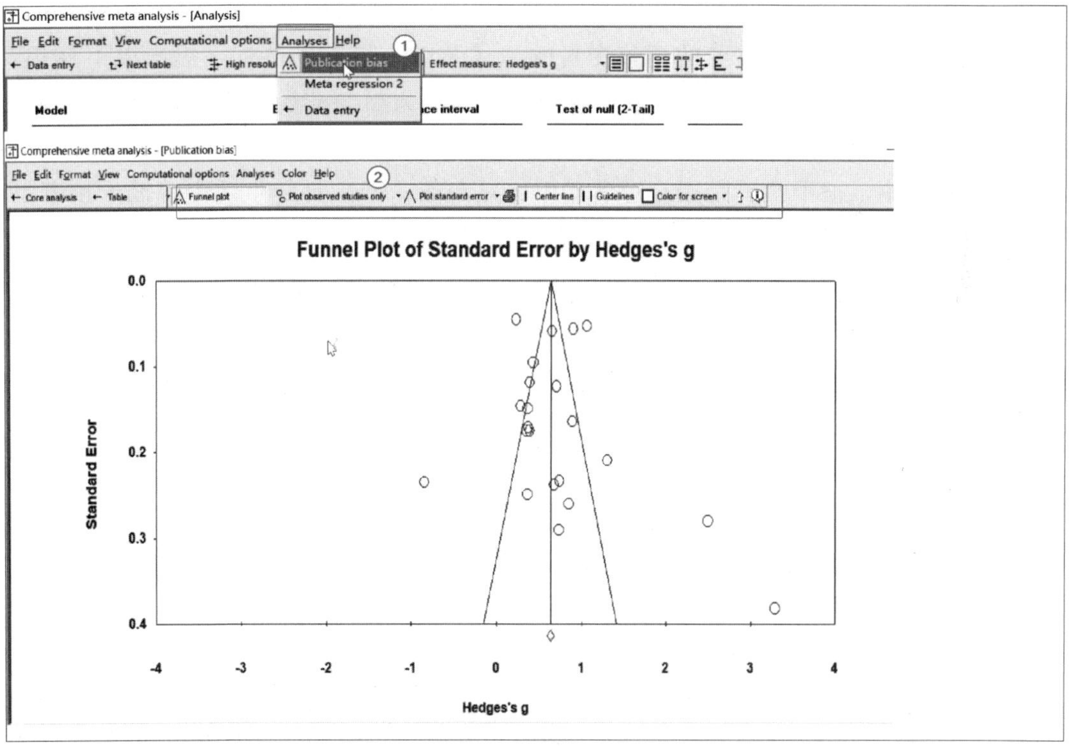

图 4-7 发表偏倚：漏斗图

4. 发表偏倚的解释

如图 4-7 所示，代表每一个研究样本的散点集中漏斗中部及以上，表明存在发表偏倚的可能性较低。由图 4-8 可知，失安全系数为 3 416，远大于 120（即 5×22+10）。Egger 线性回归的截距为 0.67，接近 0 且不显著。综合漏斗图、失安全系数和 Egger 检验，可以认为知识的后测效应的发表偏倚较低。

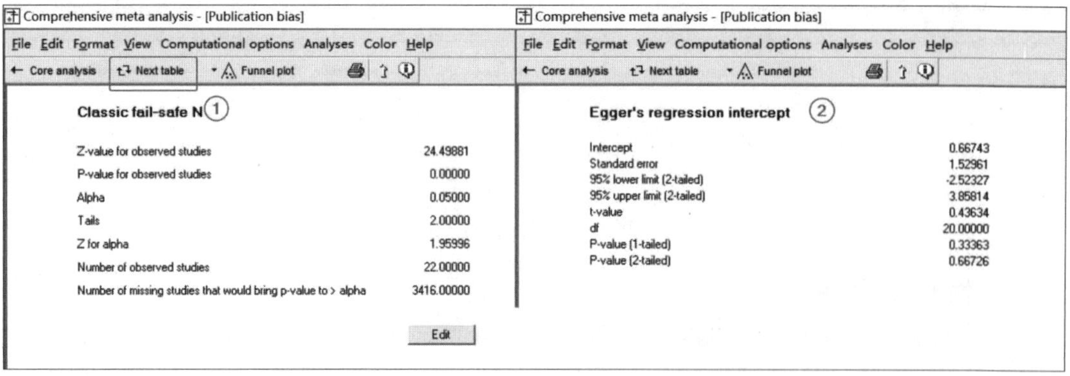

图 4-8　发表偏倚：Classic fail-safe N 和 Egger's regression intercept

5. 知识的调节效应的数据分析步骤和结果解释

调节效应分析一般采用亚组分析（分类变量）和元回归分析（分类变量和调节变量均可）。

结合对影响心理健康素养的调节变量的论述及纳入研究的特征，提出以下亚组：(1) 地域：大陆与港澳台；(2) 被干预者类型：专业人员与非专业人员；(3) 干预者与被干预者之间的互动形式：高互动与低互动；(4) 被干预者间有无互动：有与无；(5) 干预过程中，被干预者是否与患者接触：是与否；(6) 日常生活中，被干预者是否与患者接触：是与否；(7) 试验类型：RCT 与非 RCT。

下面以干预者与被干预者之间的互动形式为例，展示亚组分析的步骤：

点击 Analyses→Run analyses→Computational options→Group by…，选择要分析的那个亚组（本例为 interaction-between），选中 Also run analysis across level of interaction-between 和 Compare effect at different levels of interaction-between，点击 Ok，具体见图 4-9。结果见图 4-10。

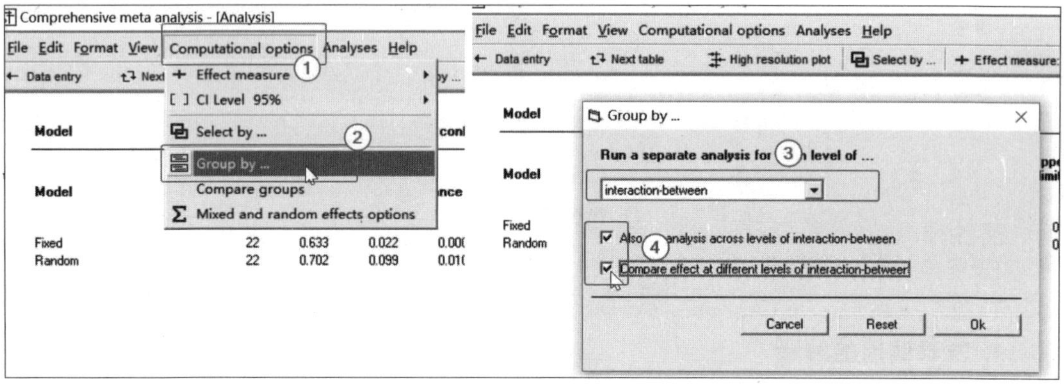

图 4-9　干预者与被干预者之间互动的亚组分析步骤

由图 4-10 可知，干预者与被干预者之间高互动的效果（$g=0.85$）显著优于低互动的效果（$g=0.46$）。

Groups		Effect size and 95% confidence interval					Test of null (2-Tail)		Heterogeneity			
Group	Number Studies	Point estimate	Standard error	Variance	Lower limit	Upper limit	Z-value	P-value	Q-value	df (Q)	P-value	I-squared
Fixed effect analysis												
低互动	8	0.402	0.031	0.001	0.341	0.462	12.967	0.000	35.293	7	0.000	80.166
高互动	14	0.876	0.032	0.001	0.814	0.938	27.619	0.000	187.369	13	0.000	93.062
Total within									222.662	20	0.000	
Total between									114.593	1	0.000	
Overall	22	0.633	0.022	0.000	0.590	0.677	28.572	0.000	337.256	21	0.000	93.773
Mixed effects analysis												
低互动	8	0.458	0.085	0.007	0.291	0.625	5.372	0.000				
高互动	14	0.853	0.139	0.019	0.580	1.127	6.121	0.000				
Total between									5.860	1	0.015	
Overall	22	0.565	0.073	0.005	0.423	0.708	7.776	0.000				

图 4-10　干预者与被干预者之间互动的亚组分析结果

以知识为结果变量的元回归分析步骤为：点击 Analyses→Run analyses→Analyses→Meta regression 2，可弹出如图 4-11 所示的界面。

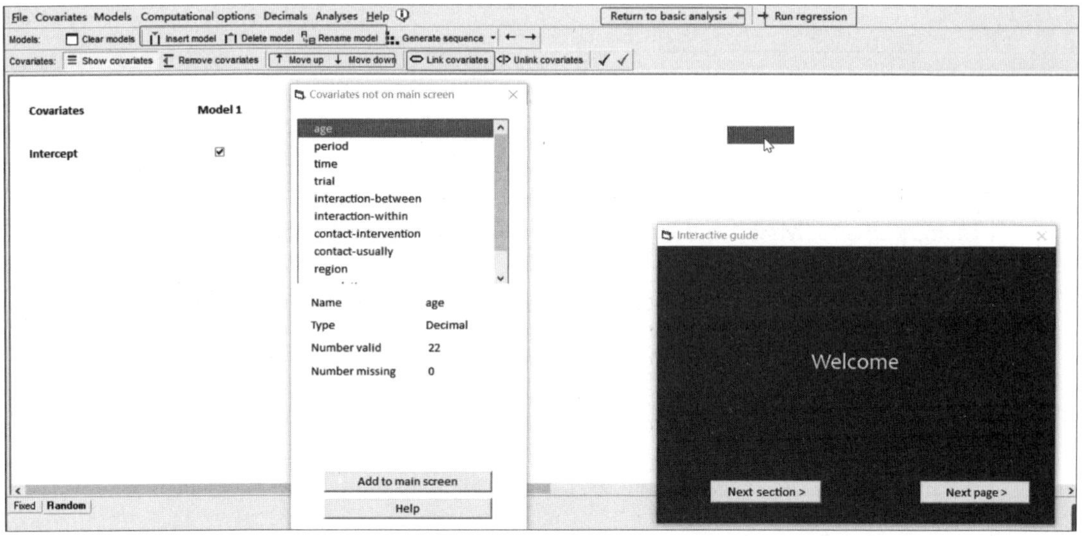

图 4-11　元回归分析的步骤

根据理论构建模型，可以同时纳入调节变量，也可以分层纳入调节变量。本研究根据人口学特征（年龄和地域）、干预特征变量以及试验类型构建了三层模型，具体见图 4-12。结果见图 4-13。

9 个调节变量（如调节变量亚组研究数量少于 6 个，则不纳入分析）进入知识的干预效果的回归分析。模型 1 包括年龄、地域，对总效应量的解释率为 0.01；模型 2 纳入了 6 个干预特征变量（干预周期、干预时间、日常是否接触患者、干预中是否接触患者、干预者与被干预者之间的互动、被干预者之间的互动）后，R^2 为 0.74；模型 3 纳入了试验类型后，R^2 为 0.70。模型 1 与模型 2 的 ΔR^2 为 0.73，即模型 2 纳入的干预特征变量解释了 73%的效应量变异。在综合了其他所有调节变量的影响后，地域和干预者与被干预者之间的互动的影响显著。

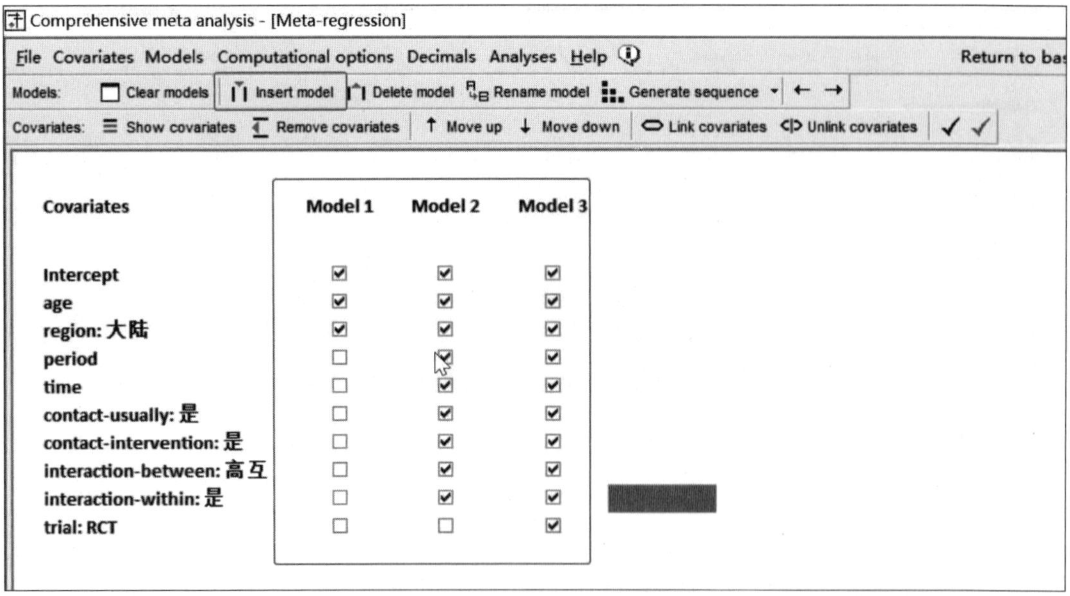

图 4－12　分层元回归分析图

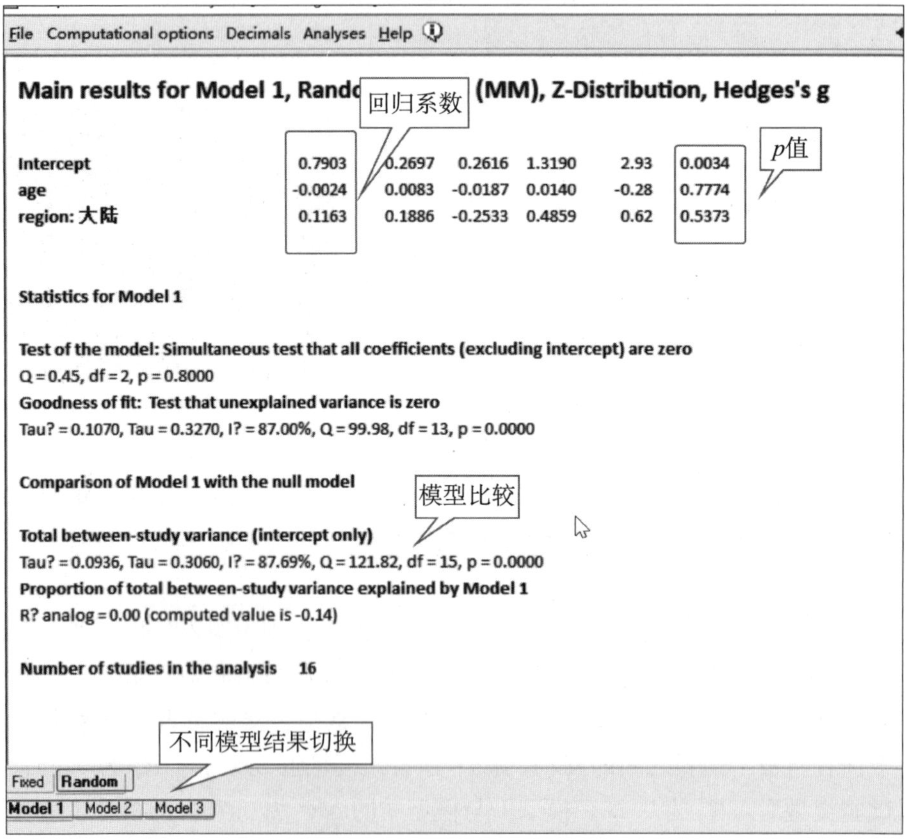

图 4－13　分层元回归分析结果

四、讨论

本例的讨论部分首先总结心理健康素养干预的效果，并结合以往同类研究探讨中国文化背景下心理健康素养干预的效果优于国外的原因；然后探讨影响干预效果的因素，并对具体影响因素逐一进行讨论；最后呈现研究的局限性及启示。本例展示的是干预效果元分析，包括总的效应量分析、亚组分析和元回归分析，更具体的内容和解释可见原文献。

第三节 网状元分析实例：创伤后应激障碍的网络化干预效果①

一、网状元分析概述

一般的疗效元分析来源于直接比较研究，例如纳入的研究都是将干预措施 A 和对照组（或干预措施 B）进行比较的直接对照研究。然而，有的时候缺乏直接的随机对照，例如只存在 A-C、B-C 比较的研究，这时可以通过计算获得 A-B 这一间接比较的结果。计算有两种思路：一种是直接从原始研究中抽取 A 干预和 C 干预的数据，进行计算分析，这被称为单组间接比较；另一种思路是利用 A/B 值和 B/C 值进行计算，这被称为调整后间接比较（adjusted indirect comparison）。后者基于共同的对照，保留了原随机对照试验的优势，结果更为可靠，因此是间接比较中的主要计算方式。

网状元分析（network meta-analysis，NMA）是基于调整后间接比较发展而来的分析方法。当我们要同时考察多种干预措施的相对疗效时，除了利用传统的成对元分析分别进行检验以外，还可以基于共同的对照组来计算不同干预措施之间的间接相对效应。当成对比较研究数量有限，有的干预措施之间不存在直接比较时，网状元分析就可以发挥重要的作用。不过网状元分析并不等同于调整后间接比较，它纳入的研究可能有两种类型：一种是不存在直接比较的调整后间接比较，无法形成闭合环路；另一种是既存在直接比较，也存在间接比较的混合治疗效应，可以形成闭合环路（见图 4-14）。

总的来说，当存在很多种干预措施，并且直接比较和间接比较都存在时，网状元分析适用于合并直接比较和间接比较证据，衡量不同干预措施的相对效应，进而选出最佳疗法。如在本节的实例中，我们关注不同的网络化心理干预（包括认知行为治疗组、常规治疗组、空白等待组等在内，共 13 个组别）对遭遇创伤人群的 PTSD、抑郁

① 本实例来源于任志洪教授团队在研项目，论文尚未发表。

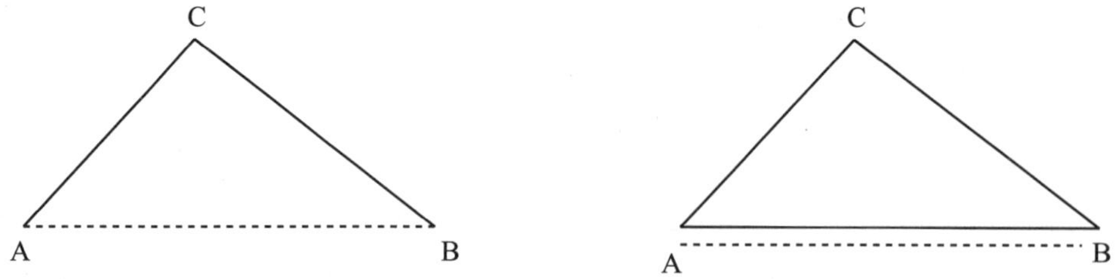

图 4-14　调整后间接比较和混合治疗效应

注：实线表示直接比较，虚线表示间接比较。

和焦虑症状的干预效果，并进行疗效最优排序。

网状元分析结果的可靠性一般基于下列三种假设进行评估：（1）同质性假设（homogeneity）。针对的是每种直接比较之间，和传统直接比较元分析一样，要求研究之间不存在过大的异质性，包括临床异质性、方法学异质性（研究设计和研究质量）和统计学异质性。除了在纳入与排除标准中尽可能保证同质性，也可以用统计学方法（如 Q 检验、I^2 检验等）衡量异质性大小。在异质性高的情况下，尽可能使用随机效应模型，以及进行亚组或元回归分析，考察异质性来源。（2）相似性假设。针对的是间接比较的两种试验之间，如 A－B 和 B－C 试验需要基本相似，包括临床相似性和方法学相似性，甚至要求研究质量相似。对相似性的评估可采用专家意见或比较被试、试验设计等资料，目前尚无公认的统计学检验方法。网状元分析中相似性的评估标准为所有影响试验效应的特征相似。与相似性相关的还有：可传递性（transitivity），即结果在共同的对照组之间可以传递；可交换性（exchangeability），即结果可以在不同试验间交换分析。（3）一致性假设。针对的是直接比较和间接比较、不同实验设计（如两臂研究和三臂研究）之间的间接比较。不一致性检验有十几种方法，实例中将会介绍常见的几种方法，如基于环的不一致性检验（loop-specific approach）和基于节点分割的不一致性检验（node-splitting approach）。如果研究符合一致性假设，就可以合并直接比较和间接比较的结果；如果不符合该假设，就要探究原因，如相似性、异质性假设是否满足，或者进一步进行亚组分析和元分析，甚至不予进行网状元分析。

网状元分析的统计分析主要分为两大类别：频率法（frequentist）和贝叶斯法（Bayesian）。频率学框架认为被估计参数是固定的，计算速度快，可避免蒙特卡罗错误（Monte Carlo error，即模拟生成随机样本带来的误差）。贝叶斯框架认为被估计参数是随机的，存在一个概率分布，灵活性较高。通常这两种方法没有优劣之分，不过越来越多的网状元分析倾向于采用贝叶斯法。能实现这两种方法的分析工具很多，在本实例中，我们选择使用 Stata 进行频率学分析。

二、实例背景

网状元分析的基本流程与传统元分析类似，首先就是构建问题，对研究问题进行细化。本研究关注 PTSD 网络化干预的效果。目前，已有多种干预理论被用于网络化干预。不同理论依据的程序及其效果的差异较大。即使是同样的干预程序，其干预效果也不同。因此，有必要厘清采用各种疗法对 PTSD 进行网络化干预的效果和影响因素，以期为 PTSD 患者选择干预方式以及开发网络化干预程序提供指导。本研究的目的有两个：（1）比较已有的 PTSD 网络化干预的效果，并对效果进行排序；（2）探索影响 PTSD 网络化干预效果的因素。

三、研究方法

首先，采用网状元分析的方式。按照网状元分析核查清单和标注（PRISMA for Network Meta-Analysis，PRISMA-NMA）进行预注册（Hutton et al.，2015）。本研究已在 PROSPERO 预注册（CRD42020172956）。

其次，确定检索策略。在 Web of Science、PubMed、Medline、PsycINFO、PsycARTICLES、Psychology and Behavioral Sciences Collection、CINAHL、中国知网和万方数据库以关键词检索文章。检索时间截至 2021 年 6 月 9 日。然后，指定检索策略，包括关键词检索、系统综述和重点文献追踪。

使用的检索式为：

TS = (trauma * OR posttraumatic OR stress OR PTSD OR "post traumatic" OR "posttraumatic stress disorder" OR "acute stress disorder") AND (online OR "web-based" OR "internet-based" OR "internet-delivered" OR "tele-" OR computer OR mobile) AND (evaluation OR therapy OR intervention OR treatment OR psychotherapy) AND ("randomized controlled trial" OR "controlled trial" OR randomized OR trial)

最后，确定纳入与排除标准。具体如下：

（1）样本选择。年龄 18 岁以上，经历过创伤事件且表现出 PTSD 症状。参考 DSM-5 的标准 A（American Psychiatric Association，2013）和 Hirai 等（2012）的定义，将创伤事件定义为以下 11 类：身体伤害（physical assault）、性伤害（sexual assault）、交通事故、灾难（例如飓风、洪水等）、医疗事故/疾病、童年期身体虐待、童年期性虐待、目睹严重的事故、人际压力（例如离婚、骚扰）、家庭成员或重要他人患病或死亡、战争。经量表或者临床访谈评估有 PTSD 症状的，不一定符合全部的症状标准。（2）干预设置。干预方式是基于某种疗法/心理依据，在网络上通过交互式的界面传递的心理干预，包括台式机和移动设备（Lewis et al.，2019；Simblett et al.，2017），干预针对的是 PTSD 症状。排除不是针对 PTSD 或经历过创伤的个体的心理症状的干预，例如针对经历过创伤的老兵的戒烟行为（Battaglia et al.，2016）。不包括通过网络进行的视频心理咨询。（3）对照类型，包括积极对照组、空白等待组、常规治疗组、安慰剂组等。（4）结果测量。主要结果变量是 PTSD 严重性，次要结果变量为 PTSD 的共病症状，如焦虑、抑郁。（5）研究设计。采用随机对照试验。对于使用同一批数据的多篇文章，每一个变量只纳入一次。（6）经过同行审议的中文或者英文文章。(7) 排除没有报告平均数和标准差（或者标准误和 95%置信区间）的研究 (Cuijpers et al.，2019)。

四、数据分析和结果

网状元分析的数据分析和传统元分析存在一些差异。核心的分析过程包括以下部分：(1) 绘制网状证据图；(2) 进行网状元分析；(3) 讨论和检验三个关键假设；(4) 对疗法进行排序；(5) 发表偏倚评估、质量评价、亚组分析、元回归分析等。在此，我们分别演示基于 Stata 的频率法和基于 WinBUGS 的贝叶斯法。

(一) 频率法：基于 Stata

1. Stata 基本介绍和安装

Stata 是非常强大的数据管理、分析、绘图软件，是元分析的另一“利器”，在许多高影响因子元分析中也常见其身影。相较于 R，Stata 的主要优点在于运用简单的代码就可以进行分析，还存在不少交互界面，从而省略比较复杂的代码。目前 Stata 有三个版本，分别是 IC、SE 和 MP，区别在于能够处理的变量数量和运算速度，以及价格。如果数据量不是特别大，一般 SE 版本就足够使用。2021 年 4 月，Stata 更新到 17.0，运算能力有所提升，还提供 Python 接口（https://www.stata.com/new-in-stata/）。相较于早期版本，Stata 17.0 对元分析模块有所改进，如对二分变量缺失值的处理，但是主要命令在更早的版本中均可实现。

建议使用正版 Stata，否则安装过程较为烦琐，并且分析过程中容易出现问题。Stata 正版的安装过程并不复杂，购买后根据官网的指导操作即可（https://www.stata.com）。

对于 meta 模块，只需要在命令窗口中输入：

```
help meta_dialog
```

在弹出的界面中复制代码，粘贴到命令窗口即可。安装完成后，可以在菜单栏中的“用户”底下找到元分析命令。对于其他元分析模块，可以先在命令窗口键入 help 模块名称。如果已经安装该模块，则会跳出模块介绍主页，呈现模块中的函数和参数使用信息。如果未安装该模块，则跳出的界面会提供模块安装路径，点击 install 安装即可，或者直接在命令窗口输入 ssc install 模块名称进行安装。

2. 数据准备

首先，要确定效应量类型。由于本研究采用量表来评估症状水平，所以效应量是连续变量。虽然我们前面说过，考虑两组前后测差异变化的效应量比只考虑后测结果的效应量更为合适，但是由于实际的数据收集困难，根据 Cuijpers 等（2017）的建议，我们还是只选择了后测均值、标准差、样本量来计算效应量。

其次，要考虑数据保存格式。网状元分析数据的格式有三种类型：标准（standard)、成对（pairs）和长格式（augmented)。我们只要选择一种类型进行保存即可，Stata 中的 network convert 命令可提供数据格式转换。本研究中，我们提供的例子是长格式的，每一行代表一种干预措施，并记录了研究名称、干预措施、后测的平均数、标准差、样本量以及协变量，如图 4-15 所示。

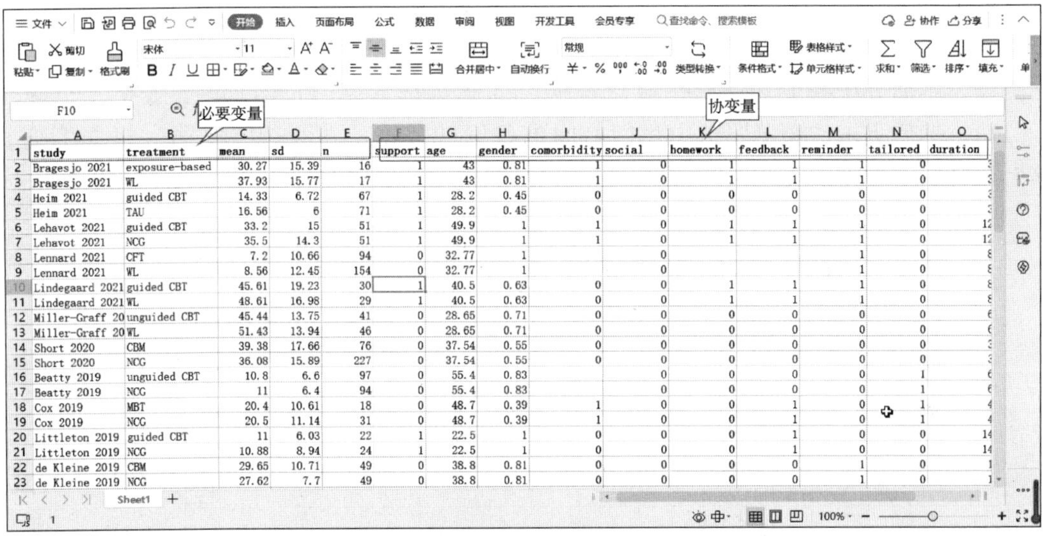

	study	treatment	mean	sd	n	support	age	gender	comorbidity	social	homework	feedback	reminder	tailored	duration
2	Bragesjo 2021	exposure-based	30.27	15.39	16	1	43	0.81	1	0	1	1	1	0	3
3	Bragesjo 2021	WL	37.93	15.77	17	1	43	0.81	1	0	1	1	1	0	3
4	Heim 2021	guided CBT	14.33	6.72	67	1	28.2	0.45	0	0	0	0	0	0	3
5	Heim 2021	TAU	16.56	6	71	1	28.2	0.45	0	0	0	0	0	0	3
6	Lehavot 2021	guided CBT	33.2	15	51	1	49.9	1	1	0	1	1	1	0	12
7	Lehavot 2021	NCG	35.5	14.3	51	1	49.9	1	1	0	1	1	1	0	12
8	Lennard 2021	CFT	7.2	10.66	94	0	32.77	1		0			1	0	8
9	Lennard 2021	WL	8.56	12.45	154	0	32.77	1		0			1	0	8
10	Lindegaard 2021	guided CBT	45.61	19.23	30	1	40.5	0.63	0	0	1	1	1	0	8
11	Lindegaard 2021	WL	48.61	16.98	29	1	40.5	0.63	0	0	1	1	1	0	8
12	Miller-Graff 20	unguided CBT	45.44	13.75	41	0	28.65	0.71	0	0	0	0	0	0	6
13	Miller-Graff 20	WL	51.43	13.94	46	0	28.65	0.71	0	0	0	0	0	0	6
14	Short 2020	CBM	39.38	17.66	76	0	37.54	0.55	0	0	0	0	0	0	3
15	Short 2020	NCG	36.08	15.89	227	0	37.54	0.55	0	0	0	0	0	0	3
16	Beatty 2019	unguided CBT	10.8	6.6	97	0	55.4	0.83		0	0	0	0	1	6
17	Beatty 2019	NCG	11	6.4	94	0	55.4	0.83		0	0	0	0	1	6
18	Cox 2019	MBT	20.4	10.61	18	0	48.7	0.39	1	0	0	1	0	1	4
19	Cox 2019	NCG	20.5	11.14	31	0	48.7	0.39	1	0	0	1	0	1	4
20	Littleton 2019	guided CBT	11	6.03	22	1	22.5	1	0	0	0	1	0	0	14
21	Littleton 2019	NCG	10.88	8.94	24	1	22.5	1	0	0	0	1	0	0	14
22	de Kleine 2019	CBM	29.65	10.71	49	0	38.8	0.81	0	0	0	0	1	0	1
23	de Kleine 2019	NCG	27.62	7.7	49	0	38.8	0.81	0	0	0	0	1	0	1

图 4-15　网状元分析数据提取格式（长格式）

3. 分析模块准备

分析主要用到两个模块：一个是 mvmeta，另一个是 network。可以在命令窗口键入

help mvmeta

help network

查看模块是否安装，以及模块的介绍和主要指令（如图 4-16 所示）。

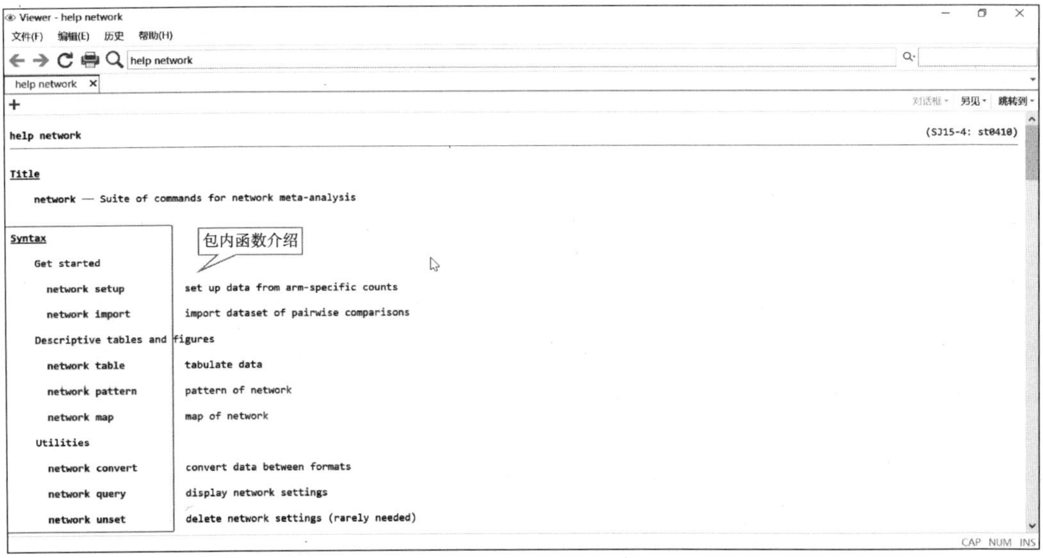

图 4-16　用 help 命令查看模块

如果模块未安装，可以在 help 后弹出的窗口中点击安装，或者输入 ssc install network 进行安装。

4. 数据导入

数据导入方法有三种，最简单的是点击菜单栏中的“文件”→“导入”来选择数据类型。本研究中我们用 Excel 存储数据，因此选择导入“Excel 电子表格”（见图 4-17），然后点击“浏览”选中我们前面准备好的数据，并勾选“将第一行作为变量名”（见图 4-18）。

图 4-17　使用菜单栏导入数据

导入后打开菜单栏中的数据编辑器进行浏览或者编辑。从图 4-19 中可以看到数据已经完整导入。

当然，我们也可以手动录入数据：点击菜单栏“数据”中的“数据编辑器”，或者直接点击数据编辑器，打开数据编辑界面，录入数据，或者复制粘贴过来。可以通过属性窗口设置数据类型、标签等，读者可自行探索。

最后，我们还可以直接用程序语句读取数据，即在命令窗口输入：

```
import excel "E:\My_projects\Meta_Book\data_example\Chapter4.3\PTSD_post_example.xlsx", sheet("Sheet1") firstrow
```

实际上，采用第一种导入方式时，我们也可以在程序左侧的命令窗口看见对应的程序语句（见图 4-20）。

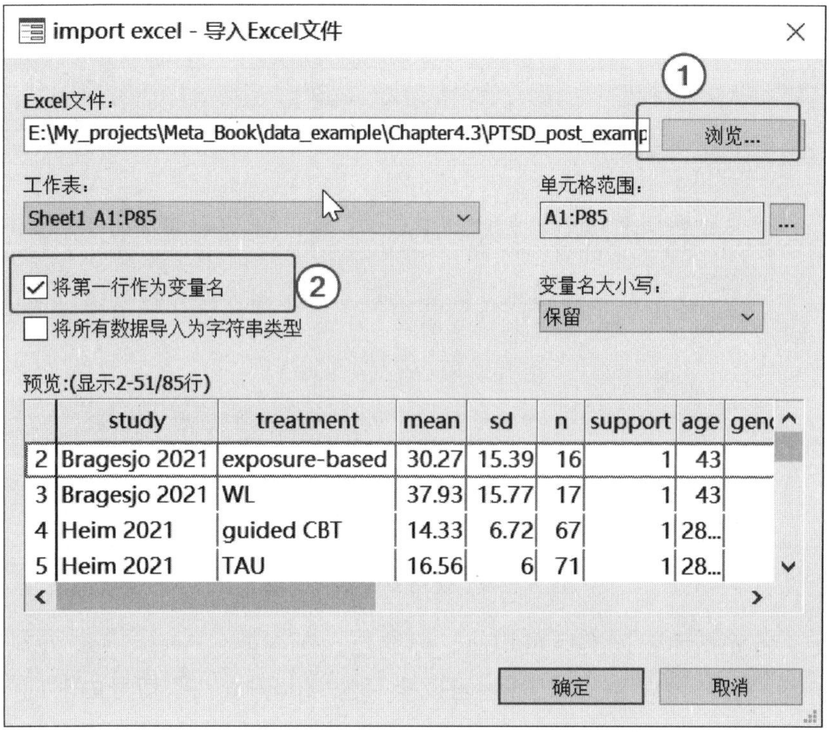

图 4 - 18 导入 Excel 文件

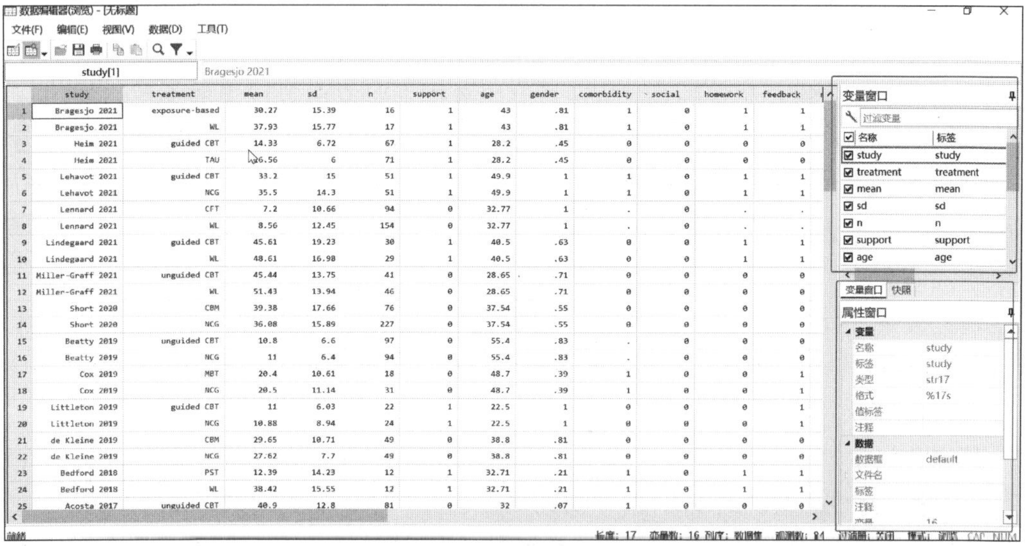

图 4 - 19 数据导入后视图

5. 转换为 network 分析数据

可采用 network setup 命令将数据转换为网状元分析格式。对于平均数、标准差、样本量等连续型数据而言，采用以下命令：

```
network setup mean sd n,study(study)trt(treatment)armvars(keep)smd ref(WL)
```

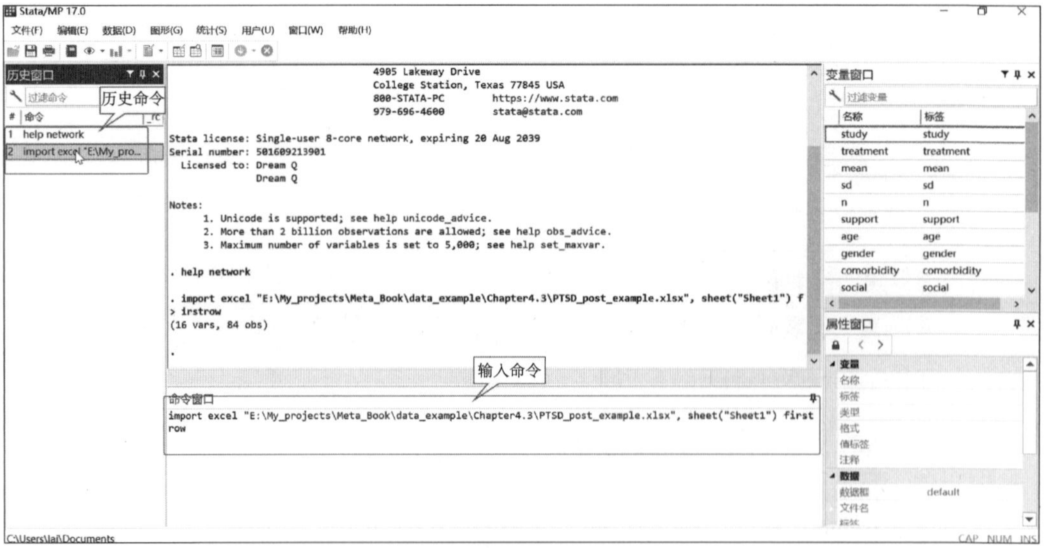

图 4-20　使用命令导入数据

这个命令中，首先指明数据类型是均值、标准差、样本量（mean、sd、n 对应于Excel数据中的 mean、sd、n），study()［也可以全写为 studyvar()］括号内对应于 Excel 中的研究名称变量名，trt()［也可以全写成 treatment()］括号内对应于 Excel 中的干预措施变量名。如果包含协变量或者其他变量，需要使用 armvars() 指定是否需要协变量，否则不可识别；armvars() 括号内的参数 keep 表示保留，而 drop 则表示删除。smd 表示指定效应量类型为标准化均值差。ref() 用于指定参照组，这里指定空白等待组 WL 为参照组。需要注意的是，WL 是原始数据中对空白等待组的编码，如用其他形式编码，则写上对应字段。组令中还有其他参数，例如用于指定数据格式的 format()（可以对干预措施重新编码，默认状态下重新编码为以 A 开始的字母，也可以使用 numcodes 编码为数字，或者使用 nocodes 不进行编码）。

输入命令后，结果会呈现描述性信息，包括新的编码规则所对应的干预措施、纳入的研究数量、效应量类型以及网络是否闭合（如图 4-21 所示）。注意，如果网络不闭合（unconnected），则无法进行后续的网状分析，需要删掉那些不闭合的文献。

6. 绘制网状关系图

研究共包含 13 种干预措施，共有 3 个对照组：空白等待组（WL）、常规治疗组（TAU）和注意控制组。其中有 41 个研究报告了与 PTSD 症状相关的结果变量。

network 模块提供 network map 函数来直接绘制网状关系图。在命令窗口中输入：

```
network map
```

网状关系图会自动跳出。默认情况下，点的大小代表样本量，边的粗细代表直接比较的研究数量（见图 4-22）。该函数有一些参数可以调整，比如用 title() 加上标题，设置形状为 circle、triangular 或 random。注意，主要函数后要先加上“,”再加上参数，如：

```
network map,triangular title("PTSD 远程干预网状关系图")
```

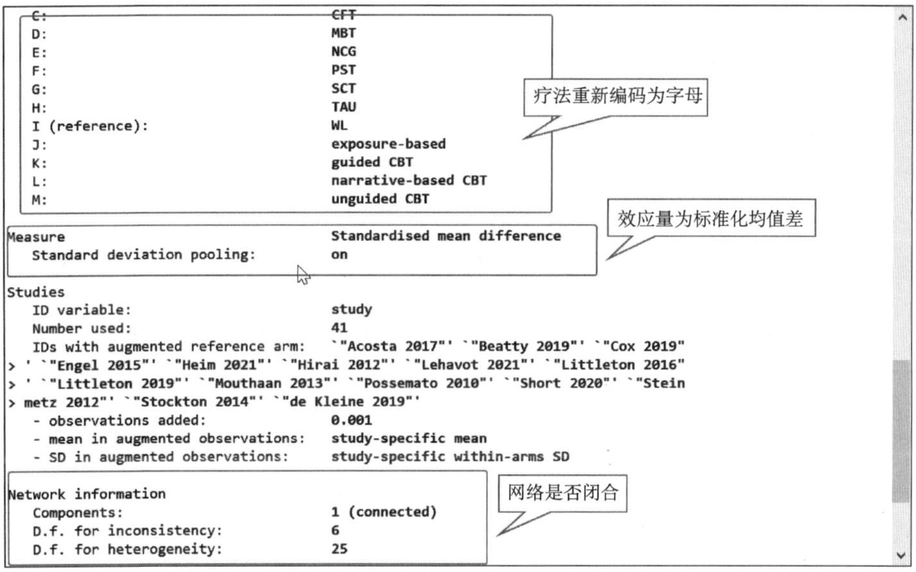

```
C:                                  CFT
D:                                  MBT
E:                                  NCG
F:                                  PST
G:                                  SCT
H:                                  TAU
I (reference):                      WL
J:                                  exposure-based
K:                                  guided CBT
L:                                  narrative-based CBT
M:                                  unguided CBT

Measure                             Standardised mean difference
  Standard deviation pooling:       on

Studies
  ID variable:                      study
  Number used:                      41
  IDs with augmented reference arm:  `"Acosta 2017"' `"Beatty 2019"' `"Cox 2019"
> ' `"Engel 2015"' `"Heim 2021"' `"Hirai 2012"' `"Lehavot 2021"' `"Littleton 2016"
> ' `"Littleton 2019"' `"Mouthaan 2013"' `"Possemato 2010"' `"Short 2020"' `"Stein
> metz 2012"' `"Stockton 2014"' `"de Kleine 2019"'
  - observations added:             0.001
  - mean in augmented observations: study-specific mean
  - SD in augmented observations:   study-specific within-arms SD

Network information
  Components:                       1 (connected)
  D.f. for inconsistency:           6
  D.f. for heterogeneity:           25
```


图 4-21　转换为 network 分析数据

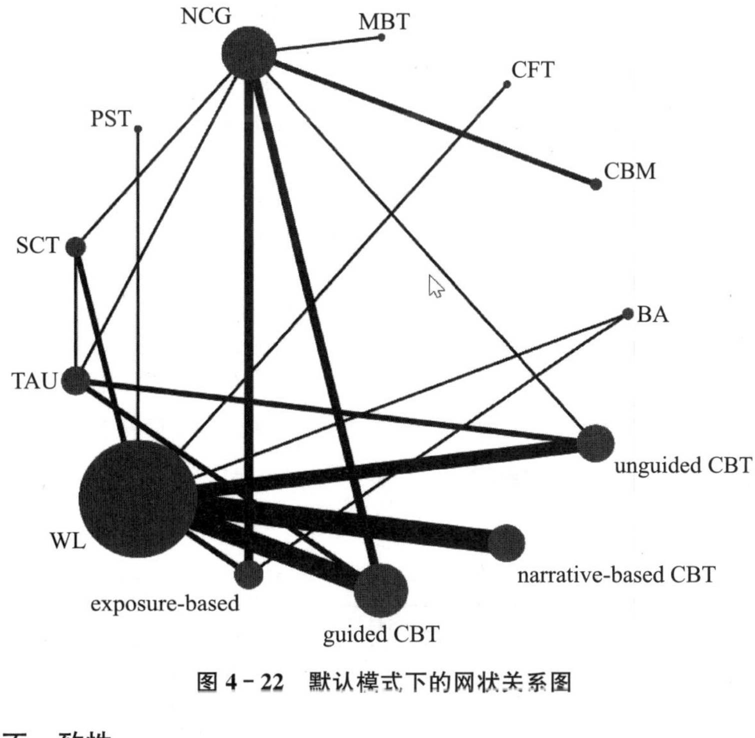

图 4-22　默认模式下的网状关系图

7. 检验不一致性

不一致性检验是进行网状元分析的前提。不一致性检验有很多种方式。这里我们列举常见的方法。首先对整体的不一致性进行检验，具体命令如下：

```
network meta i
```

输出结果（见图 4-23）中，找到卡方和显著性 p 值。如果 $p>0.05$，说明整体上不存在不一致性。

```
Testing for inconsistency:
 ( 1)  [_y_H]des_HM = 0
 ( 2)  [_y_J]des_IJ = 0
 ( 3)  [_y_K]des_IK = 0
 ( 4)  [_y_M]des_IM = 0
 ( 5)  [_y_G]des_EGH = 0
 ( 6)  [_y_H]des_EGH = 0

            chi2(  6) =     4.75
          Prob > chi2 =     0.5762
mvmeta command stored as F9; test command stored as F8
```

图 4-23 不一致性检验结果（整体）

除了整体不一致性，我们还要检验局部不一致性。方法之一是节点分割法（node-splitting method），即检验任一两两比较之间的直接效应和间接效应的差异（只对同时存在直接效应和间接效应的成对比较进行检验）。在命令窗口输入：

network sidesplit all,tau

按回车键即可得到两两成对干预措施的直接效应和间接效应的差异检验结果（见图4-24），如果都不显著，这说明局部也不存在不一致性。

```
. network sidesplit all, tau

Side    Direct               Indirect               Difference
> tau
        Coef.       Std. Err.  Coef.       Std. Err.  Coef.      Std. Err   P>|z|
I J *   -.6715285   .2817045   -.409423    .215546   -.2621055   .3546601   0.460
>  .1508271
I K     -.5362411   .1076439   -.489029    .1                    39053      0.825
>  .1574247
I L             .          .           .                                    .
>           .
I M     -.3084544   .1208383   -.6537791   .1817797   .3453246   .78849     0.113     .144666
A I *    .1906345   .4054716   -.7452198   .7745273   .9358542   .9058269   0.302
>   .147717
A J *   -.7029645   .3768909    .2328897   .8166846  -.9358543   .9058268   0.302
>  .1477168
B E *   -.2069651   .1564924   -1.060806   44.73011   .853841    44.73032   0.985
>  .1492958
C I             .          .           .          .          .              .
>           .
D E *    .0089814   .3318186   -1.007627   63.2453   1.016609    63.2458   0.987   .1492952
E G      .294454    .3566121   -.1385754   .2259612   .4330293   .4220454   0.305   .1450472
E H      .0058256   .3629379    .2018224   .1654175  -.1959969   .398844    0.623   .1534589
```

比较每一对疗法之间的直接效应和间接效应是否存在显著差异

图 4-24 不一致性检验结果（节点分割法）

此外，我们还可以针对每一个环（loop）进行不一致性检验。首先需要把数据格式转换为 pairs（注意使用 network convert 前需要先进行 network setup 设置）：

network convert pairs

打开数据窗口，可以看到数据格式发生了变化，变成了两两成对比较，如图 4-25 所示。

成对比较

	duration	symptom	mean1	sd1	n1	mean2	sd2	n2	_design	_t1	_t2	_y	_stderr	_contrast
1	12	2	41.2	13.1	81	40.9	12.8	81	H M	H	M	-.02305499	.15714022	M - H
2	6	3	11	6.4	94	10.8	6.6	97	E M	E	M	-.03063517	.14474148	M - E
3	6	1	12.39	14.23	12	38.42	15.55	12	F I	F	I	1.6861	.48665189	I - F
4	3	2	37.93	15.77	17	30.27	15.39	16	I J	I	J	-.47942382	.35390915	J - I
5	10	3	3.1	1.53	61	2.5	1.5	71	I M	I	M	[illegible]	.17630443	M - I
6	10	3	45.1	12.99	27	35.9	14.48	31	I K	I	K	[illegible]	.27069687	K - I
7	4	3	20.4	10.61	18	20.5	11.14	31	D E	D	E	.00898144	.29633517	E - D
8	6	3	38.4	7.5	17	40	10.5	12	A I J	A	I	.19063445	.3776068	I - A
9	6	3	38.4	7.5	17	32.5	7.2	18	A I J	A	J	-.70296454	.34673691	J - A
10	6	3	40	10.5	12	32.5	7.2	18	A I J	I	J	-.89359899	.38514645	J - I
11	6	1	48.52	13.97	37	50.72	18.76	43	H K	H	K	.13026995	.22448963	K - H
12	3	3	16.56	6	71	14.33	6.72	67	H K	H	K	-.34869463	.17165696	K - H
13	8	2	31.07	21.01	15	16.62	14.81	18	I M	I	M	-.78850417	.36448308	M - I
14	.86	3	10.9	8	66	10.4	8.16	67	E J	E	J	-.06151569	.17346942	J - E
15	6	1	39.21	11.18	94	35.95	10.93	209	I K	I	K	-.29541369	.12477501	K - I
16	8	1	49.19	18.09	31	30.96	16.06	31	I K	I	K	-1.0523744	.2720698	K - I
17	5	3	27.9	10.92	35	17.9	12.36	48	I L	I	L	-.84122085	.23209767	L - I
18	5	3	28.27	11.81	113	17.64	12.22	115	I L	I	L	-.8815262	.13884452	L - I
19	5	3	20.7	9.2	47	12.3	8.7	49	I L	I	L	-.93122587	.21537126	L - I
20	5	1	30.17	8.7	80	20.29	12.45	79	I L	I	L	-.91653223	.16692404	L - I
21	6	2	19.02	9.19	47	15.19	9.26	47	I L	I	L	-.41177784	.20854871	L - I
22	12	1	53.9	13.78	58	51.93	14.04	62	I M	I	M	-.14067164	.18290851	M - I
23	5	3	10	8.7	15	6.5	4.5	15	I L	I	L	-.49166095	.37139797	L - I
24	5	3	21.97	8.6	62	11.12	9.27	122	I L	I	L	-1.193819	.16816396	L - I
25	12	1	35.5	14.3	51	33.2	15	51	E K	E	K	-.15575883	.19834419	K - E

图 4-25 数据格式变化（成对数据类型）

然后在命令窗口输入：

```
ifplot_y_stderr_t1_t2 study,tau2(loop)
```

如果显示 command metareg is unrecognized，这说明还未安装相关模块；此时，可以通过 help metareg 进入界面，点击 sbe23_1 模块进行安装，再返回重新输入命令。结果输出每一个环的 IF 及其显著性，如图 4-26 所示。如果 p 值大于 0.05，说明该环不存在不一致性。也可以通过置信区间进行判断，如果区间包括 0，说明不存在不一致性（如图 4-27 所示）。

Evaluation of inconsistency using loop-specific heterogeneity estimates:

环

Loop	IF	seIF	z_value	p_value	CI_95	Loop_Heterog_tau2
G-H-I-M	0.828	0.410	2.020	0.043	(0.02,1.63)	0.007
E-G-I-M	0.678	0.411	1.648	0.099	(0.00,1.48)	0.003
G-H-I-K	0.550	0.492	1.118	0.264	(0.00,1.51)	0.038
E-I-J-M	0.463	0.533	0.869	0.385	(0.00,1.51)	0.061
E-G-I-K	0.443	0.437	1.015	0.310	(0.00,1.30)	0.018
H-I-K-M	0.253	0.294	0.858	0.391	(0.00,0.83)	0.030
E-I-K-M	0.232	0.295	0.787	0.431	(0.00,0.81)	0.018
E-I-J-K	0.209	0.433	0.484	0.629	(0.00,1.06)	0.052
E-G-I-J	0.197	0.721	0.273	0.785	(0.00,1.61)	0.100
E-H-K	0.137	0.407	0.336	0.737	(0.00,0.93)	0.012
E-G-H	.	.	.	.		0.000
E-H-M	.	.	.	.	(.,.)	0.000
A-I-J	.	.	.	.	(.,.)	0.000

图 4-26 环不一致性检验结果

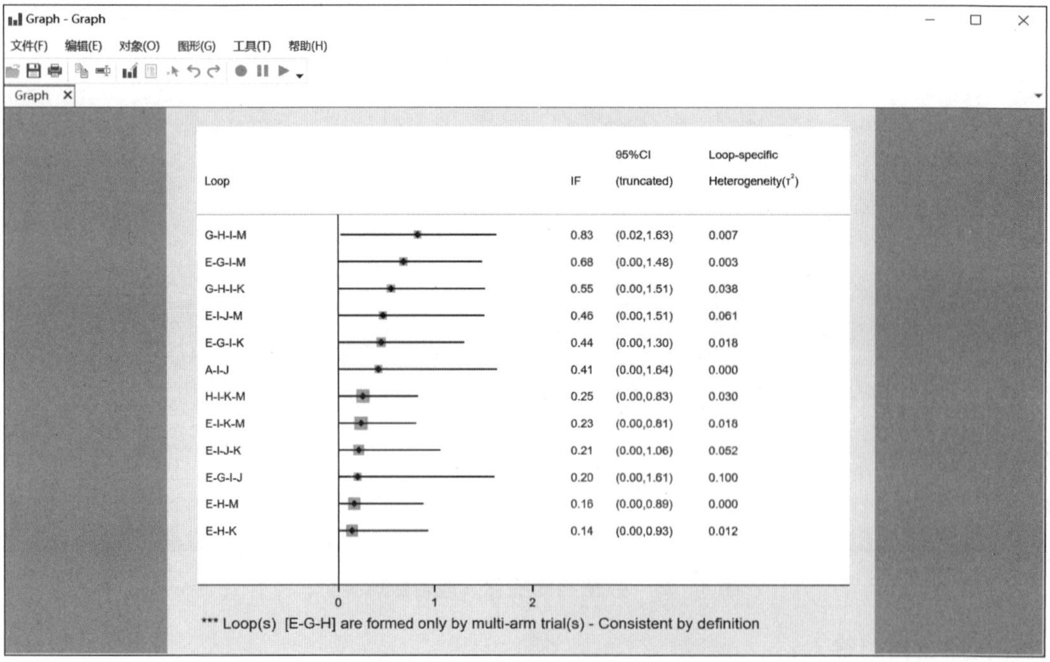

图 4-27 环不一致性结果检验可视化

8. 拟合一致性模型

如果经检验不存在不一致性，那么就可以进行网状元分析，合并直接效应和间接效应。此时如果数据类型是 paris，要先转换为 augmented：

```
network convert augmented
```

然后输入：

```
network meta c
```

此时拟合的是一致性模型。如果存在不一致，那么应该拟合不一致模型，即输入：

```
network meta i
```

如果还要考察协变量的影响，则可以加入 regress（协变量）。例如，我们要考察是否有家庭作业（0=否，1=是）是否影响结果，则需要在命令窗口输入：

```
network meta c,regress(homework)
```

该分析会一一计算相对于参照组，协变量对每个治疗组疗效的影响；有些成对比较结果没有足够的样本，则不显示结果。如图 4-28 所示，E 疗法（NCG，没有治疗成分的干预对照组）相对于参照组（空白等待组，WL）的疗效可进行元回归分析，不过结果显示是否有家庭作业对 E 疗法（相对于 WL 组）的疗效影响不显著。

9. 森林图

network 中的 network forest 命令可以输出两两比较（直接效应）的森林图（如图 4-29 所示），即在命令窗口输入：

```
network forest
```

```
Multivariate meta-analysis
Variance-covariance matrix = proportional .5*I(12)+.5*J(12,12,1)
Method = reml                                  Number of dimensions    =    12
Restricted log likelihood = -76.323124         Number of observations  =    41
```

	Coefficient	Std. err.	z	P>|z|	[95% conf.	interval]
y_A						
_cons	-.0645724	.3644328	-0.18	0.859	-.7788475	.6497028
y_B						
_cons	-.2475562	.2468937	-1.00	0.316	-.7314589	.2363465
y_C						
_cons	-.1148514	.1904184	-0.60	0.546	-.4880646	.2583618
y_D						
_cons	-.4633825	.3809265	-1.22	0.224	-1.209984	.2832194
y_E						
homework	.0795934	.3257077	0.24	0.807	-.5587819	.7179687
_cons	-.4544202	.1954359	-2.33	0.020	-.8374676	-.0713728
y_F						
_cons	-1.6861	.5058957	-3.33	0.001	-2.677637	-.6945627

协变量影响

图 4-28 协变量分析结果

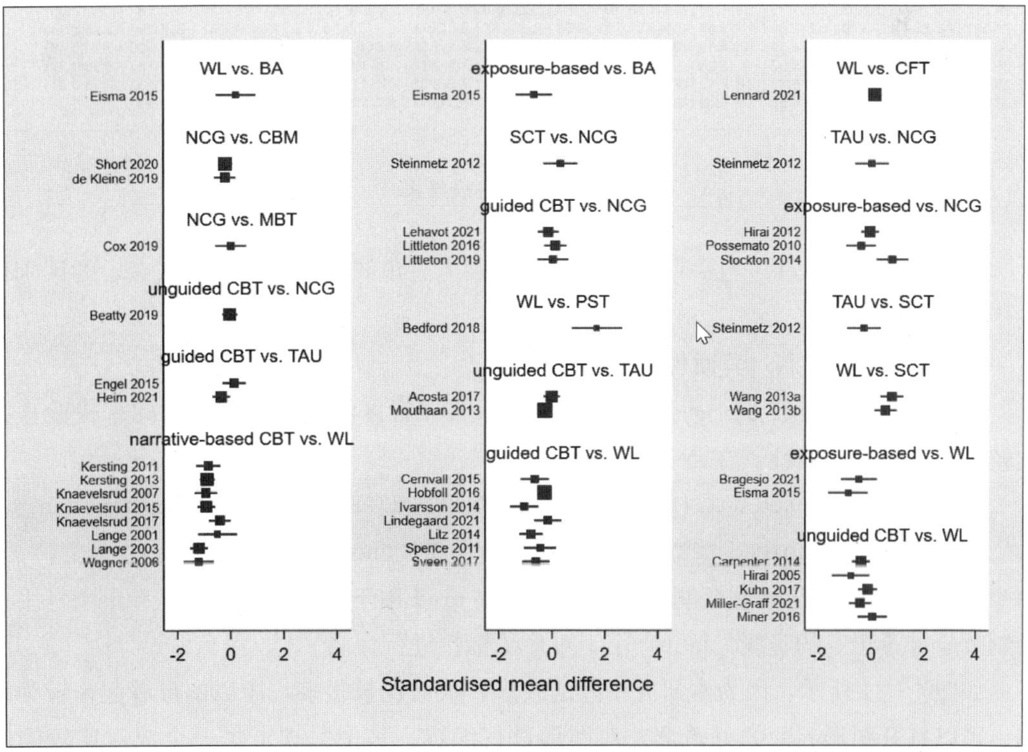

图 4-29 两两比较森林图

10. 联赛表

所谓联赛表指的是两两疗法的相对效应，是一个三角矩阵。它需要在进行网状元分析后才能制作，具体命令如下：

```
network convert augmented
network meta c
netleague,lab(BA CBM CFT MBT NCG PST SCT TAU WL exposure_based guided_CBT
        narrative_based_CBT unguided_CBT)sort(PST narrative_based_CBT
        guided_CBT NCG exposure_based MBT TAU unguided_CBT CBM CFT BA SCT WL)
        nokeep export("E:\data_example\Chapter4.3\output\netleague.
        xls")
```

命令主体是 netleague，其中参数 nokeep 指的是结果不保存在工作空间中，lab() 用于标记各种疗法的名称，export() 用于导出到具体路径。可以增加参数 sort()，括号内填写疗法排序，即对联赛表中的结果呈现进行排序（一般会把参照组排在最后一个，如图 4－30 所示）。

PST	17.42 (4.6	19.68 (6.7	20.48 (7.4	20.51 (7.2	20.38 (5.3	22.22 (9.1	22.21 (9.3	23.09 (9.4	24.67 (11.	25.80 (11.	25.70 (12.	26.03 (13.38,38.68)
-17.42 (-3	narrative_	2.26 (-1.0	3.06 (-0.7	3.09 (-1.3	2.96 (-5.4	4.80 (0.81	4.79 (1.55	5.66 (0.07	7.25 (1.75	8.37 (1.52	8.28 (4.77	8.61 (6.60,10.61)
-19.68 (-3	-2.26 (-5.5	guided_CE	0.80 (-1.9	0.83 (-3.0	0.70 (-7.3	2.54 (-0.5	2.53 (-0.3	3.40 (-1.5	4.99 (-0.7	6.11 (-0.5	6.02 (2.25	6.35 (3.82,8.87)
-20.48 (-3	-3.06 (-6.8	-0.80 (-3.5	NCG	0.03 (-3.0	-0.10 (-7.6	1.74 (-1.8	1.73 (-1.3	2.61 (-1.5	4.19 (-1.8	5.32 (-1.1	5.22 (1.06	5.55 (2.40,8.70)
-20.51 (-3	-3.09 (-7.5	-0.83 (-4.6	-0.03 (-3.1	exposure_	-0.13 (-8.3	1.71 (-2.7	1.70 (-2.3	2.57 (-2.6	4.16 (-2.3	5.28 (-0.7	5.19 (0.39	5.52 (1.59,9.45)
-20.38 (-3	-2.96 (-11.	-0.70 (-8.7	0.10 (-7.4	0.13 (-8.0	MBT	1.84 (-6.5	1.83 (-6.3	2.71 (-5.9	4.29 (-5.3	5.42 (-4.5	5.32 (-3.3	5.65 (-2.54,13.84)
-22.22 (-3	-4.80 (-8.7	-2.54 (-5.6	-1.74 (-5.3	-1.71 (-6.2	-1.84 (-10.	TAU	-0.01 (-2.9	0.86 (-4.6	2.45 (-3.7	3.57 (-3.4	3.48 (-0.8	3.81 (0.40,7.21)
-22.21 (-3	-4.79 (-8.0	-2.53 (-5.3	-1.73 (-4.8	-1.70 (-5.7	-1.83 (-9.9	0.01 (-2.9	unguided_	0.87 (-4.2	2.46 (-3.2	3.58 (-3.1	3.49 (-0.2	3.82 (1.30,6.33)
-23.09 (-3	-5.66 (-11.	-3.40 (-8.3	-2.61 (-6.7	-2.57 (-7.7	-2.71 (-11.	-0.86 (-6.3	-0.87 (-6.0	CBM	1.58 (-5.7	2.71 (-4.9	2.62 (-3.2	2.94 (-2.25,8.14)
-24.67 (-3	-7.25 (-12.	-4.99 (-10.	-4.19 (-10.	-4.16 (-10.	-4.29 (-13.	-2.45 (-8.5	-2.46 (-8.1	-1.58 (-8.8	CFT	1.13 (-7.1	1.03 (-4.8	1.36 (-3.76,6.48)
-25.80 (-4	-8.37 (-15.	-6.11 (-12.	-5.32 (-11.	-5.28 (-11.	-5.42 (-15.	-3.57 (-10.	-3.58 (-10.	-2.71 (-10.	-1.13 (-9.4	BA	-0.09 (-7.2	0.23 (-6.30,6.77)
-25.70 (-3	-8.28 (-11.	-6.02 (-9.7	-5.22 (-9.3	-5.19 (-9.9	-5.32 (-13.	-3.48 (-7.8	-3.49 (-7.2	-2.62 (-8.4	-1.03 (-6.9	0.09 (-7.0	SCT	0.33 (-2.55,3.21)
-26.03 (-3	-8.61 (-10.	-6.35 (-8.8	-5.55 (-8.7	-5.52 (-9.4	-5.65 (-13.	-3.81 (-7.2	-3.82 (-6.3	-2.94 (-8.1	-1.36 (-6.4	-0.23 (-6.7	-0.33 (-3.2	WL

图 4－30　联赛表结果

还可以利用 Excel 进行一些修饰，例如只取上三角或者下三角矩阵（二者的区别仅在于方向不同）。

11. 预测区间绘制（异质性检验）

我们可以通过比较 $\sigma^2+\tau^2$ 和不加 τ^2 的结果看二者区间是否一致，以此来检验直接比较研究之间的异质性。在命令窗口输入：

```
intervalplot,pred null(0)lab(BA CBM CFT MBT NCG PST SCT TAU WL exposure_based
        guided_CBT narrative_based_CBT unguided_CBT)
```

命令 intervalplot 用于绘制预测区间，其中参数 pred 用于显示预测区间，null(0) 用于绘制效应量等于 0 的竖线，lab() 用于对疗法标签进行命名。

如图 4－31 所示，因为本研究中疗法较多，成对比较很多，所以图形看起来较为密集。可以打开图形界面的编辑器，对图形进行编辑。其中呈现了每一个成对比较的固定效应和随机效应两种预测区间，如果二者比较一致，这说明异质性较小。

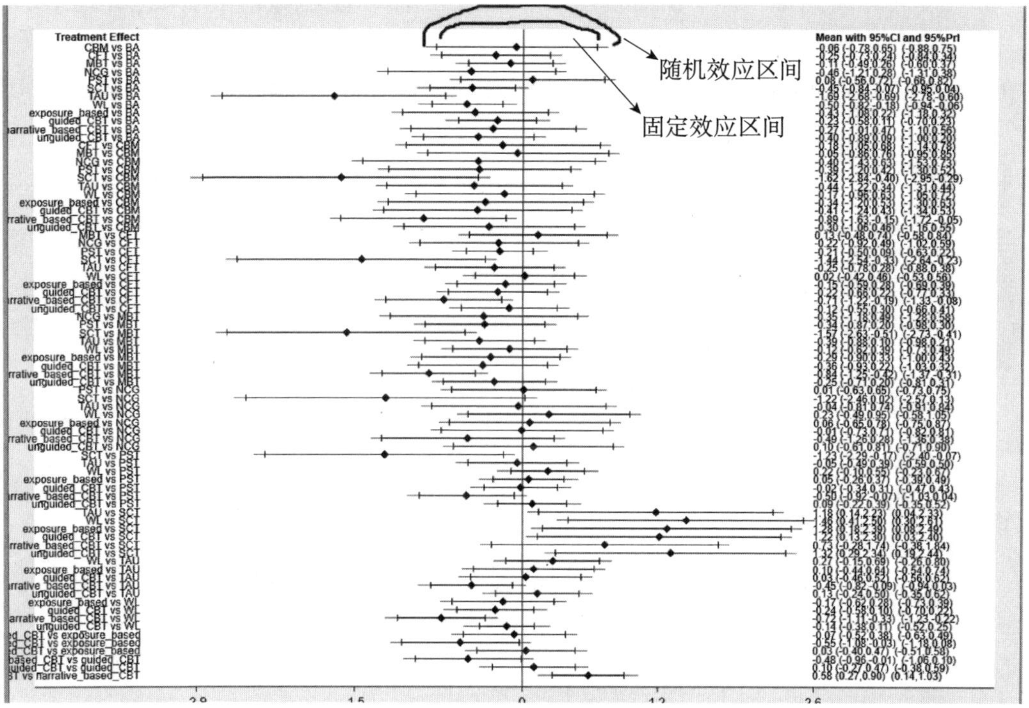

图 4-31 预测区间图

12. 疗法排序（SUCRA）

首先进行疗法排序，具体命令如下：

```
network rank min,zero all reps(1000)gen(prob)
```

注意，如果效应值越小效果越好，用 network rank min；如果效应值越大效果越好，则用 network rank max。参数 zero 指的是参照，all 给出干预措施排第 1 名到第 13 名的概率，reps() 是迭代次数，gen(prob) 用于产生变量概率。结果如图 4-32 所示。

study and Rank	Treatment exposure-based	 guided CBT	 narrative-based CBT
Acosta 2017			
Best	0.1	0.0	5.3
2nd	2.1	0.2	75.0
3rd	15.1	12.5	18.0
4th	17.3	23.1	1.2
5th	13.0	23.3	0.4
6th	13.8	18.4	0.1
7th	12.2	11.7	0.0
8th	11.2	7.4	0.0
9th	8.8	2.8	0.0
10th	4.3	0.1	0.0
11th	2.1	0.4	0.0
12th	0.0	0.1	0.0
Worst	0.0	0.0	0.0

图 4-32 疗法排序

从图中可以看到每一种干预措施排在第 1 名到第 13 名的概率。如果这样还不够直观，我们还可以绘制概率图，具体命令如下：

```
sucra prob*,lab(BA CBM CFT MBT NCG PST SCT TAU WL exposure_based guided_CBT
        narrative_based_CBT unguided_CBT)rankog
```

其中，参数 lab() 用于对疗法添加命名标签，rankog 用于显示排序图。结果如图 4－33 所示。图中 SUCRA 是累积排序概率图下面积（surface under the cumulative ranking），PrBest 是最优的概率，MeanRank 是平均排序。对应的曲线如图 4－34 所示。

Treatment Relative Ranking of Model 1

Treatment	SUCRA	PrBest	MeanRank
BA	8.1	0.0	12.0
CBM	14.1	0.0	11.3
CFT	33.3	0.0	9.0
MBT	19.3	0.0	10.7
NCG	56.4	1.7	6.2
PST	62.0	0.0	5.6
SCT	98.1	92.7	1.2
TAU	60.8	0.2	5.7
WL	36.4	0.0	8.6
exposure_based	59.4	0.1	5.9
guided_based_CBT	64.2	0.0	5.3
narrative_based_CBT	90.3	5.3	2.2
unguided_CBT	47.6	0.0	7.3

图 4－33　SUCRA 排序结果

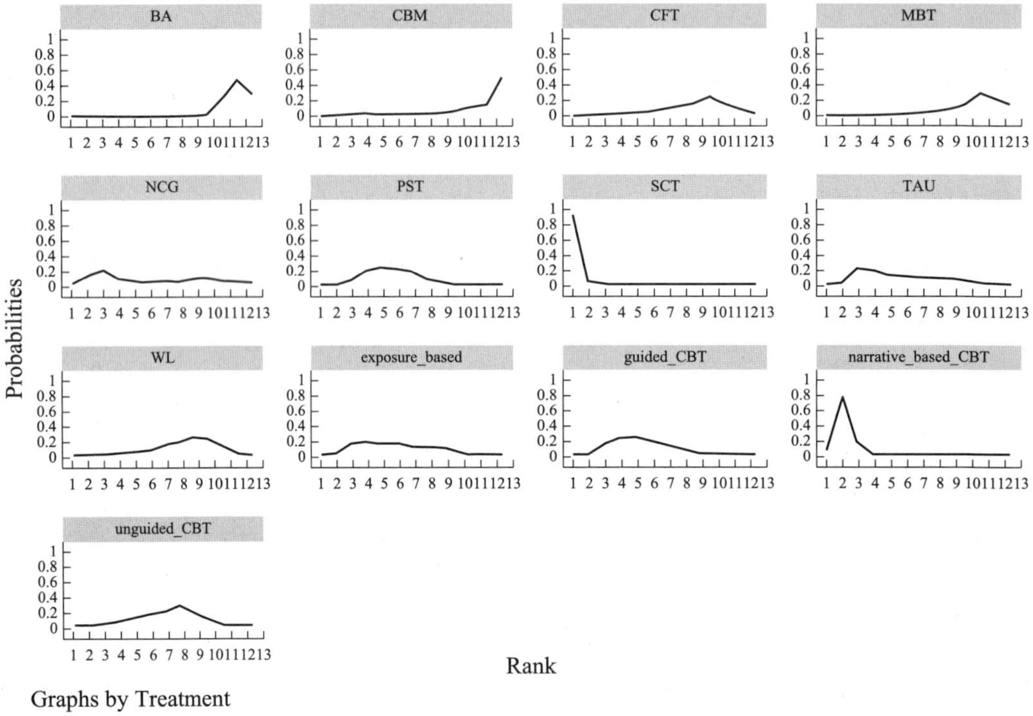

图 4－34　每一种疗法排序图

当然，我们也可以绘制累积概率图，即计算每一种干预措施排在前1名、前2名、前3名……前13名的概率，然后绘制出来。显然，任何干预措施排在前13名的概率都是100%。具体命令如下：

```
sucra prob*,lab(BA CBM CFT MBT NCG PST SCT TAU WL exposure_based guided_CBT
        narrative_based_CBT unguided_CBT)
```

如图4-35所示，曲线下面积其实就是SUCRA值，越大说明对应干预措施的效果越好。

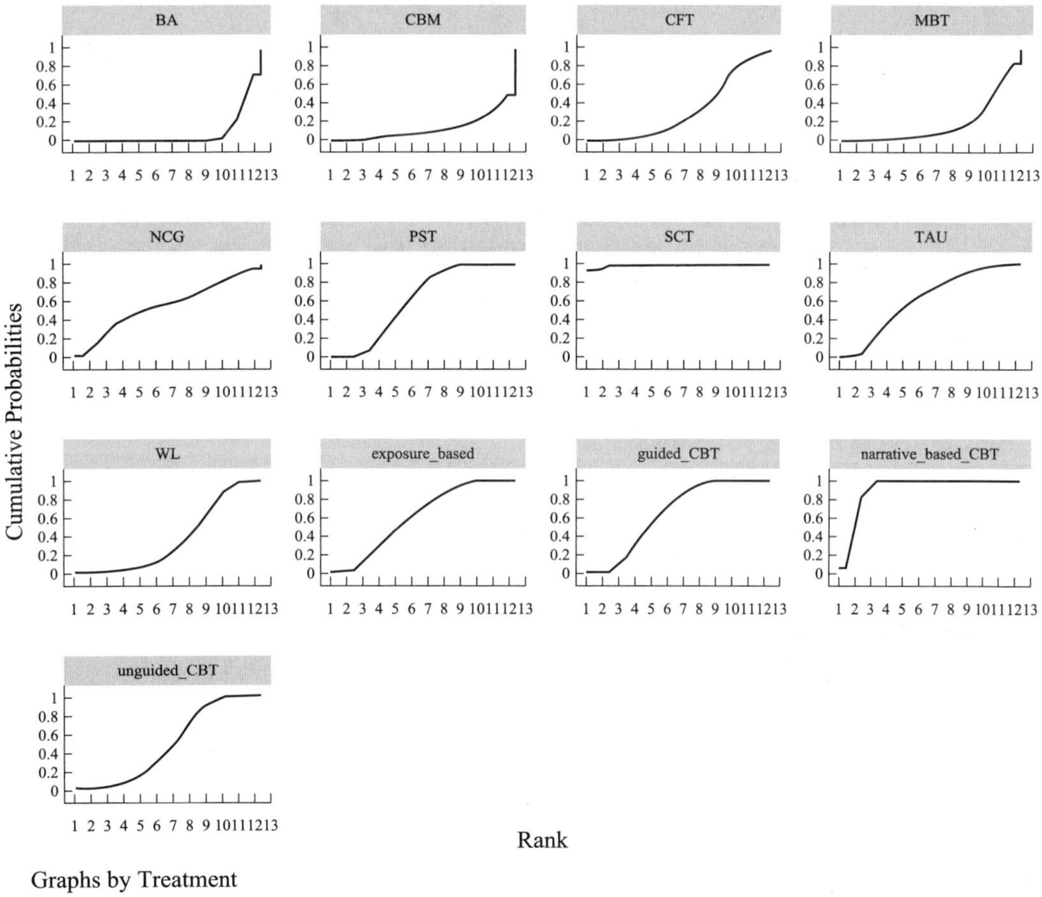

图4-35 疗法排序累积概率图

13. 发表偏倚检验（校正后漏斗图）

和传统元分析一样，同样可以使用漏斗图来检验发表偏倚。数据格式同样首先要转换为pairs：

```
network convert pairs
```

然后输入：

```
netfunnel_y_stderr_t1_t2,bycomparison ytitle(Standard error of SMD)addplot
(lfit_stderr_ES_CEN)
```

如果漏斗图对称，说明发表偏倚较小（如图 4－36 所示）。

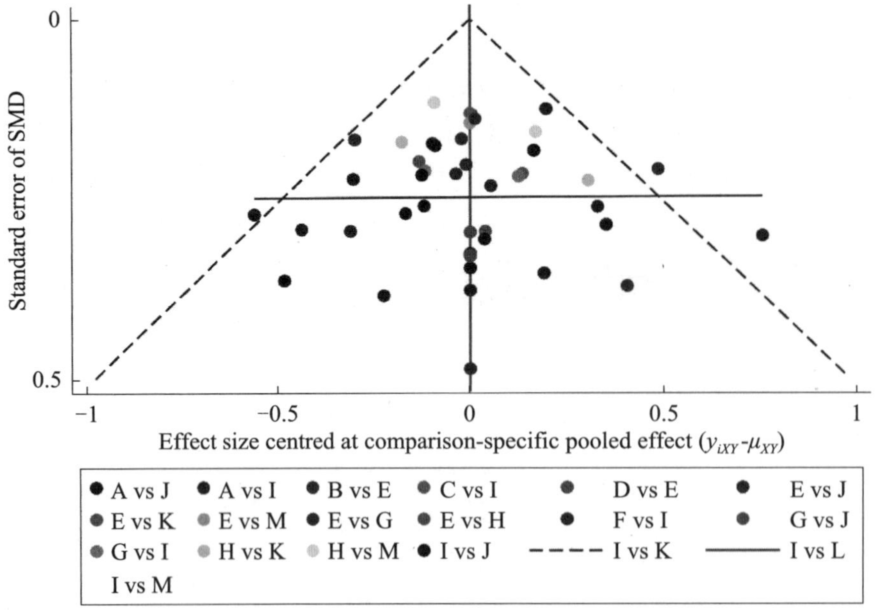

图 4－36　漏斗图

（二）贝叶斯法：基于 WinBUGS

能够实现贝叶斯网状元分析的工具包很多，比如 R 中的 pcnetmeta、gemtc，还有操作比较简单的 ADDIS 软件；也可以使用 Stata 调用 WinBUGS 或者 BUGSnet 等直接进行分析。在此，我们使用 WinBUGS 软件对该实例进行演示说明。

1. WinBUGS 简介和安装

WinBUGS 目前的版本是 1.4。该软件是基于 Gibbs 采样的贝叶斯推断（Bayesian inference using Gibbs sampling，BUGS）的专用软件包。Gibbs 采样是一种从多元分布中抽样的方法，可以生成一系列参数值，并逐渐收敛到参数的后验分布。它基于马尔可夫链蒙特卡罗（MCMC）方法，通过迭代更新每个参数的条件概率分布来生成样本，最终得到参数的后验分布。WinBUGS 最初由英国剑桥公共卫生研究所于 1989 年开发研制，Windows 版本于 1997 年发布，到 2007 年形成稳定的 1.43 版本，之后该软件停止更新，但仍常用于分析。

WinBUGS 是免费软件。打开 WinBUGS-MRC Biostatistics Unit（cam. ac. uk）网址，根据电脑版本点击下载对应软件安装包。下载后，解压文件夹，打开文件夹，直接点击文件夹中的 WinBUGS14. exe 即打开程序界面。

2. 数据准备

WinBUGS 分析的数据格式为标准格式，即一个研究一行数据。如图 4－37 所示，每行数据呈现每个干预组（或对照组）的后测均值（y[]）、标准差（sd[]）、样本量(n[])、干预方法编码（t[]）。y[，1]、y[，2]、y[，3]、y[，4] 分别对应不同组别的后测均值，中括号中逗号后面的数字用于识别矩阵中的组别，因为本元分析纳入的研究中最多有四臂研究，所以识别列数为 4。Sd[]、n[] 和 t[] 的编码同理。na[] 用于指明该研究为几臂研究（含有几个干预或对照组就为几臂）。# study 用于编码研究名称，加上# 表示不进入分析。

y[,1]	sd[,1]	n[,1]	t[,2]	y[,2]	sd[,2]	n[,2]	t[,3]	y[,3]	sd[,3]	n[,3]	t[,4]	y[,4]	sd[,4]	n[,4]	na[]	#Study
30.27	15.39	16	13	37.93	15.77	17	NA	NA	NA	NA	NA	NA	NA	NA	2	1
14.33	6.72	67	12	16.56	6	71	NA	NA	NA	NA	NA	NA	NA	NA	2	2
33.2	15	51	3	35.5	14.3	51	4	7.2	10.66	94	13	8.56	12.45	154	4	3
45.61	19.23	30	13	48.61	16.98	29	NA	NA	NA	NA	NA	NA	NA	NA	2	4
45.44	13.75	41	13	51.43	13.94	46	NA	NA	NA	NA	NA	NA	NA	NA	2	5
10.8	6.6	97	5	11	6.4	94	NA	NA	NA	NA	NA	NA	NA	NA	2	6
20.4	10.61	18	7	20.5	11.14	31	NA	NA	NA	NA	NA	NA	NA	NA	2	7
11	6.03	22	3	10.88	8.94	24	NA	NA	NA	NA	NA	NA	NA	NA	2	8
12.39	14.23	12	13	38.42	15.55	12	NA	NA	NA	NA	NA	NA	NA	NA	2	9
40.9	12.8	81	12	41.2	13.1	81	NA	NA	NA	NA	NA	NA	NA	NA	2	10
15.19	9.26	47	13	19.02	9.19	47	NA	NA	NA	NA	NA	NA	NA	NA	2	11
51.93	14.04	62	13	53.9	13.78	58	NA	NA	NA	NA	NA	NA	NA	NA	2	12
10.6	9.4	31	13	20	19.4	31	NA	NA	NA	NA	NA	NA	NA	NA	2	13
35.95	10.93	209	13	39.21	11.18	94	NA	NA	NA	NA	NA	NA	NA	NA	2	14
11.2	5.8	46	3	10.4	8.5	41	NA	NA	NA	NA	NA	NA	NA	NA	2	15
56.31	10.51	25	13	55.77	12.99	24	NA	NA	NA	NA	NA	NA	NA	NA	2	16
35.9	14.48	31	13	45.1	12.99	27	NA	NA	NA	NA	NA	NA	NA	NA	2	17
32.5	7.2	18	10	38.4	7.5	17	13	40	10.5	12	NA	NA	NA	NA	3	18
50.72	18.76	43	12	48.52	13.97	37	NA	NA	NA	NA	NA	NA	NA	NA	2	19
20.29	12.45	79	13	30.17	8.7	80	NA	NA	NA	NA	NA	NA	NA	NA	2	20
2.5	1.5	71	13	3.1	1.53	61	NA	NA	NA	NA	NA	NA	NA	NA	2	21

图 4－37 WinBUGS 分析的数据格式

3. 代码编写

代码部分主要包含两个部分：一个是模型部分，一个是数据部分。

首先我们来编写模型部分的代码。注意本研究中效应值是连续变量，而且量表不同，所以需要标准化；另外，本研究基于随机效应模型。代码如下：

```
model{ #模型开始识别
for(i in 1:ns){ #在研究内部循环
  w[i,1]<-0 #多臂研究设置参照组为 0
ta[i,1]<-0
  mu[i]~dnorm(0,.0001)
  }
for(i in 1:ns){ #研究内的各个干预措施内循环
  df[i]<-sum(n[i,1:na[i]])-na[i]#计算自由度
  Pooled.var[i]<-sum(nvar[i,1:na[i]])/df[i]
  Pooled.sd[i]<-sqrt(Pooled.var[i])#计算合并标准差
  H[i]<-1
  for(k in 1:na[i]){
    se[i,k]<-sd[i,k]/sqrt(n[i,k])
    var[i,k]<-pow(se[i,k],2)
    prec[i,k]<-1/var[i,k]
    y[i,k]~dnorm(phi[i,k],prec[i,k])
    phi[i,k]<-theta[i,k]*(Pooled.sd[i]/H[i])
```

```
      theta[i,k]<-mu[i]+delta[i,k]
      dev[i,k]<-(y[i,k]-phi[i,k])*(y[i,k]-phi[i,k])*prec[i,k]
      nvar[i,k]<-(n[i,k]-1)* pow(sd[i,k],2)
      }
      #求总残差
      resdev[i]<-sum(dev[i,1:na[i]])
    }
  #校正,多臂研究存在自相关性
  for(i in 1:ns){
    for(k in 2:na[i]){
      delta[i,k]~dnorm(md[i,k],taud[i,k])
      md[i,k]<-d[t[i,k]]-d[t[i,1]]+sw[i,k]
      taud[i,k]<-tau *2*(k-1)/k
      w[i,k]<-delta[i,k]-d[t[i,k]]+d[t[i,1]]
      sw[i,k]<-sum(w[i,1:k-1])/(k-1)
      }
  }
  totresdev<-sum(resdev[]#总残差(所有数据)
  d[1]<-0 #对于参照组,设置治疗效应为0
  for(k in 2:nt){ d[k]~dnorm(0,.0001)}
  sdev~dunif(0,5)#对于试验间的标准差,设置模糊的先验信息
  tau<-pow(sdev,-2)#根据标准差计算试验间精度
  for(c in 1:(nt-1)){
    for(k in(c+1):nt){
      diff[c,k]<-d[k]-d[c]#计算所有疗法成对比较的标准化均值差(SMD)
      }
    }
  #排序
  for(k in 1:nt){
    order[k]<-rank(d[],k)#序数越小,疗效越好
    most.effective[k]<-equals(order[k],1)
    for(j in 1:nt){
      effectiveness[k,j]<-equals(order[k],j)}
    }
  for(k in 1:nt){
          for(j in 1:nt){
```

```
            cumeffectiveness[k,j]<-sum(effectiveness[k,1:j])
          }
        }
  #计算 SUCRA 值
  for(k in 1:nt){
    SUCRA[k]<-sum(cumeffectiveness[k,1:(nt-1)])/(nt-1)
    }
  }
  }
```

模型主要是两部分：一个是似然函数，一个是先验分布。由于本元分析中各个研究使用的量表不同，所以对连续变量的结果进行了标准化处理。似然函数写完之后，还可以计算一系列参数，比如计算两两干预措施之间的效应值、SUCRA 排序结果，以及研究间的一致性（τ 值）。

数据部分的数据格式有两种：一种是矩阵格式，另一种是 R/S-PLUS 格式。矩阵格式的书写如下：

```
#录入数据
List(ns=38,nt=13)
t[,1]y[,1]sd[,1]n[,1]t[,2]y[,2]sd[,2]n[,2]t[,3]y[,3]sd[,3]n[,3]t[,4]
y[,4]sd[,4]n[,4]na[]#研究名称
1 30.27 15.39 16 13 37.93 15.77 17 NA NA NA NA NA NA NA NA 2 #1
2 14.33 6.72 67 12 16.56 6 71 NA NA NA NA NA NA NA NA 2 #2
2 33.2 15 51 3 35.5 14.3 51 4 7.2 10.66 94 13 8.56 12.45 154 4 #3
2 45.61 19.23 30 13 48.61 16.98 29 NA NA NA NA NA NA NA NA 2 #4
5 45.44 13.75 41 13 51.43 13.94 46 NA NA NA NA NA NA NA NA 2 #5
3 10.8 6.6 97 5 11 6.4 94 NA NA NA NA NA NA NA NA 2 #6
3 20.4 10.61 18 7 20.5 11.14 31 NA NA NA NA NA NA NA NA 2 #7
2 11 6.03 22 3 10.88 8.94 24 NA NA NA NA NA NA NA NA 2 #8
8 12.39 14.23 12 13 38.42 15.55 12 NA NA NA NA NA NA NA NA 2 #9
5 40.9 12.8 81 12 41.2 13.1 81 NA NA NA NA NA NA NA NA 2 #10
9 15.19 9.26 47 13 19.02 9.19 47 NA NA NA NA NA NA NA NA 2 #11
5 51.93 14.04 62 13 53.9 13.78 58 NA NA NA NA NA NA NA NA 2 #12
2 10.6 9.4 31 13 20 19.4 31 NA NA NA NA NA NA NA NA 2 #13
2 35.95 10.93 209 13 39.21 11.18 94 NA NA NA NA NA NA NA NA 2 #14
2 11.2 5.8 46 3 10.4 8.5 41 NA NA NA NA NA NA NA NA 2 #15
5 56.31 10.51 25 13 55.77 12.99 24 NA NA NA NA NA NA NA NA 2 #16
2 35.9 14.48 31 13 45.1 12.99 27 NA NA NA NA NA NA NA NA 2 #17
```

```
1 32.5 7.2 18 10 38.4 7.5 17 13 40 10.5 12 NA NA NA NA 3 #18
2 50.72 18.76 43 12 48.52 13.97 37 NA NA NA NA NA NA NA NA 2 #19
9 20.29 12.45 79 13 30.17 8.7 80 NA NA NA NA NA NA NA NA 2 #20
5 2.5 1.5 71 13 3.1 1.53 61 NA NA NA NA NA NA NA NA 2 #21
2 30.96 16.06 31 13 49.19 18.09 31 NA NA NA NA NA NA NA NA 2 #22
2 28.11 10.06 43 13 37.31 12.74 44 NA NA NA NA NA NA NA NA 2 #23
1 17.33 8.46 35 3 10.31 9.39 18 NA NA NA NA NA NA NA NA 2 #24
9 17.64 12.22 115 13 28.27 11.81 113 NA NA NA NA NA NA NA NA 2 #25
5 10.6 5.5 151 12 12.4 7.11 149 NA NA NA NA NA NA NA NA 2 #26
11 1.13 0.73 46 13 1.65 0.58 44 NA NA NA NA NA NA NA NA 2 #27
11 1.34 0.48 49 13 1.62 0.55 44 NA NA NA NA NA NA NA NA 2 #28
1 10.4 8.16 67 3 10.9 8 66 NA NA NA NA NA NA NA NA 2 #29
3 29.26 19.46 19 11 23.94 16.74 18 12 23.94 16.74 19 NA NA NA NA 3 #30
9 17.9 12.36 48 13 27.9 10.92 35 NA NA NA NA NA NA NA NA 2 #31
2 44.78 17.29 23 13 51.79 12.51 21 NA NA NA NA NA NA NA NA 2 #32
1 32 6 22 3 36 12 26 NA NA NA NA NA NA NA NA 2 #33
9 12.3 8.7 49 13 20.7 9.2 47 NA NA NA NA NA NA NA NA 2 #34
9 12.81 8.3 29 13 22.83 8.08 26 NA NA NA NA NA NA NA NA 2 #35
5 16.62 14.81 18 13 31.07 21.01 15 NA NA NA NA NA NA NA NA 2 #36
9 11.12 9.27 122 13 21.97 8.6 62 NA NA NA NA NA NA NA NA 2 #37
9 6.5 4.5 15 13 10 8.7 15 NA NA NA NA NA NA NA NA 2 #38
END
```

以 List() 开头，注意写明研究数量 ns 和干预措施数量 nt。然后可以将标准格式的数据（空格分隔）复制过来。最后需要用 END 结尾。当然，数据可以使用 R/S-PLUS 格式。

```
# R/S-PLUS 格式的数据录入说明
ns = 38 #研究数量
nt = 13 #疗法的数量(包括对照组)
na = c (2,2,4,2,2,2,2,2,2,2,2,2,2,2,2,2,2,3,2,2,2,2,2,2,2,2,2,2,2,2,3,2,
        2,2,2,2,2,2,2) #每个研究的臂数量
t = structure(.Data = c(略),.Dim = c(38, 4)) #输入疗法矩阵数据,此处省略具
                                              体数据
m = structure(.Data = c(略),.Dim = c(38, 4)) #输入对应均值矩阵数据,此处省
                                              略具体数据
e = structure(.Data = c(略),.Dim = c(38, 4)) #输入标准误矩阵数据,此处省略
                                              具体数据
```

到此，WinBUGS 的代码部分编写完成，接下来是进行模型检查和编译。

4. 软件操作

软件操作流程如图 4－38 所示。

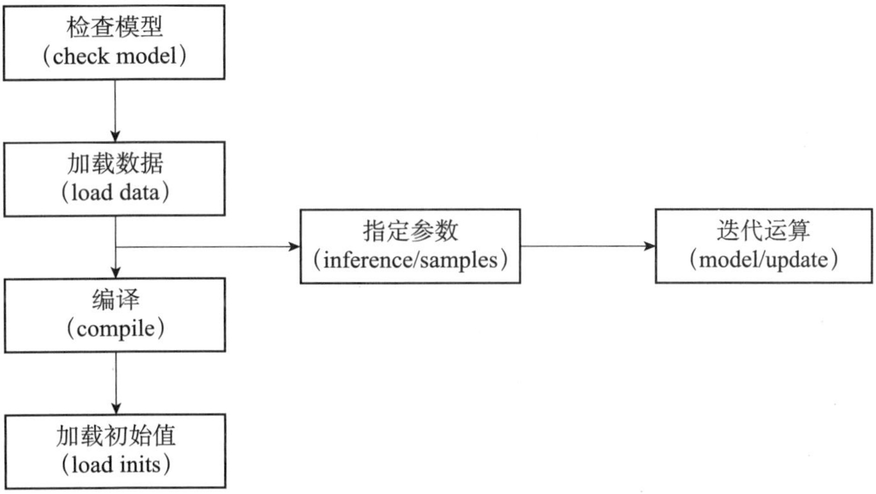

图 4－38 WinBUGS 软件操作流程

首先是检查模型。打开菜单栏中 Model 下的 Specification…（如图 4－39 所示）。在出现的 Specification Tool 工具框中，用鼠标选中代码中的 model 字段，再点击 check model。如果模型代码没有问题，左侧下方会出现“model is syntactically correct”（如图 4－40 所示）。如果出错，就要回去修改模型。

图 4－39 模型检查菜单

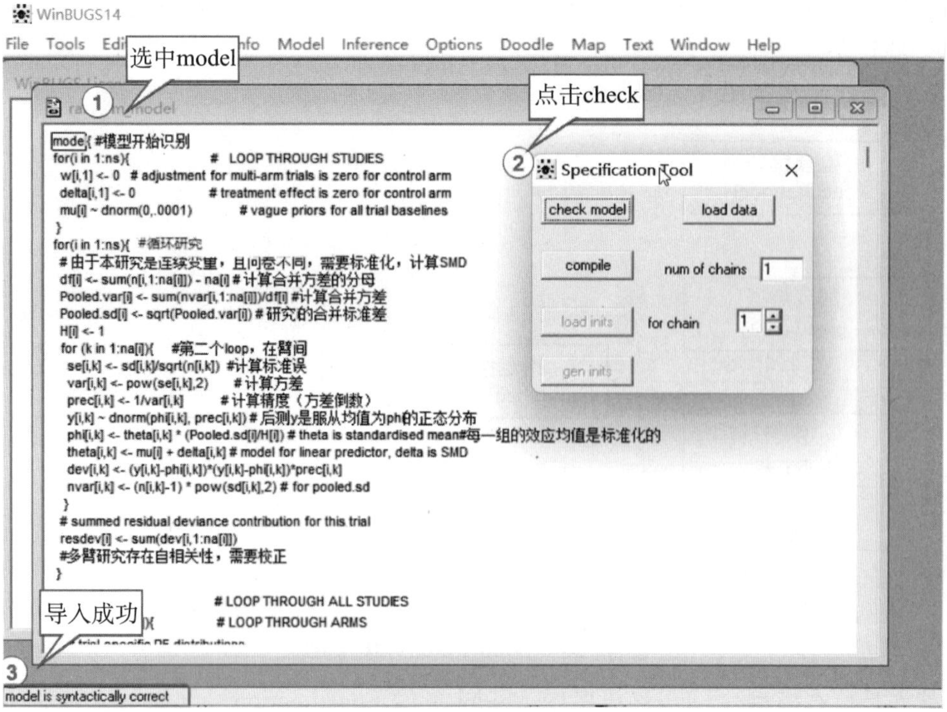

图 4-40　模型检查步骤

检查完模型后，开始加载数据。还是在 Specification Tool 工具框中，选中代码中的 list 字段，点击 load data，加载后可发现左下角显示“data loaded”（如图 4-41 所示）。

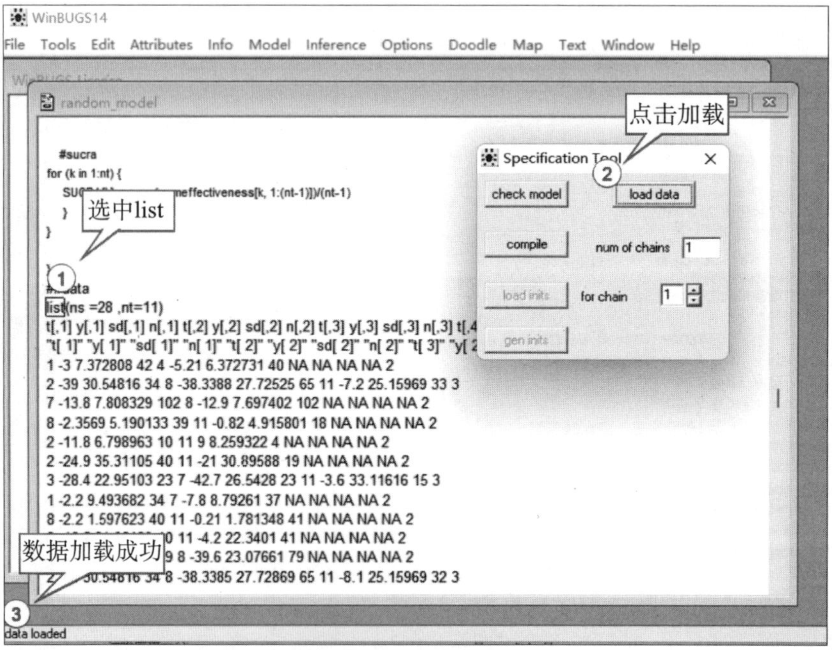

图 4-41　加载数据

不过此时还不够，数据还需要再加载一遍：重新选择数据的第一行（标签行），然后再一次点击 load data，直到左下角出现“data loaded”（见图 4-42）。否则，在下一步编译的时候，会出现“variable na is not defined”等错误。

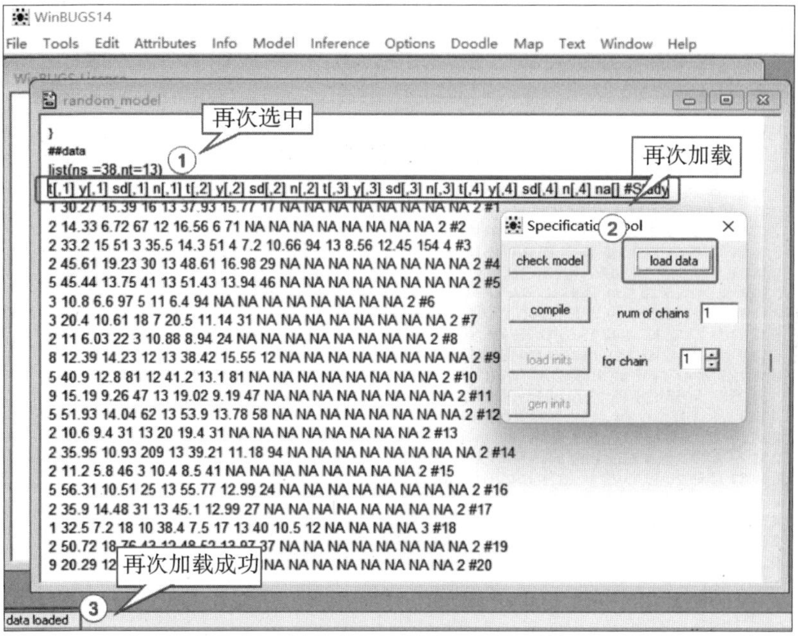

图 4-42　进一步加载数据（必需）

接下来是编译。直接点击 compile（默认链条数为 1，也可以手动调整）。编译后左下角会显示“model compiled”（如图 4-43 所示）。

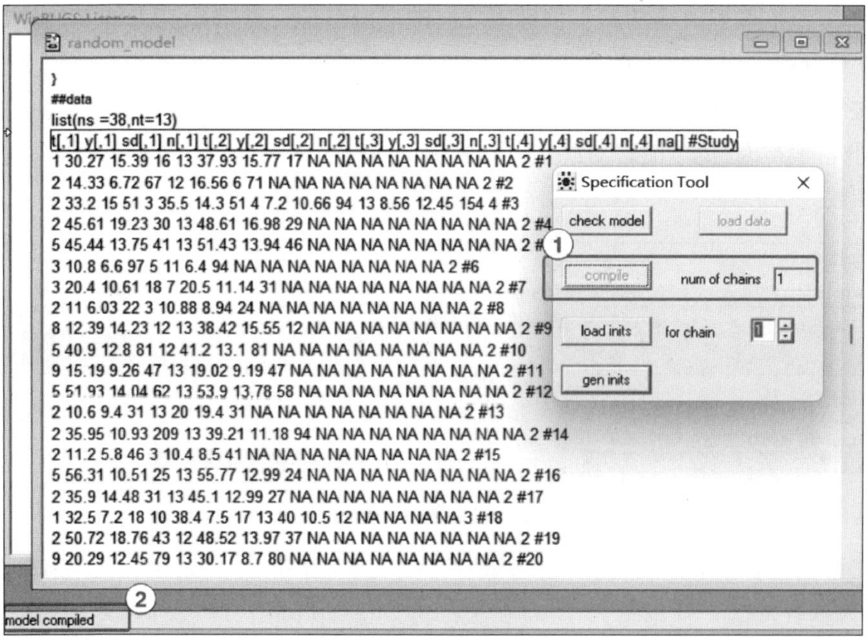

图 4-43　模型编译

然后导入或者生成初始值。可以预先对初始值进行设定，也可以直接点击 gen inits 生成随机的初始值。生成后，左下角会出现“initial values generated，model initialized”（如图 4－44 所示）。

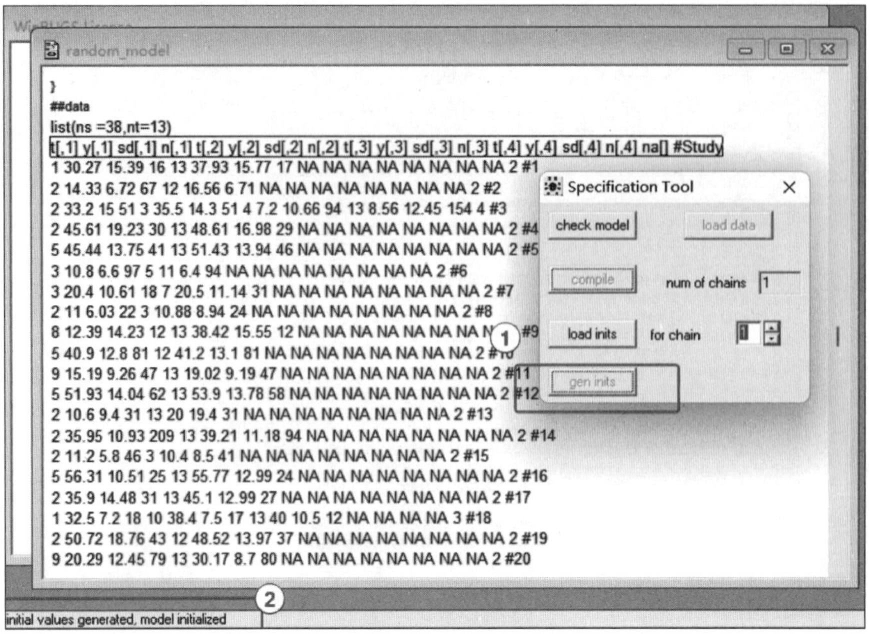

图 4－44　生成初始值

模型检查和数据加载完成之后，就可以开始设置参数。点击菜单栏中 Inference 下的 Samples…（如图 4－45 所示）。在出现的工具框中，设置需要计算的参数（如图 4－46 所示）。比如，我们需要计算两两干预措施之间的效应差值，就可以在 node 中输入 diff（代码部分计算两两效应差值所对应参数的名称），然后点击 set。除此之外，我们还关注疗法排序，这可以通过 SUCRA 曲线下面积算出，所以输入 SUCRA 值。另外，还可以计算用于衡量研究间异质性的 τ 值；对此，可输入 tau，点击 set。注意，这些参数都是模型部分对应的参数。

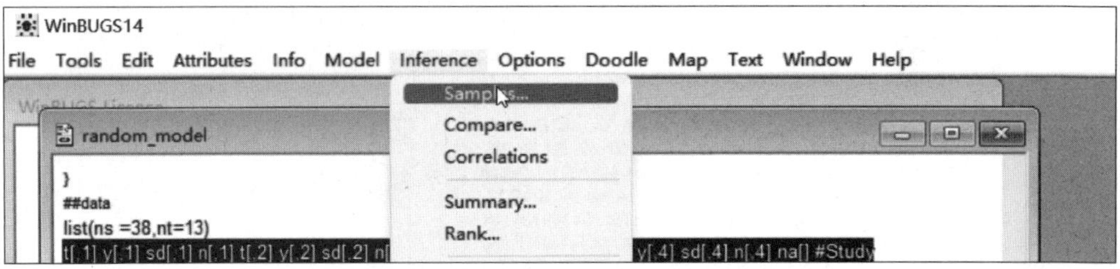

图 4－45　参数设置菜单

设置好需要计算的参数后，打开菜单栏中 Model 下的 Update…（如图 4－47 所示），输入迭代次数，这里输入 10 000 次，再点击 update，可以看到左下角开始迭代，速度很快。

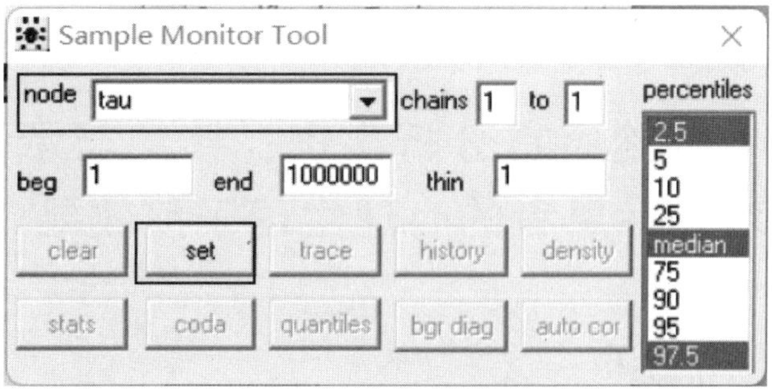

图 4-46　参数设置

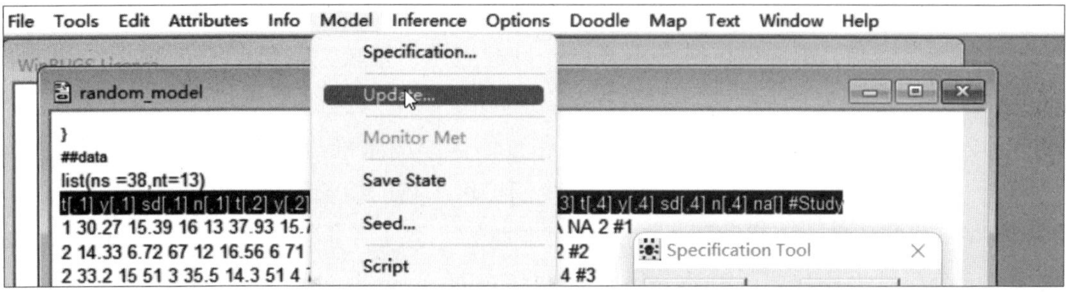

图 4-47　模型迭代

迭代完之后，回到 Inference 中的 Sample Monitor Tool 工具框。这时候可以选择所需要的参数，再点击 stats 查看数值（如图 4-48 所示）。也可以在 node 中输入 *，然后点击 stats，就会出现计算的所有参数结果。这些结果需要进一步整理，作图也需要结合其他软件（如 R 或者 Stata）进行，在此，我们不进行进一步说明。

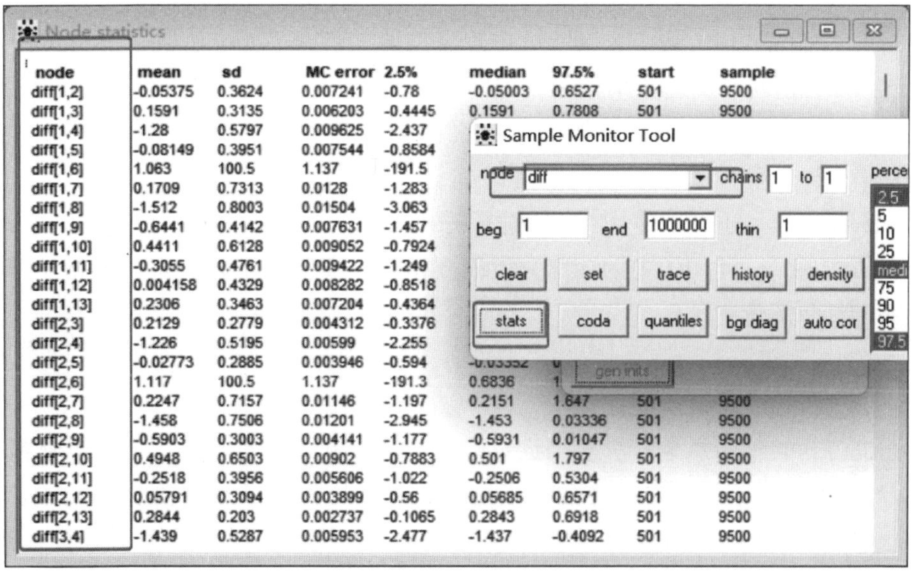

图 4-48　参数计算结果

第四节 试验序贯分析实例：接纳与承诺疗法对癌症患者的心理生理干预效果①

一、试验序贯分析概述

在小样本情况下，元分析容易产生Ⅰ类错误和Ⅱ类错误，即“假阳性”和“假阴性”。由于元分析不断更新文献，反复进行差异性检验，增大了随机误差，提高了这两类错误的概率，元分析结果可能会不可靠。只有当样本量较大且已经得出确切结论时，统计检验结果提示的干预措施的效果才会无限趋于真实效应。因此，尤其是在小样本情况下，有必要对元分析每次检验的 p 值和置信区间的水准进行反复校正。试验序贯分析（trial sequential analysis，TSA）为我们提供了新的检验思路（Wetterslev et al.，2008）。TSA 能够减少因重复显著性检验而增加的Ⅰ类或者Ⅱ类错误风险，还能估算出稳定的元分析结果所需要的样本量，即期望信息量（required information size，RIS），为临床试验提供一个终止标准，避免资源浪费（Wetterslev et al.，2008）。

那么 TSA 的思路是怎样的呢？为了解决小样本容易产生误差的问题，TSA 通过校正统计显著性的临界值来校正统计显著性，即对每次检验的 p 值及置信区间进行反复校正，产生更严格的检验标准。具体的校正方法基于概率论建立，可以参考 TSA 工作手册或者相关文献。TSA 的主要功能包括对统计显著性水平进行校正，将每一个预纳入元分析的新试验和已有的数据累积后进行一次期中分析（terminal analysis），计算累积元分析的无效线（futility boundary）、假设检验的界值（monitoring boundary），以及 RIS。当研究所包含的总样本量达到 RIS，或者假设检验的 Z 值曲线和界值或无效线相交时，元分析的统计学检验就会趋于稳定。

TSA 一般在传统元分析后进行，其分析工具主要为 TSA 软件（http：//www. ctu. dk/tsa），还可以使用 Stata 进行分析。由于前面已经有介绍使用 CMA 软件进行元分析的例子，此例子中的该部分就简要呈现，我们主要向大家呈现基于 TSA 软件的操作和结果解读。

二、实例背景

本研究探讨接纳与承诺疗法对癌症患者的干预效果。癌症严重威胁生命健康（Siegel et al.，2019）。不管是在癌症的诊断阶段或治疗阶段，还是在治疗后的生存阶段，患者都很容易产生焦虑、抑郁等心理问题（Blázquez & Cruzado，2016）。心理社会干预

① 实例来源：Zhao et al.，2021。

在辅助常规治疗、减轻癌症患者的心理困扰上，显得尤为重要（Teo et al.，2019）。针对癌症的心理社会干预方法多种多样，核心目的都是利用社会环境中任何有用的因素，帮助癌症患者更好地应对心理健康方面的挑战，从而减轻孤立感、无助感、绝望感，改变错误知觉或者澄清错误认识（Semple & McCaughan，2013）。近年来，作为认知行为治疗第三浪潮的代表之一，接纳与承诺疗法（acceptance and commitment therapy，ACT）结合了认知行为疗法（CBT）和正念干预（MBI）（Hayes et al.，2004），对癌症患者显示出了较强的适用性，在癌症患者的心理护理中得到了越来越多的关注（Cillessen et al.，2019）。

有几项系统综述较全面讨论了目前已有的 ACT 干预效果的实证研究质量和研究结果，得出了比较一致的结论，即 ACT 对癌症患者的心理问题的干预是有效的，但是严格的实证证据相对有限（参见 Fashler et al.，2018；González-Fernández & Fernández-Rodríguez，2019；Rasero & Hernández，2019）。这几项综述存在一些不足。首先，纳入的实证研究数量较少，不少中文情境下的研究被忽略。其次，考虑到样本量，大部分综述没有从量化的角度（即元分析）来说明 ACT 对癌症患者的整体干预效果，提供更强有力的临床建议。实际上，仅有一篇元分析关注到 ACT 在乳腺癌患者的抑郁、焦虑和生活质量的干预上的效应量，不过纳入的文献中，针对焦虑和抑郁的只有 5 个研究，针对生活质量的只有 3 个研究（Rasero & Hernández，2019）。这项元分析关注的癌症类型单一，纳入的研究数量少。尽管乳腺癌是全球女性最常患的癌症，但不同类型的癌症患者可能拥有共同的经历和症状（Rasero & Hernández，2019）。我们也关注 ACT 对其他类型癌症的干预效果，目前的研究数量提示我们可以整合这些研究，计算整体效应量大小。

此外，正如不少作者提到的，现有实证研究之间质量、研究设计差异很大，而且研究数量较少，因此得出的有效结果是否稳定需要进一步考察（Fashler et al.，2018；González-Fernández & Fernández-Rodríguez，2019）。试验序贯分析（TSA）为我们提供了新的检验思路（Wetterslev et al.，2008）。小样本下，元分析容易产生Ⅰ类错误，即“假阳性”。TSA 能够减少因重复显著性检验而增加的Ⅰ类错误风险，还能估算出元分析所需要的样本量，即期望信息量（RIS），为临床试验提供一个标准，判断元分析的样本是否充分（Wetterslev et al.，2008）。因此，本研究除了更新现有的研究证据，纳入中文情境下的研究，不对癌症类型进行限制，进行元分析计算，还将采用 TSA 方法检验元分析结果的稳定性，判断现有样本量是否足够。

除了 ACT 干预的整体效应量、期望信息量以及效应的稳定性，我们也关注影响效应量大小的因素，着重考察三个方面：（1）被试特征。相关研究显示，在 ACT 和 CBT 之间，对于慢性疼痛患者，老年人更接纳 ACT，而年轻人更喜欢 CBT（Wetherell et al.，2016）。因此，年龄有可能会影响 ACT 对癌症患者的干预效果。东西方文化的差异可能也是 ACT 干预效果的影响因素之一。ACT 理论和东方佛教文化有一些共通的地方，例如“四大真理”（four noble truths）和“无我”（no self）（Fung，2015），那么，ACT是否更适用于东方国家呢？（2）干预特点。如何将ACT运用到实际干预中以达到最优的效能呢？回答什么样的形式、干预多长时间更有效这类问题能对临床实践有具体的指导作用。因此，本研究将考察干预类型（团体辅导和个体治疗）与干预周期这两个干预特征对效应量的影响。（3）研究设计。对于研究设计，我们关心几点。首先是对照组的设置。有的研究中，对照组是不加干预的空白等待组，有的研究则采用放松、心理教育等方法，后者很可能存在实际干预效果（Goyal et al.，2014）。因此，对照组设置不同，效应量很可能是存在差异的。其次，严格的实证研究首先考虑随机对照的实验设计，因此我们也分析随机和非随机研究效应量的差异。最后，如前面所说，现有研究的质量是一个很大的问题，可能影响效应的稳定性。另外，ACT干预中对ACT理论和方法的忠诚度（loyalty）和依从性（adherence）是否会对结果产生影响也是值得探究的问题。

三、研究方法

（一）文献检索

检索的英文数据库包括PubMed、Web of Science、PsycINFO、Academic Search Premier、Medline、Embase、Cochrane、PsycARTICLES和Psychology and Behavioral Sciences Collection；中文数据库包括中国知网、万方和维普。

关键词由与被试特点、干预特点和对照组设置相关的词组成。

针对英文数据库的检索式为：

TS=(cancer OR oncology OR tumor OR neoplasm OR carcinoma) AND ("acceptance and commitment therapy" OR "acceptance commitment therapy" OR "ACT based") AND (random OR "controlled trial" OR trial)

针对中文数据库的检索式为：

TS=(癌 OR 肿瘤) AND (接纳与承诺疗法 OR 接纳疗法 OR ACT) AND (随机 OR 控制试验 OR 试验)

另外，还对已发表的相关主题的元分析或者系统综述中纳入的文献进行检索和筛选，同时也对其他关键文献的参考文献进行评估，以避免遗漏文献。

（二）纳入与排除标准

两位作者（A和B）独立进行标题和摘要筛选，然后进行全文筛选。全文筛选的评分者间一致性是足够的。与第三位作者（C或D）讨论分歧并协商出最终决定。使用PICO方法评估研究资格（Goyal et al.，2014）。P（样本选择）：癌症患者（不分种族、性别、年龄或癌症类型和疾病阶段）。I（干预设置）：治疗以ACT为主，不加其他治疗。ACT治疗形式：个体或群体；面对面或基于互联网。C（对照类型）：包括积极干预和常规控制措施（例如，等待名单控制、照常治疗或安慰剂）。O（结果测量）：（1）主要结果，包括一种或多种心理困扰的衡量标准，即压力、焦虑、抑郁，以及整体的心理痛苦水平的衡量标准，例如医院焦虑和抑郁量表（HADS）总分（Snaith，2003）。

（2）次要结果，包括身体（疲劳、疼痛或其他身体结果）、心理灵活性和生活质量，以评分量表衡量。如果同一试验的结果在不止一份出版物中报告，则可以包括其他报告次要结果的出版物。仅包括以英文或中文报告的原创研究。

A 和 B 独立提取的数据包括：（1）研究特征（发表年份、国家、样本量、干预后流失率、试验风格、对照类型、干预类型）；（2）患者特征（年龄、性别、癌症类型、癌症分期、确诊时间）；（3）ACT 特征（课程的数量和长度［小时］；家庭练习［是/否］）；（4）自我报告的结果（心理困扰、PTSD 症状、身体症状和生活质量）。如果研究报告了量表总分和维度分，则首先考虑提取总分。如果研究只报告了维度分，则提取和结果变量相关最强的维度分。如果报告的数据不足以进行元分析，则会联系作者并请求提供更多数据。

（三）文献质量评价

文献质量评价由两个研究者（A 和 B）独立进行。质量评价工具采用 Downs 和 Black（1998）的发表偏倚风险清单。该工具可以同时用于评价随机对照试验和非随机对照试验。评价的内容包括研究是否具有发表偏倚、是否具有外部效度和内部效度、是否控制混淆变量等，共有 27 个条目，总分取值范围为 0～35 分。如果两个研究者的评价结果不一致，则加入第三个研究者对分歧进行讨论，最终达成一致。本研究中，两个评分者评分的 Spearman 相关系数为 0.79（$p<0.001$），显示了较好的评分者信度。如果一个研究的总分高于该质量评价清单总分的 50%，则为高质量研究（Trevillion et al.，2012）。

四、数据分析和结果

（一）传统元分析

所有分析均使用 CMA 3.0 进行。主要结果是整体心理困扰（包括压力、焦虑、抑郁和其他心理痛苦）。次要结果是患者的躯体症状（包括疲劳、疼痛和其他躯体症状）、生活质量和心理灵活性。我们选择了一个较为广泛的结果来代表心理症状集群，以纳入更多研究并提高统计效力（Cillessen et al.，2019）。为了解决心理症状之间可能存在的差异，首先计算每篇研究每个结果变量的统一均值差（标准平均差，SMD）（Schmitgen et al.，2019）。本研究考虑了基线症状水平的影响，采用前后测实验设计（pre-post with control，PPWC）效应值（Hoyt & Del Re，2018）。首先计算两组被试在结果变量上的前后测变化量的差异，再基于前测数据的合并标准差进行标准化，公式如下：

$$d_{\mathrm{PPWC}}=\frac{(T_{\mathrm{post}}-T_{\mathrm{pre}})-(C_{\mathrm{post}}-C_{\mathrm{pre}})}{S_{\mathrm{pre}}}$$

式中，T_{pre}为治疗组前测；T_{post}为治疗组后测；C_{pre}为对照组前测；C_{post}为对照组后测；S_{pre}为两组前测的合并标准差。其中，S_{pre}可以通过两组前测的样本量和标准差计算，公式如下：

$$S_{pre}=\left[\frac{(n_T-1)S_{T_1}^2-(n_C-1)S_{C_1}^2}{n_T+n_C-2}\right]^{0.5}$$

式中，n_T 为治疗组样本量；n_C 为对照组样本量；S_{T_1} 为治疗组前测标准差；S_{C_1} 为对照组前测标准差。

Hedges' g 是 Cohen's d 的变体，用于校正小样本量可能导致的偏差，被用作标准化效应量。Hedges' g 一般分为小（0.2）、中（0.5）或大（0.8）三档。只要条件满足，优先使用纳入文献报告的平均值和标准差来计算效应值。如果这些数据不可用，我们会联系作者。如果作者没有回应或无法提供数据，则基于研究报告的其他统计数据（例如显著性 p 值、F 值等）进行计算。合并效应值根据标准误进行加权，考虑到每个研究的精度，选择正值来表示假设方向的影响。由于效应值的变异很少被纯粹归因于抽样误差，所有分析都选择了随机效应模型。

采用漏斗图检验发表偏倚，并对漏斗图结果进行 Egger 检验。计算失安全系数，即计算具有无效结果的未发表研究的数量。超过 $5n+10$（n=研究数量）的失安全系数被认为在面对可能的发表偏倚时足够稳健。接下来针对主要结果做调节变量分析。我们主要检验三个方面的影响：(1) 被试；(2) 干预特点；(3) 实验设计，包括研究质量、ACT 质量、研究类型。

纳入研究的数据记录了研究名称、结果变量、结果测量时间点、调节变量或者研究信息以及根据文献原始数据计算出来的 d 值和方差，还有实验组和对照组的样本量 n_1 和 n_2，如图 4－49 所示。

cancer typ	stage	intervention	intervention st	homework	week	length	act_qual	study_qu	d	sd	n1	n2
breast	mixed	group	face to face	yes	6	12	6	22	-0.421092	0.062917017	33	32
breast	mixed	group	face to face	yes	6	12	6	22	-0.360231	0.062551232	33	32
breast	mixed	group	face to face	yes	6	12	6	22	-0.751714	0.065899758	33	32
breast	mixed	group	face to face	yes	6	12	6	22	-0.4332	0.062996586	33	32
breast	mixed	group	face to face	yes	6	12	6	22	-0.660484	0.064908719	33	32
breast	mixed	group	face to face	yes	6	12	6	22	-0.7615	0.066013658	33	32
breast	mixed	group	face to face	yes	6	12	6	22	-0.286156	0.06222771	33	32
breast	mixed	group	face to face	yes	6	12	6	22	-0.251925	0.062041231	33	32
breast	mixed	group	face to face	yes	6	12	6	22	-0.376926	0.0626459	33	32

图 4－49　原始数据（计算了 d 值后）

将数据导入 CMA 软件中，注意此时输入的效应值类型应该选择标准化均值差，即在 CMA 软件中输入 d 值、d 值的方差以及实验组和对照组的样本量。效应值方向根据原有研究的实际效应来确定，如图 4－50 所示。

点击 Run analysis 进行分析。模型选择随机效应模型，效应值选择 Hedges' g（如图 4－51所示）。使用 Select by…选择想要关注的结果指标和测量时间点，后续进行敏感性分析、亚组分析和发表偏倚检验。在此不细述。

（二）试验序贯分析

共有 21 个研究 23 个独立试验进入元分析，其中，随机对照试验 15 个，非随机对照试验 8 个，被试总数为 2 256 人，样本量不大，再细分到每个结果指标，样本量更小，因此我们进一步采用试验序贯分析检验元分析结果的稳健性。

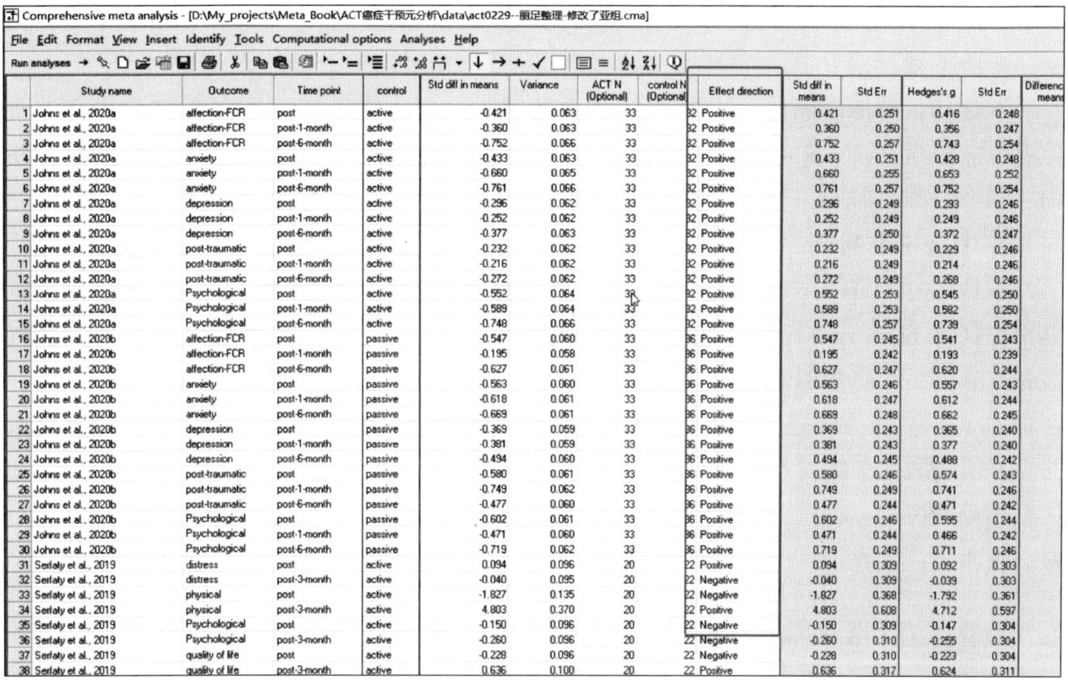

图 4－50　确定效应值方向

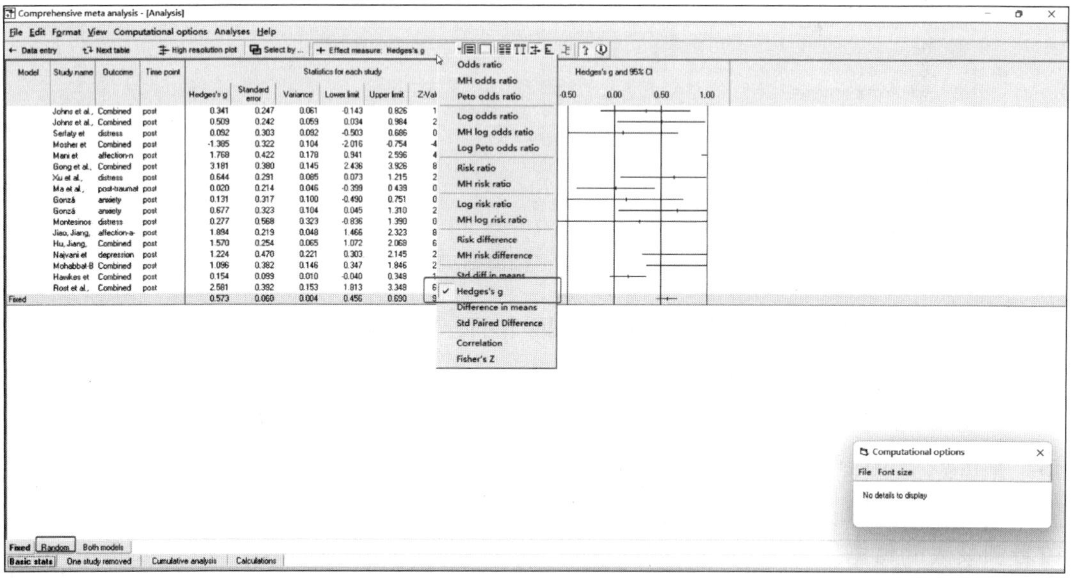

图 4－51　选择模型和效应值

1. TSA 软件安装

TSA 软件由丹麦哥本哈根临床试验中心开发，能导入 RevMan 5 的数据，或者手动输入数据，设定参数。由于该软件需要 Java 支持，电脑需要先安装 Java，免费下载地址为：https：//www.java.com/zh-cn/download/。下载后，点击安装程序进行安装。

TSA 软件下载地址为：https：//ctu. dk/tsa/downloads/。填写邮件、姓名、国家，免费下载。

下载后，解压压缩包，找到文件夹中的 TSA. jar，打开，即为交互窗口界面。文件夹中还提供 TSA 英文手册，国内有学者对该手册进行了翻译，即《试验序贯分析（TSA）工作者手册》。该手册详细介绍了 TSA 的原理、操作过程等。

2. TSA 分析过程

下拉 File 菜单，点击 New Meta-analysis 新建元分析（如图 4－52 所示）。根据结果指标选择 Data type，如果是二分数据则选择 Dichotomous，如果是连续数据则选择 Continuous。在此我们演示以整体心理困扰（Distress）为结果指标的操作过程，因此选择 Continuous。Name 中输入结果变量的名称，Label for group 1 输入实验组名称，Label for group 2 输入对照组名称。Outcome type 用于选择结果变量是正向（Positive）还是负向（Negative）。该选择只影响效应值的正负。本研究中，我们设置效应值为正。然后点击 Create。

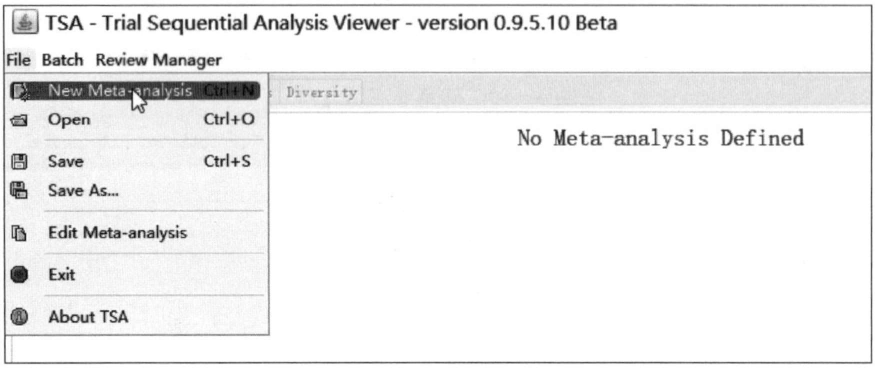

图 4－52 创建研究

弹出的窗口如图 4－53 所示，其中有四个部分需要输入数据和设置参数，分别是 Meta-analysis、Trials、TSA 和 Graphs。

首先在 Trials 界面中录入研究信息（如图 4－54 所示）。在左侧窗口中输入研究名称、年份、干预组和对照组的均值、标准差和样本量。可以根据研究风险进行评价，如果为低偏倚风险，则勾选 Low Bias Risk，点击 Add Trail，添加数据。添加后右侧可以看到录入的数据。勾选 Ignore 则是忽略该数据。点击左侧窗口中的 Edit/Delete Trial 可以对录入的数据进行编辑。

其次在 Meta-analysis 界面定义元分析设置（如图 4－55 所示）。在 Set Effect Measure and Model 中，Effect Measure 用于选择效应值类型，对于连续数据，TSA 软件只提供均值差这一种类型。Model 用于选择固定还是随机效应模型，下拉可以发现有三种类型的随机效应模型可以选择。Set Confidence Intervals 用于选择置信区间，可以设置为 95％、99％、99.5％或 99.9％。随着累积信息的增加（如样本量），可接受

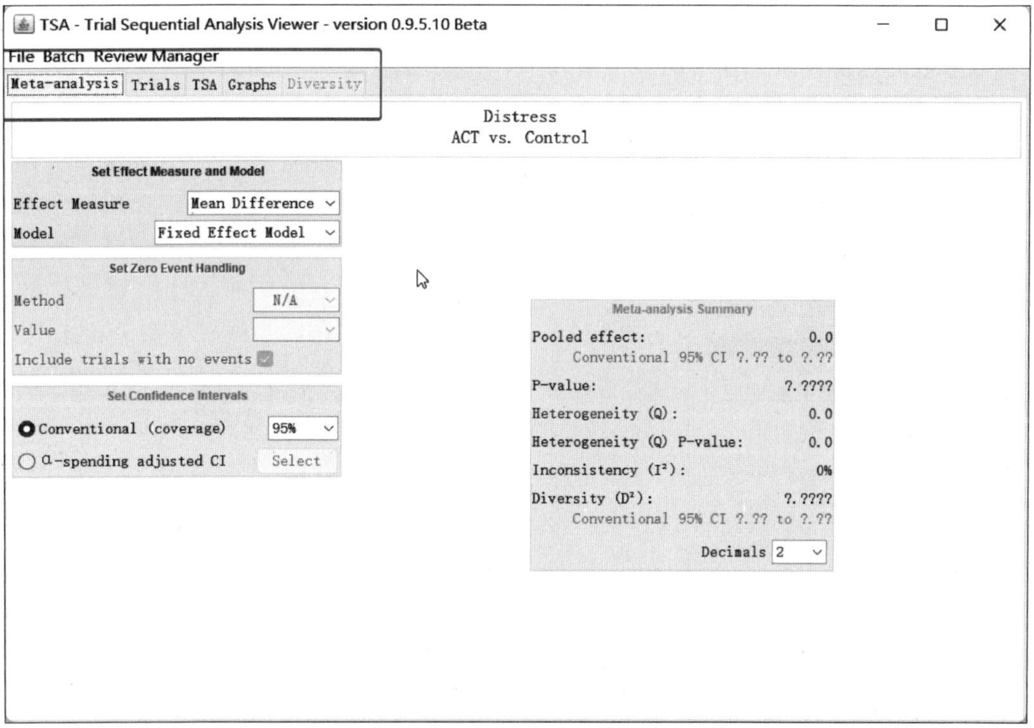

图 4-53 TSA 三个主要菜单

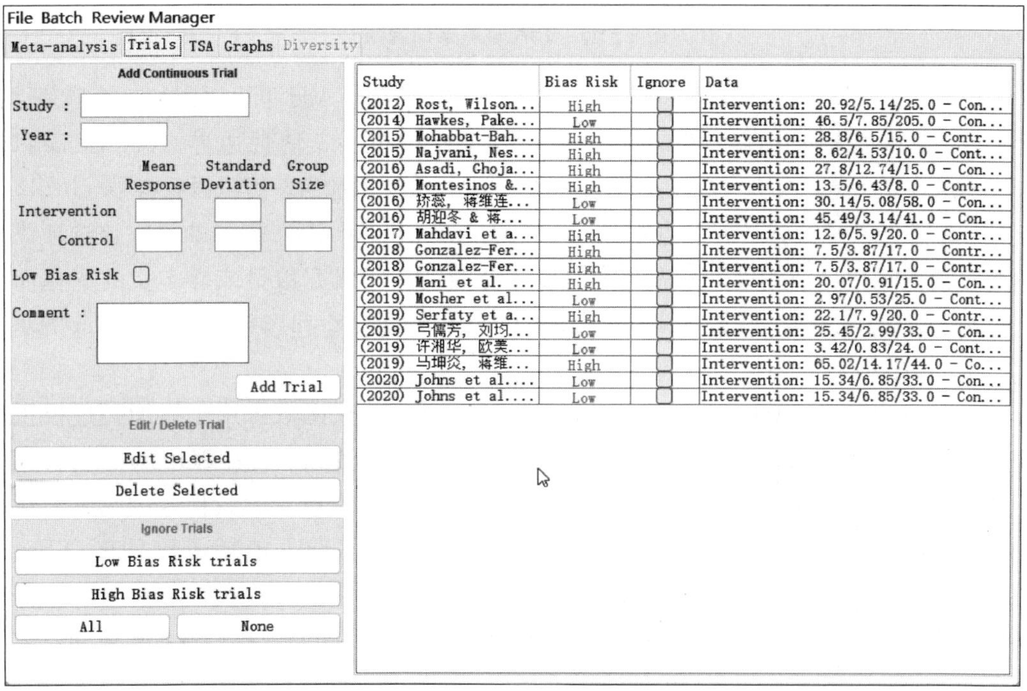

图 4-54 数据录入

的Ⅰ类错误值也会增加，因此还可以选择设置 α 消耗函数。该函数提供了量化随机误差风险的方法，从而确保总随机误差风险在达到效应显著所需信息量之前是小于 5%的。该函数参数的选择详见工作手册。本研究中，我们选择 95%置信区间。

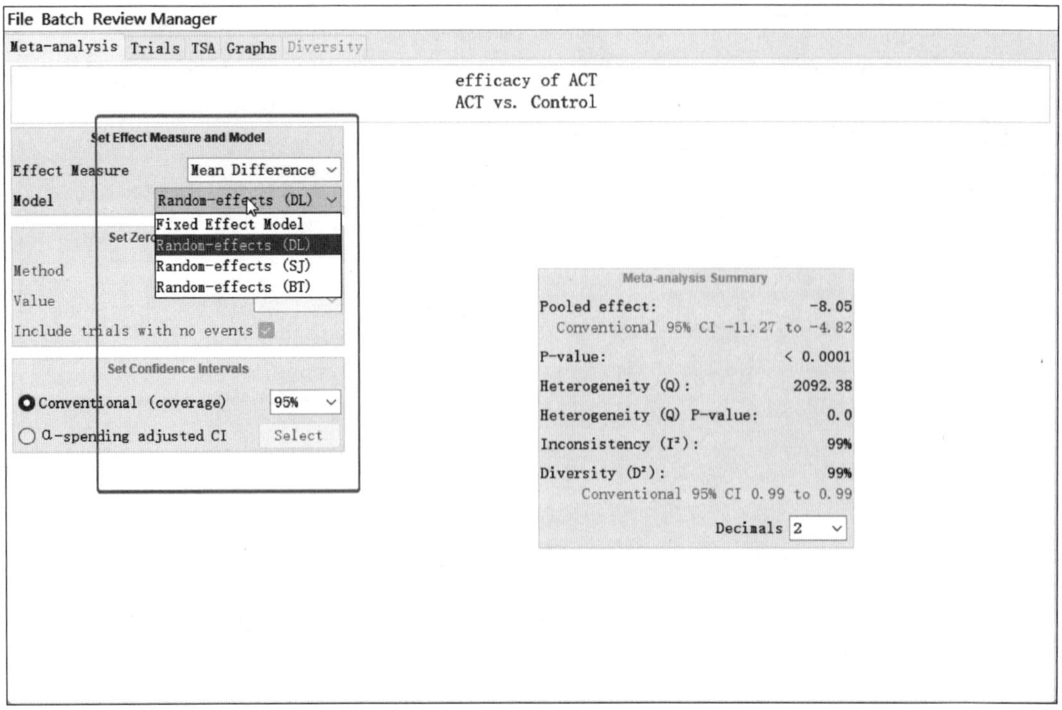

图 4-55 TSA 基本模型设置

接下来设置 TSA 界面（如图 4-56 所示）。左侧面板，Add 下可以添加三个显著性检验，分别是常规检验边界（Conventional Test Boundary）、α 消耗边界（Alpha-spending Boundaries）、迭代对数法（Law of Iterated Logarithm）。添加后，可以设置参数。

首先添加常规检验边界。点击 Add 下的 Conventional Test Boundary，该选项添加的是 Z 值曲线边界，此边界是固定的值，不会因纳入的研究数量或样本量的变化而变化。例如设置了双侧 $\alpha=5\%$，则 TSA 图形中会出现两条 $Z=1.96$ 和 $Z=-1.96$ 的水平线。单击该选项，可以设置检验名称。

点击 Add 下的 Alpha-spending Boundaries，设置消耗函数，用于添加经过校正的显著性 Z 值曲线（如图 4-57 所示）。对于连续变量，设置如下。在 Name 中进行命名，在此命名为 RIS（期望信息量）。在 Hypothesis Testing 中设置假设检验的参数，在此选择双侧检验（Two-sided）、5%的Ⅰ类错误临界值。目前 α 消耗函数只有 O'Brien-Fleming 函数，不用选择。接下来在 Information Axis 中定义信息的内容，可以选择累积样本量、累积事件量或者累积效应量作为信息轴指标。此处，我们选择样本量。

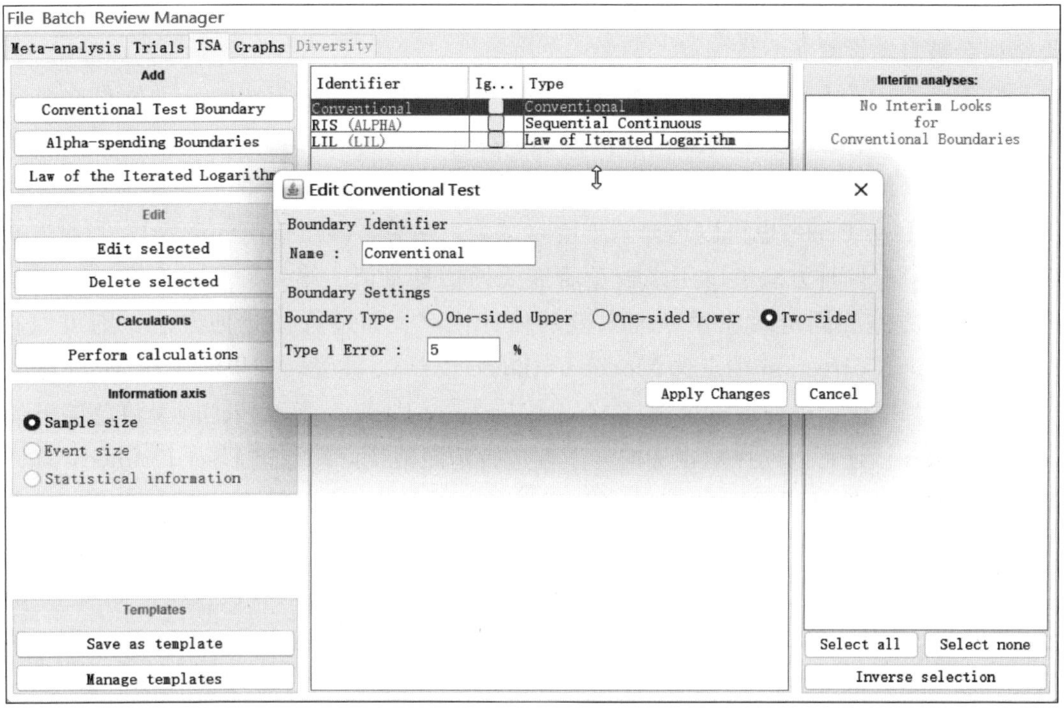

图 4 - 56　TSA 具体参数设置

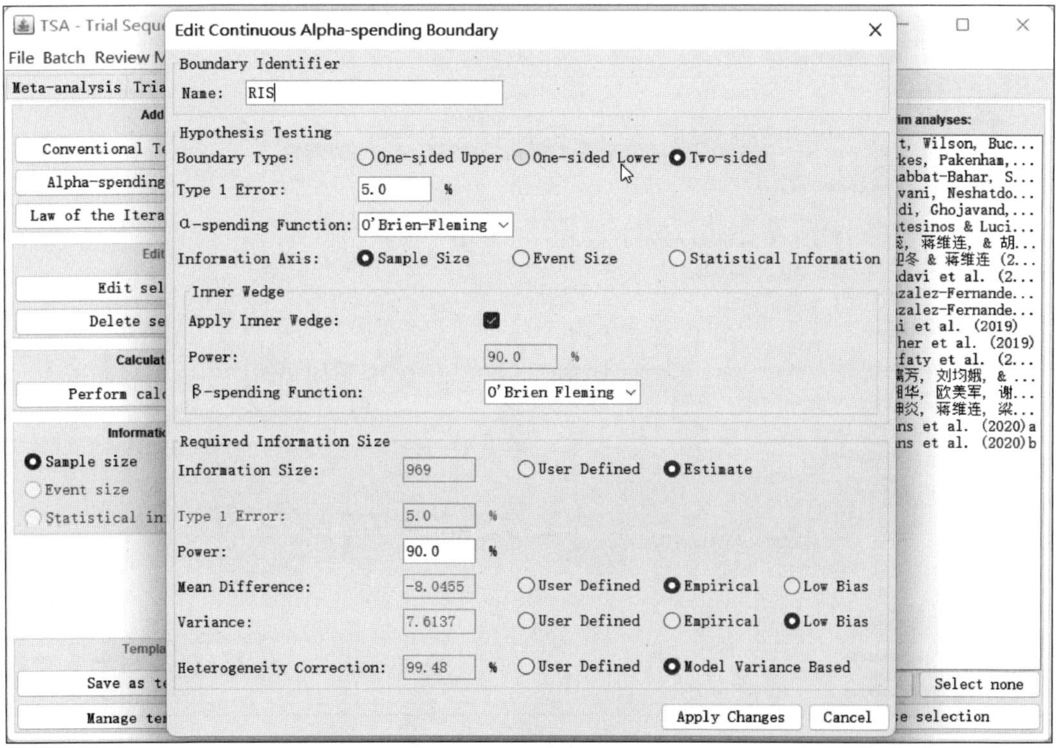

图 4 - 57　期望信息量设置

勾选 Apply Inner Wedge，可以用于检测无效性。当后面输入信息量的参数时，Ⅱ类错误会被自动设置。

在 Required Information Size 中，要输入一些信息。点选 Estimate，软件会估算 RIS。在 Power 中输入设定的最大Ⅱ类错误，在此我们输入 90%。接下来设置预期均差（Mean Difference）和方差（Variance）的估算，可以选择基于低风险偏倚试验来估算，即点选 Low Bias，也可以选择基于所有试验来估算，即点选 Empirical。当研究存在异质性时，有两种方法可以用来校正所需要的信息量值。第一种是基于所选的随机效应模型的方差和固定效应模型的方差的估计比率。如果选择此种方法，则可以在 Heterogeneity Correction 中点选 Model Variance Based。注意，如果前面在 Meta-analysis 界面选择了固定模型，这里选择 Model Variance Based，那么校正因子将总等于 1，等于没有校正。还可以选择对预测的异质性进行猜测估计，即点选 User Defined，输入最大预期的异质性（试验间的变异占总变异的百分比）。全部设置完后，点击 Apply Changes。

接下来，设置迭代对数法，主要用于对 Z 值曲线进行惩罚或者说校正（如图 4-58 所示）。在 Edit Law of the Iterated Logarithm 中，输入该检验名称，如 LIL。设置为双侧检验（Two-sided），Type 1 Error 设置为 5%。Penalty 用于定义惩罚参数 λ，对于连续变量，通常设置为 2；对于分类变量，则根据不同的结果指标推荐不同的参数，见表 4-3。

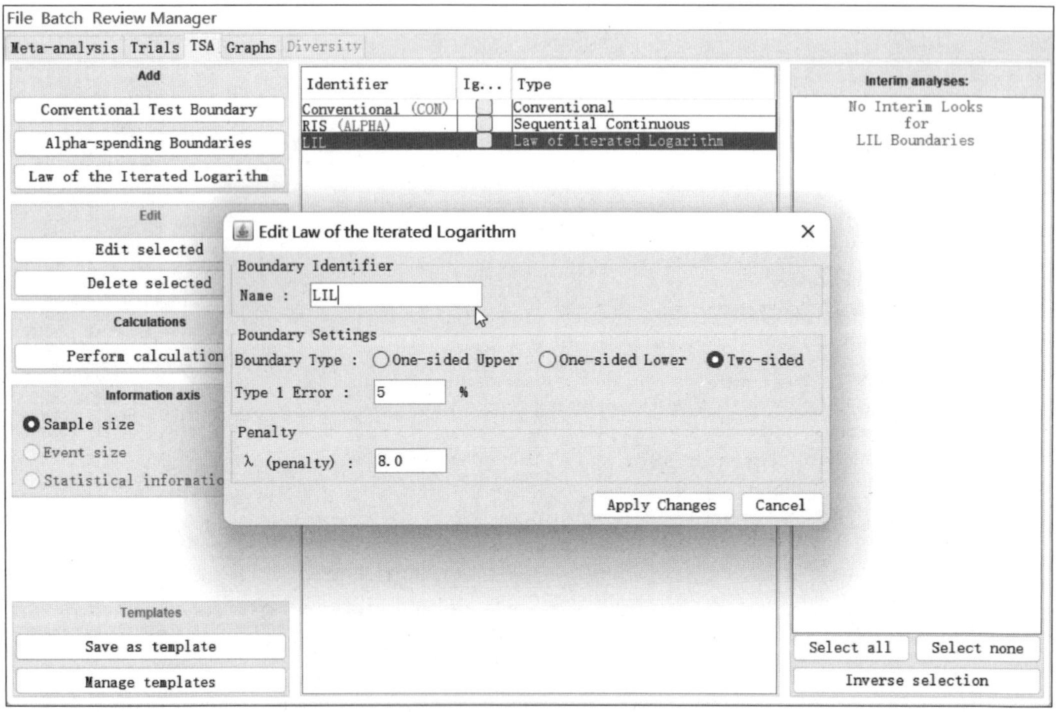

图 4-58　Z 值曲线设置

表 4-3 用迭代对数法计算 Z 值时的 λ 推荐值

效应测量	最大Ⅰ类错误对应临界值		
	$\alpha=0.01$（$c=2.33$）	$\alpha=0.025$（$c=1.96$）	$\alpha=0.05$（$c=1.65$）
风险差	$\lambda=3$	$\lambda=1.5$	$\lambda=1.5$
相对风险	$\lambda=3.5$	$\lambda=2$	$\lambda=2$
优势比	$\lambda=3.5$	$\lambda=2$	$\lambda=2$

想要修改参数，可以在右侧面板选中需要修改参数的行，双击，或者点击左侧面板中 Edit 底下的 Edit selected。

三个检验全部设置好之后，点击 Calculations 中的 Perform calculations。然后点击菜单下的 Graphs，可以看到生成了 TSA 检验图（如图 4-59 所示）。这个图中有几个关键的要素：Z-Curve 代表不断增加试验进行元分析时的显著性 Z 值曲线。即根据研究发表的时间，每增加一个研究，进行一次元分析（期中分析），每次都能获得一个效应值和对应的显著性 Z 值，把所有的 Z 值连成曲线，就是 Z 值曲线。RIS 是计算得出的期望信息量，它表示样本量达到 969 个的时候元分析的结果较为稳健。图中还有校正后的 Z 值曲线（Cumulative Z-Score），即根据样本量校正的显著性 Z 值，可以看到随着样本量增大，校正后的 Z 值逐渐变小，最后达到 RIS 的时候，和传统的显著性 Z 值（$Z=1.96$）相等。如果原来的 Z 值曲线（Z-Curve）穿过了校正后的 Z 值曲线（Cumulative Z-Score），说明元分析结果显著。首先，因为曲线穿过的是上边的校正

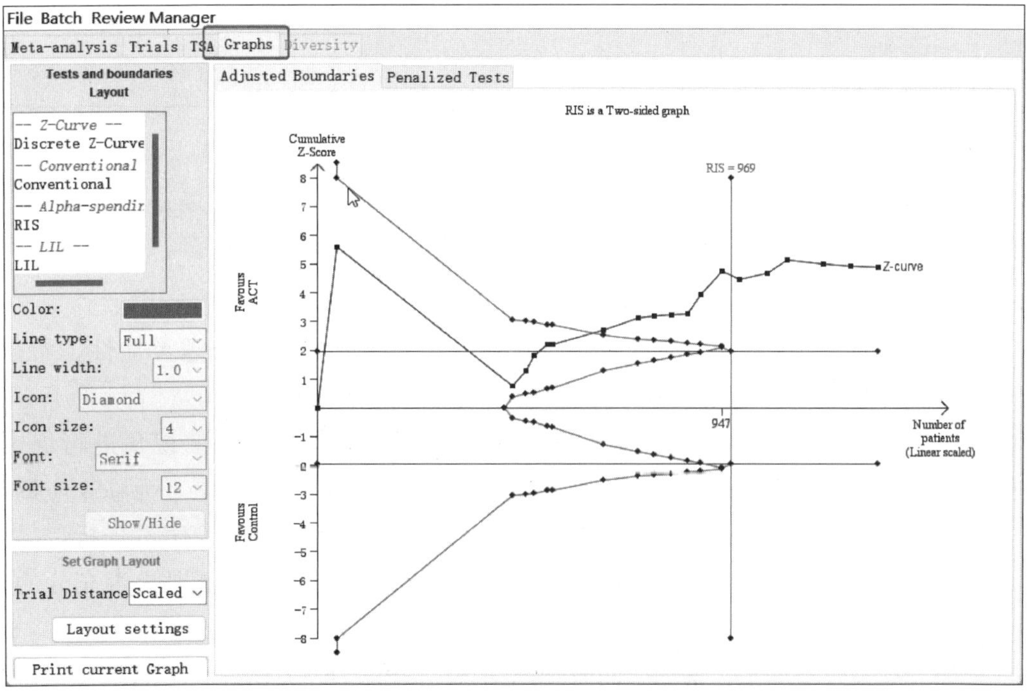

图 4-59 TSA 检验图（心理困扰）

后 Z 值曲线，这说明 ACT 相对于对照组显著有效（如果是对照组相对于 ACT 显著有效，则穿过下方的校正后 Z 值曲线）。其次，原来的 Z 值曲线穿过了 RIS，这说明元分析的结果较为稳健。

点击 Penalized Tests（如图 4－60 所示），可以看到除了 Z 值曲线（Z-Curve），下方还有一条曲线，该曲线实际上是经惩罚函数校正后的显著性 Z 值曲线。该曲线穿过了 $Z=1.96$ 的临界值，也穿过了 RIS，同样说明该元分析结果比较稳健。

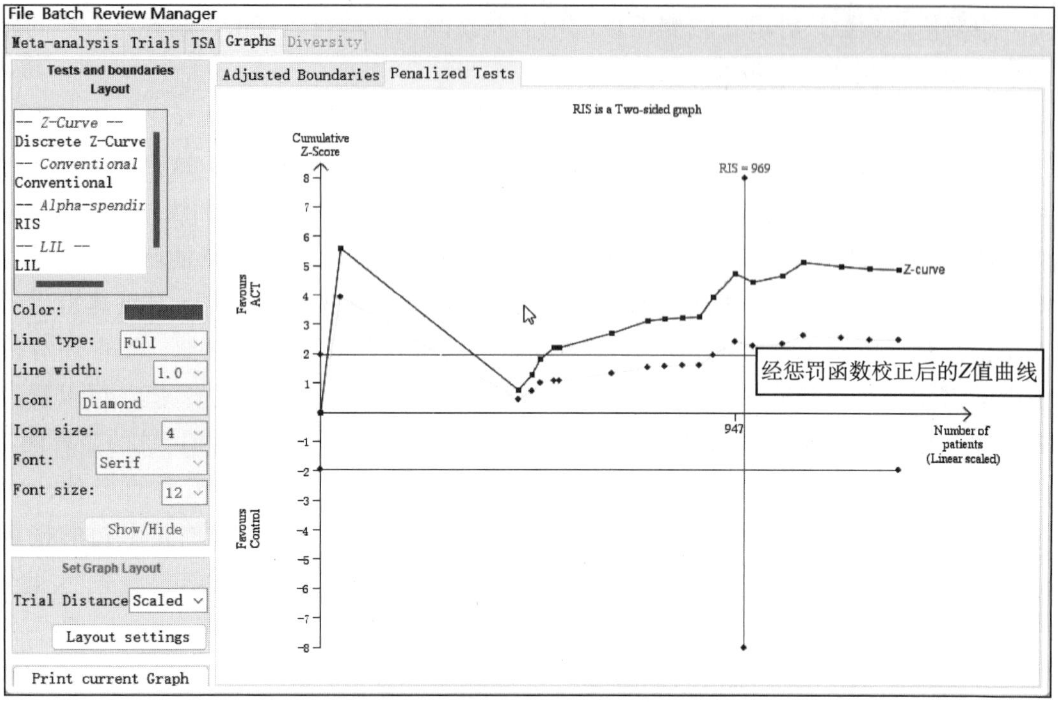

图 4－60　惩罚曲线（心理困扰）

面板左侧有许多功能可以调整图形的参数，也可以打印或者保存图形。

五、讨论

本研究考察了 ACT 对癌症患者的心理困扰以及生活质量、心理灵活性、希望、生理健康的干预效果，使用 TSA 方法评估了现有研究证据是否充分，并检验了心理困扰效应量的调节变量。一方面更新了现有的研究证据，从量化的视角进行综述，较清晰地呈现了 ACT 在癌症患者中的有效性，以及可能的影响因素，为临床应用和实践提供参考。另一方面，克服了传统元分析的不足，增加了试验序贯分析，尽可能减少元分析可能出现的Ⅰ类或者Ⅱ类错误，并提供了现有研究证据是否充分的判断标准。

本研究存在以下局限：第一，同时纳入了 RCT 和非 RCT 研究，虽然丰富了研究证据，也严格考察了各个研究的质量对结果的影响，但是从循证的角度来说，还是降低了证据的可靠性（Furuya-Kanamori et al.，2017）；第二，在考察终止研究的标准上，即决定是不是需要继续开展其他的临床试验来验证研究结果上，尽管 TSA 已经发展得比较成熟，也得到了广泛运用，但是是否根据 TSA 的单一结果就做出临床决策还是需要谨慎考虑（Hacker et al.，2016）。因为 TSA 本身也存在不足，它不能解决试验本身的方法学问题及报告偏倚等引起的误差。本研究中，纳入的文献中存在一部分高风险的试验（Asadi et al.，2016；Esmali & Alizadeh，2015；Ghasemi et al.，2016；Montazer et al.，2017；Marín & Soriano，2016；Najvani et al.，2015；Rost et al.，2012），它们可能对元分析结果、TSA 结果造成影响。第三，由于现有研究数量不足，未考察更多的调节变量，缺乏对追踪效应量的调查，也就无法分析次要结果变量的影响因素，检验 ACT 的干预机制。

ACT 在癌症患者干预上具有重要的理论和现实意义。癌症这一重大的负性生活事件，可控性低，会打乱患者的生活状态，带来一系列的连锁问题，如治疗决策困难、家庭不和、身体不适等，患者很容易体验到无助感和绝望感，感觉难以掌控自己的未来。在这种情况下，只有接纳自己的现状，并主动寻找意义和价值，付出行动，患者才更容易摆脱焦虑、抑郁等心理问题。

第五节　拓展延伸

一、前后测效应值注意事项

标准化均值差（standard mean difference，SMD）（即 Cohen's d 值）是常用的计算两组组间差异的效应值类型。不过有的研究者也将之运用到单组前后测的组间比较研究设计中，计算前后测 SMD（即某种干预前后的结果的改变）。值得指出的是，前后测 SMD 在运用中存在较大的问题，研究者需要有所了解。正如我们在本章第一节中讨论过的，在考察某种疗法干预效果的时候，采用单组前后测的研究设计得出的证据强度并不高，因为它没有控制额外因素，无法确定干预效果是疗法起效，还是自然恢复的结果。不过这个问题是研究设计的问题，并非说类似的设计都不可取，在有些条件下，对照组无法获得，相关的单组前后测设计无疑也具有一定的证据价值。

我们要说的是，前后测 SMD 的运用也存在一定的问题。因为研究设计的局限，单组前后测研究之间可能存在很高的异质性，有的情况下，异质性会高于 90%（Johnsen & Friborg，2015），这会导致元分析的结果非常不确定。另一个重要的问题是前后测使用的测量结果不是相互独立的，因此在计算前后测 SMD 的时候应该把前后测结果的相关系数考虑进来。可惜的是，不少元分析在计算前后测 SMD 时采用了计算组间 SMD 的方法，即不考虑前后测结果的相关系数。还有一些研究假定前后测的相关系数为某个固定值。如 Balk 等（2013）综合 123 个研究中 811 个组内相关系数，发现相关系数为 0.59，也有一些研究使用其他值，如 0.75、0.70 等（Hesser et al.，2011；Hofmann et al.，2019；Johnsen & Friborg，2015）。这些固定值的使用也有局限，毕竟采用不同的测量工具，不同研究的前后测相关系数可能存在一些差异；实验显示，使用固定值会对元分析的结果造成较大的影响（Cuijpers et al.，2017）。

前后测相关系数的问题同样出现在双组前后测中，尽管我们在第四节的实例中使用了前后测的合并方差作为均值变化量的方差，并未考虑前后测的相关系数。一般随机对照研究中，给出的常见统计量如表 4-4 所示。

表 4-4　随机对照研究给出的常见统计量

	前测	后测	改变值
实验组	均值、标准差	均值、标准差	均值
对照组	均值、标准差	均值、标准差	均值

如果要计算各个组改变值真实的标准差，表 4-4 给出的信息是不够的。正如我们前面所说，前后测的相关系数也需要提供，因为相关系数和均值标准差的关系如下：

$$r=\frac{SD_{\text{pre}}^{2}+SD_{\text{post}}^{2}-SD_{\text{change}}^{2}}{2SD_{\text{pre}}SD_{\text{post}}}$$

$$SD_{\text{change}}=\sqrt{SD_{\text{pre}}^{2}+SD_{\text{post}}^{2}-2(r\times SD_{\text{pre}}\times SD_{\text{post}})}$$

那么，如果文献没有给出直接的相关系数信息，我们应该如何判断研究是否可以计算相关系数呢？对此，感兴趣的研究者可以参考 Cochrane 指导手册中的数据提取部分：7.7.3 Data extraction for continuous outcomes（cochrane.org）。不过，正如我们在第四节的实例中应用的一样，我们采用了前测后合并方差作为均值变化值差异的合并方差（不少研究也采用类似的算法），这种计算方式对结果的影响有多大，是需要进一步探索分析的。

二、干预效果元分析的主要策略归纳

有综述总结了健康领域的干预效果元分析常使用的策略（见表 4-5）（Tanner-Smith & Grant，2018）。本章中列举了三个实例，分别对应于传统成对元分析、传统成对元分析＋试贯序贯分析，以及网状元分析。每个例子中也包含旨在探究影响因素的亚组分析或者元回归分析。第三章介绍过多水平元分析，虽然研究类型不同，但干预效果研究主要变化的只有效应值的计算，其他步骤并没有太大的差异。在此，我们不多加展开。本书中唯一缺少的元分析策略类型是个体数据元分析，以下我们进行简略的介绍。

表 4-5 干预效果元分析使用的主要策略

分析策略	应用情境
传统的成对估计	估计某种疗法跨样本的干预效果（相对于对照组或者某种特定的疗法）
亚组分析	探究干预效果的影响因素（针对分类变量）
元回归分析	探究干预效果的影响因素（针对连续变量和分类变量）
个体数据元分析	区分个体水平和研究水平的干预效果及其影响因素
网状元分析	同时比较多种疗法的相对效果
多水平元分析	探究嵌套数据中不同水平的干预效果
路径分析和元结构方程模型	检验中介效应或干预起效的机制

尽管亚组分析或者元回归分析可以检验试验水平上的影响因素，比如研究设计特点等，但并不能检验个体水平上的影响因素，例如被试的具体年龄、性别等。虽然将试验层面的各个研究中被试的平均年龄或者性别比作为变量纳入元回归分析中，也能在一定程度上提供影响因素的证据，但是这些平均后的年龄或者提供的性别比通常不会接近正态分布；这样，一方面采用线性模型分析结果可能不准确，另一方面由于数据范围有限，可能无法得出可靠的效应。此时，个体数据元分析才是检验个体水平调节变量的黄金标准方法。

个体数据元分析，顾名思义，就是元分析纳入不同研究，但不同研究收集的是个体水平的数据结果而不是平均的统计结果（aggregated data）。它同样能够考察干预效果，而且分析更加灵活和复杂。它能减少发表偏倚，检查数据分析假设的细节（例如是否满足正态分布）；它可以将异质性区分为个体水平和研究水平，还能考察个体水平的协变量和治疗水平的协变量的交互。其缺点就是获取原始个体水平数据的难度很大，要花费巨大的时间和精力联系研究者获取数据，而且不一定顺利。这也是阻碍很多研究者进行此类元分析的重要原因。不过值得一提的是，个体数据元分析一般发表的期刊影响因子都非常可观，说明其被接纳性是很高的。

表 4-5 中的策略并不是相互独立的，有很多是可以相互结合的，比如采用多水平元分析方法分析个体数据，采用网状元分析方法分析个体数据，等等。具体的变式还要研究者根据具体的研究目的、不同研究方法的优缺点进行选择。以下是 Tanner-Smith 和 Grant（2018）提供的一些相关资源，可供参考：

相关组织

1. Campbell Collaboration：https：//campbellcollaboration. org/
2. Cochrane Collaboration：https：//www. cochrane. org/
3. Cochrane Public Health：http：//ph. cochrane. org/
4. Collaboration for Environmental Evidence：https：//www. environmentalevidence. org/

5. EPPI Centre：https：//eppi. ioe. ac. uk/cms/

6. GRADE Working Group：https：//www. gradeworkinggroup. org/

7. Joanna Briggs Institute：https：//joannabriggs. org/

额外资源

1. Centre for Evaluation，London School of Hygiene & Tropical Medicine：http：//evaluation. lshtm. ac. uk/evidence-synthesis/

2. Centre for Reviews and Dissemination Guidance：https：//www. york. ac. uk/crd/guidance/

3. Cochrane Handbook for Systematic Reviews of Interventions：http：//handbook. cochrane. org/

4. EPPI Centre Resources：https：//eppi. ioe. ac. uk/cms/Default. aspx? tabid=88

5. Joanna Briggs Institute Resources：http：//joannabriggs. org/

6. Journal of Clinical Epidemiology，AHRQ Series on Complex Intervention Systematic Reviews：http：//www. jclinepi. com/article/S0895-4356(17)30630-3/fulltext

7. Journal of Clinical Epidemiology，Special Issue：Considering Complexity in Systematic Reviews of Intervention：http：//www. jclinepi. com/content/jce-considering-complexity-in-systematic-reviews-of-intervention

8. Methodological Expectations of Cochrane Intervention Reviews：http：//methods. cochrane. org/mecir

9. Methodological Expectations of Campbell Collaboration Intervention Reviews：https：//www. campbellcollaboration. org/mec2ir

10. PRISMA Reporting Guidelines for Systematic Reviews and Meta-Analyses：http：//www. prisma-statement. org/

11. PROSPERO Prospective Trial Registry for Systematic Reviews：https：//www. crd. york. ac. uk/prospero/

12. World Health Organization Meeting on Retrieval，Synthesis，and Assessment of Evidence on Complex Health Interventions：http：//www. who. int/maternal_child_adolescent/guidelines/development/complex-health-interventions/en/

第五章 ‣ 心理学研究中干预机制的元分析

学习目标

（1）了解探索干预机制的研究设计范式；

（2）掌握元分析结构方程模型，探索干预起效的心理机制；

（3）掌握激活似然估计方法，探索干预起效的神经机制。

章节导读

干预类研究除了关注某种干预方案相对于对照组是否更有效，还有一个重要议题，就是探究改变发生的机制。机制研究实际上关注的是干预起效的中介变量（mediator variable），即解释某种干预影响结果变量的过程，说明干预如何（how）以及为什么（why）起效（Kraemer et al.，2002)。实际上，中介效应模型包含了因果关系，即干预引起某个独立变量的变化，进而引起结果变量的变化，该独立变量就是中介变量。这类机制研究通常基于前面一章所谈的干预效果研究，主要差异在于增加了中介变量的测量，以及采用中介效应检验的方式进行统计分析。本章首先简单介绍一下干预机制研究的设计思路，进而结合实例谈一谈如何采用元分析的方法整合性地探究某种干预的过程机制。

第一节 心理学中的干预机制研究

探究干预机制的研究会利用干预效果的对照研究设计（可以是 RCT 或非 RCT），增加中介变量的测量。一般研究中，中介检验可能是主要或者次要目的，但不管是哪一种，在实验设计之前都有必要对中介变量进行详细考虑和定义。中介变量是指在一个因素或变量通过影响另一个因素或变量，从而影响最终结果的过程中扮演中介角色的变量。该变量区别于混淆变量（confounding variable），即那些可能与自变量（有无干预）和因变量都相关的变量，这些变量在非 RCT 中通常会作为控制变量进行控制，而在 RCT 中，因为有足够的样本进行了随机平衡，一般不再控制（Mascha et al.，2013）。在干预类研究中，统计中介模型解释的是行动理论（action theory）和概念理论（conceptual theory），前者指的是什么独立变量引起改变（如中介变量），后者指的是中介变量在多大程度上和结果改变相关（MacKinnon，2012）。因此，选择中介变量的时候，要从因果的角度考虑中介变量的合理性（Mascha et al.，2013）。此外，中介变量可能有多个，主要基于以往的理论和实证研究进行假定。

关于中介变量，大部分的研究还是和结果变量一样在干预前和干预后进行两次测量。在非干预类研究中，自变量 X、中介变量 M、因变量 Y 往往是同时测量一次或者多次，中介统计分析的时候再考察 X 是不是通过 M 的变化引起 Y 的变化。但是对于干预对照研究而言，X 是对照设置（例如，0＝实验组，1＝对照组），并不会随着时间变化而变化。这种类型下，如果 M 和 Y 只有前测和后测两个时间点，这种设计就被称为两种条件下的被试内设计（two-condition within-participant design）。此时，常用的中介统计分析步骤如下：

第一，确认因变量 Y 的变化在两组之间是否存在差异，也就是说是否存在干预效应。比如在两组前测没有显著差异的情况下，直接对后测采用独立样本 t 检验，或者利用重复度量的方差分析，考察两组前后测变化的差异是否显著。第二，检验中介变量 M 在两组中是否存在差异，这同样可以利用独立样本 t 检验或者重复度量的方差分析。第三，当前两个针对因变量和中介变量的差异检验都显示干预效应显著时，进行中介检验。模型的方程如下：

$$Y_{1i} = g_{10} + g_{11}M_{1i} + e_{Y_{1i}} \tag{1}$$

$$Y_{2i} = g_{20} + g_{21}M_{2i} + e_{Y_{2i}} \tag{2}$$

因变量 Y_1 和 Y_2，自变量 M_1 和 M_2，分别是前测和后测的结果。用方程（2）减去方程（1），再进行一系列的公式转换，即可算出中介效应。具体计算过程可以参见 Judd 等（2001）的文章。当然，统计学上对中介检验的改进和更新也有很多，例如在结构方程模型的框架下进行中介检验，利用 Bootstrap 重复取样估计置信区间（Montoya & Hayes，2017）。此外，还有中介变量及因变量不只进行前后测，而是在试验过程中进行一系列测量，此时，潜变量增长曲线模型也被用于检验中介效应（Vowles et al.，2019）。我们在此不对所有的中介检验方法进行归纳，读者需要知道的是，对于干预机制研究和干预效果研究而言，最大的变化在于中介效应的设计和统计检验。一般而言，包含中介机制计算的元分析大多数只会针对简单的中介过程（如一个中介变量，两个测量时间点），主要是因为这种情况下，可以收集到的文献相对较多，从而有足够的统计效力进行元分析。

不过，以上关于中介机制的讨论主要集中在心理或者行为上，还有一种类型的干预机制研究逐渐受到关注，那就是干预的脑成像机制研究。这类研究想要回答的是，某种干预是否通过改变大脑某个部分的脑功能或者脑功能连接，进而改善个体的症状。其研究设计可分为以下几种：单组前后测，也就是干预前后采用 fMRI/PET 等成像手段对人脑进行扫描；双组后测，只考察干预后实验组和对照组的脑成像差异；双组前后测，干预前后对实验组和对照组都进行脑成像扫描。似乎研究设计上只是增加了脑成像的测量，但复杂的部分正在于脑成像的原理和数据处理，这当中包含体量庞大的知识，需要读者自行了解，在此我们不详细说明。

第二节　元分析结构方程模型实例：接纳与承诺疗法的作用机制①

一、元分析结构方程模型概述

结构方程模型（structural equation modeling，SEM）是运用非常广泛的统计手段，它提供了一个非常灵活的框架，能够检验包含潜变量和观测变量（显变量）的复杂模型，是综合了心理学中的潜变量、社会学中的路径模型和经济学中的结构模型发展而来的（Bowen & Guo，2011）。广义线性模型、路径分析和验证性因子分析等都是 SEM 的特殊例子。SEM 还可以和项目反应理论、多水平模型、分类数据分析和缺失值处理等相互结合，其发展内容十分丰富。元分析和结构方程模型的结合也是一种非常典型的研究手段，即元分析结构方程模型（meta-analytic structural equation modeling，MASEM），但其发展相对较晚，是一种比较新的统计方法。早期的元分析路径分析（Hom et al.，1992）和元分析因子分析（Bushman et al.，1991）指向的都是 MASEM。

对 SEM 比较了解的读者很容易理解 MASEM。SEM 考察的是不同的变量之间的复杂关系，例如包含中介或者调节的关系。MASEM 只是将结构方程模型的分析迁移到元分析当中进行。有不少方法学论文（Bergh et al.，2016；Cheung & Hong，2017；Landis，2013；Sheng et al.，2016）和一期特刊（Cheung & Hafdahl，2016）总结了 MASEM 中的方法学问题。Cheung（2015a）的《元分析：结构方程模型方法》（*Meta-Analysis：A Structural Equation Modeling Approach*）对 MASEM 的统计细节进行了详细的介绍。早期主要有两种 MASEM 方法，即单变量法（univariate approach）和广义最小二乘法（generalized least squares approach）。然而，单变量法忽视了研究内的两两相关系数的相关性，假设变量 A 和 B 的相关系数（r_{AB}）与变量 C 和 D 的相关系

① 实例来源：任志洪等，2019。

数（r_{CD}）的协方差为0；最小二乘法则要求相关系数矩阵合并时为回归模型，存在一定的局限性。近年来，Jak（2015）的《元分析结构方程模型》（*Meta-Analytic Structural Equation Modeling*）提供了一个侧重于两阶段SEM（two-stage structural equation modeling，TSSEM）方法的教程。

SEM的计算并不一定要使用原始数据，也可以通过变量之间的相关系数矩阵或者协方差进行分析（Schumacker & Lomax，2004）。因此，如果研究中报告了变量的相关系数，那么结果便可以用于MASEM分析。MASEM分析一般包括两个步骤，第一步是采用相关系数检验研究之间的异质性，判断模型属于固定效应模型还是随机效应模型。如果研究之间的差异只来源于取样，则说明是固定效应模型；如果还有其他因素导致效应量差异，则为随机效应模型。一般而言，随机效应模型更贴合研究需要，因为它考虑了研究水平的变异，能推广到更多研究中。一旦存在随机效应，就可以进一步采用亚组分析或者元回归分析考察影响效应值的因素。

MASEM分析的第二步是把不同研究的相关系数合并，整合成一个相关系数矩阵，并采用SEM进行拟合。如果是固定效应模型，可以采用单变量法合并相关系数矩阵，即只要把两两相关系数单独拆开来计算即可。例如对于某个研究，相关系数采用逆方差法进行加权，最后计算所有研究加权后的平均相关系数，以此作为合并相关系数矩阵中某两个变量的相关系数。最小二乘法和TSSEM法属于多变量方法，在计算合并相关系数的时候，考虑了相关系数之间的非独立性，并且可以在随机效应模型中运用。在实际应用中，TSSEM法更常使用。

二、实例背景

接纳与承诺疗法（ACT）对广泛的心理问题和生理痛苦具有显著的干预效果。从绝对疗效角度而言，元分析的结果支持ACT具有中到大的效应量。最早的一项元分析纳入9篇RCT文献，对照组包括空白等待组（WL）、常规治疗组（TAU）、心理安慰剂组，结果发现，ACT后测的绝对疗效具有中等效应量（$d=0.66$）（Hayes et al.，2006）；最近一项纳入60项RCT研究的元分析（Öst，2014）包括更为广泛的心理、身体和工作压力相关问题，结果发现较之WL组（$g=0.63$）、TAU组（$g=0.55$）和心理安慰剂组（$g=0.59$），ACT后测的绝对疗效都具有中到大的效应量。从相对疗效角度而言，与高度结构化的疗法相比，ACT的效应量大小不一。最早的一项元分析发现（Hayes et al.，2006），较之传统CBT（认知行为疗法）和CT（认知疗法），ACT具有中到大的效应量（$d=0.73$），但该研究只纳入了4个RCT研究。随后，Jiménez（2012）的元分析纳入16个RCT研究，涉及成瘾、慢性疼痛、焦虑症、抑郁症、压力以及癌症的心理体验等，结果发现与传统CBT相比，ACT的后测效应量（$g=0.37$）和追踪效应量（$g=0.42$）都为小到中等，之后基于更大样本的RCT研究（Öst，2014）发现其后测效应量较小（$k=60$，$g=0.16$）。最近，一项纳入39个RCT研究的元分析也得到了类似的结果，这项元分析将治疗限定为临床相关疾病，其干预中80%的成分包含ACT（A-tjak et al.，2015）。

ACT基于心理灵活性以及六大核心机制，后者即接纳（愿意接触内在体验）、解离（将事物与人的思想、情感和记忆分离开来，看到事物的本来面目）、以己为景（把内在体验作为自身体验的背景，而不把它看作体验本身）、此时此刻（能够灵活地接触发生的内部与外部事件，不做判断）、价值（选择持续行为模式所需的结果，以建立强化物）、承诺行动（灵活地朝有价值的方向做出行动）（Hayes et al.，2006；张婍等，2012；曾祥龙等，2011）。那么，上述机制假设是否能得到实证研究支持？

目前，ACT的作用机制与传统CBT的区别，以及ACT在网络化干预环境中的可迁移性等问题还未明确。本研究主要使用MASEM考察ACT的三方面作用机制：（1）检验心理灵活性以及六大核心机制在ACT治疗中的中介作用；（2）考察较之传统CBT，ACT所强调的机制是否具有特异性；（3）探究ACT的作用机制的可迁移性，特别是在网络化干预中是否仍然存在。

三、研究方法

（一）文献检索

在Web of Science、PsycARTICLES、PsycINFO、PubMed、Elsevier、EBSCO、Wiley Online Library等数据库，检索已经发表的英文文献。将检索关键词分为接纳与承诺疗法（acceptance and commitment therapy，ACT）和与之对应的心理机制（acceptance，cognitive defusion，self-as-context，committed action，contact with the present moment，values，psychological flexibility），然后进行配对组合检索。首次文献检索时间为2016年10月，2017年11月二次更新。文献由第二作者筛选，第三作者核对，有异议时与第一作者协商解决。详细过程见图5-1。

（二）纳入与排除标准

纳入标准：（1）成年人样本（年龄＞18岁）；（2）RCT或是准试验设计，测量ACT干预前后变量的变化；（3）对心理健康（临床或非临床）结果前后测改变进行定量评估；（4）对中介变量进行前后测定量评估。

排除标准：（1）混合干预方式，即除了ACT还包含其他干预手段，或只含接纳成分的非完整ACT治疗（Wicksell et al.，2008）或含接纳成分的行为治疗（Eustis et al.，2016；Millstein et al.，2015）；（2）药物治疗对照组（Luciano et al.，2014）。

（三）数据提取

提取的数据分两类：一类是描述研究特征的基础数据，由第二作者提取，第三作者核对；另一类是真正纳入统计分析的核心数据，由第二作者和第三作者分别编码，求得评分者间一致性（kappa系数）为0.89，根据0.75及以上被认为一致性非常好的判别标准，本研究编码具有较高的一致性（Orwin，1994）。最后，与第一作者协商一致后确定最终编码方案。

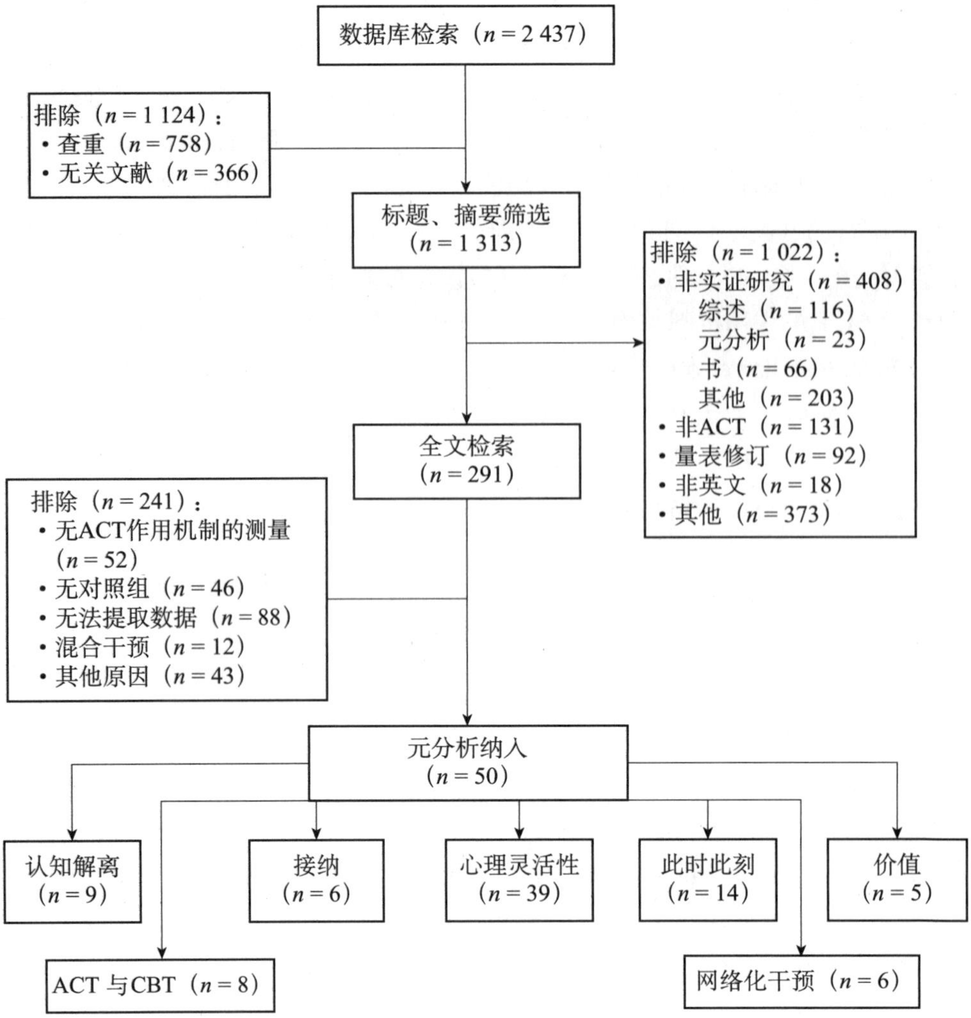

图 5－1　文献检索和筛选流程图

四、数据分析和结果

中介效应检验采用 MASEM 进行分析。Cheung（2015b）提出的 TSSEM 法采用极大似然估计，能使标准误估计更加精确。因此，我们使用 R 中的 metaSEM 包进行 TSSEM 分析（Cheung，2015b）。

（一）考察模型因素的测量不变性（第一阶段分析）

为了减少原始研究汇聚的数据以及潜在的人为因素对结构方程模型参数估计的影响，根据 Montazemi 和 Qahri-Saremi（2015）以及 Schmidt（2015）的建议，需要对 5 个影响元分析检验理论假设的人为因素进行处理。

1. 确保数据的独立性

数据的非独立性违反了元分析假设（Hunter & Schmidt，2004）。为此，我们使用以下方法来保证两阶段随机效应 MASEM 分析的独立性。当一篇研究测量了多个结果时，我们借鉴前人的系统选择方法（Gu et al.，2015）：首先选择心理病理的整体测量，其次选择抑郁和焦虑测量结果。对于同时包含他评与自评的测量结果的研究，优先选取临床咨询师的评价（Forman et al.，2007）。对于同时测量了焦虑与抑郁的研究，选择与样本量匹配的结果；若是样本量不匹配，则根据被试的抑郁与焦虑基线水平，选取水平更高的结果。对于既没有测量抑郁也没有测量焦虑的研究，选取压力作为心理健康结果，如果压力也没有则选择消极影响。最后，如果一个结果变量有两个或是多个测量工具，则选择有更强测量学特征的结果。相对地，对于不包含心理健康结果的文献，则不纳入 TSSEM 分析。虽然可能在一个研究中计算多结果测量的均值，但无法直接获得每个研究平均相关系数的方差，因而，每个研究仅提取一个心理健康结果指标较为适宜。

2. 编码过程

本研究的主要目的并非关注 ACT 在心理疾病治疗上的效果，而是着重考察其作用机制。因而，为了使用 TSSEM 考察 ACT 的作用机制，从每一篇文章中提取 X 变量（ACT 与对照组）、M 变量（中介变量）在干预前后的改变以及 Y 变量（结果变量）在干预前后的改变之间的两两相关系数，并且提取每个研究的样本量。如果研究并没有提供明确的相关系数，则利用均值、标准差、t 值、F 值和效应量（d 或 g 值）计算相关系数（Lipsey & Wilson，2001；Morris，2008）。

3. 评价数据缺失的潜在影响

在元分析中，可能存在潜在的“文件抽屉问题”（file drawer problem），即结果不显著的论文相比结果显著的论文，更不易发表，导致发表偏倚（Higgins & Thompson，2002）。我们先使用 Begg 检验和 Egger 检验评估可能的发表偏倚，若存在发表偏倚，进而使用失安全系数（N_{fs}）检验可能的发表偏倚对效应量的影响（Rothstein et al.，2006）。失安全系数是指让现有结论变得不显著的研究个数的最小值，N_{fs}越大，发表偏倚存在的可能性越小；当 N_{fs}小于 $5n+10$（n 为原始研究的数目）时，发表偏倚应引起警惕（Rothstein，2008）。本研究中，多数的 N_{fs}值较大，因此，研究结果整体上具有较强的稳健性。

4. 检验Ⅱ类错误

统计效力是统计检验中的一个重要成分，即零假设（如干预无效）有多大概率不成立，统计结果就能在多大程度上拒绝零假设。为了评价Ⅱ类错误的风险，我们基于各自合并的样本量，根据所检验的中介变量的合并相关系数，使用 G* Power 3.1 计算统计效力（Faul et al.，2007）。统计效力分析结果显示，除认知解离预测干预效果的路径的统计效力为 0.771，其他所有参数都大于 0.8 这一被广泛接受的统计效力阈值。因此，可以确信，MASEM 分析的所有模型均具有足够的统计效力，可以拒绝零假设（Cohen，2013；Montazemi & Qahri-Saremi，2015）。

5. MASEM 分析中原始研究异质性问题

在 MASEM 分析中可以使用固定效应模型和随机效应模型（Cheung，2014a）。根据 Cheung（2015a）的推荐，鉴于样本、研究设计和效应量在不同研究间存在差异，在 MASEM 分析中优先使用随机效应模型，如果统计结果证明效应量是同质的，则在第二步分析中使用固定效应模型。使用 Q 检验和 I^2 检验考察模型的异质性及其大小：$p(Q)<0.05$，表示研究之间是异质的；$I^2>50\%$ 为高异质性，25%～50%为中等异质性，小于 25%为低异质性（Higgins & Thompson，2002）。

（二）评价 SEM 模型（第二阶段分析）

根据 Cheung（2015a）所提示的两阶段随机效应 MASEM 分析的步骤，第二阶段是使用元分析对原始研究进行效应量合并，结合 SEM 技术进行参数估计。具体来说，并非所有原始研究中涉及的变量都是同时测量的，因此我们使用加权矩阵，即渐近协方差矩阵（asymptotic covariance matrix），以校正合并相关系数中的异质性和每个相关矩阵中样本量的不同（Viswesvaran & Ones，1995）。使用合并矩阵的非标准化回归系数和标准误进行 Sobel 检验，以考察中介模型间接路径的显著性水平（Gu et al.，2015）。具体的操作步骤如下。

1. 数据准备

我们需要从纳入研究中提取自变量、中介变量和因变量之间的相关系数矩阵。本研究中自变量是干预或者对照组的设置，中介变量是研究背景假设提出的六个成分加上一个总的心理灵活性。数据提取的结果如图 5－2 所示。针对每一个中介变量，我们需要计算出三个变量之间的两两相关性。大部分干预类研究很少直接报告这些相关系数，那么我们怎么计算呢？为此，我们可以通过效应值转换计算 r 值。例如对于自变量和中介变量的相关，我们通过计算两组后测中介变量改变量的均值和合并标准差，计算出效应值，进而转换为 r 值。同理可以求自变量和因变量的相关。至于中介变量和因变量的相关，可以先进行方差合并，再求相关。效应值转换可以使用 R 的 esc 包，或者使用在线网站（https://www.campbellcollaboration.org/escalc/html/effectsizecalculator-r3.php）完成。

Wicksell, R. K. (2013)		ACT	机制改变	症状改变		ACT	机制改变	症状改变
	ACT	1	0.06	**0.3244**	ACT	1	0.06	**0.0179**
	机制改变	0.06	1	0.3385	机制改变	0.06	1	0.6362
	症状改变	**0.3244**	0.3385	1	症状改变	**0.0179**	0.6362	1
	128							
Arch, J. J (2012)		ACT	机制改变	症状改变		ACT	机制改变	症状改变
	ACT	1	0.0337	**0.1807**	ACT	1	0.0337	**0.0812**
	机制改变	0.0337	1	0.7159	机制改变	0.0337	1	0.5934
	症状改变	**0.1807**	0.7159	1	症状改变	**0.0812**	0.5934	1
	40 TRT				40 TRT			
Westin, V. Z(2011)		ACT	机制改变	症状改变		ACT	机制改变	症状改变
	ACT	1	0.2502	**0.04**	ACT	1	0.2502	**0.1865**
	机制改变	0.2502	1	0.389	机制改变	0.2502	1	0.5117
	症状改变	**0.04**	0.389	1	症状改变	**0.1865**	0.5117	1

图 5－2　数据提取之相关系数矩阵

使用 nodepad＋＋转换为每行一个研究的数据格式，把相关系数矩阵的六个数写成一行，另存为 dat 格式数据（如图 5－3 所示）。

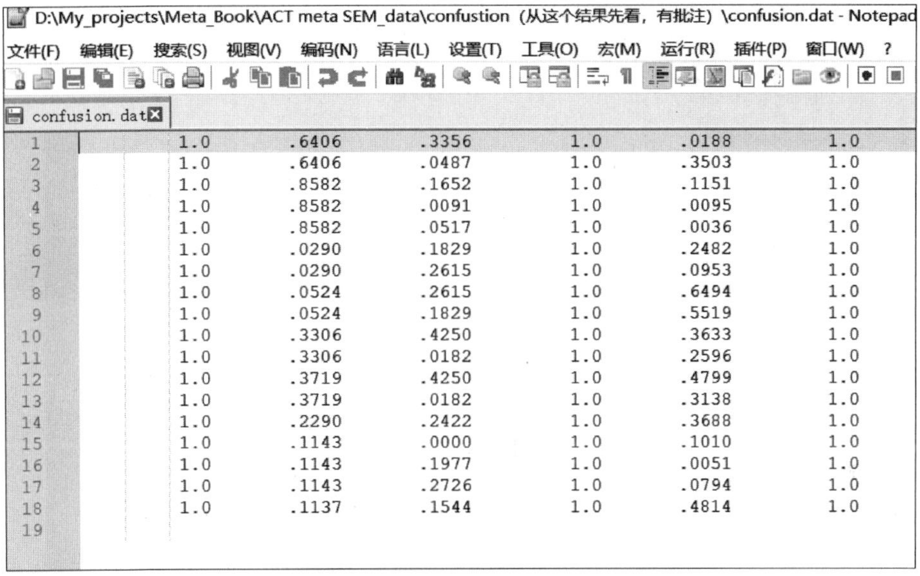

1.0	.6406	.3356	1.0	.0188	1.0
1.0	.6406	.0487	1.0	.3503	1.0
1.0	.8582	.1652	1.0	.1151	1.0
1.0	.8582	.0091	1.0	.0095	1.0
1.0	.8582	.0517	1.0	.0036	1.0
1.0	.0290	.1829	1.0	.2482	1.0
1.0	.0290	.2615	1.0	.0953	1.0
1.0	.0524	.2615	1.0	.6494	1.0
1.0	.0524	.1829	1.0	.5519	1.0
1.0	.3306	.4250	1.0	.3633	1.0
1.0	.3306	.0182	1.0	.2596	1.0
1.0	.3719	.4250	1.0	.4799	1.0
1.0	.3719	.0182	1.0	.3138	1.0
1.0	.2290	.2422	1.0	.3688	1.0
1.0	.1143	.0000	1.0	.1010	1.0
1.0	.1143	.1977	1.0	.0051	1.0
1.0	.1143	.2726	1.0	.0794	1.0
1.0	.1137	.1544	1.0	.4814	1.0

图 5-3　转换为 dat 格式数据

2. R 软件包准备

元分析结构方程模型主要使用 R 中的 metaSEM 包完成。可以使用编辑器（如 Rstudio）直接安装，也可以使用如下代码安装：

```
install.packages("metaSEM")
```

该软件包提供两个元分析结构方程模型的例子：一个是针对两因素结构方程模型，另一个是针对中介检验。对应的数据分别在 Digman97 和 Becker09 数据集中。我们可以使用 head 查看两个数据集是如何存储的：

```
head(Becker09)
```

可以看到数据集是一个列表，主要包含样本量（n）、数据（data），其中 data 中纳入了 10 个研究的相关系数矩阵（如图 5-4 所示）。

为了绘图，还需要安装 semPlot 包，代码如下：

```
install.packages("semPlot")
```

3. 数据导入

根据我们自己的数据集，我们也创建一个列表，列表存储数据样本量和每个研究具体的相关系数矩阵。可以使用 readStackVec 直接读取 dat 格式数据，并指定三个变量的名称，在此，我们指定为 AAA、BBB 和 CCC（如图 5-5 所示）。代码如下：

```
my.R<-readStackVec("confusion.dat",na.strings="NA")
var.names<-c("AAA","BBB","CCC")
my.R<-lapply(my.R,function(x){dimnames(x)<-list(var.names,var.names);
        x})
my.R
```

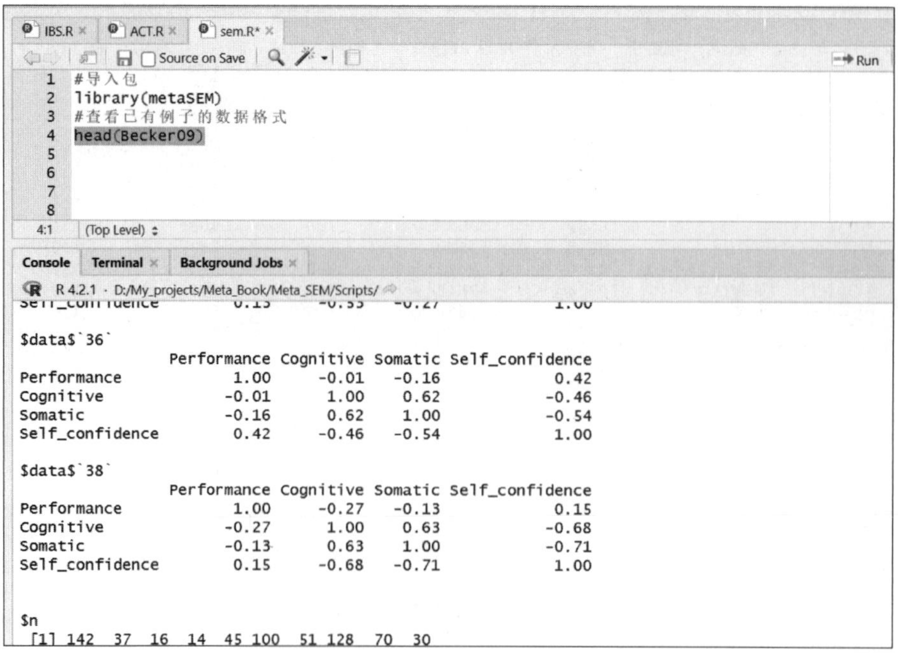

图 5-4　查看软件包中数据集格式

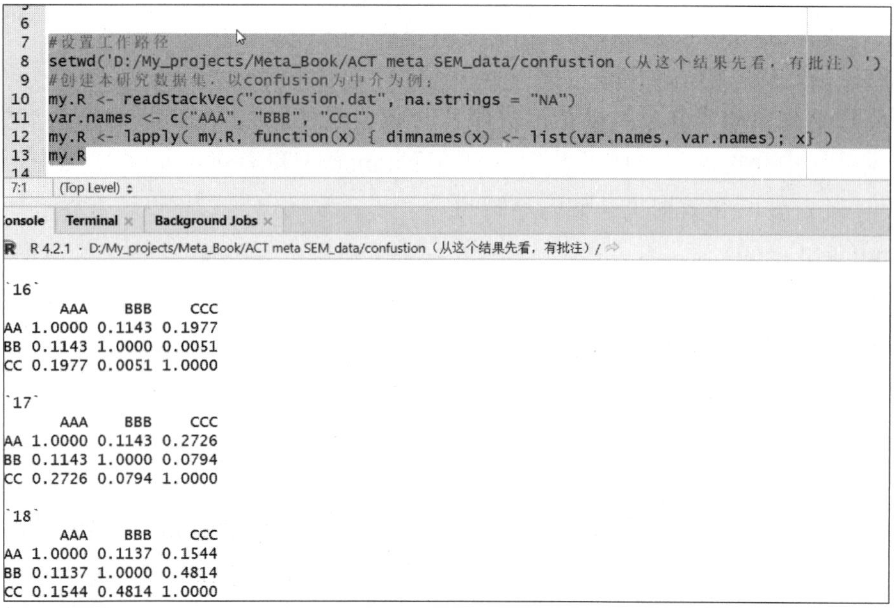

图 5-5　读取数据示例

接下来，录入每个研究的样本量，代码如下：

```
n<-c(47,47,122,122,122,35,35,35,35,25,25,25,25,56,51,51,51,140)
```

然后，进行初步检验，代码如下：

```
random1<-tssem1(my.R,n,method="REM",RE.type="Diag")
```

```
summary(random1)
```

初步检验使用的是固定效应模型，从结果可以看到相关系数矩阵的两个相关显著，异质性检验显示 p（Q）小于 0.001，说明存在异质性，不适合使用固定效应模型。

具体输出结果如下：

```
Call:
meta(y = ES, v = acovR, RE.constraints = Diag(paste0(RE.startvalues,
    " * Tau2_", 1:no.es, "_", 1:no.es)), RE.lbound = RE.lbound,
    I2 = I2, model.name = model.name, suppressWarnings = TRUE,
    silent = silent, run = run)

95 % confidence intervals: z statistic approximation(robust = FALSE)
Coefficients:
             Estimate     Std.Error    lbound       ubound
Intercept1   3.4393e-01   7.4882e-02   1.9716e-01   4.9069e-01
Intercept2   1.5068e-01   3.3305e-02   8.5406e-02   2.1596e-01
Intercept3   2.2450e-01   4.8931e-02   1.2860e-01   3.2041e-01
Tau2_1_1     8.5935e-02   3.1851e-02   2.3509e-02   1.4836e-01
Tau2_2_2     1.0000e-10   6.5737e-03  -1.2884e-02   1.2884e-02
Tau2_3_3     2.3692e-02   1.2555e-02  -9.1561e-04   4.8300e-02
z value   Pr(>|z|)
Intercept1   4.5929   4.371e-06 ***
Intercept2   4.5243   6.060e-06 ***
Intercept3   4.5881   4.473e-06 ***
Tau2_1_1     2.6981   0.006974 **
Tau2_2_2     0.0000   1.000000
Tau2_3_3     1.8870   0.059155.
---
Signif. codes: 0'***'0.001'**'0.01'*'0.05'.'0.1''1

Q statistic on the homogeneity of effect sizes: 276.5361
Degrees of freedom of the Q statistic: 51
P value of the Q statistic: 0

Heterogeneity indices(based on the estimated Tau2):
Estimate
Intercept1: I2(Q statistic)   0.8824
```

```
Intercept2:I2(Q statistic)   0.0000
Intercept3:I2(Q statistic)   0.5956

Number of studies(or clusters):18
Number of observed statistics:54
Number of estimated parameters:6
Degrees of freedom:48
-2 log likelihood: -21.84158
OpenMx status1:0("0" or "1":The optimization is considered fine.
Other values may indicate problems.)
```

接下来进行第二步的分析，代码如下：

```
#框架二步矩阵
A1<-create.mxMatrix(c(0,"0.2*AAA2CCC","0.2*BBB2CCC",
                    0,0,"0.2*AAA2BBB",
                      0,0,0),
                    type="Full",byrow=TRUE,ncol=3,nrow=3,
                    as.mxMatrix=FALSE)

dimnames(A1)[[1]]<-dimnames(A1)[[2]]<-c("CCC","AAA","BBB")

S1<-create.mxMatrix(c("0.2*Error_CCC","0.2*Error_BBB",1),
      type="Diag",as.mxMatrix=FALSE)
dimnames(S1)[[1]]<-dimnames(S1)[[2]]<-c("CCC","AAA","BBB")
random2<-tssem2(random1,Amatrix=A1,Smatrix=S1,
                diag.constraints=TRUE,intervals.type="LB",
                mx.algebras=list(indirect=mxAlgebra
(AAA2BBB*BBB2CCC,name="indirect"),
                            direct=mxAlgebra(AAA2CCC,name="direct"),
                            total=mxAlgebra
(AAA2BBB*BBB2CCC+AAA2CCC,
                                                name="total")))

summary(random2)
```

具体输出结果如下：

```
Call:
wls(Cov=pooledS,aCov=aCov,n=tssem1.obj$total.n,RAM=RAM,
```

```
    Amatrix = Amatrix, Smatrix = Smatrix, Fmatrix = Fmatrix,
    diag.constraints = diag.constraints, cor.analysis = cor.analysis,
    intervals.type = intervals.type, mx.algebras = mx.algebras,
    model.name = model.name, suppressWarnings = suppressWarnings,
    silent = silent, run = run)
95 % confidence intervals: Likelihood-based statistic
Coefficients:
           Estimate  Std.Error  lbound     ubound z   value  Pr(>|z|)
AAA2BBB    0.2245027  NA        0.1285312  0.3206662  NA     NA
AAA2CCC    0.3265572  NA        0.1719657  0.4811807  NA     NA
BBB2CCC    0.0773701  NA        0.0009073  0.1503075  NA     NA
Error_BBB  0.9495985  NA        0.8972072  0.9835120  NA     NA
Error_CCC  0.8760298  NA        0.7568034  0.9517388  NA     NA

mxAlgebras objects(and their 95 % likelihood-based CIs):
                lbound        Estimate     ubound
indirect[1,1]   0.0001531435  0.01736981   0.03777492
direct[1,1]     0.1719656601  0.32655715   0.48118068
total[1,1]      0.1964482248  0.34392696   0.49097069

Goodness-of-fit indices:
Value
Sample size                                    1049.000
Chi-square of target model                        0.000
DF of target model                                0.000
p value of target model                           0.000
Number of constraints imposed on "Smatrix"        2.000
DF manually adjusted                              0.000
Chi-square of independence model                 50.982
DF of independence model                          3.000
RMSEA                                             0.000
RMSEA lower 95 % CI                               0.000
RMSEA upper 95 % CI                               0.000
SRMR                                              0.000
TLI-Inf
CFI                                               1.000
```

```
AIC                                     0.000
BIC                                     0.000
OpenMx status1:0("0" or "1":The optimization is considered fine.
Other values indicate problems.)
```

这个结果中 AAA 代表干预组与对照组，BBB 代表中介变量，CCC 代表结果变量。Estimate 是估计系数，lbound 和 ubound 是参数的 95%置信区间，如果该区间不包括 0，则表示 Estimate 值的显著性水平达到 0.05，即该路径显著。

进一步绘图，代码如下：

```
#绘图
library(semPlot)
my.plot<-meta2semPlot(random2,manNames=c("CCC","AAA","BBB"))
semPaths(my.plot,whatLabels="est",nCharNodes=10,layout="spring",
         color="green",edge.label.cex=1.2)
```

结果如图 5-6 所示。

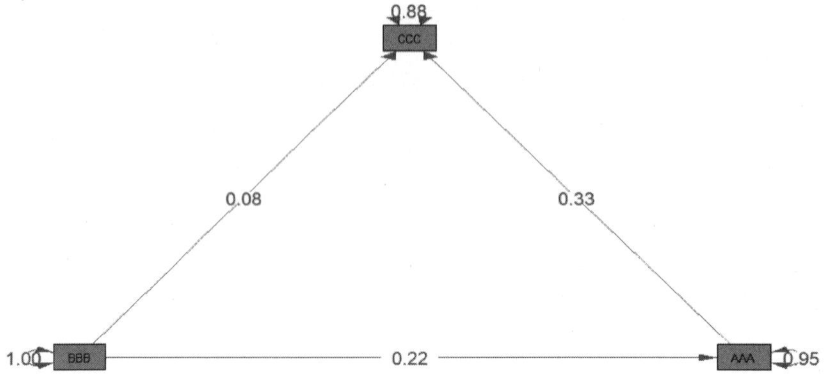

图 5-6　路径图

五、讨论

本研究采用 MASEM 方法，系统检验了 ACT 所假设的作用机制。其一，在疼痛障碍、人格障碍、抑郁（障碍）、焦虑（障碍）、物质滥用和职业倦怠等不同群体中，ACT 所假设的心理灵活性、接纳、此时此刻、价值的中介作用都达到了统计显著性，认知解离这一中介变量的作用并不显著，而以己为景和承诺行动因各只纳入一个研究而无法进行 MASEM 分析。其二，这些机制在网络化干预中仍然存在，说明 ACT 的治疗机制具有可迁移性。其三，ACT 在其所假设的改变机制（心理灵活性及所包含的六大成分）上，较传统 CBT 具有优势。与以往的元分析发现（Dimidjian et al.，2016）较为一致的是，ACT 在其相关联的过程变量改变上，较之传统 CBT，具有中等后测效应量（g=0.45）。但应看到的是，在与传统 CBT 的对比中，本元分析纳入的研究多数仅测量了心理灵活性。ACT 对特定机制具有更大效应量，并不意味着治疗效果更好，目前元分析的证据无法得出 ACT 比传统 CBT 更有效的结论（Dimidjian et al.，2016；Hacker et al.，2016；Öst，2008，2014；Powers et al.，2009），但是，正如共同因素说所主张的“渡渡鸟效应”，凡是有效的治疗机制都应该被奖励，这有助于后续研究进一步厘清不同治疗方法共同的作用机制。正如在 ACT 与以人为中心疗法的比较研究中发现的，以人为中心疗法对 ACT 所提出的心理灵活性具有同等的改变效果（Lang et al.，2017）。

值得注意的是，ACT 中认知解离的中介效应不显著。可能的原因是，在纳入的测量认知解离的 9 篇文献中，有 3 篇的对照组是传统 CBT 或 CT 组（Clarke et al.，2014；Hancock & Swain，2016；Hancock et al.，2016；Zettle et al.，2011），而 ACT 与传统 CBT（或 CT）可能都对认知解离具有效果。

第三节 激活似然估计实例：抑郁和焦虑障碍干预的神经机制[①]

一、激活似然估计概述

激活似然估计（activation likelihood estimation，ALE）是神经成像研究领域中常用的一种元分析统计方法。其基本原理是计算不同实验中每个体素在某种条件下被激活的可能性并对此进行统计（Chein et al.，2002）。以激活可能性为指标，ALE 方法可以计算每个体素跨实验激活的可能性，并对这种可能性进行假设检验，从而得到多个实验中大脑激活的一致性（Turkeltaub et al.，2012）。本节将结合一个实例介绍使用 GingerALE 2.3 软件进行 ALE 元分析的操作和结果解读。

二、实例背景

本实例为探究抑郁和焦虑障碍干预神经机制的元分析。抑郁障碍和焦虑障碍是两种最常见的精神障碍。大约有 8%的男性和 15%的女性在他们的一生中会患上抑郁障碍，而在这当中有将近 15%的人选择了自杀（Gold et al.，2015）；一项流行病学研究指出，焦虑障碍的 12 个月的患病率高达 18.1%（Kessler et al.，2005），且焦虑障碍会增加心血管疾病的发病率和死亡率（Smoller et al.，2007）。但是，正如 Holmes 等（2014）所指出的，目前针对这些精神障碍的治疗效果并不理想，而探索治疗的神经机制将有助于提升治疗效果。

---

① 实例来源：任志洪等，2017。

在过去几十年，磁共振成像（magnetic resonance imaging，MRI）、正电子发射断层扫描（positive emission tomography，PET）、单光子发射断层成像（single-photon emission CT，SPECT）、功能性磁共振成像（functional magnetic resonance imaging，fMRI）以及近红外成像（near infrared spectrum instrument，NIRS）等脑成像技术的迅速发展（Barsaglini et al.，2014），促进了对精神障碍的神经关联的理解，也使得探测治疗的神经生物学基础成为可能。

对抑郁障碍和焦虑障碍神经机制的研究存在两种不同视角。其一，从精神病学的角度而言，抑郁障碍与焦虑障碍是两种不同亚类的精神疾病；其二，从神经病学的角度而言，二者在神经科学中被认为具有相似的神经回路（Price & Drevets，2012）。一项元分析发现（Williams，2017），抑郁障碍和焦虑障碍在六个神经回路上共同存在功能联结性的异常，分别为默认模式回路（default mode circuit）、突出回路（salience circuit）、消极情感回路（negative affect circuit）、积极情感回路（positive affect circuit）、注意回路（attention circuit）和认知控制回路（cognitive control circuit）。本研究将使用元分析系统考察对二者的治疗在神经机制上的异同。首先，前人研究结论不一，且因脑成像研究方法限制，研究被试数量相对较少，统计效力受影响。循证医学建议使用元分析来汇聚效应量，探索共同激活变化脑区，使研究结果证据更具说服力（Viviani et al.，2015）。其次，先前的元分析（Messina et al.，2013）是以DSM-IV作为诊断标准，纳入的焦虑障碍包含强迫症和创伤后应激障碍。而后来推出的DSM-5则将二者视为区别于焦虑障碍的独立分类（American Psychiatric Association，2013）。因此，有必要基于DSM-5诊断标准，对抑郁障碍和焦虑障碍治疗的脑机制重新进行元分析，从神经病学的角度探索二者的共同脑机制，从精神病学的角度再考察二者之间的差异。当然，我们也尝试进一步探索对这两种精神障碍采用药物治疗或心理治疗（Quidé et al.，2012）、采用静息状态或任务状态（Messina et al.，2013）在脑区激活改变上的异同。

三、研究方法

在数据库检索平台（Web of Science，PubMed，PsycINFO，中国知网）上对已发表的关于抑郁障碍和焦虑障碍患者在接受治疗后的脑激活改变的研究进行检索。检索使用的关键词分为三组：第一组为神经成像相关词（neuroimaging，神经成像）；第二组为精神障碍相关词（major depressive disorder，anxiety disorder，抑郁障碍，焦虑）；第三组为治疗相关词（therapy，intervention，treatment，治疗，干预）。将这三组词一一进行配对，共得到6种英文文献检索组合和4种中文文献检索组合。此外，为了不遗漏符合的文献，还对相关主题的已有元分析或综述文献的参考文献（Messina et al.，2013）进行人工检索。

研究文献的纳入与排除标准如下：

（1）研究对象：研究中的对象为抑郁障碍或焦虑障碍的患者，被试的年龄、性别及招募来源不限，排除共病研究；（2）研究手段：参考前人同类研究（Koch et al.，2016；Messina et al.，2013），纳入使用了 fMRI、PET 和 SPECT 等旨在分析大脑区域激活情况的研究，排除分析大脑结构中各成分的含量、体积等的研究，如针对白质和灰质情况的弥散张量成像（diffusion tensor imaging，DTI）和 MRI 研究，以及以脑电波为指标的成像研究，比如脑电图（electroencephalogram，EEG）研究；（3）治疗/干预：研究须对抑郁或焦虑障碍患者进行治疗或干预，治疗或干预的类型包含药物、心理和物理等手段；（4）结果报告：研究报告了治疗后脑激活变化的结果，脑激活变化结果为患者自身治疗前后的对比，并且是在立体定向空间中使用 3D 坐标（x，y，z）报告了活动点的坐标，所进行的分析为全脑数据分析，排除只分析感兴趣区域（region of interest，ROI）的研究和未报告变化区域坐标的研究；（5）实验设计：纳入患者接受治疗，并且在治疗前后进行脑成像（成像状态不限）的非综述和元分析研究，排除个案研究；（6）文献语言为英文或中文。

四、数据分析和结果

本研究使用 GingerALE 2.3 软件对所纳入的文献数据进行元分析。ALE 元分析方法由 Turkeltaub 等（2012）最先提出，并在 2003 年由 BrainMap 团队进一步改进。

GingerALE 2.3 软件的免费下载地址为：https：//www. brainmap. org/ale/。同时该网站也提供了大量关于 GingerALE 软件操作的技术支持和互动讨论。BrainMap 研发团队也为用户编写了 GingerALE 操作手册，其中详细介绍了该软件的操作过程和结果查看。我们首先从网站上下载符合自己电脑类型的 GingerALE 软件。下载了安装包后，解压缩，选择 GingerALE. exe，打开即可进行软件操作。

进行元分析之前，我们需要提取纳入元分析的文献的 3D 坐标，所提取的坐标为实验组（即障碍组）自身治疗前后对比发生变化的脑坐标。GingerALE 软件读取的是 TXT 文件，我们需要严格按照软件所要求的格式进行数据提取和整理。软件所要求格式如下：将数据分为三列，分别是 x、y、z 坐标，以 tab 键或空格键分开。每个实验均以一些可识别的信息开始作为区分（如作者、年份等），第二行则为该实验的样本量，接下来是提取的坐标的输入。在坐标数据录入结束之后需要空出一行，再开始另外一个实验的录入。所有非坐标的信息都需要以符号“//”开头。数据格式如图 5－7 所示。

需要注意的是，脑成像研究报告的坐标结果有两种格式：一种是 Talairach 标准空间，另一种是 Montreal Neurological Institute（MNI）标准空间。我们在提取坐标时需要把两种格式的实验分开保存在不同的文件中，然后再将所有坐标都统一成一种格式。示例所进行的元分析是在 Talairach 空间中进行的，因此需要把从使用 MNI 空间的研究中提取的坐标转换成 Talairach 空间坐标。坐标转换路径为：点击 Tools→Covert Foci，将 MNI 空间坐标文件导入，选择 MNI（SPM） to Talairach，在 Output File 处填写转换之后的文件名称并选择导出位置，点击 Transform，即可得到转换后的坐标，如

```
// Hofer, 2003: Comparisons > Schizophrenics, Encoding
Subjects=20
21   46   14
21   47   6
-12 -33 32
17   -55 13
-10 -51 9
-16 -67 15

// Ragland, 2001: Encoding vs. Finger Tapping, Normals - Schizophrenics
Subjects=46
-38 27   10
-26 29   39
-44 18   -10

// Ragland, 2004: Comparisons > Schizophrenics, Word Encoding
Subjects=29
40   38   16
-40 2    36
-32 22   12
20   18   4
-32 -70 52
```

图 5-7　录入数据格式

注：图片来源于 BrainMap 团队的用户操作手册。

图 5-8 所示。最后将转换后的坐标与使用 Talairach 空间的研究的坐标进行合并，形成完整的数据集。

当所有数据都按照上述步骤准备好之后，就可以将数据导入 GingerALE 软件进行分析。导入数据的路径为：点击 File→Open Foci。导入数据文件到 GingerALE 软件后，软件会自动检查整个数据文件并返回所导入的坐标总数以及坐标提取的组数（即坐标从几个实验中提取）以核查数据。当有实验没有包含任何坐标、存在重复（所提取的坐标点完全一致）或者缺失样本时，软件会给出提醒，以便核查所录入的数据是否有误。软件同时会提示所输入的数据中有多少个坐标处于所选覆盖尺寸之外，如图 5-9 所示。正常情况下只有少量的坐标处于所选覆盖尺寸外，如果出现大量坐标位于覆盖尺寸外，则需要核对数据是否有误。确认数据无误后可以选择继续分析，软件会自动将这些坐标纳入分析。此外，也可以在 Preferences 中设置选择更大的覆盖尺寸。

接下来我们便要开始设置参数。首先我们需要设置 ALE 图示的阈值并确定其中一种算法。这一设置的作用是使得激活簇的显著性只有在达到我们设置的阈值时才会在结果中显示。示例研究将 ALE 图示的阈值定为 $p<0.001$ 并且使用 uncorrected P 方法进行演算。除了 uncorrected P，研究者还可以考虑使用更为保守的 Voxel-level FWE 和 Cluster-level FWE 方法。这些显著性阈值的算法可在下拉框中找到，研究者可以根据自己的研究需求进行选择。然后我们需要设置激活簇的最小体积值——显著的激活簇只有达到这一体积时才会在结果中显示。示例研究采用传统元分析常用的 250mm^3 这一标准。最后在 Output Name Prefix 一栏设置导出的结果文件的名称。点击 Tools→Preferences 进行进一步设置，选择所使用的坐标空间、覆盖尺寸、导出的结果文件等。

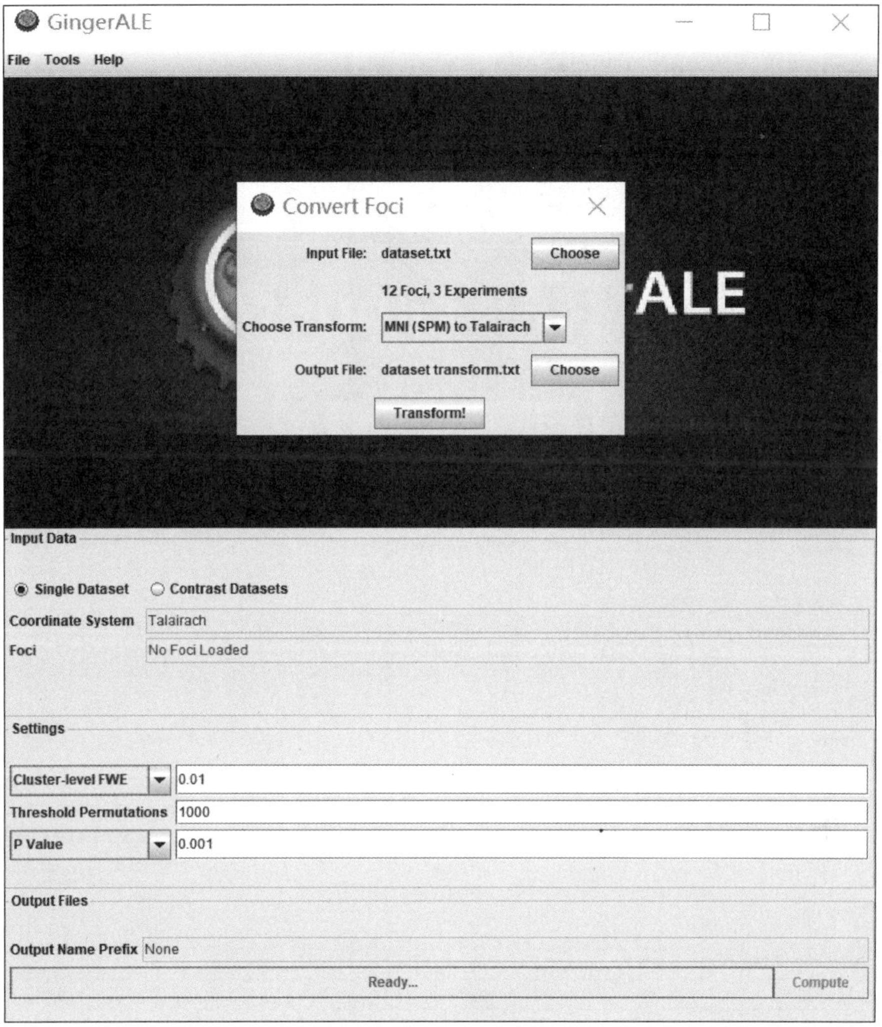

图 5-8　数据导入

示例研究的坐标空间为 Talairach 空间，选择更为保守的覆盖尺寸，勾选 Cluster Analysis Labels，选择存储所有的结果文件并自定义存储位置。示例研究最终的设置如图 5-10 所示。

完成设置后点击 Compute，等待软件进行分析。当分析完成后即可在自定义的结果文件导出位置中找到分析结果。

示例研究只进行了单个数据集的分析，因此这里仅呈现单个数据集的分析操作步骤。示例研究一共进行了 7 个数据集的分析，分别如下：总体数据，仅抑郁障碍数据，仅焦虑障碍数据，仅心理治疗数据，仅药物治疗数据，仅静息状态数据，仅任务状态数据。每个数据集又分为激活增加区和激活减少区的坐标数据。实际操作中，每进行一个数据集（包括激活增加和减少）的分析都要重复以上步骤。此外，GingerALE 还可以进行多个数据集的对比分析，具体步骤可参照软件操作手册。

GingerALE 分析结束后会产生 6 个文件：ALE 图像（该文件展示了未考虑阈值时

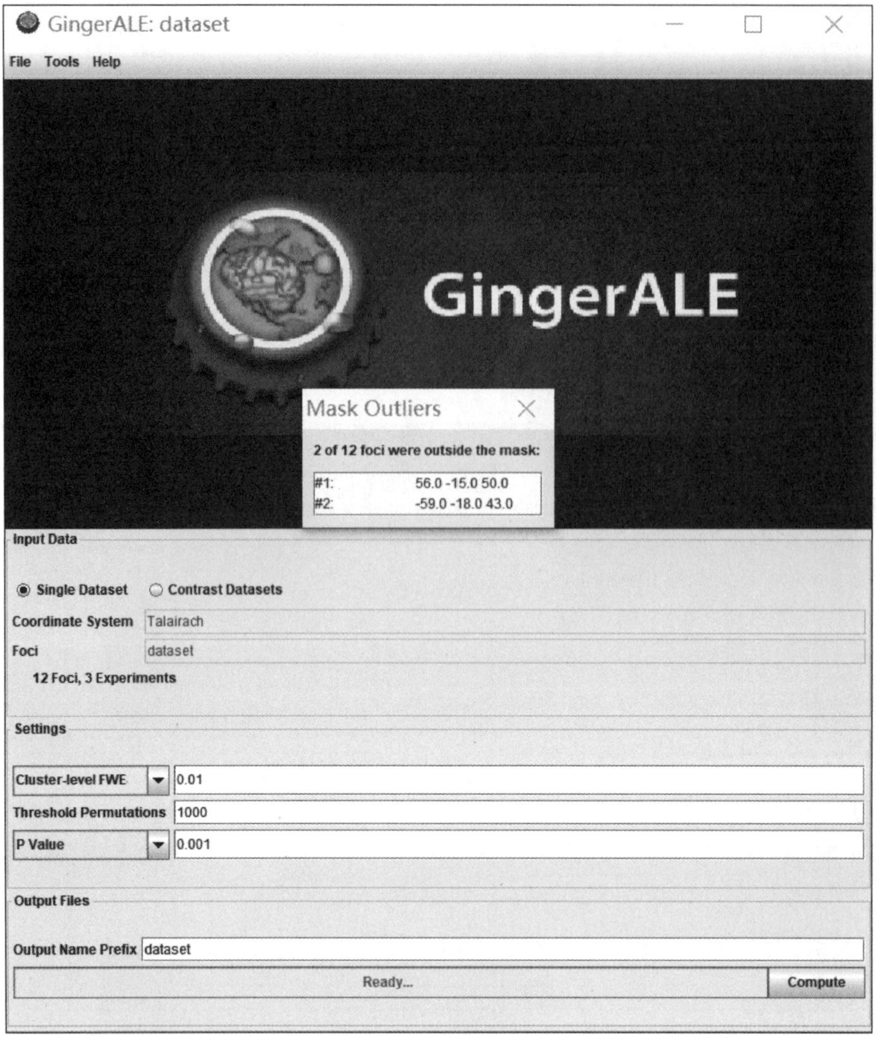

图 5-9　软件提示

的 ALE 脑区结果图，其文件后缀为_ALE. nii)，p 值图（该文件展示了未考虑阈值时每个体素的 p 值，其文件后缀为_P. nii)，阈值图（该文件展示了考虑阈值的 ALE 脑区结果图，其文件后缀为我们设定的阈值及其算法，如本研究的_ALE_p001. nii)，聚集簇图像（该文件展示了最终的聚集簇结果图，文件后缀为_clust. nii)，聚集簇表（该文件由大到小展示了最终的聚集簇结果，包括各个聚集簇的大小、中心坐标、最大 ALE 值、所含脑区等，文件后缀为_clust. xls)，数据历史（该文件展示了分析过程中所使用的参数设置以及其他分析阶段的信息，其后缀为_clust. txt)。我们在查看结果时主要用到的是阈值图和聚集簇表，这两个文件所包含的信息是我们要在报告中呈现的。

GingerALE 中所有的图像结果都以 NIfTI 的格式存储，并且可以用许多功能神经成像软件读取。我们主要介绍用 Mango 软件进行图像结果读取和操作的步骤。Mango 软件的免费下载地址为：rii. uthscsa. edu/mango。选择符合自己电脑的版本进行下载

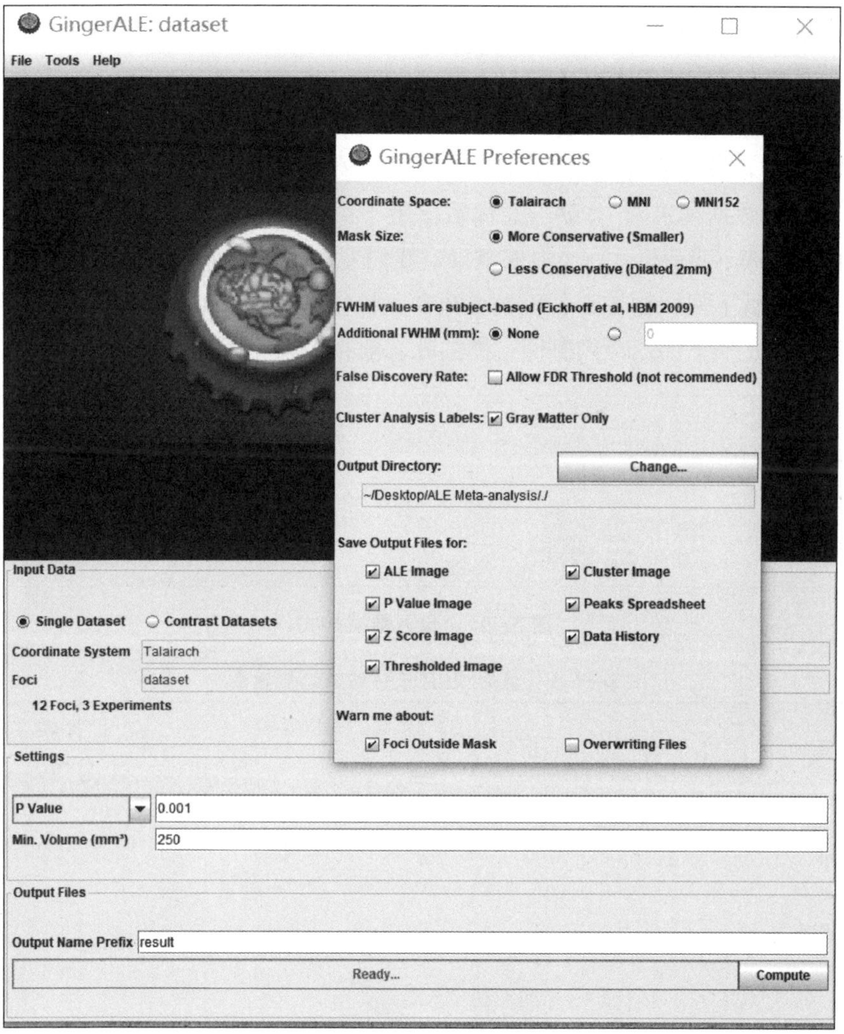

图 5-10 参数设置

并按照向导一步步安装。接下来我们将以示例研究中总体数据的结果为例，展现 ALE 元分析的结果报告。

（一）纳入文献基本描述

本研究纳入符合标准的文献 25 篇，其中有 7 篇文献包含两个或多个治疗组，分别采用不同方法进行治疗，结果分别报告了各组被试的治疗前后变化，因而在处理时将这些文献各自又分为多个样本的子研究，最终所有文献共包含 33 个小样本研究。在纳入的 25 个研究中，有 2 个研究的语言为中文，其他研究均为英文。以障碍分类，有 15 个研究属于抑郁障碍，10 个研究是焦虑障碍。以治疗方法分类，则在总共 33 个研究中，有 16 个研究采用药物治疗方法，10 个研究采用心理治疗方法，1 个研究采用心理和药物治疗方法的结合，6 个研究采用非药物和心理治疗方法。此外，以成像手段分类，有 14 个研究在任务状态下成像，11 个研究在静息状态下成像。

（二）总体数据结果

总体数据集包含 33 个研究，总样本量为 430，共有 113 个治疗后激活增加坐标和 221 个激活减少坐标。我们首先分别打开激活增加和激活减少的分析结果中后缀为_clust. xls 的文件，打开后即可看到 ALE 元分析产生的激活簇，如图 5－11 所示（仅为示例图，非原始数据结果）。本研究总体数据集一共产生了 4 个激活增加的激活簇和 7 个激活减少的激活簇（见表 5－1）。根据结果，我们发现两种精神障碍患者在治疗后激活增加的脑区聚集在枕下回、扣带回、顶上小叶和豆状核，而激活减少的脑区聚集在豆状核/额下回、豆状核、额下回、额内侧回、楔前叶、前扣带回和额中回。

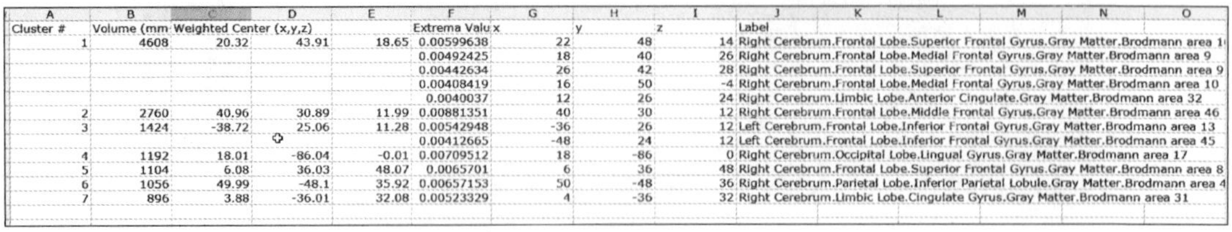

Cluster #	Volume (mm	Weighted Center (x,y,z)			Extrema Valu	x	y	z	Label
1	4608	20.32	43.91	18.65	0.00599638	22	48	14	Right Cerebrum.Frontal Lobe.Superior Frontal Gyrus.Gray Matter.Brodmann area 1
					0.00492425	18	40	26	Right Cerebrum.Frontal Lobe.Medial Frontal Gyrus.Gray Matter.Brodmann area 9
					0.00442634	26	42	28	Right Cerebrum.Frontal Lobe.Superior Frontal Gyrus.Gray Matter.Brodmann area 9
					0.00408419	16	50	-4	Right Cerebrum.Frontal Lobe.Medial Frontal Gyrus.Gray Matter.Brodmann area 10
					0.0040037	12	26	24	Right Cerebrum.Limbic Lobe.Anterior Cingulate.Gray Matter.Brodmann area 32
2	2760	40.96	30.89	11.99	0.00881351	40	30	12	Right Cerebrum.Frontal Lobe.Middle Frontal Gyrus.Gray Matter.Brodmann area 46
3	1424	-38.72	25.06	11.28	0.00542948	-36	26	12	Left Cerebrum.Frontal Lobe.Inferior Frontal Gyrus.Gray Matter.Brodmann area 13
					0.00412665	-48	24	12	Left Cerebrum.Frontal Lobe.Inferior Frontal Gyrus.Gray Matter.Brodmann area 45
4	1192	18.01	-86.04	-0.01	0.00709512	18	-86	0	Right Cerebrum.Occipital Lobe.Lingual Gyrus.Gray Matter.Brodmann area 17
5	1104	6.08	36.03	48.07	0.0065701	6	36	48	Right Cerebrum.Frontal Lobe.Superior Frontal Gyrus.Gray Matter.Brodmann area 8
6	1056	49.99	-48.1	35.92	0.00657153	50	-48	36	Right Cerebrum.Parietal Lobe.Inferior Parietal Lobule.Gray Matter.Brodmann area 4
7	896	3.88	-36.01	32.08	0.00523329	4	-36	32	Right Cerebrum.Limbic Lobe.Cingulate Gyrus.Gray Matter.Brodmann area 31

图 5－11　录入数据格式

表 5－1　总体 ALE 元分析激活簇结果

脑区	半球	BA 区	中心坐标			体积（mm^3）	ALE 值（$\times 10^{-2}$）
			x	y	z		
激活增加：							
枕下回	右	19	47	−70.4	−7	352	1.342
扣带回	左	24	−3.1	6.8	33.6	344	1.377
顶上小叶	右	7	1.7	−67.1	60.6	296	1.370
豆状核	右		23.3	−4.4	−9	296	1.134
激活减少：							
豆状核/额下回	右	47	19.1	16	−11.1	680	1.440
豆状核	左		−17.3	−4.9	−8.2	680	1.770
额下回	左	47	−22.3	32.2	−6.8	632	2.033
额内侧回	左	8	−8.8	34	43.9	616	1.668
楔前叶	左	7	−15.4	−55.1	44.3	576	1.642
前扣带回	左	32	−10	43	9.3	504	1.637
额中回	右	46	50.6	29.6	18.5	312	1.582

接下来，我们使用 Mango 软件查看聚集簇的结果图像。在使用 Mango 查看图像结果前，我们需要到 GingerALE 的网站（brainmap. org/ale）下载 Talairach 空间或 MNI 空间脑模板。由于本研究是在 Talairach 空间中进行的，我们下载了 Talairach 空间脑模板（colin_tlrc_1×1×1）。

打开 Mango，点击 Open→Open Image，选择我们下载的脑模板文件，将脑模板加载到 Mango 中，如图 5－12 所示。

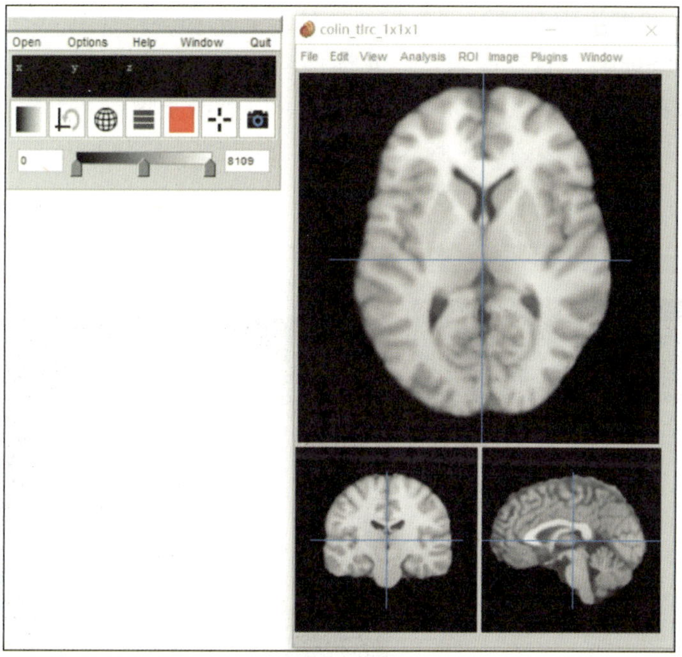

图 5-12 脑模板加载

接着，点击 File→Add Overlay，选择阈值图结果文件，即以_p001. nii 为后缀的文件。这时我们便把 ALE 元分析的结果图像覆盖到了模板上。然后点击 Edit→Update Image Range，以展示结果，如图 5-13 所示（仅为示例图，非原始数据结果）。图中有颜色的脑区即为分析的激活簇结果，可以点击大脑不同的剖面图（图中的三个大脑剖面图），以查看不同位置的激活簇。

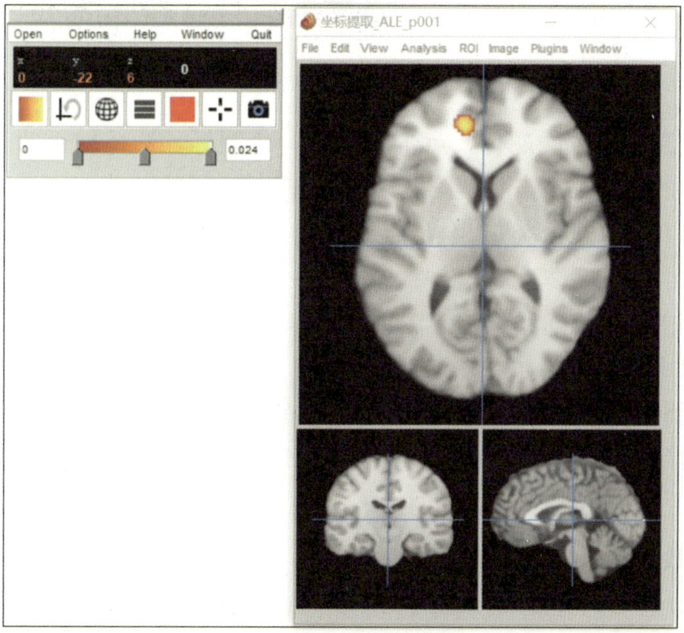

图 5-13 结果覆盖

点击 Mango 小窗口中左起第三个类似地球形状的图标，然后选择 Talairach（Talairach Daemon Labels），这样一来，当光标移动到不同的脑区位置时，就可以在小窗口中看到光标所在位置的脑区坐标和名称。还可以点击小窗口右起第二个图标，选择 Paint Mode，然后将光标移到对应脑区并画圈，右击选择 Edit Label，从而将脑区名称等信息添加到图上，如图 5-14 所示。

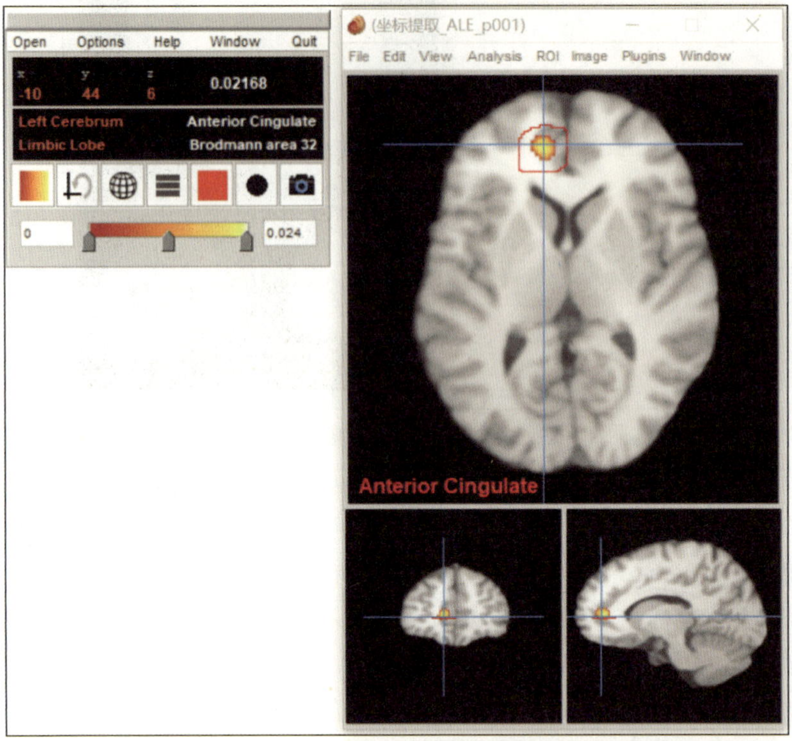

图 5-14　添加信息

如果想改变激活区域的颜色，点击左起第一个图标，选择想要的颜色即可。如果想改变图中标签的颜色，点击右起第三个图标进行颜色选择。

最后，点击右起第一个类似相机形状的图标，即可截取保存编辑好的结果图，在结果文件中查看。

本研究按照上述步骤对结果脑区图进行编辑和截取，并将所有结果图合并在一起，最终呈现在文章中的结果图如图 5-15 所示。

Mango 软件还提供了许多图像编辑、查看的功能，研究者可根据需要进行学习。点击小窗口上方的 Help 按钮，可以找到关于 Mango 软件的操作及各个功能使用的相关指导。

（三）其他数据结果

按照上述步骤，我们逐一查看两种精神障碍数据集、不同治疗方法数据集和不同成像状态数据集的结果。最终结果如表 5-2、表 5-3、表 5-4 所示。

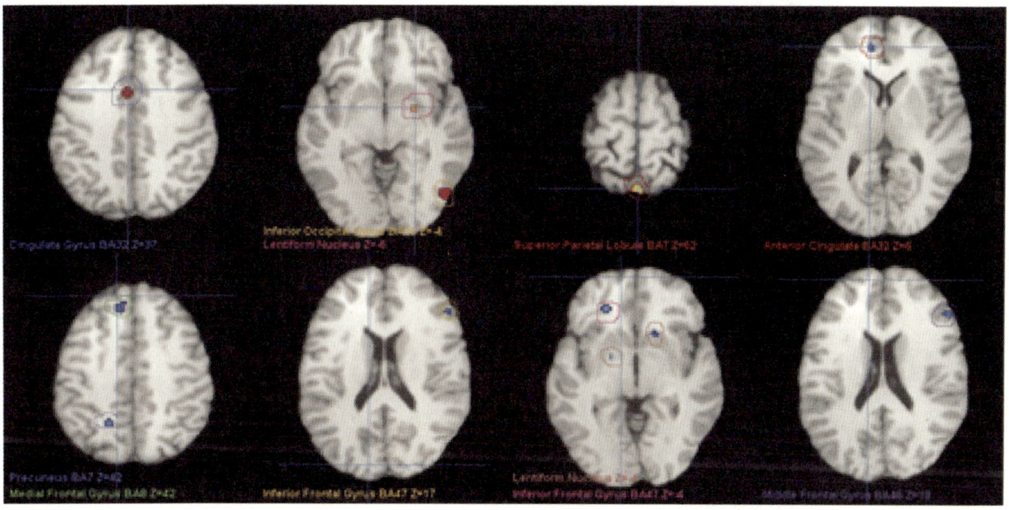

图 5-15　文章中的结果图

表 5-2　抑郁障碍和焦虑障碍的 ALE 元分析激活簇结果

障碍类型	脑区	半球	BA 区	中心坐标			体积（mm³）	ALE 值（×10⁻²）
				x	*y*	*z*		
抑郁障碍								
激活增加：								
	扣带回	左	24	−3.2	6.7	33.6	536	1.376
	枕下回	右	19	46.9	−70.4	−7	496	1.338
	顶上小叶	右	7	1.9	−67.1	60.3	376	1.370
	楔前叶	左	19	−6	−83.8	44.2	360	1.367
激活减少：								
	楔前叶	左	7	−15.3	−55.2	44.4	784	1.642
	额下回	右	47	21	17.6	−14.1	624	1.435
	额下回	左	47	−22.2	33.1	−6.4	608	1.921
	豆状核	左		−16.6	−6.2	−9	512	1.538
	楔前叶	右	31	13.4	−47.6	32	408	1.419
	颞上回	左	21	−47.7	−23.8	−3.1	344	1.314
	额上回	左	8	−10.4	34.2	45.2	328	1.409
	颞中回	左	19	−31	−53.4	14.6	320	1.377
	海马旁回	右	19	30.4	−51.2	−5.6	296	1.402
	额中回	右	11	28.8	40.3	−2.3	288	1.399
	丘脑	右		2.6	−15.8	5.1	280	1.401
	中央后回	左	2	−34.6	−35.7	59.4	264	1.405
焦虑障碍								
激活减少：								
	前扣带回/额内侧回	左	32	−6.4	21.4	−7.8	552	1.264

表 5-3　心理治疗和药物治疗的 ALE 元分析激活簇结果

治疗方法	脑区	半球	BA 区	中心坐标			体积	ALE 值
				x	y	z	(mm³)	(×10⁻²)
心理治疗								
激活减少:								
	豆状核	右		16.8	13.2	−5.5	424	1.247
药物治疗								
激活增加:								
	扣带回	左	24	−3.2	6.6	33.7	472	1.377
	顶上小叶	右	7	2	−67.1	60.5	352	1.370
	楔前叶	左	19	−6	−83.8	44.3	312	1.367
激活减少:								
	楔前叶	左	7	−15.5	−55.3	44.2	1 120	1.642
	小脑顶	左		−0.2	−50.2	−5.3	816	1.268
	豆状核	左		−16.3	−5.8	−8.9	752	1.538
	缘上回	右	40	47	−38.1	34.9	696	1.441
	楔前叶	右	31	13.6	−47.9	32.5	512	1.391
	颞上回	左	21	−47.9	−23.9	−3	472	1.307
	颞中回	左	19	−31	−53.3	14.6	440	1.377
	海马旁回	右	19	30.4	−51.3	−5.4	424	1.402
	海马旁回	右	28	18	−13	−8.6	400	1.328
	颞中回	右		65	−33	0	384	1.236
	额下回	右	47	24	19	−16	352	1.271
	脑岛	右	22	44	−27	0	352	1.272
	顶上小叶	左	7	−15.9	−60.8	63.8	320	1.271
	前扣带回	左	32	−6.7	21.4	−7.2	312	1.260
	顶上小叶	右	7	37.6	−54.9	57.4	264	1.271

表 5-4　静息状态和任务状态下成像研究的 ALE 元分析激活簇结果

成像状态	脑区	半球	BA 区	中心坐标			体积	ALE 值
				x	y	z	(mm³)	(×10⁻²)
静息状态								
激活增加:								
	枕下回	右	19	46.9	−70.4	−7	496	1.342
	梭状回	左	19	−36.4	−79.7	−11.1	408	1.157
	梭状回	右	19	32.4	−81	−12.9	296	0.967
激活减少:								
	额内侧回	左	8	−8	35.8	44.2	992	1.527
	额下回	左	47	−21.9	33.1	−6.4	896	1.921
	额内侧回	左	10	−9.9	46	11.2	504	1.104
	额中回	右	11	28.9	40.2	−2.3	448	1.400
	丘脑	右		2.7	−16	5	416	1.400
	额中回	左	46	−44.8	42	15.2	344	1.318
	脑岛	左	13	−39.6	−8.5	5.5	296	1.093

续表

成像状态	脑区	半球	BA 区	中心坐标			体积（mm^3）	ALE 值（$\times 10^{-2}$）
				x	y	z		
任务状态								
激活增加：								
	扣带回	左	24	−3.2	6.6	33.7	480	1.376
	豆状核	右		23.3	−4.2	−8.9	416	1.133
	顶上小叶	右	7	2	−67.1	60.4	360	1.370
	楔前叶	左	19	−6	−83.7	44.3	336	1.367
激活减少：								
	楔前叶	左	7	−15.6	−55.2	44.3	944	1.642
	豆状核	左		−17.8	−2.4	−7.7	600	1.387
	缘上回	右	40	47	−38.2	34.7	568	1.441
	楔前叶	右	31	13.4	−47.9	32.5	424	1.391
	颞上回	左	21	−47.5	−23.4	−2.8	416	1.315
	颞中回	左	19	−30.9	−53.5	14.8	360	1.377
	海马旁回	右	19	30.5	−51.2	−5.4	336	1.402
	小脑顶	左		−3.6	−47.2	−8.8	336	1.268
	前扣带回	左	32	−6.7	21.4	−7.2	296	1.260
	豆状核	右		17	13.2	−5.4	288	1.255
	颞中回	右		65	−33	0	288	1.236
	海马旁回	右	28	18	−13	−8.5	272	1.328
	额下回	右	47	23.9	18.9	−15.6	256	1.283

第四节 拓展延伸

一、MASEM 分析基本流程

前面我们举了一个 MASEM 分析的例子，在此提供 Jak 和 Cheung（2020）对此类研究的流程的概括，供读者参考。

（1）识别关键概念、测量和结构方程模型。在进行元分析之前，研究者应该对所要研究的概念、测量模型和结构方程模型都有详细的了解。一般来说，模型越简单，包含的变量关系越少，越容易分析。研究者对背后的理论假设要有清晰的认识和见解。

（2）形成纳入与排除标准。这个步骤在 MASEM 分析中十分重要，它决定了元分析的结果是否有意义。研究者必须对不同研究的相关系数是否能够合并有十分清晰的认识。举个例子，对于被试群体（如儿童和成年人）不同的研究，同一个组变量的相关系数不一定能够合并，因为它们可能采用不同的测量工具。

(3) 提取相关系数矩阵、样本量和研究特征（调节变量）。MASEM 分析所需要的基本数据是相关系数矩阵和样本量。有的研究没有直接提供相关系数矩阵，研究者要考虑是否可以通过其他的统计结果计算。研究者还要尽可能获取未发表的数据，如硕博论文或者会议论文，减少发表偏倚。此外，要确保不同研究之间的样本是相互独立的，如果存在相关，则需要考虑使用其他模型，如多水平模型。

(4) 选择合适的计算方法合并相关系数矩阵。正如前文提到的，可选择的方法包括单一变量法、最小二乘法、TSSEM 法，研究者可根据实际需要进行考虑。

(5) 模型拟合。根据不同的计算方法拟合 MASEM。

二、MASEM 分析中存在缺失值

理想的情况下，我们希望研究者能够报告所有变量的相关系数，以便我们在元分析时有足够的信息进行再分析。现实情况是，并非所有的研究都会报告完整的相关系数矩阵。虽然有的时候可以通过研究者提供的其他统计数据计算出我们所需要的相关系数，但也不是所有情况都能进行转换。缺失数据主要有两种形式：一种是缺失变量，另一种是缺失某个相关数据。举个例子，我们想要探究 X、M、Y 三个变量之间的关系，有的研究提供了三者之间的两两相关系数矩阵，但是有的研究缺失了 M 变量，只提供了 X 和 Y 之间的相关，还有的研究三个变量都测量了，但是缺失了 M 和 Y 之间的相关。如果是变量缺失，那么缺失的变量在分析当中会被直接过滤。如果缺失的类型是相关缺失，这在随机效应模型中并不会成为问题，但是在固定效应模型中就不可忽视。

目前有两种方法用于处理相关缺失，分别是由 Jak 等（2013）和 Cheung（2014a）提出的。两种方法的基本思想都是为缺失的相关估计一些固定且对结果不产生影响的参数。值得一提的是，metaSEM 包中并不直接包含分析缺失数据的程序，要实现这些方法，需要用到 OpenMx 包（Cheung，2015b）。

三、包含调节效应的 MASEM 分析

如果元分析中研究间的相关系数矩阵的差异不仅仅是由抽样误差造成的，而是呈某种正态分布，我们就称之为随机效应模型。对于随机效应模型，可以通过调节变量分析考察研究水平特征对 SEM 效应的影响。Cheung（2015a）区分了两种不同的随机效应 MASEM：基于相关系数的 MASEM 和基于参数的 MASEM。在基于相关系数的 MASEM 当中，相关系数矩阵作为效应量，是元分析异质性的来源。在基于参数的 MASEM 当中，SEM 中估计的参数作为效应量，是元分析异质性的来源。

对于基于相关系数的 MASEM，第一个步骤（获取每个研究的相关系数矩阵）无法考察参数的异质性，除非能够获取个体水平的数据。第二个步骤（合并多个相关系数矩阵）可以提取研究水平上的调节变量，采用全信息 MASEM（full information meta-structural equation analysis，FIMASEM）进行分析（Yu et al.，2016）。FIMASEM 分析包

含三个步骤：(1) 估计合并相关系数和方差；(2) 采用 Bootstrap 估计产生大量不同的相关系数矩阵；(3) 对所有生成的相关系数矩阵拟合 SEM。尽管这种方法能提供可靠的置信区间，但是显著性统计检验和拟合指标存在问题，使得它无法检验模型假设 (Cheung et al.，2019)。基于参数的 MASEM 的基本思想是，在元分析中合并感兴趣的参数，例如将路径系数或者因子载荷作为效应量。使用这种方法时需要纳入变量的协方差矩阵，但是由于大部分研究不会报告此类数据，该方法的使用受到一定的限制。不过该方法能够较好地分析调节变量，包括分类和连续调节变量 (Jak & Cheung，2020)。metaSEM 包提供了亚组分析功能，感兴趣的读者可以阅读 Jak 和 Cheung (2018) 的文章。

第六章 ‣ 元分析新思路：机器学习辅助

学习目标

（1）了解机器学习在元分析文献筛选中的作用；

（2）掌握常用的基于机器学习的元分析筛选工具和操作。

章节导读

第一章第三节已介绍过，元分析综述最重要的步骤之一是获取研究样本，为元分析提供数据。这是系统综述中最困难、最耗时的一步（Carver et al.，2013），传统的方法是用人工方式对从不同数据库中检索到的成千上万的文献进行筛选，剔除重复、无关的文献，通常由两名以上研究人员独立完成。Shemilt 等（2016）估计，判断一篇文献是否符合研究的相关性需要花费至少 1 分钟。如果初步检索出 7 000 篇文章，则需要花费大约 117 小时。假使作者每周只能花费 25 小时用于该工作，那么文献筛选步骤就要花费近 5 周时间。同时，这一步骤也会耗费大量资金。Michelson 和 Reuter（2019）根据实证估计推论出系统综述所需要人工成本的计算公式。根据他们的计算公式，每一家学术机构在系统综述上花费的成本大约为每年 1 866 万美元，对医药企业来说则是每年 1 676 万美元。因此，在文献筛选阶段减少人工劳动对提高研究人员实施元分析的效率和效益起着十分重要的作用。

软件工程在推动系统综述实践上发挥了越来越重要的作用（Kitchenham et al.，2004）。一方面，学界基于软件工程逐步建立了详细的指导规则，对系统综述的实施进行规范化；另一方面，研究者也开发了越来越多的新方法，致力于提升研究实施和数据处理的效率（Keele，2007），这其中就包括使用机器学习技术使系统综述的某些步骤自动化（Osborne et al.，2019）。相对于传统的、完全人工实施的系统综述，自动化工具可以减少主观偏差，并且对数据库大小没有限制（Osborne et al.，2019）。本章在介绍目前已有的元分析自动化软件及操作实例之前，将首先对自动化技术中涉及的机器学习重要技术，以及这些技术在元分析自动化中的应用进行简要介绍。

第一节 机器学习在元分析中的运用

进行元分析的整个过程，如果全部靠人工来做，对于研究人员来说，是非常耗费时间的，对于研究机构来说，人工成本耗费的资金也比较多。同时，对于科学研究来讲，可重复验证性是一项重要指标，但是人工验证一项元分析研究，又是一个较大的工程，一定程度上对元分析研究的可重复性造成了阻碍（van Altena et al.，2019）。正是由于这些弊端，为了加快元分析文献筛选，减少人力、物力消耗，自动化元分析理念应运而生。

一、自动化与元分析

对于自动化的定义，存在不同观点。通常，我们可以把自动化理解为一种计算机化的重复操作方法，在研究者决策辅助下，它能够正常地完成任务（Tsafnat et al.，2014）。近年来，许多机器学习工具在元分析的多个环节已经能够做到自动化（Tsafnat et al.，2018），比如自动化检索、文献筛选、质量评价、数据提取和汇总、汇报和写作（Yu et al.，2018）。在元分析中广为使用的机器学习工具也层出不穷，比如 Abstrackr、EPPI-Reviewer、Rayyan 等。各种工具已经在元分析与系统综述中频频使用。从元分析整个流程来讲，起步较早也发展相对成熟的自动化环节是文献筛选环节。具体来讲，就是在元分析中，使用自动化工具，帮助研究者快速、客观、准确地识别出符合研究者纳入标准的研究。

文献筛选自动化工具之所以可能快速、客观、准确地辅助研究者完成任务，是因为它们使用了机器学习相关知识和算法。比如，Cohen 等（2006）在文献综述和元分析中使用文本挖掘技术来做文献筛选工作；Yu 等（2018）基于支持向量机（support vector machine，SVM）和主动学习（active learning，AL），开发了用于元分析和系统综述的 FAST2 工具（Yu & Menzies，2019）。

二、自动化元分析中的机器学习基础

通过文本挖掘的方法，实现自动化或半自动化文献筛选，可以大大降低元分析的人工和时间成本（O'Mara-Eves et al.，2015）。关于将主动学习、朴素贝叶斯等机器学习方法应用于元分析文献筛选，有研究者已经开发出了相关工具（van de Schoot et al.，2021）。所以，对机器学习相关技术概念的了解能帮助我们理解为什么在元分析中能实现自动化，以及自动化元分析是否可靠；同时，这也是深入研究自动化元分析相关机器学习辅助工具的前提。

（一）什么是机器学习

机器学习（machine learning，ML）是计算机科学的一个分支领域，它旨在建立一种算法，这种算法依赖于一些现象的例子集合。这些例子可以来自大自然，可以是人工制造的，也可以由其他算法生成。机器学习也可以定义为通过收集数据以及基于该数据集用算法构建统计模型来解决实际问题的过程。

机器学习可以分为四类：监督学习、半监督学习、无监督学习和强化学习。在监督学习中，数据集是有标记的例子集合，集合中每一个元素被称为一个特征向量。监督学习算法的目标是使用数据集生成一个模型，该模型将特征向量作为输入信息，并输出推导出该特征向量标签的信息。例如，把人作为数据集而创建的模型可以将描述一个人的特征向量作为输入，并输出这个人患癌症的概率。与监督学习相反，无监督学习的数据集是一组没有标记的例子集合。其目标是创建一个模型，该模型以特征向量作为输入，并将其转换为另一个向量或可用于解决实际问题的值。在降维中，模型输出的是一个比输入的特征向量的特征要少的特征向量；在异常值监测中，输出的是一个数值，这个数值能表明输入信息与集合中例子的差异。在半监督学习中，数据集是有标记和无标记的例子集合。半监督学习算法的目标与监督学习算法的目标相同。不同的是，半监督学习希望通过使用未标记的例子使学习算法生成一个更好的模型。强化学习是机器学习的一个子领域，它让机器“生活”在一个环境中，使之感知该环境的状态，并将其作为一个特征向量。强化学习算法的目标是学习一种策略，这种策略是一个函数，它以一种状态的特征向量作为输入，并输出在该状态下能够执行的最优操作。强化学习在机器学习领域得到了越来越多的关注，并被认为可能是系统综述中初级筛选的一种有效方法。它是许多最先进内容推荐引擎（Shahriari et al.，2015）的基础算法。

在元分析自动化筛选应用中，机器学习利用挖掘出来的文本来训练算法，并根据用户的纳入与排除标准开发出一个分类模型（Chai et al.，2021）；依据此模型，重复对剩余的文献进行分类，即分为相关或不相关文献，从而避免了人工一一筛选。不过，机器学习在元分析自动化筛选中的应用也存在局限：第一个局限是在创建出可靠的分类器之前，仍需要大量的人工决策。第二个局限是分类的可靠性相对较低。这些算法被用来排除最不符合标准的文本，并且通常只按照可能性递减的顺序对文本进行排序，从而为后续的人工筛选做准备（Tsafnat et al.，2018）。

（二）机器学习中的自然语言处理及其元分析应用

自然语言处理（natural language processing，NLP）是计算机科学和人工智能（AI）研究的一个领域，主要是关于自然语言（如英文或中文）的处理。通过运用统计学方法和技术，自然语言被转换成计算机可以理解的数据，用以解决现实世界中与语言相关的任务，如信息提取、自动语音识别、机器翻译、情感分析、问题回答和总结。自然语言处理理解文本的主要途径是将文本转换为可用的计算模型，即离散或连续的组合结构，如向量、张量、图表或树形图。

自然语言处理可以被归类为语音和语言处理这一领域的一个子集。其起源可以追溯到20世纪40年代计算机科学的发展。随着人工智能的进步，人们对自然语言处理的理解也持续加深。进入20世纪下半叶，自然语言处理开始分裂成两组截然不同的思想：一组支持通过符号方法来进行语言建模，另一组则支持随机方法。前者主要基于简单算法，由解决自然语言处理问题的语言学家组成。后者则主要由统计学家和电气工程师组成，他们最常使用的方法是贝叶斯统计。现在，随着机器学习使用的激增，人们对自然语言处理的关注在过去20年里也出现了激增。除了计算能力的提高之外，部分原因是大型标签数据集存储库变得更加可用（Beysolow，2018）。

元分析与系统综述中自然语言处理的核心技术包括文本分类和数据提取（Marshall & Wallace，2019）。文本分类是将文档，如文章摘要、全文或文本中的片段，自动分类到预定义的关注类别里，例如将报告分为RCT报告与非RCT报告。数据提取则是试图识别与特定关注变量相对应的文本片段或单个单词或数字，例如从一份临床试验报告中提取人数这一关注变量。

近日，有研究者基于自然语言处理，开发出了一款名为Deduklick的工具。Deduklick使用多步算法，计算相似性分数，并根据文献的元数据字段（例如标题、作者、期刊、DOI、年份、期数、卷和页码范围），识别唯一的和重复的文献（Borissov et al.，2022）。使用Deduklick对从数据库中初始检索出的文献进行删重，有100%的平均准确率，并且只需要大概1分钟（Borissov et al.，2022）。

（三）机器学习中的主动学习及其元分析应用

主动学习（active learning）属于半监督机器学习，学习算法会选择最相关的数据点进行学习（van Haastrecht et al.，2021）。它减少了构建训练集所需的人工分类劳动。主动学习隐含的核心思想是分类器向人寻求帮助。一个主动学习解决方案包括许多选项，如分类算法的选择、停止准则和选择方案。选择标准是基于某个例子给学习者提供最多的信息，不管这个例子是积极的还是消极的。迭代学习能很好地与研究筛选匹配，并被发现可以减少工作量（Miwa et al.，2014）。

针对标题和摘要筛选的主动学习过程如下。首先，研究人员构建一个潜在相关的数据集，至少每篇论文有一个标题和摘要。接着，为主动学习算法定义一个起始过程和一个停止标准。初始化的具体过程不同，但初始样本应该包含至少一篇相关和一篇不相关的论文以供算法学习。相对于整个数据集来说，样本的数量应该相对较小。当算法从最初的样本中学习之后，它将首先向研究人员展示信息量最大的论文（Yu & Menzies，2019），研究人员则指出论文是相关还是不相关，算法将使用这个输入来进行反复的训练。对算法的挑战是如何平衡探索和开发，这里的探索是指应该尽快学会区分相关和不相关的论文，开发则是向研究人员展示尽可能多的相关论文。主动学习技术已被证明可以显著减少在标题和摘要筛选上花费的时间（Miwa et al.，2014），并且对发现的相关论文总数的影响最小（Yu et al.，2018）。

在检索出的大量原始文献中，主动学习程序依据研究者人工给予的标准，可快速找到剩余文献集中最相似的文章。这一自动化功能在标题和摘要筛选阶段即可使用。例如，ASReview就主要利用了主动学习的思想，能有效地辅助研究者进行文献标题和摘要的筛选（van de Schoot et al.，2021）。

（四）机器学习中的支持向量机及其元分析应用

支持向量机（support vector machine，SVM）最早由 Vladimir Vapnik 和他的团队在 20 世纪 70 年代末提出，是各种机器学习应用中使用最广泛的核心算法之一（Mountrakis et al.，2011），也是针对文本分类最流行的机器学习算法（Pilászy，2005）。文本分类是将文本自动分到各自类别中，例如对于邮件的过滤，输入是邮件，输出是 0 或者 1，其中 0 代表是垃圾邮件，1 代表不是垃圾邮件。机器学习算法是学习如何对文本进行分类，即创造一个输入—输出映射模型。支持向量机就是其中一种线性模型，并且被证明是针对文本分类最强大的学习算法之一（Joachims，1998）。其他线性模型还有 logit 回归、朴素贝叶斯等，复杂模型则有决策树、神经网络等（Pilászy，2005）。

支持向量机的基本形式是一个线性二元分类器，它能识别两个类别之间的界限。线性支持向量机假设多维数据在输入空间中是线性可分的，它通过使用训练数据将数据集分割成一个离散的预定义类来确定一个最优超平面，并使用特征空间中最接近最优决策边界的部分训练样本作为支持向量（Kuo et al.，2013），从而使得分割最大化。这些样本是最难分类的数据，并且会对决策边界的最佳位置产生直接影响（Mather & Tso，2016）。最优超平面指的是使训练步骤中的误分类最小化的决策边界（Mahdianpari et al.，2020）。

在实际应用中，不同类别的数据样本并不总是线性可分的且存在重叠。因此，线性支持向量机并不能保证对此类数据的分类有较高的准确率，需要对其进行一定的修改。Corinna Cortes 和 V. Vapnik 引入了软边缘方法和内核技巧来解决线性支持向量机的局限（引自 Schölkopf et al.，2002）。软边缘方法通过把额外变量加入支持向量机优化中，来处理非线性分割数据。内核技巧则是将特征空间映射到一个更高的维度，以提高类别之间的可分性（Kavzoglu & Colkesen，2009）。换句话说，内核技巧就是将一个输入数据集映射到一个高维特征空间中，在这个空间中训练样本是线性可分的。

支持向量机的性能在很大程度上取决于对在高维特征空间中产生点积的内核的选择。一般来说，内核的选择是通过预先定义一个核模型，如高斯、多项式等，然后通过调优技术来调整内核参数来实现的。分类器是选择内核函数时最重要的标准。然而，内核模型可能对过度拟合非常敏感，这也是内核模型方法的主要劣势（Liu et al.，2017）。自动内核选择（Ali & Smith-Miles，2006）和多内核学习（Sun et al.，2013）等创新方法被用来解决这一问题。优化支持向量机的多个参数是非常耗费资源的，因此需要另一种方法来寻找支持向量机参数，其中遗传优化算法（Ghoggali et al.，2009）和粒子群优化算法（Ch et al.，2013）是两种利用生物系统原则来优化支持向量机参数的革新技术。

在元分析的文献筛选中，支持向量机可以对文献集中的文章进行文本分类，将支持向量机和其他机器学习算法相结合就能更加准确地对研究者想要纳入的文章分类。比如，RobotSearch 工具是基于神经网络和支持向量机开发的，能有效地应用于元分析的文献筛选环节（Marshall & Wallace，2019）。

三、基于机器学习的文本挖掘与自动化元分析

（一）什么是文本挖掘

文本挖掘（text mining），也称为智能文本分析、文本数据挖掘或文本知识发现（knowledge discovery in text，KDT），是指从文本中提取有用信息的过程（Feng et al.，2017）。其主要目标是从非结构化文本中检索信息，如模式、关键词、概念以及其他特征（Marcos-Pablos & García-Peñalvo，2020），并将提炼出来的知识以简洁的形式呈现给用户（Thomas et al.，2011）。文本挖掘过程涉及各种技术，包括信息检索、数据挖掘、机器学习、自然语言处理和知识管理（Feng et al.，2017）。

根据前人研究的成果，文本挖掘技术大体可以分为六大类：一是信息提取（information extraction），即通过模式匹配方法在文本中寻找特定的信息，从而查找到关键短语及其与文本的关系；二是信息检索（information retrieval），即从众多资源中搜索感兴趣的信息；三是信息可视化（information visualization），即使用交互式视觉表征将信息可视化，以增强人的识别能力；四是分类（classification or categorization），即寻找模式或特性，使其成为已定义分组的一部分，并将文档分到已知的类别中；五是聚类（clustering），即找到提取数据的相关模式，并根据内容对类似的文档进行分组；六是总结或归纳（summarization），即在保留信息隐义的基础上，将源文本的长度和细节进行缩减。

Stansfield 等（2017）认为文本挖掘具有以下几个优势：通过识别更多的单词、单词形式或短语来提高搜索的灵敏度，扩大搜索范围；通过识别短语或单词组合而不是单个单词，提高搜索的精度；从受控术语无法捕获的记录中识别自由文本术语，以实现跨数据库的翻译；在集成的存储库系统中进行搜索和筛选；制定客观的搜索策略。

（二）文本挖掘在自动化元分析中的应用

在元分析中使用文本挖掘进行文献筛选时，需要考虑到文本挖掘的目的和作用。元分析中使用文本挖掘的目的在于，在人工工作具有同等效果的前提下降低人工工作的时间和成本。所以，文本挖掘要减少需要人工手动筛选的文献数量，但同时也需要保证较高的准确度，避免目标文献的流失。

使用文本挖掘来减少需要手动筛选的研究的数量，主要有三种方法。第一种方法是使用能做出明确的纳入/排除决策的分类器（Cohen，2011）。第二种方法是使用排名系统，然后排除低于某个阈值或标准的文章，或位于“负面预测区域”内的文章（Bekhuis et al.，2014）。在第一种方法中，许多分类器明确地对所有评审文章给出一个分数，以表明对该文章被纳入或排除的信心（类似于第二种方法中的排名），这个评

分通常对审阅者隐藏。与之相反，第二种方法可能需要审阅者继续手动筛选，直到满足审阅者的标准。第三种方法是主动学习（Wallace et al.，2011），它可以轻松地战胜上述两种方法。主动学习是一个迭代过程：通过与审阅者的交互，机器做出预测的准确性得到提高。审阅者为机器提供一个用以“学习”的纳入/排除的初始样本，机器随后会生成一个排名列表，并要求审阅者就列表中最靠前的文章进行决策。基于审阅者的决策，机器不断调整其纳入/排除规则，并生成一个新的文章排序列表供审阅者筛选。这个过程将持续进行，直至达到给定的停止标准。可以发现，随着审阅者决策数量的增加，主动学习所能发现的符合标准的文章数量会比非主动学习情况下更多。

上述方法强调减少需要手动筛选的项目的数量，从而帮助研究人员更快地对每个项目做出决定，另一种方法则是提高元分析中文本挖掘的准确度。其中，可视化数据挖掘（visual data mining，VDM）方法试图基于关键词相似性和/或文献作者之间的联系，通过图像呈现文献之间的关系（O'Mara-Eves et al.，2015），以帮助研究者轻松识别更有可能彼此相似的研究。一旦识别出相关文档，研究者就可以快速扫描看起来与该文档相似的其他文档（并且类似地，快速识别可能被排除的文档）。该方法假设人类可以使用这些额外的视觉信息更快地决定研究的相关性。

（三）文本挖掘程序在元分析文献筛选中的停止标准

文本挖掘主要应用于减少需要手动筛选的研究数量方面，我们提到的其中一种方法就是主动学习。在主动学习中，使用者为算法定义一个起始过程和一个停止标准。停止标准在主动学习中是非常关键的。如果停止过早，许多相关的文献有可能会错过；而如果停止太晚，许多筛选工作可能是无用功，因为并没有更多相关的文献了（Yu & Menzies，2019）。那么，审阅者在使用基于主动学习的筛选工具进行文献筛选时该何时停止呢？

目前，停止标准大概可以分为四类。一是样本标准，研究人员在流程开始时通过随机抽取样本来估计相关文档的数量，当达到这个数字或者一定比例时，研究人员就停止查看（Shemilt et al.，2014）。二是启发法，当出现了一定数量的不相关文章时，研究人员就停下来（Przybyla et al.，2018）。三是实用标准，研究人员会在时间耗尽时停下来（Wallace et al.，2010）。四是自动化停止标准，系统自动决定何时停止筛查（Di Nunzio，2018）。当分类器找不到更多的纳入文献时就停止筛选是目前使用最广泛的停止标准（Ros et al.，2017），这个停止标准虽然简单，但并不被认为是最好的（Yu & Menzies，2019）。

目前有一个新的停止标准引起了广泛的关注，即通过最初筛选的研究集来预估相关论文的数量（Cormack & Grossman，2016）。假设 N 为总论文数，R 为相关论文数，一般来说，R 是未知的。为了估计 R，我们对原文献进行筛选，直到我们把第 r 篇文献标记为相关的。这样，R 就可以估计为：$R \approx N \times r/(r+i)$。其中，$i$ 为无关文献的数量。那么在这种情况下的停止标准即是，当 R 篇文献被标记为相关时就停止筛选。

第二节 常用自动化元分析工具介绍

随着科技的发展，目前用于辅助研究者开展元分析的软件工具多种多样，而且日新月异。我们把这些工具的主要用途分为以下几个类别：（1）文献管理和文献筛选；（2）数据提取；（3）数据分析；（4）质量评价。一般来说，传统的研究模式下，研究者可能会采用专门的文献管理软件（如 Zotero、Endnote、Mendeley 等），再结合 Excel、Word 等文档工具，进行前期的文献筛选和数据提取；在此基础上，研究者再基于其他的数据分析软件（如 CMA、R、Stata 等）进行数据分析。当然，也有集成多种功能、旨在提高研究者的工作效率的元分析管理软件，在此我们简要介绍几种辅助工具，并介绍基于机器学习的半自动化元分析工具在元分析中的应用。

一、元分析管理工具

（一）Covidence

Covidence 是一款协助管理系统综述项目的在线软件，可精简整个系统综述的实施过程。其内容包括 Cochrane 评价、引文筛选、全文评估、偏倚风险评估、研究特征提取和其他研究数据提取，还可将提取的数据导出到 RevMan，执行质量评价。Covidence 最早被命名为 ReGroup，由一家澳大利亚非营利公司开发。2015 年，Covidence 与 Cochrane 建立了合作关系，成为 Cochrane 的标准实施平台。Cochrane 的用户可以免费使用该软件开展系统综述，其他用户则有一次免费体验的机会，使用超过一次后需要收费。

Covidence 的主要特点如下：

（1）包括多种功能，如文献和摘要筛选、全文评估、文献纳入、质量评价、数据提取和数据导出。

（2）可提高筛选效率：界面清晰，关键词高亮显示，具有标签功能，两人筛选（保证双盲，最大限度减少偏差），可以比较不同评价者的一致性。

（3）主要针对临床试验类综述，对其他类型的综述较不友好。

（4）收费高，只有一次免费使用的机会。

（二）Rayyan

Rayyan 是由卡塔尔计算研究所于 2015 年推出的一款在线文献管理软件，由卡塔尔基金会资助，该基金会是支持卡塔尔教育、科学、研究和社区发展倡议的非营利组织。在该软件中，用户通过网页操作即可实现文献管理的功能。该软件可对文献筛选者实施盲法，还具有标记关键词、根据文献特征（发表年份、作者、杂志、发表类型、语言、国家、研究主题等）统计论文发表数量、上传 PDF 全文等功能。

Rayyan 的主要特点如下：

（1）兼容性较强，具有文献导入、筛选、导出等功能。

（2）允许添加多个排除原因。

（3）“盲法”（Blind on）功能下，进行文献筛选的研究者无法看到其他筛选者的进度和结果，保证了文献筛选过程的规范性。

（三）RevMan

RevMan（ReviewManager）由 Cochrane 在 2003 年推出，是用于制作和保存 Cochrane 系统综述的软件。该软件使用免费，目前最新版本是 RevMan 5.4.1。

RevMan 的主要特点如下：

（1）可便捷地制作和保存 Cochrane 系统综述的项目计划。

（2）可对录入的数据进行元分析，并以森林图的形式展示分析结果。

（3）可对 Cochrane 系统综述进行更新。

（四）JBI SUMARI

JBI SUMARI（System for the Unified Management，Assessment and Review of Information）是 JBI 中心研发的一个文献评价系统，旨在帮助健康、社会科学和人文学科等领域的研究人员、学生和从业者开展综述性研究。该系统是一个在线应用程序，用于评价研究证据的可行性、适当性、临床意义及有效性。JBI 是一个旨在促进和支持改善健康的循证决策并提供医疗服务的全球性组织，它提供了一系列独特的解决方案，用于获取最佳的可用证据。

JBI SUMARI 的主要特点如下：

（1）JBI SUMARI 具有最先进的报告生成器，有内置的引文管理器，支持附录的自动生成。

（2）JBI SUMARI 的设计采用了 JBI 的金标准，系统审查方法十分严格，并得到了国际科学委员会的认可，具有较高的科学可信度。

二、基于机器学习的半自动化元分析辅助工具

以上介绍的软件工具集成了元分析的一些关键功能，使得元分析过程更加规范，一定程度上能够提高工作效率。但是，元分析更多的人工时间其实是花费在文献筛选上，如果能针对这一过程进行优化，那么将极大提升工作效率。在上一节中，我们介绍了机器学习（或文本挖掘）在文献筛选领域中的运用，目前已有相关工具得以研发和使用。以下将简要介绍几种基于机器学习的半自动化文献筛选工具。需要注意的是，这些只是辅助工具，用户需要对结果进行检查和确认，确保数据的准确性和完整性。

（一）Colandr

Colandr 是一个用于文献筛选和数据提取的开源平台，旨在支持系统综述、元分析

等研究。它提供了一种简单而可靠的方法来管理和分析各种类型的研究数据，包括文本、图像和表格等。此外，Colandr 支持多个用户协同工作，可以轻松地上传和下载数据，同时提供可视化工具来帮助用户了解数据的分布和关系。最重要的是，Colandr 可以通过自然语言处理和机器学习算法自动筛选文献，并生成筛选报告。它还可以通过人工标注和反馈进行改进。具体的实施过程如下：

（1）创建一个新项目，并输入项目的基本信息，如项目名称、描述、包含的研究领域等。

（2）将文献导入项目中，可以通过上传文献文件或从 PubMed、Google Scholar 等数据库中检索并导入文献。

（3）根据项目需求，创建筛选标准，如研究对象、研究类型、年代限制等。这些标准将作为筛选文献的依据。

（4）在筛选标准的基础上，创建筛选表。表格中应包含每篇文献的基本信息和符合或不符合筛选标准的标记。通过逐一检查每篇文献，将其标记为符合或不符合筛选标准。

（5）完成文献筛选后，就可以对符合标准的文献进行数据提取和分析。Colandr 提供了多种数据提取模板，方便用户对文献中的数据进行整合和汇总。

（6）最后，可以生成报告并导出数据，方便用户进一步分析和使用。

（二）CADIMA

CADIMA 是一个进行系统综述和元分析的在线平台。用户可以在 CADIMA 中创建自己的项目，并使用预定义的模板或自定义的筛选表格来筛选文献。CADIMA 还提供了多种质量评价工具，包括 Cochrane 风险偏倚评估工具、GRADE 工具和 ROBIS 工具等。用户可以使用 CADIMA 进行元分析，并生成结果图和表格以便于分享和发布。

该软件基于主动学习算法来筛选文献。在 CADIMA 中，算法会询问用户哪些文献属于所研究的领域，以便学习如何更准确地对新文献进行分类。使用步骤如下：

（1）导入文献：将需要筛选的文献以 BibTex 格式导入 CADIMA。

（2）标注文献：在 CADIMA 的标注界面，根据预先设定的标注规则，对文献进行标注。标注过程中，可以对文献进行阅读、分类、打标签等操作。

（3）训练模型：在标注完一定数量的文献之后，可以使用 CADIMA 自带的机器学习算法来训练模型。训练完成后，可以查看模型的性能指标，如准确率、召回率等。

（4）使用模型进行文献筛选：在模型训练完成后，可以使用该模型来进行文献筛选。用户可以将需要筛选的文献导入 CADIMA，然后运行模型来对文献进行筛选。

（5）校对结果：CADIMA 的筛选结果并非 100%准确，因此用户需要对筛选结果进行校对，以确保筛选结果的准确性和可靠性。

（6）导出结果：完成文献筛选后，用户可以将结果以 BibTex 格式导出，以便后续分析和使用。

（三）ASReview

ASReview 是一款基于机器学习的文献筛选软件，它可以自动筛选文献，加快系统综述的进程。使用 ASReview 可以极大地减少筛选文献所需的时间和人力成本，同时还能提高筛选的准确性。该软件也采用主动学习的算法，具体来说，该算法首先将待筛选的文献数据集分为已标注和未标注两部分；其次，将已标注的文献作为训练集，使用深度神经网络模型训练分类器；再次，使用分类器对未标注的文献进行预测，选出最有可能是相关文献的一部分加入已标注的文献集；最后，根据标注的结果，更新训练集，重新训练分类器。使用步骤如下：

（1）登录 ASReview 网站（https：//asreview. nl/），下载 ASReview 软件。

（2）将需要筛选的文献导入 ASReview 软件，可以选择导入文献数据库或者手动上传文献文件。

（3）根据研究问题，设置相关的检索词和筛选标准，包括文献的类型、年代、语言等。

（4）使用 ASReview 的机器学习算法进行文献筛选，根据已有的标注文献，自动预测未标注文献是否符合筛选标准。

（5）根据筛选结果，进一步对文献进行筛选或排除，并对它们进行评估和分析。

（四）Abstrackr

Abstrackr 是一款基于网络的免费软件，用于协助系统性文献回顾和筛选。它是由美国医学图书馆和医学研究理事会共同开发的，旨在简化文献回顾过程并提高其效率。使用 Abstrackr 时，用户可以上传相关的研究文献，利用该软件中的工具自动筛选文献，标注文献的特征，从而快速确定是否纳入相关研究。此外，该软件还提供了团队合作和结果共享的功能，使得多个研究者能够在同一平台上协作完成系统性文献回顾。该工具使用的算法基于主动学习和半监督学习，它通过与用户交互，不断优化算法，提高筛选的准确性和效率。使用步骤如下：

（1）登录 Abstrackr 网站（http：//abstrackr. cebm. brown. edu/account/login）并注册账号。

（2）创建一个新项目并命名。然后，将所需的研究添加到项目中，可以手动添加或从参考文献数据库中导入。

（3）在 Screening 选项卡中，开始筛选研究文献。在每篇文献旁边的选项框中，选择 Yes 或 No 来指示是纳入还是排除该研究。还可以使用 unsure 选项来标记不确定的文献并稍后再回顾。

（4）在 Abstraction 选项卡中，提取已筛选的研究中的数据。可以在此处设置要提取的字段，然后输入每篇研究的数据。

（5）完成后，可以将项目导出为 CSV 文件或 JSON 文件，以便进一步分析和处理。

第三节　机器学习辅助元分析实例：新冠疫情期间复原力干预效果[①]

一、实例背景

新冠疫情期间（when），人们受到了多方面的负面影响，因此对心理复原力进行干预就显得尤为必要。本研究探讨了针对全球（where）所有受到新冠疫情影响的人群（who）的复原力干预研究的效应量，以及在此背景下，什么因素影响心理复原力干预效果（what），从而为后续的实证干预研究提供可靠的研究证据（why）。

新冠患者的共同症状有发烧、咳嗽、肌肉痛、疲劳等（Guan et al.，2020）。新冠病毒具有非常强的传染性，而且在全球范围内快速传播（Cascella et al.，2022）。

与此同时，新冠疫情也在影响人们的精神健康，引发了许多心理问题，比如压力、焦虑、抑郁、失眠、愤怒以及恐惧等（Torales et al.，2020）。在新冠疫情（心理海啸）期，复原力似乎是能够缓解其带来的负面影响的重要特质（Leys et al.，2020；Liu et al.，2020；Taylor et al.，2022）。复原力通常定义为在逆境中成功适应环境的动态过程（Leys et al.，2020；Luthar et al.，2000；Ungar & Theron，2020）。在个体层面，复原力是一种适应挫折并成功应对挑战的能力（Masten，2018）。新冠疫情给全球的人们带来了共同的挫折，在这一背景下，人们的心理症状普遍增加（Liu et al.，2021；Robinson et al.，2022），而复原力则能够在疫情下起到保护作用。具有更高复原力的人，在新冠疫情下具有更少的心理失调症状（Li et al.，2021；Verdolini et al.，2021）。那么，在新冠疫情下，我们该如何有效地提升复原力从而进行心理保护呢？

许多研究证明对复原力进行干预具有显著效果，但近期在新冠疫情下进行复原力干预的研究，其结果复杂多样。已有研究发现，对一线医护工作者（Albott et al.，2020）、大学生（Galante et al.，2018）、青少年（Niu et al.，2021）、普通大众和病人（Ye et al.，2018）等人群（Kazemian et al.，2019；Yule et al.，2019）进行复原力干预，可以显著提升他们的复原力。此外，许多研究者也发现，基于不同心理学理论背景的干预内容对复原力干预也具有积极效果（Angelopoulou & Panagopoulou，2022；Joyce et al.，2018；Leppin et al.，2014；Liu et al.，2020）。比如，有研究使用一种新兴的基于正念和认知疗法的干预——探究型压力降低程序（inquiry-based stress reduction，IBSR）——对教师进行复原力干预，发现具有显著的积极效应（Zadok-Gurman，2021）。但也有研究使用线上 Isha Upa 瑜伽材料对大学生进行复原力干预

① 本实例来源于任志洪教授团队在研项目，论文尚未发表。

(Chang et al.，2022)，发现并没有显著效应。为了对医护工作者的复原力进行保护，南非专业发展基金会（Foundation for Professional Development，FPD）开发了一门线上学习课程。一项前后测干预研究发现，这一线上课程能有效提升医护工作者的复原力（Kelly et al.，2021）。由于存在这些相互矛盾的研究结果，很有必要做一项元分析，从而说明新冠疫情下心理复原力的干预是否具有一致性。

本研究的目的是评估新冠疫情期间针对不同人群的心理复原力干预研究的效应，并探索其影响因素，例如干预效果是否受到干预实施方式的影响（当面/远程/混合方式），是否受到干预周期的影响。疫情期间的心理复原力干预效果与其他时期相比如何？对哪类人群的干预效果最好？另外，本研究还对疫情下心理复原力干预的前后测单臂研究进行了系统综述。本研究对理解新冠疫情期间复原力干预效果、影响因素、测量等具有重要作用，而且可为之后重大流行性疾病下的复原力干预研究提供参考，从而丰富复原力干预的内容。

二、研究方法

本研究已在 PROSPERO 注册（CRD42021294097），并遵从 PRISMA 原则（Liberati et al.，2009）。

（一）文献检索

本研究中，两位作者（TJ 和 YY）对以下几个英文和中文数据库进行了系统性检索：PubMed，Web of Science，Embase，Cochrane，Academic Search Premier，PsycINFO，PsycARTICLES，Psychology and Behavioral Sciences Collection，中国知网，万方，维普。检索起始时间不限制，截止时间为 2022 年 2 月 5 日，检索词条由复原力、干预和新冠病毒三部分组成。例如，对于 PubMed 数据库，基于布尔运算（AND，OR，NOT）和 MeSH 主题词（Medical Subject Heading），采用以下检索式：

```
TS = ("psychological resilience" OR resilien * AND "psychosocial intervention" OR interven * OR improve * OR training OR promot * OR build * OR rebuild * OR enhan * OR maintain * OR increa * OR strengthen * OR exercise * OR boost * OR bolster * OR support * AND "COVID-19" OR "COVID-19" OR nCoV OR "SARS-CoV-2" OR "novel coronavirus" OR "coronavirus disease" OR "2019-nCoV" OR "disease 2019, coronavirus" OR "SARS coronavirus 2 infection")
```

除了检索数据库，还浏览了纳入文章和相关系统综述的参考文献列表。

（二）文献筛选与数据提取

使用 PICO 原则对研究文献进行评估（Ho et al.，2016）。纳入标准如下：(1) 样本选择（Population）：受到新冠疫情影响的人群。所有类型的被试均可以纳入，比如青少年、成年人和老年人，以及按照其他类别划分的普通大众、学生、病人和医护工作者等；(2) 干预设置（Intervention）：将复原力提升作为主要或者次要结果的心理干预研究；(3) 对照类型 (Comparison)：任何类型的对照研究均可纳入；(4) 结果测量 (Outcome)：使用有效的心理复原力量表对结果进行测量，并在效应量计算上提供了充足的统计信息；(5) 中文或者英文研究。

排除标准如下：(1) 文献综述、评论或案例报告，以及其他没有呈现量化复原力结果的文本；(2) 测试了复原力但是没有进行合适的心理干预的相关研究；(3) 与新冠疫情大背景无关的心理复原力干预研究。

从数据库中提取的文章汇总到 EndNote 20，然后剔除重复文章，再将保留的文章导入 ASReview 0.18。ASReview 是一款开源性的机器学习程序，可以高效地进行系统综述和元分析中文献标题和摘要的筛选 (van de Schoot et al., 2021)。本研究使用 ASReview 中默认的主动学习模型组合，即朴素贝叶斯 (naive Bayes)、最大化 (maximization) 和词频-逆文档频率 (term frequency-inverse document frequency, TF-IDF) 的组合。van de Schoot (2021) 认为，默认的主动学习模型在许多数据集中具有一致的有效性。评审者在导入的文献集中选择几篇相关的和几篇不相关的文章，以此来训练主动学习模型，然后 ASReview 会以其学到的标准按照相关性（最高到最低）将文献集排序并呈现，供评审者筛选。评审者可以基于 ASReview 筛选出的文献，根据标题和摘要进行评估，判断该文献和目标文献是否相关。在这个过程中，ASReview 仍在继续学习评审标准，并迅速将剩下的文献继续排序并按相关性呈现，直至达到停止标准。本研究中，当评审者在 ASReview 中连续标记 50 篇不相关的文章时，筛选就会停止 (Ros et al., 2017; van Haastrecht et al., 2021)。最后，评审者导出所有文章，对标记相关的文章进行全文筛选。所有的筛选工作都基于上面的纳入与排除标准进行，由两个评审者 (TJ 和 YY) 单独完成，所有的争议都通过团队讨论解决。筛选和纳入流程见图 6-1。

对最终的纳入文章，三位作者 (TJ、YY 和 WX) 使用同样的标准化数据提取表格，独立进行编码，对于存有异议的地方，与团队的其他作者讨论解决。每个研究的编码基于以下特征：(1) 研究特征（标题、第一作者姓氏、发表年份、数据收集日期、地区、样本量、试验类型、对照组设置）；(2) 被试特征（年龄、性别、地区、工作类型、身体和心理健康情况）；(3) 干预特征（干预类型、干预内容细节、每次干预时间、干预周期、个体/群体干预）；(4) 结果（每次测量的复原力得分平均值和标准差、每次测量的时间点、使用的复原力量表）。当一个研究中既汇报了复原力的分量表分又汇报了总分时，只对总分进行提取。如果文章中对计算效应量所需要的数据呈现得不充分，评审者会通过邮件联系原作者提供相关数据。最后，两位作者 (TJ 和 YY) 对纳入研究编码数据的准确性进行了核查。

(三) 风险与偏倚评估

本研究使用修订版的 Downs-Black 检查表 (Downs & Black, 1998) 对 RCT 和非 RCT 研究进行质量评价。修订版的 Downs-Black 检查表由 27 个项目组成，满分 35 分，包含 5 个子量表（汇报、外部效度、内部效度偏倚、内部效度混淆和统计效力）。量表总分小于 7 分的研究质量为差；8～13 分的研究质量有限；14～20 分的研究质量中等；

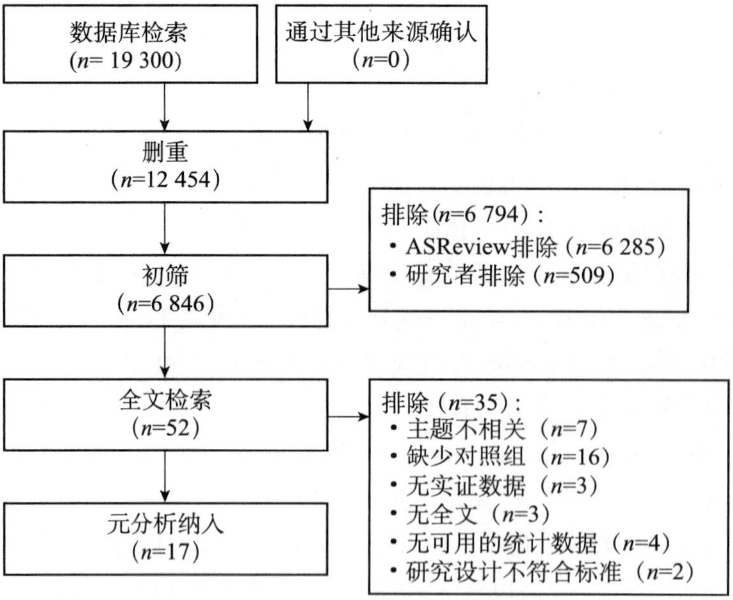

图 6－1　文献筛选和纳入流程图

21 分及以上的研究为高质量研究（Hartling et al.，2004；Hignett，2003；Jäkel & von Hauenschild，2011）。

本研究还使用 MINORS 工具（Slim et al.，2003），对无对照组的研究进行了风险评估。MINORS 工具可用来评估具有对照组和不具有对照组的非随机研究。评估不具有对照组的研究时，只使用前 8 个项目，每个项目得分 0～2 分，最高分 16 分。不具有对照组的研究的质量等级划分为：极低质量（<4 分）、低质量（5～8 分）、中等质量（9～12分）和高质量（13～16 分）。

风险与偏倚评估由两位评分者（TJ 和 YY）独立完成，任何不一致的地方都通过讨论和咨询第三位作者解决。本研究中两位评分者的 kappa 系数为 0.920（$p<0.001$），表明具有比较高的评分者一致性。kappa 系数大于 0.7 表明评分者之间具有高水平的一致性；0.5～0.7 表明评分者信度中等；小于 0.5 表明评分者信度低。kappa 系数使用 SPSS 27.0 完成计算。

（四）统计分析

本研究的统计分析使用 R 4.0.4、RStudio 1.4.1106，以及 meta 包的 4.18-0 版本进行（Viechtbauer，2010）。由于纳入研究的被试类型、地区、复原力测量工具较为多样，所以使用随机效应模型计算效应量。使用 Hedges' g 计算平均效应量。在心理学研究中，Hedges' g 值 0.2、0.5 和 0.8 分别被视为具有小、中和大效应量（Cohen，2016）。使用 Q 检验和 I^2 检验评估异质性（Huedo-Medina et al.，2006）。一般来讲，$I^2>50\%$和 $p<0.05$ 说明研究具有异质性。发表偏倚通过漏斗图和 Egger 检验来评估（Bowden et al.，2015）。同样，$p<0.05$ 说明存在发表偏倚。最后，使用敏感性分析来判断结果的

稳定性。

本研究考虑了四类调节变量：(1) 被试特征，包括地区、身份（医护工作者、青少年/儿童、大学生、普通大众和病人）、新冠疫情下的暴露风险等级（1～4级）；(2) 干预特征，包括干预形式（群体/个人/混合）、干预内容分类（心理动力学/认知行为/正念/身-心-灵整合/身体活动/混合）、干预实施模式（亲自/远程/混合）、干预周期（以天为单位）；(3) 复原力测量工具；(4) 实验设计，包括研究设计随机化与否、研究质量。使用亚组分析对调节变量中的分类变量进行分析，使用元回归分析对调节变量中的连续变量进行分析。

三、使用 ASReivew 进行文献筛选

下面以本研究第一部分的部分数据为例，具体介绍怎样使用 ASReview 进行标题和摘要检索。

首先，剔除文献管理软件中的重复文章，这样的步骤很有必要，因为 ASReview 的主动学习模型会先根据评审者选择的相关与不相关文章来掌握学习标准，然后对未筛选的文章快速进行相关性排序并呈现。如果存在重复的文章，那么与其他只出现一次的文章相比，ASReview 的主动学习模型对重复文章的学习比重就会增加，有可能会产生偏差性的引导。使用不同的文献管理软件剔除重复文件的方法不一，比如 Zotero 可以在所建文件集的“重复条目”(Duplicate Items) 中将重复的文章条目一一合并。EndNote 也有类似的功能。由于不同数据库中纳入的文章有许多重合，在初始文献中，重复文章数量较多，比如在本元分析中，共有 9 650 篇初始文献，重复文献有2 804 篇。手工一一剔除耗时耗力，这里可以用本章第二节介绍的 Rayyan 工具在线一键剔除重复文献，然后再将剩余文献导出为 RIS 格式。

接下来，将剔除重复文献的 RIS 格式文件导入 ASReview。打开 ASReview，点击右下角的“+”，然后点击 New project。输入项目名称 (Project name)，即“COVID-19 期间复原力干预效果的元分析与系统综述的研究”，研究者名字 (Your name) 为“XX”，描述 (Description) 为“研究新冠疫情下人们心理复原力干预效应的元分析和系统综述”（见图 6-2)。填完信息后点击右下角的 CREATE。

点击 CREATE 后，再点击下一界面中的 STARTED SETUP，在 Select dataset 中选择 FROM FILE，然后点击其下方的虚线框上传，或者直接将剔除重复文献的 RIS 格式初始文献集拖入虚线框内，点击 UPLOAD 继续下一步。当界面显示“Successful upload”后，点击 NEXT。在下一界面的 Select prior knowledge 框中，点击 SEARCH 可对导入的文献集进行检索，寻找想要的文献，点击 RANDOM 则可让ASReview 随机呈现文章（见图 6-3)。

这里研究者使用预先发现的符合纳入标准的文章进行查找，即先将 5 篇符合纳入标准的文章标记为“相关”(relevant)，接着使用随机呈现的方式将 5 篇不符合纳入标准的文章标记为“不相关”(irrelevant)，此时可发现 Select prior knowledge 框内显示

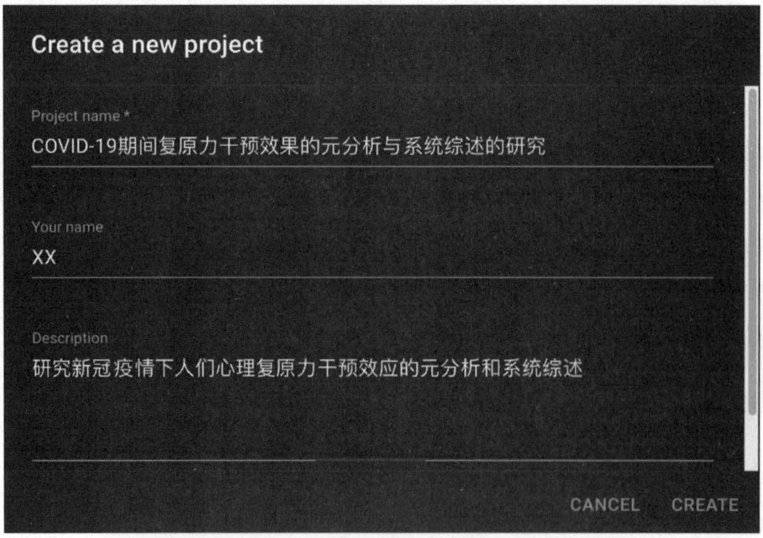

图 6-2　使用 ASReview 对创建的新项目进行描述

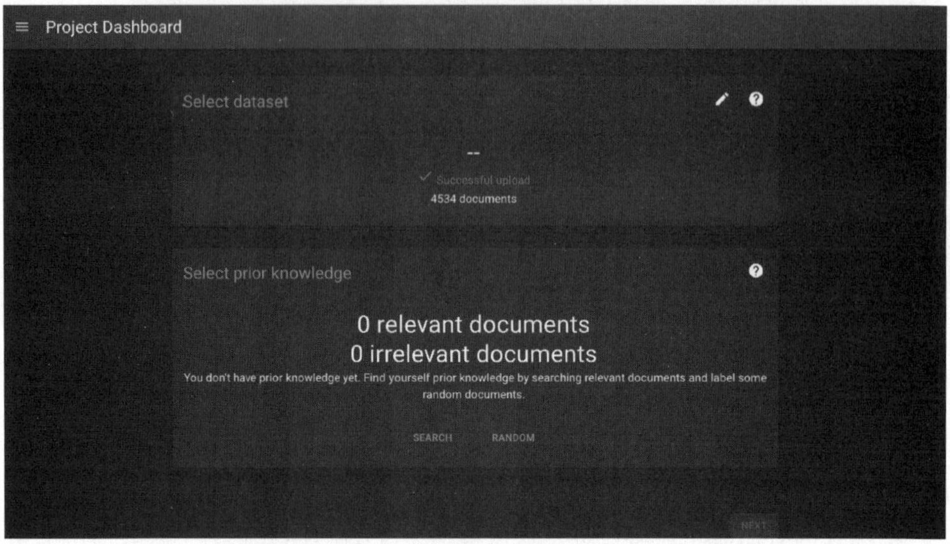

图 6-3　文献上传成功后

“Enough prior knowledge，feel free to go to the next step”。点击右下方的 NEXT（见图 6-4）。

接下来对呈现的主动学习模型进行算法选择。点击主动学习模型框右上方的铅笔图标，本研究中使用的是默认的主动学习模型组合，即 Classifier 为 Naive Bayes，Query strategy 为 Maximum，Feature extraction technique 为 TF-IDF。直接点击 NEXT，然后点击右下方的 FINISH。接下来继续在 ASReview 中进行标题和摘要筛选，点击 START REVIEWING（见图 6-5）。

在 ASReview 中继续根据其呈现的文章进行标题和摘要筛选，对文章进行相关/不相关标记。当连续 50 篇文章被标记为不相关后停止标题和摘要筛选。如图 6-6 所示，

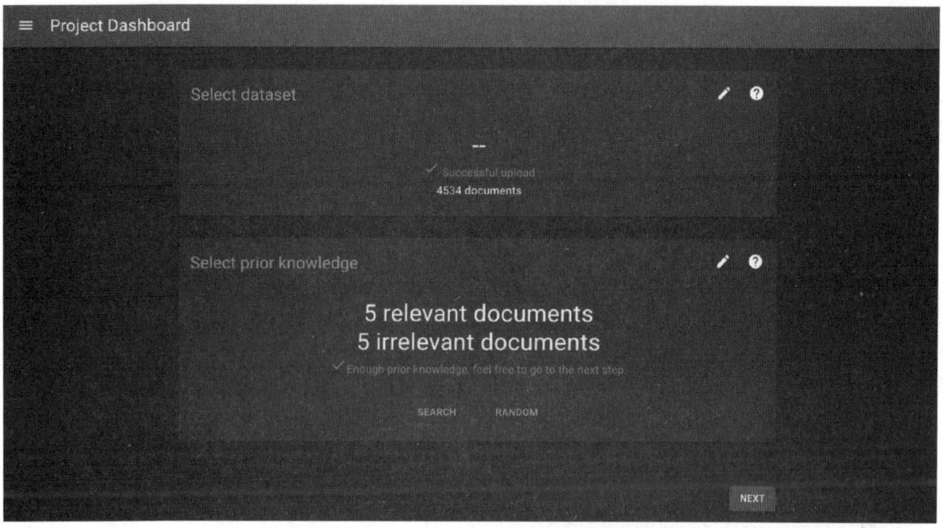

图 6-4　选择足够的预先训练文章后

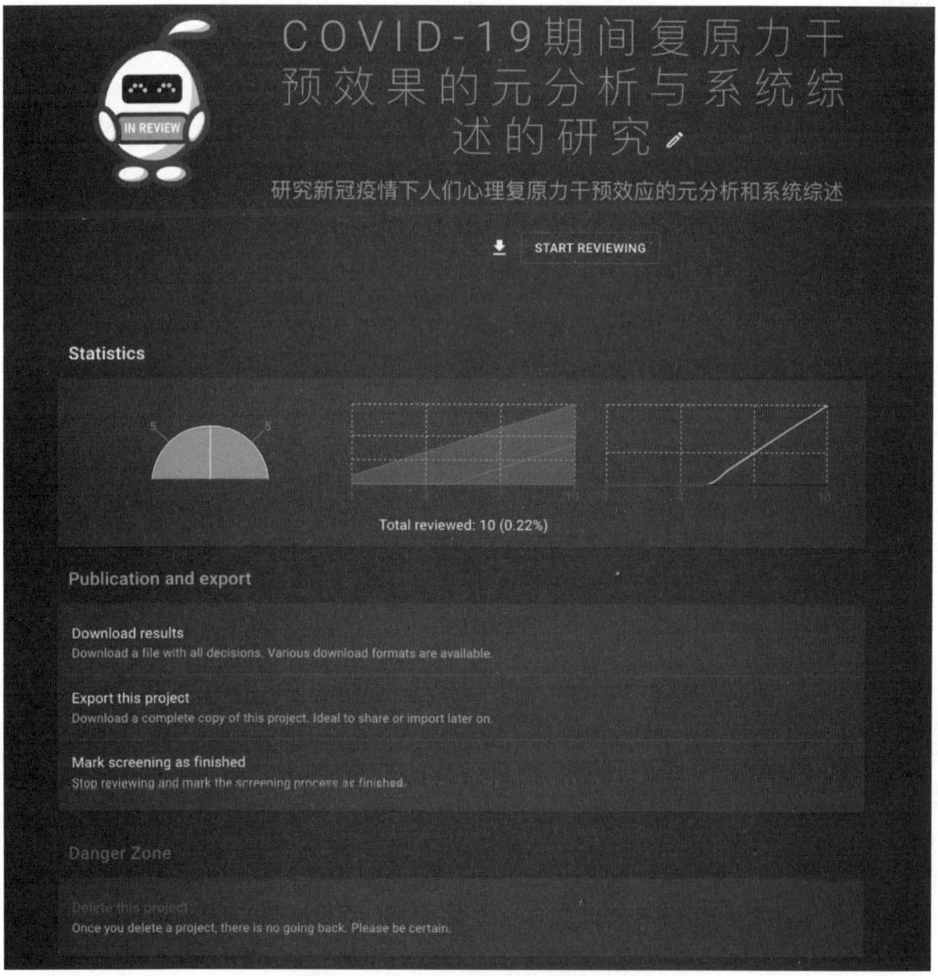

图 6-5　选择好主动学习模型之后

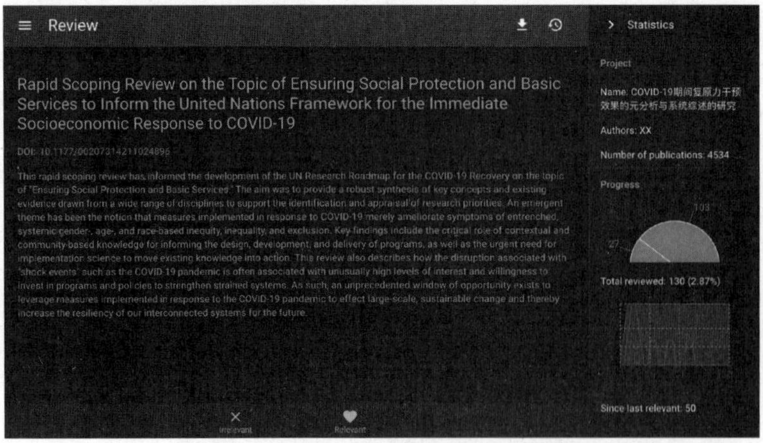

图 6-6　继续筛选直至达到停止标准

右下方的“Since last relevant：50”说明已经有 50 篇文章被连续标记为不相关，达到停止标准。

达到停止标准之后，点击界面右上方的下载图标，下载结果，在这里选择 CSV 格式导出结果。导出后打开该文件，included 一列中标记为 1 的是在 ASReview 中标记为相关的文章。剩下未被标记为 1 的文章仍是按照 ASReview 认为的相关性排序得到的。

第七章 ‣ 元分析常见问题

学习目标

（1）了解元分析研究设计和研究过程中的常见问题及其应对方法；

（2）了解元分析统计过程中的常见问题及其应对方法；

（3）了解元分析结果报告和发表中的常见问题及其应对方法。

章节导读

尽管系统学习了元分析过程，在实际操作中，新手仍不可避免会遇到各类问题，而如果不提前对这些问题有所考虑，往往在投稿阶段会遭遇外审专家的质疑。本章将基于作者团队前期开展的元分析研究和发表经验，基于元分析的各个步骤（纳入与排除标准、文献检索与筛选、数据提取与编码、统计分析以及结果报告等），罗列一些初学者可能遇到或者元分析专家特别关注的问题，并给予简要解答。

第一节 研究设计和研究过程中的常见问题

一、纳入与排除标准

Q1：如何制定纳入与排除标准？

针对不同类型的研究，可根据不同的准则来制定纳入与排除标准。在干预类（intervention）、诊断准确性类（prognostic accuracy）的元分析中，研究者可以根据 PICOS 原则来制定纳入与排除标准，即纳入与排除标准需要说明检索出来的研究是否满足研究者在样本选择（Population）、干预设置（Intervention）、对照类型（Comparison）、结果测量（Outcome）以及研究设计（Study design）方面的要求；在针对预后类研究（prognostic studies）的元分析中，研究者可以根据 PICOTS 原则来制定纳入与排除标准，即纳入与排除标准需要说明检索出来的研究是否满足研究者在样本选择

(Population)、指标预测因子（Index prognostic factor）、与所关注预后因素进行比较的其他预后因素（Comparator）、结果测量（Outcome）、时间（Timing）以及研究设定（Setting）方面的要求；在流行病学风险因素类（risk factors）的元分析中，研究者可以根据PECO原则来制定纳入与排除标准，即纳入与排除标准需要说明检索出来的研究是否满足研究者在样本选择（Population）、暴露组（Exposure）、控制组（Control）以及结果测量（Outcome）方面的要求；在发生率类（incidence or prevalence）的元分析中，研究者可以根据CoCoPop记忆术来制定纳入与排除标准，即纳入与排除标准需要说明检索出来的研究是否满足研究者在感兴趣的变量（Condition）、研究背景（Context）以及样本选择（Population）方面的要求。除此之外，纳入与排除标准还可能涉及文献所处的文化背景、发表类型以及语言等。同时，需要注意的是，排除标准并不是对纳入标准的否定，两者应该是互相补充的。

Q2：常有审稿人对纳入与排除标准提出疑问。那么，“宽松”和“严格”如何抉择？

纳入与排除标准的宽松与严格通常会对元分析所纳入研究的异质性及总体质量产生影响。首先，若制定的标准较为宽松，那么符合标准的研究数量就会比较多，虽然有利于降低发表偏倚，但不同的研究在研究设计、被试的选择等方面会有较大的不同，可能会导致所纳入研究间临床和方法学异质性较大，不利于效应量的合并。此外，纳入与排除标准的宽松与严格会影响元分析的质量。循证医学证据的可靠性可分为五级：Ⅰ级（收集所有质量可靠的RCT后做的系统综述或元分析）、Ⅱ级（样本量足够的单个RCT）、Ⅲ级（设有对照组但未随机分组的病例对照或队列研究）、Ⅳ级（按时间顺序进行或配对的病例对照研究）、Ⅴ级（权威专家意见、无对照组的病例观察研究）。由此可看出，纳入与排除标准在研究设计等方面规定得越严格，相应的元分析证据等级就会越高，即研究结果越可靠。

Q3：如何获取灰色文献？

灰色文献（grey literature）通常指的是不受营利性出版商控制、非秘密但难以获取的各类印刷版或电子文献资料。灰色文献是介于白色文献（white literature，公开出版发行且具有国际标准刊号或国际标准书号的正式出版物）和黑色文献（black literature，不对外公开、具有完全保密性的文献）之间的文献，虽然已经发行但很难从一般渠道或常规方式获得。灰色文献具有信息量大、报道迅速、内容多样但流通范围狭窄等特点，通常包括非公开发表的内部资料，如内部刊物、学术会议论文、预印本、学位论文、基金申请报告、调查报告、工具手册和宣传册等。由于灰色文献未正式发表，故研究者在一般的数据库中不能获取，但可以通过参考文献回溯以及在特定数据库中搜索来获得灰色文献，如OpenGrey、OpenAIRE、Embase、Scopus、ETHOS、ProQuest和WorldCat等。

Q4：是尽可能纳入灰色文献，还是考虑研究质量而只纳入高质量文献？

从灰色文献的定义和特点可知，灰色文献并不等于低质量文献，即灰色文献可能是高质量文献，也可能是低质量文献。因此，是否影响研究质量取决于纳入文献本身的质量，而与该文献是灰色、白色还是黑色文献没有太大的关系。通常来说，在进行元分析时，非常有必要对灰色文献进行检索，并根据所定纳入与排除标准进行筛选，从而保证尽可能彻底地纳入证据、减小元分析的发表偏倚（即具有统计显著性的研究结果报告和发表的可能性较无显著性和无效的结果更大）。因此，研究者应尽可能检索灰色文献，若相关文献符合纳入标准则予以纳入，以减少元分析的发表偏倚。

二、文献检索与筛选

Q1：如何尽可能覆盖所有检索词？

首先，研究者需要明确研究问题。其次，研究者需要根据不同的原始研究类型，使用不同的原则（如 PICOS、PICOTS 和 CoCoPop 等）来确定检索式的多个关键词。随后，研究者可以根据关键词确定其相应的主题词及自由词；对此，可以通过 Pubmed 中的 MeSH Database 来对每个关键词进行检索，获得相应的主题词及自由词。最后，采用布尔逻辑符，如 AND、OR 等，按照一定的逻辑组成检索式。当然，研究者也可以通过查阅与某个关键词相关的综述或元分析，看看是否有与该关键词意思相同的不同表达方式，如果有，就将其纳入检索式。同时，研究者可以借助一些通配符（如“?”“*”等）来尽量覆盖所有检索词。

Q2：检索式太长怎么办？

过长的检索式通常有两种形式：第一种是关键词或主题词较多，所用布尔逻辑符 AND 较多。这种情况意味着研究者对文章检索的限制较多，检索的范围较窄，尽管检索结果会更精确，但有可能存在遗漏。第二种是单个主题词下相应的自由词较多，所用布尔逻辑符 OR 较多。这种情况意味着研究者检索的范围较广，检索结果可能会较多，使得后期的筛选工作量较大，但遗漏的文章可能会较少。一般来说，检索式过长无碍于研究及检索的进行，但有些数据库可能会对检索式的长度进行限制，或研究者想使检索式较为精练，此时可以通过适当使用截词符号“*”（例如使用“psycholog*”作为检索词，将会检索包括“psychology”“psychological”“psychologist”等词在内的文献）统一检索词大小写等方法来精简检索式。

在《心理学报》的审稿意见中，也有过检索词选择方面的意见，详情可参见谢和平等（2016）的文章审稿意见。

Q3：在文献筛选和编码、测量工具评估、研究质量评价过程中，如何计算评分者间一致性？

在元分析中，文献筛选、编码和质量评价等过程通常需要多个研究者独立进行，或由一个研究者进行而由其他研究者进行校对核查，从而避免结果过于主观，导致选择偏差。因此，在报告以上步骤的结果时，需要给出评分者间一致性（inter-rater agreement），即 kappa 系数。kappa 系数可通过 SPSS 等软件进行计算。以 SPSS 软件为例，分别点击 Analyze→Descriptive Statistics→Crosstabs…，将两个评分者的数据分别放入对应的行列框内，点击 Statistics…按钮，弹出对话框后，选中 Kappa 复选框，点击 Continue 即可输出 kappa 值。通常来说，kappa 值为 0 说明结果一致性具有随机性；kappa 值等于－1 说明结果完全不一致；kappa 值等于 1 说明两个评分者的评定结果完全一致；kappa 值为 0.75～1 说明一致性较好；kappa 值为 0.4～0.75 说明一致性中等；kappa 值为 0～0.4 说明一致性很差；kappa 值小于 0 说明结果很不一致，实际意义很小。

在《心理学报》的审稿意见中，也有过一致性方面的意见，例如（任志洪等，2018）：

> **意见：** 考虑到文献检索标准之一为"正念或冥想"，文献纳入过程中将正念成分较低或无正念成分的研究予以排除，那么纳入过程的标准化如何？是否由两名研究者进行独立的纳入？如果只是一个研究者，那么选择可能存在偏差。
>
> **回复：** 非常感谢审稿专家严谨的评审意见。在元分析中，文献检索、纳入与编码是三个很重要的过程。首先，文献检索：经该论文第一和通讯作者（都具有临床心理学博士学位）两人讨论协商后确定检索关键词，再由另一名研究者进行论文检索；接着，纳入与排除：由一名研究者初步确定纳入与排除文献，再与第一作者协商一致后确定是否排除；而编码过程，由两名研究者独立进行，并对不一致的情况经讨论后确定。需要强调的是，这三个过程并不是一气呵成的，其间有多次的反复。

因此，我们根据评审意见，修改为更为严谨的表述。我们将"2.1 文献检索"修改为"2.1 文献检索与筛选"，并且在"入组语言为中文与英文"一句后补充"经第一和通讯作者两人讨论协商后确定检索关键词，再由另一名研究者进行论文检索；由一名研究者初步确定纳入与排除文献，再与第一作者协商一致后最终确定纳入与排除文献"。我们保留了所有文献检索与编码原始文件，确保该过程的可再现性（reproducibility），如有需要可提交供专家审查。

Q4： 如何确定需要检索的数据库？

确定检索数据库主要需要考虑研究主题所属领域以及纳入文章的语言。对于临床心理学来说，常用的中文数据库包括：CNKI 数据库，中国科技期刊数据库，万方数据库，维普中文期刊服务平台，中国优秀硕士学位论文全文数据库，中国博士学位论文全文数据库；常用的英文数据库包括：PubMed，Web of Science，Embase，Scopus，Academic Search Premier，PsycINFO，PsycARTICLES，Psychology and Behavioral Sciences Collection，Cochrane。同时，根据研究所需，还可以对预印平台进行检索。可能与心理学相关的预印平台主要包括 bioRXiv、medRxiv 等。此外，研究者还可以根据特殊主题（如新冠疫情）选择特定数据库（如世界卫生组织为新冠疫情专门建立的

COVID-19 Research Database）。

Q5：如何考虑检索过程中的文化问题?

通常来说，由于语言限制，国内学者所做元分析只纳入中文和英文文章。若该元分析考虑到文化对结果的影响，而所纳入的文章局限于中文和英文，那么所纳入文章就会出现文化偏差，即研究大多是在中国或欧美国家进行，而具有相同文化背景的其他语言地区的研究就会被遗漏，如东方文化下的日本、印度、韩国等。这是在跨文化的元分析中常见的问题。解决方法有二：第一，若该元分析中文化对效应量的影响是一个不可忽视的因素，则应放宽对纳入文章语言的限制，对各主要国家不同语言的数据库进行检索；第二，限定纳入文章的语言为中英文，根据所纳入文章的研究方法部分对样本特征的介绍来判别被试所属国家地域，必要时进行亚组分析，从而在一定程度上降低某文化语境下研究样本的选择偏差。

在《心理学报》的审稿意见中，也有过检索过程中文化方面的意见，详情可参见张淑华和刘兆延（2016）的文章审稿意见。

Q6：检索与筛选的过程过于冗杂，是否有高效的方法?

在摘要和标题筛选步骤中，可以尝试使用机器学习软件，如 ASReview、Covidence、Rayyan、Colandr 等（详情可参见本书第六章）。举个例子，ASReview 是一款开源的机器学习软件，能够有效地用于元分析文献检索中的标题和摘要筛选。其使用步骤如下：首先，将通过各电子数据库检索所得的文献导入文献管理软件，查找重复文献并对重复研究进行删除；其次，利用 ASReview 对删重后的文献进行标题和摘要的初筛。以默认的朴素贝叶斯、最大化以及 TF-IDF 组合作为主动学习模型，研究者首先选取若干样本并手动对其进行相关（与研究主题相关）与非相关（与研究主题不相关）的标记，然后将它们作为训练样本对 ASReview 进行训练；随后，ASReview 会呈现依照相关度（由高到低）排序的文献标题和摘要，研究者依次做出保留或剔除的决定直至达到停止标准。停止标准的选择各种各样，研究者可以根据自己的需求进行选择。达到停止标准后，需要对剩余的文章人工进行全文检索，以确定是否纳入。

Q7：如何确定检索的时间限制?

研究者主要根据研究本身的需求对检索文献发表的时间进行限制。通常有三种情况：第一种情况是对起始时间不进行限制，对截止时间进行限制，即检索所得文章的发表时间在第一篇相关文献发表时间和截止时间之间。第二种情况是对起始时间进行限制，对截止时间不进行限制，即检索所得文章的发表时间在限定起始时间后第一篇相关文献发表时间和检索时间之间，这可以避免出现过多老旧、无关文献，从而减少筛选工作量。一般来说，起始时间的确定可以参考该主题公认最早出现的时间（相关综述或相关文章的最早发表时间），并适当往前推移一段时间，以避免相关文献的遗漏。第三种情况是对起始时间、截止时间都进行限制，即检索所得文章的发表时间在限定起始时间和截止时间之间。这种情况下，研究者旨在对某一特殊时期（如新冠疫情期间）展开研究。

在《心理学报》的审稿意见中，也有过检索时间限制方面的意见，详情可参见谢和平等（2016）的文章审稿意见。

三、数据提取与文献编码

Q1：如何确定需要提取和编码的变量信息？

首先，可以根据前面“一、纳入与排除标准”Q1 中提到的准则编码必要信息。例如，如果研究根据 PICOS 原则指定纳入与排除标准，则编码对应的研究对象、干预措施、对照措施、结果指标、研究类型的具体特征。

除遵循 PICOS 原则之外，还应该标明提取人信息、提取日期、文献发表年份、研究地点、是否有资助等信息。需要注意的是，不同类型的元分析研究所需提取和编码的变量信息可能有所不同。在实际操作中，应根据元分析类型做出具体的调整，如可以参考已有的相同类型元分析文章来确定提取和编码的变量信息。

Q2：文献中数据的提取和编码是否有特定的软件？

文献中数据的提取和编码本质上就是记录文献中与分析相关的数据，因此通常来说，选择 Excel 来对数据进行记录比较方便。而需要记录什么数据则因研究而异，通常可以划分为研究标识（如标题、第一作者、发表年份和数据收集日期等）、方法学特征（如研究设计、样本量和测量量表等）、样本特征（如平均年龄、性别比例、国家地区和教育水平等）、效应量数据以及亚组变量数据等。随后，研究者也可以将所提取的数据输入 RevMan 中进行管理并制作特征图等。

四、质量评价

Q1：测量工具信效度是否需要评估以及如何评估？

质量评价工具多种多样，可以根据元分析的种类进行选择，详情可参见曾宪涛等（2013）的文章。一般来说，质量评价工具不需要衡量其效度，在工具开发的过程中已进行考虑和商议，研究者只需要根据自身的研究需要，在已有的质量评价工具中进行选择即可，必要时可以进行稍许改动。

Q2：共同方法偏差是否需要评估以及如何评估？

共同方法偏差主要指的是同一数据来源或评分者、项目语境特征以及测量环境等所造成的预测变量与效标变量之间人为的共变。共同方法偏差常出现在使用问卷进行测量的原始研究中，常用的解决方法包括程序控制（如实施盲法、控制测量环境及工具）和统计方法控制。一般来说，元分析的质量评价工具不一定会直接对原始研究中的共同方法偏差进行评估，但可能会涉及其中的一些控制程序的评估，如测量工具信效度如何、测量环境的选择是否典型、是否使用单盲或双盲控制，以及统计分析方法是否合理等。当然，不同的质量评价工具会从不同的角度来评价研究质量，因此，并非所有的质量评价工具都会涉及共同方法偏差评估，若涉及，可能也只是对其中的某些方面进行了评估。研究者若担心共同方法偏差对研究质量影响较大，可以选择涉及该方面较多的工具对原始研究进行评估。

Q3：纳入文献的质量整体偏低怎么办？

纳入文献的质量整体偏低，可能是因为有的原始研究质量过低，拉低了文献整体质量。这种情况下有几种处理方法：（1）删除质量过低的原始研究并说明原因；（2）赋予高质量和低质量研究不同的权重，将研究质量作为亚组进行调节效应检验；（3）在研究局限性里做相应说明。

任志洪等（2020）的元分析研究中出现过类似的问题，专家意见和作者回应如下：

> **意见：**比较遗憾的是纳入分析的部分文献的质量较差，还包含了2篇没有发表的硕士论文。
>
> **回应：**感谢审稿专家的意见。我们也感受到审稿专家的遗憾。但从这一点上，我们也可以看出，虽然提升国民心理健康素养已成为我国国家发展的重要战略之一，但国内对这个领域的研究确实还处于起步阶段，还有很大的探索空间。我们希望本研究的发表能够促进该领域研究和实践的进步。
>
> 虽然已是老生常谈，但仍需要再解释的是：元分析的对象是已有文献，部分文献质量不高是绕不开的问题。针对此问题，我们对文献质量进行了评价（见“3.6研究质量评价结果”），并在研究局限性及启示里做了说明（见“5.研究局限性及启示”）。这在一定程度上也弥补了一些遗憾，期待能促进该领域后续研究质量的提升。

Q4：若同时纳入不同研究设计类型的文章（如RCT、非RCT及单臂研究），应该如何选择质量评价工具？

若一篇元分析同时纳入不同研究设计类型的文章，研究者可以考虑以下三种方法进行质量评价：

（1）根据原始研究类型的情况，采用多种工具对研究质量进行评价。

（2）选择尽量适用于多种研究类型的质量评估工具，例如JBI关键评估清单（https://jbi.global/critical-appraisal-tools），它的每个项目都有“是”“否”“不确定”“不适用”四个答案选项以供选择。JBI关键评估清单为横断面研究、病例个案报告、病例系列报告、病例对照研究、队列研究、流行率研究、定性研究等13种类型文章都提供了质量评价标准。

（3）研究者根据纳入研究的特点，自编质量评估工具对原始研究进行质量评价。

第二节　统计分析中的常见问题

一、模型选择

Q1：模型选择究竟是基于对研究总体的认识还是基于异质性检验的结果？

模型选择应基于对研究总体的认识而不仅仅是异质性检验的结果。理由有二：一是异质性检验是在总体的真实状态未知的情况下进行的。如果已经知道总体的真实状态，就应该使用这种先验知识。二是异质性检验有时会导致错误的模型。当我们应该使用随机效应模型时，检验结果可能没有统计学意义，这将导致我们错误地使用固定效应模型。相反，当我们应该使用固定效应模型时，检验有时会产生一个具有统计学意义的结果，导致我们错误地使用随机效应模型。因此，在撰写论文时，我们应在方法部分强调自己研究当中的模型选择是出于一些先验知识，而不仅仅是数据驱动的。

Q2：不同的模型在平均效应量的计算上有何不同？

在固定效应模型下，分配给各个研究的权重可能相差很大；大样本研究可能在分析中占主导地位，而小样本研究可能被忽略。相比之下，在随机效应模型下，权重的分配往往更加适中，那么大样本研究就不太可能在分析中占主导地位，而小样本研究则更有可能发挥非常重要的作用。值得注意的是，这种“适中”并不意味着随机效应模型会给所有研究分配相等的权重。事实上，这些权重是经过精确校正的，同时考虑了研究内部和研究之间的差异。当我们的研究目标是对与纳入研究相当的研究进行推断时，这种权重的分配方式就非常合适。

Q3：有些研究者担心小样本研究的质量不高，所以倾向于使用固定效应模型以减少小样本研究的影响。这种选择合理吗？

这种为了减少低质量研究的影响而转向固定效应模型的做法不是一个好选择。理由如下：第一，虽然在随机效应模型下小样本研究可能被分配到较大的权重，但我们没有理由想当然地认为小样本研究的质量就很差，小样本研究的质量也可能与大样本研究的质量相当或比之更好。

第二，即使我们选择了固定效应模型，这种转向也是有严重缺陷的，因为它可能会以我们从未想过的方式影响分析。具体来说，它可能重新调整了大样本研究的权重；可能减少了标准误，可能使显著性检验和置信区间无效；不允许我们讨论样本量可能带来的变化。总之，如果我们担心小样本研究的质量，有一些方法可以让我们分离出这个因素并直接处理。比如，我们可以比较小样本研究和大样本研究的效应量大小。这样，我们就可以关注特定类型的偏差而不是聚焦于“研究质量”这样一个模糊的概念。

Q4：研究者有时会同时使用固定效应模型和随机效应模型进行分析，然后比较两种结果。有些人主张将这种方法作为一种敏感性分析，这种主张合理吗？

不合理。因为这种方法的问题在于，当模型发生改变时，一系列元素也会改变，包括分配给各个研究的权重、置信区间的宽度、处理效应中异质性的能力以及显著性检验所涉及的零假设。我们只能对所有这些元素的处理采用同一种方法，而不能在不修改其他元素的情况下仅修改其中一个元素。所以，如果我们打算将推论局限于纳入分析中的研究，就采用固定效应模型。如果我们打算对与纳入研究相当的研究进行推断，就采用随机效应模型。

Q5：随机效应模型要比固定效应模型更保守吗？

诚然，随机效应模型产生显著结果的可能性要比固定效应模型小，但因此而认为随机效应模型更加保守是不妥的。只有当两种分析针对同一问题时，我们才能比较二者的保守性。事实上，这两种分析针对的是不同的问题。在固定效应模型下，我们估计的是纳入分析的总体的平均效应量。在随机效应模型下，我们估计的是更大范围内的相当总体的平均效应量。随机效应模型的标准误更大，是因为它估计的参数与固定效应模型不同。这反而是随机效应模型的一个优势，因为我们不仅要关注平均效应量的大小，也要关注其离散程度。因此，说随机效应模型比固定效应模型更保守，就好比说我们从北京到广州需要的时间比从北京到武汉需要的时间多。这通常是正确的，但如果我们的目标就是去广州，这就不重要了。

二、效应量计算

Q1：如何处理同一个研究有多个效应量的情况？

从同一个研究中提取的多个效应量彼此之间不是相互独立的，这就违背了传统元分析的前提假设（Lipsey & Wilson，2001）。一般的做法是要么从中挑选一个，要么取这些效应量的加权平均值。当研究者基于相关理论、已有文献或研究经验做出判断，认为某个效应量比其他效应量更好时，就可以从中挑选一个。如果难以挑选，就只能对同一个研究中的多个效应量进行加权平均。除此之外，还可以采用三水平元分析法来处理效应量相互不独立的问题。三水平元分析不需要考虑效应量之间的独立性，因为该模型比传统元分析多了一个效应量变异——传统元分析只考虑抽样误差引起的效应量变异（水平 1）以及不同研究之间的效应量变异（水平 3），而三水平元分析增加了同一个研究内部的效应量变异（水平 2）。这使得三水平元分析能够最大限度地利用各个研究中可用的效应量，从而提升统计效力（Assink et al.，2015）。

Q2：什么情况下适合使用 Knapp-Hartung 校正？

我们通常是基于 Z 分布来计算效应量平均值的置信区间，这个区间相对较窄。当我们使用随机效应模型时，最好使用 Knapp-Hartung 校正（有时称为 Hartung-Knapp-

Sidik-Jonkman 校正)，它产生的置信区间更宽，也更准确。这种校正既适用于置信区间，也适用于平均效应零假设的检验。校正的幅度取决于分析中纳入研究的数量。当分析中包括很多研究时，校正的幅度往往是相对温和的。当分析中纳入的研究数量较少时，校正的幅度就会很大。因此，当分析中纳入的研究数量很少，且研究之间的方差比较大时，使用这种校正显得尤为重要。

Q3：如何正确看待效应量的大小及其显著性?

当元分析中各研究的效应量大小一致时，显著性所强调的是一个不太重要的问题，即效应量是否为零，而我们更关注的是效应量大小的估计，即效应究竟有多大。尤其是在评估某种干预措施是否具有临床实用性的时候，我们更关注平均效应量的数值大小，因为仅仅知道这个干预措施是否有效是不够的，我们更希望知道这个干预措施的效应到底有多大。

当不同研究的效应量不同时，我们不仅要关注平均效应量的大小，还要关注效应量的离散程度。此时，任何特定总体中的效应量都可能与平均效应量有一定的差异，因此，平均值（以及对平均值为 0 这一零假设的检验）的作用可能非常有限。例如，如果我们报告说效应在统计学上是显著的，那么我们得到的信息就是治疗是有效的；如果我们报告说效应在统计学上不显著，那么我们得到的信息是，该治疗可能不起作用。假如治疗在某些情况下是有帮助的，而在其他情况下是有害的，这就不是我们想要传递的信息。然而，如果治疗效果的变异很大，我们就需要更关注效应量的离散程度。仅通过效应量的平均值，我们无法获取效应量的变异信息。

总而言之，元分析本身就是围绕着效应量的大小开展的，所以，我们应避免过度关注零假设检验的 p 值，而要更关注效应量的大小。

三、发表偏倚评估

Q1：当发表偏倚的检验结果显著或显示研究缺失时，我们可以明确得出存在发表偏倚的结论吗?

并不能明确得出这个结论，因为真实情况比较复杂。

当我们使用固定效应模型时，我们可以通过在小样本研究中发现较大的效应量来识别发表偏倚。因为固定效应模型下，所有研究都是估计一个共同的参数，此时在小样本研究中发现较大的效应量，只有两种可能的解释：一是随机抽样误差，二是发表偏倚。如果对称性检验结果显著，我们就可以排除第一个解释，从而得出存在发表偏倚的结论。

当我们使用随机效应模型时，即假设效应量在不同研究中是不同的，对于在小样本研究中发现较大的效应量的可能解释就有三个：一是随机抽样误差，二是发表偏倚，三是小样本研究确实会有较大的效应量。因此，如果此时对称性检验结果显著，我们只能排除第一个解释，但无法区分后两个解释。

Q2：存在发表偏倚是否意味着元分析的结果是无效的？

几乎所有从文献中提取研究的元分析都会受到发表偏倚的影响，然而，这并不意味着元分析的结果是无效的。关键问题不在于是否存在偏倚，而在于这种偏倚可能造成多大的影响。在很多情况下，我们可以说，虽然偏倚可能夸大了效应量，但分析的基本结论是可靠的。同时，我们也要意识到，发表偏倚只是可能对分析产生影响的许多类型的偏倚之一。发表偏倚是指在分析中可能漏掉了一些初始研究，但初始研究本身的有效性也会受到其他偏差的影响，比如对结果的选择性报告、随机分配方法不合适。也就是说，发表偏倚并不是在一个完全纯净的环境中发生的，它只是一个本来就有些嘈杂的环境中的一个噪声源。所以，存在发表偏倚并不一定就意味着元分析的结果无效。

Q3：我们一般是通过检验样本量和效应量之间的关系来评估发表偏倚。这种检验方法的使用需要满足哪些前提条件？

使用上述检验方法的前提条件如下：

（1）纳入研究的数量要足够。一般至少纳入 10 个研究，但在异质性较高的情况下，需要更多的研究（Ioannidis & Trikalinos，2007；Sterne et al.，2011）。

（2）纳入的研究在样本量上要有一定的变化。因为这类检验方法是为了寻找效应量和样本量之间的关系，如果所有研究的样本量大致相同，那么，样本量和效应量之间就不太可能有相关关系。

（3）纳入的研究在效应量上要有一定的变化。如果所有的研究都有大致相同的效应量，那么，样本量和效应量之间也不太可能有相关关系。

（4）分析中必须至少有一个研究的结果具有统计学意义。如果研究结果都没有显著性，就没有理由认为我们的样本因优先纳入了具有显著结果的研究而出现了偏倚（Ioannidis & Trikalinos，2007）。

（5）只有当一个研究发表的可能性受到结果显著与否的影响时，才需要检验发表偏倚。例如，当我们使用元分析报告流行率时，就不需要检验发表偏倚。

四、异质性检验

Q1：异质性是指真实的效应量在不同的研究中是不同的。那么，异质性的存在是不是就意味着没有必要进行元分析？

异质性本身并没有好坏之分，但需要结合具体的研究目的来考察异质性对元分析的影响。元分析的目的并不只是估计一个效应量的平均值，也包括估计效应量的模式。如果纳入的各个研究的效应量比较一致，我们可以报告这个效应量是一致的并关注效应量的平均值。如果不同研究的效应量不同，即存在较高的异质性，我们也可以探讨这种差异的程度、这种差异所带来的一些启示，以及尝试解释这些差异是如何发生的。值得注意的是，以上我们讨论的异质性属于统计学异质性的范畴，当临床异质性较大时便不能进行元分析。

Q2：森林图中通常会显示一个效应量的点估计值以及一个置信区间，这个置信区间能说明效应量的离散程度吗？

森林图中的置信区间并不能代表效应量的离散程度，它只是一种精确度的指标，告诉我们当前这个平均效应量的估计有多准确，即有多少信心保证效应量会落在当前的这个区间。能说明效应量离散程度的被称作预测区间，它告诉我们效应量在总体中是如何变化的，即真实效应量的上下限范围。虽然预测区间能提供效应量的绝对范围，帮助我们判断影响范围是小到中还是中到大，但它经常被研究者忽视。值得注意的是，预测区间（以及所有其他异质性指标）的准确性部分取决于分析中纳入研究的数量。只有当纳入至少 10 个研究时，预测区间才可能足够准确，从而提供有价值的信息。

五、亚组分析

Q1：亚组分析对每个子类别下纳入的研究数量有什么要求？

关于亚组分析中每个子类别下纳入的研究数量，研究者的意见并不一致。有的要求最低数量为 3 个（Morgan et al.，2018b），有的要求最低数量是 4 个（Fu et al.，2011），也有要求最低数量为 5 个（Weisz et al.，2017）。

Q2：为什么要在亚组分析时使用混合效应模型？

因为亚组分析的计算由两部分组成：首先，我们要把每个亚组的效应汇集起来。其次，要用统计检验来比较各亚组的效应量。也就是说，我们需要分别选择适合亚组内部研究效应量估计的模型以及不同亚组的效应量估计的模型。

针对每个亚组内部研究效应量的估计，一个亚组中的所有研究不太可能都来自同一总体，所以，我们使用随机效应模型。针对不同亚组的效应量估计，我们选择进入分析的亚组不太可能是从亚组总体中随机抽取的，而是代表我们想要研究的特征的固定水平（Borenstein & Higgins，2013）。例如，就业状况这个特征有两个固定的亚组，即“就业”和“失业”。也就是说，我们采用随机效应模型估计组内效应量，采用固定效应模型估计组间效应量。结合起来，我们称之为混合效应模型，也有学者称之为固定效应（复数）模型（Borenstein & Higgins，2013），以区别于单一的固定效应模型：因为这个模型估计的是好几个真实的效应量，但真实的效应量代表了假设为固定的亚组水平。

Q3：同一个亚组下，如果有的子类别的效应量显著，有的子类别的效应量不显著，这是不是意味着这些子类别之间的效应量差异一定显著？

不一定。实际上，这些子类别的效应量可能是没有差异的。有的子类别效应量显著，可能只是因为这个子类别下的研究数量更多，研究的样本量更大，或者研究内部的效应量比较一致，并不能为子类别之间的效应量差异提供明确的信息。

六、敏感性分析

Q1：进行敏感性分析的方法有哪些？

敏感性分析是指使用定量分析的方法，研究某种因素发生变化对研究结果影响程度的一种技术。在元分析中，敏感性分析主要关注分析前后合并效应量的变化。如果进行敏感性分析之后，分析前后的合并效应量未发生明显变化，这就表明元分析的结果稳定；如果进行敏感性分析后，对合并效应量的结果影响较大，这就说明敏感性较低。

敏感性分析的方法主要有以下四种：改变纳入研究标准，剔除低质量研究，使用不同方法进行分析，逐一进行敏感性分析。第一，改变纳入研究标准指的是针对纳入研究的特征，采用不同纳入标准再进行合并分析，如根据不同的样本量来选择研究进行敏感性分析。第二，剔除低质量研究指的是在进行质量评价后，将风险性较高的研究剔除，再重复进行合并分析，如剔除某一个低质量研究。第三，使用不同方法进行统计分析指的是采用不同的模型分析相同的数据，如采用固定效应模型对已有数据再次进行分析。第四，逐一进行敏感性分析指的是每次剔除一个研究，把剩下的研究进行合并来实现敏感性分析。

Q2：如果发现剔除某纳入文章，对合并效应量的结果影响较大，那么随后对这篇文章的处理方法是什么？

如果进行敏感性分析之后，分析前后的合并效应量未发生明显变化，就表明元分析的结果稳定；如果进行敏感性分析后，对合并效应量的结果影响较大，就说明敏感性较低，元分析的结果不稳定，在解释结果和做出结论时需要十分慎重。对此，可以在讨论部分说明该篇文章对合并效应量的结果影响较大的原因，以便促进该领域后续研究质量的提升。

第三节　其他问题

一、结果报告

Q1：元分析是否遵循一定的报告流程？

元分析对于文献的检索筛选、纳入排除以及评估分析有客观且严格的标准，因此，在撰写元分析的报告时需遵循一定的报告规范，以提供充分的信息供读者判断证据的可信度。常用的报告规范有 PRISMA 声明、Cochrane 系统综述格式以及 MOOSE 声明。每一种报告规范都有其相应的清单，其中罗列了对元分析报告不同部分的具体要求。研究者可根据自己的研究类型选择其一或结合使用。

PRISMA 声明的前身为 QUOROM 报告规范，主要针对随机对照试验类元分析，当然也可以是其他类型元分析的基础规范。该声明包括 7 个方面（题目、摘要、引言、方法、结果、讨论以及结论）、27 个条目和一个四阶段的流程图（identification，识别；screening，筛选；eligibility，合格；included，纳入）。

Cochrane 系统综述格式为广义系统综述（包括元分析）的报告格式，适用于各种类型的系统综述，如单个比较的综述、多种干预措施比较的综述以及使用个体患者资料的综述。该格式要求元分析报告的内容包括 6 个方面（封面、概要、摘要、正文、图表以及参考文献），共约 30 个条目。

MOOSE 声明主要适用于观察性研究的元分析，当然也可以用于医学中的病例对照、队列研究以及单核苷酸多态性及全基因组关联的元分析。该声明要求元分析报告的内容包括 6 个方面（研究背景、文献检索策略、研究方法、研究结果、讨论以及研究结论），共 35 个条目。

除以上三种常用的报告规范外，还有动物实验报告规范和 STARLITE 声明。前者适用于动物实验的元分析，而后者则关注元分析报告中电子检索方面的内容。此外，国内学者也开发了相应的元分析报告程序，如“开放与可重复荟萃分析的报告清单”（Preferred Reporting Items for Open and Reproducible Meta-analysis，PRIOR-MA）。该清单的开发是基于近几年来国内发表的元分析的回顾，并结合 PRISMA 声明和开放式科学理念。开发者认为，未来元分析应更加注重文献搜索的时间及限制、研究筛选和数据收集过程的细节、文章筛选的流程图、效应量转换的细节、单个研究偏倚状况的评估等方面的报告。

Q2：如何制作流程图？

若元分析使用了 PRISMA 声明，则需要严格按照该声明中所给的流程图模板进行报告。PRISMA 声明中的流程图要求研究者报告文献检索的具体过程，分为四个阶段：识别（identification）、筛选（screening）、合格（eligibility）和纳入（included）。识别阶段要求研究者报告基于检索词在各数据库或文献回溯中所获得的相关文献的数量；筛选阶段要求研究者报告上一阶段文献删重并根据纳入与排除标准筛选后剩余文献的数量；合格阶段要求研究者报告对上一阶段剩余文献进行全文检索后剩下的符合纳入标准的文献的数量；纳入阶段要求研究者报告最后纳入的质性或量化研究文献的数量。其他元分析报告规范并未对流程图做出严格的要求和具体格式的规定，但由于检索、排除与纳入过程是元分析的重要步骤，大多数元分析还是会选择报告该流程，并以 PRISMA 声明所要求的流程图为基础进行适当调整。

Q3：若在元分析过程中使用了机器学习的方法，流程图该如何体现？

实际上，机器学习方法仅仅是在特定的步骤替代了人工方法，因此，在流程图的制作上，只需要在相应的步骤给予说明即可。如在标题和摘要部分使用了机器学习工具，就在PRISMA流程图中的筛选阶段给予说明。详情可参考本书第六章的实例部分。

Q4： 如何制作文章特征表？

元分析中的纳入文献特征表通常用于报告所纳入文章的详细信息。如果充分、客观地展示了纳入文章的重要细节，读者就无须重新下载原始文献，可以自行判断证据的可信度以及评价该元分析的质量。

制作特征表可以分为几步进行。首先，确定特征表每栏需要罗列哪些重要信息。这一步可以结合本研究需要提取的文献信息的内容以及借鉴相似主题的高质量元分析来进行。大体来说，特征表需要包括原始研究的研究标识（如第一作者姓氏和发表年份）、样本特征（如样本量、国家地区、性别、年龄以及与研究主题相关的重要变量）、方法学特征（如研究设计、抽样方式、干预方法、时长、脱落率和问卷应答率等）以及结果变量（如测量量表、临界值以及效应量计算数据）等。其次，制作表格。可以使用Office系列软件进行，并对表格内容进行核查。需有两个或以上研究者对照原文来核查所罗列的信息是否正确。最后，对表格进行排版美化。特征表在包含纳入研究详细内容的同时，还应看起来简洁明了。

二、文章发表和编排

Q1： 如何对元分析进行注册？

在进行元分析研究之前，推荐进行相关注册，以便对研究进行记录、减少由于原方案改变而出现的选择性报告、避免研究主题重复以及增加研究的可信度。目前，常用的元分析注册平台包括Cochrane Library和PROSPERO。前者为纯封闭式，元分析的题目、研究计划及全文的撰写都需要与Cochrane协作网的专家联系并由其监督完成，因此注册要求严格、历时较长。在实际过程中，多数人倾向于选择PROSPERO进行注册。该平台的注册步骤非常简单，只需要注册账号、提交研究计划并等待审核即可。通过将完成的系统综述与平台中的研究计划进行比较，该平台可以帮助避免重复并减少报告偏倚的机会。研究者可以根据研究需要，选择合适的平台，进入其官网进行注册。

Q2： 文献综述、系统综述以及元分析三者的区别是什么？

三者在从属关系上为：元分析包含于系统综述，系统综述包含于文献综述。从定义来看，文献综述指的是对某一个领域的专题收集大量资料，并对它们进行分析、整理和提炼，以做出综合性阐述；系统综述指的是运用明确的方法收集、选择、提取数据和评价某一个领域的专题，必要时采用适当的统计学方法合并数据，以得到综合性结论；元分析，又称荟萃分析、汇总分析等，指的是运用定量统计学方法，汇总和分析多个独立研究的结果，以产生一个总体效应的估计值。可以看出，综述在广义上包括系统综述；系统综述可以是定量的，也可以是定性的，其中定性的系统综述即为元分析。

Q3：元分析过程中所做的各方面的分析较多，相应的结果报告和表格也较多，如PRISMA清单、流程图、特征表、森林图、亚组分析结果、发表偏倚检验结果和敏感性分析结果等。那么，在发表时应如何做到排版简洁？

元分析研究有一定的流程，且其中的大部分细化的过程是不可遗漏的，因此，其所产生的结果中图表也会比较多，若全部放入文章正文，可能会给审稿人或读者造成不便。解决的方法有二。第一种方法是，研究者可以对图表进行合并。如针对多个潜在调节变量进行亚组分析会产生多个森林图，研究者可以选择制作一个表格，将各个变量下主要的结果罗列出来。第二种方法则是将一些过大、过长及次要的图表，如PRISMA清单、发表偏倚检验结果和敏感性分析结果等，放入补充材料中，并在正文需要相应图表的地方备注它们在补充材料中。而一些重要的、关键的图表，如流程图、特征表以及合并效应量森林图等，最好还是保留在正文中，以便读者快速获取相关信息。

参考文献

Abramowitz, J. S. , Schwartz, S. A. , & Whiteside, S. P. (2002). A contemporary conceptual model of hypochondriasis. *Mayo Clinic Proceedings*, *77* (12), 1323 - 1330.

Aggarwal, R. , & Ranganathan, P. (2019). Study designs: Part 2—Descriptive studies. *Perspectives in Clinical Research*, *10* (1), 34 - 36.

Airy, G. B. (1861). *On the algebraical and numerical theory of errors of observations and the combination of observations*. Macmillan.

Akin, A. (2012). The relationships between Internet addiction, subjective vitality, and subjective happiness. *Cyberpsychology, Behavior, & Social Networking*, *15* (8), 404 - 410.

Akobeng, A. K. (2005). Principles of evidence based medicine. *Archives of Disease in Childhood*, *90* (8), 837 - 840.

Albery, I. P. , Spada, M. M. , & Nikčević, A. V. (2021). The COVID-19 anxiety syndrome and selective attentional bias towards COVID-19-related stimuli in UK residents during the 2020—2021 pandemic. *Clinical Psychology & Psychotherapy*, *28* (6), 1367 - 1378.

Albott, C. S. , Wozniak, J. R. , McGlinch, B. P. , Wall, M. H. , Gold, B. S. , & Vinogradov, S. (2020). Battle buddies: Rapid deployment of a psychological resilience intervention for health care workers during the coronavirus disease 2019 pandemic. *Anesthesia & Analgesia*, *131* (1), 43 - 54.

Ali, S. , & Smith-Miles, K. A. (2006). A meta-learning approach to automatic kernel selection for support vector machines. *Neurocomputing*, *70* (1 - 3), 173 - 186.

American Psychiatric Association. (2013). *Diagnostic and statistical manual of mental disorders* (DSM-5). Author.

Anderson, E. L. , Steen, E. , & Stavropoulos, V. (2017). Internet use and problematic internet use: A systematic review of longitudinal research trends in adolescence and emergent adulthood. *International Journal of Adolescence & Youth*, *22* (4), 430 - 454.

Angelopoulou, P. , & Panagopoulou, E. (2022). Resilience interventions in physicians: A systematic review and meta-analysis. *Applied Psychology: Health & Well-Being*, *14* (1), 3 - 25.

Arboleda-Flórez, J. , & Sartorius, N. (2008). *Understanding the stigma of mental illness: Theory and interventions*. Wiley.

Asadi, P. , Ghojavand, K. , Abedi, M. , Branch, K. , & Branch, I. (2016). Investigating the impact of consultation based on acceptance and commitment to reduce anger in children and adolescents with cancer. *Asian Social Science*, *12* (3), 65 – 70.

Asmundson, G. J. G., & Taylor, S. (2020). How health anxiety influences responses to viral outbreaks like COVID-19: What all decision-makers, health authorities, and health care professionals need to know. *Journal of Anxiety Disorders*, *71*, 102211.

Assink, M., & Wibbelink, C. J. (2016). Fitting three-level meta-analytic models in R: A step-by-step tutorial. *Quantitative Methods for Psychology*, *12* (3), 154 – 174.

Assink, M., van der Put, C. E., Hoeve, M., de Vries, S. L. A., Stams, G. J. J. M., & Oort, F. J. (2015). Risk factors for persistent delinquent behavior among juveniles: A meta-analytic review. *Clinical Psychology Review*, *42*, 47 – 61.

Assink, M., van der Put, C. E., Meeuwsen, M. W. C. M., de Jong, N. M., Oort, F. J., Stams, G. J. J. M., & Hoeve, M. (2019). Risk factors for child sexual abuse victimization: A meta-analytic review. *Psychological Bulletin*, *145* (5), 459 – 489.

A-tjak, J. G., Davis, M. L., Morina, N., Powers, M. B., Smits, J. A., & Emmelkamp, P. M. (2015). A meta-analysis of the efficacy of acceptance and commitment therapy for clinically relevant mental and physical health problems. *Psychotherapy & Psychosomatics*, *84* (1), 30 – 36.

Ayuso-Mateos, J. L., Nuevo, R., Verdes, E., Naidoo, N., & Chatterji, S. (2010). From depressive symptoms to depressive disorders: The relevance of thresholds. *British Journal of Psychiatry*, *196* (5), 365 – 371.

Bailer, J., Kerstner, T., Witthöft, M., Diener, C., Mier, D., & Rist, F. (2016). Health anxiety and hypochondriasis in the light of DSM-5. *Anxiety, Stress, & Coping*, *29* (2), 219 – 239.

Balk, E. M., Earley, A., Patel, K., Trikalinos, T. A., & Dahabreh, I. J. (2013). *Empirical assessment of within-arm correlation imputation in trials of continuous outcomes.* Agency for Healthcare Research and Quality.

Barendregt, J. J., Doi, S. A., Lee, Y. Y., Norman, R. E., & Vos, T. (2013). Meta-analysis of prevalence. *Journal of Epidemiology & Community Health*, *67* (11), 974 – 978.

Bar-Haim, Y., Lamy, D., Pergamin, L., Bakermans-Kranenburg, M. J., & van IJzendoorn, M. H. (2007). Threat-related attentional bias in anxious and nonanxious individuals: A meta-analytic study. *Psychological Bulletin*, *133* (1), 1 – 24.

Barker, C., Pistrang, N., & Elliott, R. (2016). *Research methods in clinical psychology: An introduction for students and practitioners* (3rd ed.). Wiley.

Barker, G. (2007). *Adolescents, social support and help-seeking behaviour: An international literature review and programme consultation with recommendations for action.* World Health Organization.

Barr, P. (2012). A dyadic analysis of negative emotion personality predisposition effects with psychological distress in neonatal intensive care unit parents. *Psychological Trauma: Theory, Research, Practice, & Policy*, *4* (4), 347 – 355.

Barrachina, B., Lopez-Picado, A., Remon, M., Fondarella, A., Iriarte, I., Bastida, R., Rodríguez-Gascón, A., Achaerandio, M. A., Iturricastillo, M. C., & Aizpuru, F. (2016). Tranexamic acid compared with placebo for reducing total blood loss in hip replacement surgery: A randomized clinical trial. *Anesthesia & Analgesia*, *122* (4), 986 - 995.

Barsaglini, A., Sartori, G., Benetti, S., Pettersson-Yeo, W., & Mechelli, A. (2014). The effects of psychotherapy on brain function: A systematic and critical review. *Progress in Neurobiology*, *114*, 1 - 14.

Battaglia, C., Peterson, J., Whitfield, E., Min, S. J., Benson, S. L., Maddox, T. M., & Prochazka, A. V. (2016). Integrating motivational interviewing into a home telehealth program for veterans with posttraumatic stress disorder who smoke: A randomized controlled trial. *Journal of Clinical Psychology*, *72* (3), 194 - 206.

Bauer, D. J. (2003). Estimating multilevel linear models as structural equation models. *Journal of Educational & Behavioral Statistics*, *28* (2), 135 - 167.

Balduzzi, S., Rücker, G., & Schwarzer, G. (2019). How to perform a meta-analysis with R: A practical tutorial. *BMJ Mental Health*, *22* (4), 153 - 160.

Beck, A. T., & Clark, D. A. (1997). An information processing model of anxiety: Automatic and strategic processes. *Behaviour Research & Therapy*, *35* (1), 49 - 58.

Becker, J. B., McClellan, M., & Reed, B. G. (2016). Sociocultural context for sex differences in addiction. *Addiction Biology*, *21* (5), 1052 - 1059.

Begg, C. B., & Mazumdar, M. (1994). Operating characteristics of a rank correlation test for publication bias. *Biometrics*, *50* (4), 1088 - 1101.

Bekhuis, T., Tseytlin, E., Mitchell, K. J., & Demner-Fushman, D. (2014). Feature engineering and a proposed decision-support system for systematic reviewers of medical evidence. *PLoS One*, *9* (1), e86277.

Benoni, G., Fredin, H., Knebel, R., & Nilsson, P. (2001). Blood conservation with tranexamic acid in total hip arthroplasty: A randomized, double-blind study in 40 primary operations. *Acta Orthopaedica Scandinavica*, *72* (5), 442 - 448.

Bergh, D. D., Aguinis, H., Heavey, C., Ketchen, D. J., Boyd, B. K., Su, P., Lau, C. L., & Joo, H. (2016). Using meta-analytic structural equation modeling to advance strategic management research: Guidelines and an empirical illustration via the strategic leadership-performance relationship. *Strategic Management Journal*, *37* (3), 477 - 497.

Berkeljon, A., & Baldwin, S. A. (2009). An introduction to meta-analysis for psychotherapy outcome research. *Psychotherapy Research*, *19* (4 - 5), 511 - 518.

Beysolow II, T. (2018). *Applied natural language processing with Python: Implementing machine learning and deep learning algorithms for natural language processing.* Apress.

Bickman, L., & Rog, D. J. (2008). *The SAGE handbook of applied social research methods.* Sage.

Blázquez, M. H., & Cruzado, J. A. (2016). A longitudinal study on anxiety, depressive and adjustment disorder, suicide ideation and symptoms of emotional distress in patients with cancer undergoing radiotherapy. *Journal of Psychosomatic Research*, *87*, 14 - 21.

Baujat, B., Mahé, C., Pignon, J. P., & Hill, C. (2002). A graphical method for exploring heterogeneity in meta-analyses: Application to a meta-analysis of 65 trials. *Statistics in Medicine*, *21*

(18), 2641 - 2652.

Borenstein, M. , & Higgins, J. P. T. (2013). Meta-analysis and subgroups. *Prevention Science*, *14* (2), 134 - 143.

Borenstein, M. , Hedges, L. V. , Higgins, J. P. , & Rothstein, H. R. (2010). A basic introduction to fixed-effect and random-effects models for meta-analysis. *Research Synthesis Methods*, *1* (2), 97 - 111.

Borenstein, M. , Hedges, L. V. , Higgins, J. P. , & Rothstein, H. R. (2021). *Introduction to meta-analysis*. Wiley.

Borissov, N. , Haas, Q. , Minder, B. , Kopp-Heim, D. , von Gernler, M. , Janka, H. , Teodoro, D. , & Amini, P. (2022). Reducing systematic review burden using Deduklick: A novel, automated, reliable, and explainable deduplication algorithm to foster medical research. *Systematic Reviews*, *11* (1), 1 - 10.

Bossuyt, P. M. , Reitsma, J. B. , Bruns, D. E. , Gatsonis, C. A. , Glasziou, P. P. , Irwig, L. M. , Moher, D. , Rennie, D. , De Vet, H. C. , & Lijmer, J. G. (2003). The STARD statement for reporting studies of diagnostic accuracy: Explanation and elaboration. *Annals of Internal Medicine*, *138* (1), W1 - 12.

Bowden, J. , Smith, D. G. , & Burgess, S. (2015). Mendelian randomization with invalid instruments: Effect estimation and bias detection through Egger regression. *International Journal of Epidemiology*, *44* (2), 512 - 525.

Bowen, N. K. , & Guo, S. (2011). *Structural equation modeling*. Oxford University Press.

Brijnath, B. , Protheroe, J. , Mahtani, K. R. , & Antoniades, J. (2016). Do web-based mental health literacy interventions improve the mental health literacy of adult consumers? Results from a systematic review. *Journal of Medical Internet Research*, *18* (6), e5463.

Brouwers, M. C. , Johnston, M. E. , Charette, M. L. , Hanna, S. E. , Jadad, A. R. , & Browman, G. P. (2005). Evaluating the role of quality assessment of primary studies in systematic reviews of cancer practice guidelines. *BMC Medical Research Methodology*, *5* (1), 1 - 9.

Burriss, R. P. , Welling, L. L. M. , & Puts, D. A. (2011). Men's attractiveness predicts their preference for female facial femininity when judging for short-term, but not long-term, partners. *Personality & Individual Differences*, *50* (5), 542 - 546.

Bushman, B. J. , Cooper, H. M. , & Lemke, K. M. (1991). Meta-analysis of factor analyses: An illustration using the Buss-Durkee Hostility Inventory. *Personality & Social Psychology Bulletin*, *17* (3), 344 - 349.

Calvete, E. (2011). Temporal relationships between inferential style and depressive symptoms in adolescents. *International Journal of Cognitive Therapy*, *4* (4), 438 - 457.

Cândea, D.-M. , & Szentagotai-Tătar, A. (2018). Shame-proneness, guilt-proneness and anxiety symptoms: A meta-analysis. *Journal of Anxiety Disorders*, *58*, 78 - 106.

Cannito, L. , Di Crosta, A. , Palumbo, R. , Ceccato, I. , Anzani, S. , La Malva, P. , Palumbo, R. , & Di Domenico, A. (2020). Health anxiety and attentional bias toward virus-related stimuli during the COVID-19 pandemic. *Scientific Reports*, *10* (1), 16476.

Card, N. A. (2012). *Applied meta-analysis for social science research*. Guilford.

Carrero, I., Vilà, I., & Redondo, R. (2019). What makes implementation intention interventions effective for promoting healthy eating behaviours? A meta-regression. *Appetite*, *140*, 239 – 247.

Carver, J. C., Hassler, E., Hernandes, E., & Kraft, N. A. (2013). Identifying barriers to the systematic literature review process. In *2013 ACM/IEEE International Symposium on Empirical Software Engineering and Measurement* (pp. 203 – 212). Institute of Electrical and Electronics Engineers.

Cascella, M., Rajnik, M., Aleem, A., Dulebohn, S. C., & Di Napoli, R. (2022). *Features, evaluation, and treatment of coronavirus (COVID-19)*. Statpearls.

Ch, S., Anand, N., Panigrahi, B. K., & Mathur, S. (2013). Streamflow forecasting by SVM with quantum behaved particle swarm optimization. *Neurocomputing*, *101*, 18 – 23.

Chai, K. E., Lines, R. L., Gucciardi, D. F., & Ng, L. (2021). Research Screener: A machine learning tool to semi-automate abstract screening for systematic reviews. *Systematic Reviews*, *10* (1), 1 – 13.

Chalmers, T. C., Smith Jr, H., Blackburn, B., Silverman, B., Schroeder, B., Reitman, D., & Ambroz, A. (1981). A method for assessing the quality of a randomized control trial. *Controlled Clinical Trials*, *2* (1), 31 – 49.

Chang, T. F., Ley, B. L., Ramburn, T. T., Srinivasan, S., Hariri, S., Purandare, P., & Subramaniam, B. (2022). Online Isha Upa Yoga for student mental health and well-being during COVID-19: A randomized control trial. *Applied Psych ology: Health & Well-Being*, *14* (4), 1408 – 1428.

Chein, J. M., Fissell, K., Jacobs, S., & Fiez, J. A. (2002). Functional heterogeneity within Broca's area during verbal working memory. *Physiology & Behavior*, *77* (4 – 5), 635 – 639.

Chen, L., Jiang, X., Fan, H., Yang, Y., & Ren, Z. (2018). The relationship between observers' self-attractiveness and preference for physical dimorphism: A meta-analysis. *Frontiers in Psychology*, *9*, 2431.

Cheng, C., & Li, A.-Y. (2014). Internet addiction prevalence and quality of (real) life: A meta-analysis of 31 nations across seven world regions. *Cyberpsychology, Behavior, & Social Networking*, *17* (12), 755 – 760.

Cheung, M. W.-L. (2014a). Fixed- and random-effects meta-analytic structural equation modeling: Examples and analyses in R. *Behavior Research Methods*, *46* (1), 29 – 40.

Cheung, M. W.-L. (2014b). Modeling dependent effect sizes with three-level meta-analyses: A structural equation modeling approach. *Psychological Methods*, *19* (2), 211 – 229.

Cheung, M. W.-L. (2015a). *Meta-analysis: A structural equation modeling approach.* Wiley.

Cheung, M. W.-L. (2015b). metaSEM: An R package for meta-analysis using structural equation modeling. *Frontiers in Psychology*, *5*, 1521.

Cheung, M. W.-L., & Hafdahl, A. R. (2016). Special issue on meta-analytic structural equation modeling: Introduction from the guest editors [Editorial]. *Research Synthesis Methods*, *7* (2), 112 – 120.

Cheung, M. W.-L., & Hong, R. Y. (2017). Applications of meta-analytic structural equation modelling in health psychology: Examples, issues, and recommendations. *Health Psychology Review*,

11 (3), 265 - 279.

Cheung, M. W.-L., Ho, R. C., Lim, Y., & Mak, A. (2012). Conducting a meta-analysis: Basics and good practices. *International Journal of Rheumatic Diseases*, *15* (2), 129 - 135.

Cheung, S. F., Sun, R. W., & Chan, D. K.-S. (2019). Correlation-based meta-analytic structural equation modeling: Effects of parameter covariance on point and interval estimates. *Organizational Research Methods*, *22* (4), 892 - 916.

Cillessen, L., Johannsen, M., Speckens, A. E., & Zachariae, R. (2019). Mindfulness-based interventions for psychological and physical health outcomes in cancer patients and survivors: A systematic review and meta-analysis of randomized controlled trials. *Psycho-Oncology*, *28* (12), 2257 - 2269.

Clarke, S., Kingston, J., James, K., Bolderston, H., & Remington, B. (2014). Acceptance and commitment therapy group for treatment-resistant participants: A randomized controlled trial. *Journal of Contextual Behavioral Science*, *3* (3), 179 - 188.

Clements, O., Eliahoo, J., Kim, J. U., Taylor-Robinson, S. D., & Khan, S. A. (2020). Risk factors for intrahepatic and extrahepatic cholangiocarcinoma: A systematic review and meta-analysis. *Journal of Hepatology*, *72* (1), 95 - 103.

Cleophas, T. J., Zwinderman, A. H., Cleophas, T. F., & Cleophas, E. P. (2009). *Statistics applied to clinical trials*. Springer.

Cohen, A. M. (2011). Performance of support-vector-machine-based classification on 15 systematic review topics evaluated with the WSS@95 measure. *Journal of the American Medical Informatics Association*, *18* (1), 104.

Cohen, A. M., Hersh, W. R., Peterson, K., & Yen, P. Y. (2006). Reducing workload in systematic review preparation using automated citation classification. *Journal of the American Medical Informatics Association*, *13* (2), 206 - 219.

Cohen, J. (2013). *Statistical power analysis for the behavioral sciences*. Routledge.

Cohen, J. (2016). A power primer. In A. E. Kazdin (Ed.), *Methodological issues and strategies in clinical research* (pp. 279 - 284). American Psychological Association.

Colditz, G. A., Burdick, E., & Mosteller, F. (1995). Heterogeneity in meta-analysis of data from epidemiologic studies: A commentary. *American Journal of Epidemiology*, *142* (4), 371 - 382.

Cook, R. D., & Weisberg, S. (1982). *Residuals and influence in regression*. Chapman & Hall.

Coolican, H. (2017). *Research methods and statistics in psychology*. Psychology Press.

Coon, D., Mitterer, J. O., & Martini, T. S. (2018). *Introduction to psychology: Gateways to mind and behavior* (15th ed.). Cengage Learning.

Copas, J., & Shi, J. Q. (2000). Meta-analysis, funnel plots and sensitivity analysis. *Biostatistics*, *1* (3), 247 - 262.

Cormack, G. V., & Grossman, M. R. (2016). Engineering quality and reliability in technology-assisted review. In *Proceedings of the 39th International ACM SIGIR Conference on Research and Development in Information Retrieval* (pp. 75 - 84). Association for Computing Machinery.

Cornwell, R. E., Law Smith, M. J., Boothroyd, L. G., Moore, F. R., Davis, H. P., Stirrat, M.,

Tiddeman, B., & Perrett, D. I. (2006). Reproductive strategy, sexual development and attraction to facial characteristics. *Philosophical Transactions of the Royal Society B: Biological Sciences*, *361* (1476), 2143-2154.

Corrigan, P. W., & Watson, A. C. (2002). Understanding the impact of stigma on people with mental illness. *World Psychiatry*, *1* (1), 16-20.

Corrigan, P. W., Larson, J. E., & Ruesch, N. (2009). Self-stigma and the "why try" effect: Impact on life goals and evidence-based practices. *World Psychiatry*, *8* (2), 75-81.

Corrigan, P. W., Morris, S. B., Michaels, P. J., Rafacz, J. D., & Rüsch, N. (2012). Challenging the public stigma of mental illness: A meta-analysis of outcome studies. *Psychiatric Services*, *63* (10), 963-973.

Corrigan, P., Michaels, P. J., & Morris, S. (2015). Do the effects of antistigma programs persist overtime? Findings from a meta-analysis. *Psychiatric Services*, *66* (5), 543-546.

Crombie, I. K., & Harvey, B. J. (1997). The pocket guide to critical appraisal: A handbook for health care professionals. *Canadian Medical Association Journal*, *157* (4), 448.

Cuijpers, P., Noma, H., Karyotaki, E., Cipriani, A., & Furukawa, T. A. (2019). Effectiveness and acceptability of cognitive behavior therapy delivery formats in adults with depression: A network meta-analysis. *JAMA Psychiatry*, *76* (7), 700-707.

Cuijpers, P., Weitz, E., Cristea, I. A., & Twisk, J. (2017). Pre-post effect sizes should be avoided in meta-analyses. *Epidemiology & Psychiatric Sciences*, *26* (4), 364-368.

de Lurdes Carrito, M., dos Santos, I. M. B., Lefevre, C. E., Whitehead, R. D., da Silva, C. F., & Perrett, D. I. (2016). The role of sexually dimorphic skin colour and shape in attractiveness of male faces. *Evolution & Human Behavior*, *37* (2), 125-133.

Des Jarlais, D. C., Lyles, C., Crepaz, N., & Group, T. (2004). Improving the reporting quality of nonrandomized evaluations of behavioral and public health interventions: The TREND statement. *American Journal of Public Health*, *94* (3), 361-366.

Dewey, D., Schuldberg, D., & Madathil, R. (2014). Do peritraumatic emotions differentially predict PTSD symptom clusters? Initial evidence for emotion specificity. *Psychological Reports*, *115* (1), 1-12.

Di Nunzio, G. M. (2018). A study of an automatic stopping strategy for technologically assisted medical reviews. In *Advances in Information Retrieval: 40th European Conference on IR Research, ECIR 2018, Grenoble, France, March 26-29, 2018, Proceedings 40* (pp. 672-677). Springer.

Dias, S., Sutton, A. J., Ades, A. E., & Welton, N. J. (2013). Evidence synthesis for decision making 2: A generalized linear modeling framework for pairwise and network meta-analysis of randomized controlled trials. *Medical Decision Making*, *33* (5), 607-617.

Dimidjian, S., Arch, J. J., Schneider, R. L., Desormeau, P., Felder, J. N., & Segal, Z. V. (2016). Considering meta-analysis, meaning, and metaphor: A systematic review and critical examination of "Third Wave" cognitive and behavioral therapies. *Behavior Therapy*, *47* (6), 886-905.

Downs, S. H., & Black, N. (1998). The feasibility of creating a checklist for the assessment of the methodological quality both of randomised and non-randomised studies of health care interventions.

Journal of Epidemiology & Community Health, *52* (6), 377 - 384.

Duval, S., & Tweedie, R. (2000). Trim and fill: A simple funnel-plot-based method of testing and adjusting for publication bias in meta-analysis. *Biometrics*, *56* (2), 455 - 463.

Eapen, V., & Crncec, R. (2012). Strategies and challenges in the management of adolescent depression. *Current Opinion in Psychiatry*, *25* (1), 7 - 13.

Egger, M., Smith, G. D., & Altman, D. (Eds.). (2001). *Systematic reviews in health care: Meta-analysis in context*. BMJ Books.

Egger, M., Smith, G. D., Schneider, M., & Minder, C. (1997). Bias in meta-analysis detected by a simple, graphical test. *British Medical Journal*, *315* (7109), 629 - 634.

Ehlers, A., & Clark, D. M. (2000). A cognitive model of posttraumatic stress disorder. *Behaviour Research & Therapy*, *38* (4), 319 - 345.

Eilenberg, T., Fink, P., Jensen, J. S., Rief, W., & Frostholm, L. (2016). Acceptance and commitment group therapy (ACT-G) for health anxiety: A randomized controlled trial. *Psychological Medicine*, *46* (1), 103 - 115.

Esmali, A., & Alizadeh, M. (2015). The effectiveness of group psychotherapy based on acceptance and commitment on increasing of mental health and the quality of women's life with breast cancer. *Biosciences Biotechnology Research Asia*, *12* (3), 2253 - 2260.

Eustis, E. H., Hayes-Skelton, S. A., Roemer, L., & Orsillo, S. M. (2016). Reductions in experiential avoidance as a mediator of change in symptom outcome and quality of life in acceptance-based behavior therapy and applied relaxation for generalized anxiety disorder. *Behaviour Research & Therapy*, *87*, 188 - 195.

Fashler, S. R., Weinrib, A. Z., Azam, M. A., & Katz, J. (2018). The use of acceptance and commitment therapy in oncology settings: A narrative review. *Psychological Reports*, *121* (2), 229 - 252.

Faul, F., Erdfelder, E., Lang, A.-G., & Buchner, A. (2007). G*Power 3: A flexible statistical power analysis program for the social, behavioral, and biomedical sciences. *Behavior Research Methods*, *39* (2), 175 - 191.

Feinberg, D. R., DeBruine, L. M., Jones, B. C., & Little, A. C. (2008). Correlated preferences for men's facial and vocal masculinity. *Evolution & Human Behavior*, *29* (4), 233 - 241.

Feiring, C., & Taska, L. S. (2005). The persistence of shame following sexual abuse: A longitudinal look at risk and recovery. *Child Maltreatment*, *10* (4), 337 - 349.

Feng, L., Chiam, Y. K., & Lo, S. K. (2017). Text-mining techniques and tools for systematic literature reviews: A systematic literature review. In *2017 24th Asia-Pacific Software Engineering Conference (APSEC)* (pp. 41 - 50). Institute of Electrical and Electronics Engineers.

Fisher, M., Feuerstein, G., Howells, D. W., Hurn, P. D., Kent, T. A., Savitz, S. I., & Lo, E. H. (2009). Update of the stroke therapy academic industry roundtable preclinical recommendations. *Stroke*, *40* (6), 2244 - 2250.

Fleiss, J. L. (1993). Review papers: The statistical basis of meta-analysis. *Statistical Methods in Medical Research*, *2* (2), 121 - 145.

Forman, E. M., Herbert, J. D., Moitra, E., Yeomans, P. D., & Geller, P. A. (2007). A randomized controlled effectiveness trial of acceptance and commitment therapy and cognitive therapy for anxiety and depression. *Behavior Modification*, *31* (6), 772 - 799.

Fox, E., Russo, R., Bowles, R., & Dutton, K. (2001). Do threatening stimuli draw or hold visual attention in subclinical anxiety? *Journal of Experimental Psychology: General*, *130* (4), 681 - 700.

Freeman, M. F., & Tukey, J. W. (1950). Transformations related to the angular and the square root. *Annals of Mathematical Statistics*, *21* (4), 607 - 611.

Fu, R., Gartlehner, G., Grant, M., Shamliyan, T., Sedrakyan, A., Wilt, T. J., Griffith, L., Oremus, M., Raina, P., Ismaila, A., Santaguida, P., Lau, J., & Trikalinos, T. A. (2011). Conducting quantitative synthesis when comparing medical interventions: AHRQ and the Effective Health Care Program. *Journal of Clinical Epidemiology*, *64* (11), 1187 - 1197.

Fung, K. (2015). Acceptance and commitment therapy: Western adoption of Buddhist tenets? *Transcultural Psychiatry*, *52* (4), 561 - 576.

Furuya-Kanamori, L., Thalib, L., & Barendregt, J. J. (2017). Meta-analysis in evidence-based healthcare: A paradigm shift away from random effects is overdue. *International Journal of Evidence-Based Healthcare*, *15* (4), 152 - 160.

Galante, J., Dufour, G., Vainre, M., Wagner, A. P., Stochl, J., Benton, A., Lathia, N., Howarth, E., & Jones, P. B. (2018). A mindfulness-based intervention to increase resilience to stress in university students (the Mindful Student Study): A pragmatic randomised controlled trial. *Lancet Public Health*, *3* (2), e72 - e81.

Gangestad, S. W., & Simpson, J. A. (2000). The evolution of human mating: Trade-offs and strategic pluralism. *Behavioral & Brain Sciences*, *23* (4), 573 - 587.

Ghasemi, F., Dehghan, F., Farnia, V., Tatari, F., & Alikhani, M. (2016). Effectiveness of acceptance and commitment therapy on life expectancy of female cancer patients at Tehran's Dehshpour Institute in 2015. *Asian Pacific Journal of Cancer Prevention*, *17* (8), 4113 - 4116.

Ghoggali, N., Melgani, F., & Bazi, Y. (2009). A multiobjective genetic SVM approach for classification problems with limited training samples. *IEEE Transactions on Geoscience & Remote Sensing*, *47* (6), 1707 - 1718.

Glass, G. V. (1976). Primary, secondary, and meta-analysis of research. *Educational Researcher*, *5* (10), 3 - 8.

Gold, P. W., Machado-Vieira, R., & Pavlatou, M. G. (2015). Clinical and biochemical manifestations of depression: Relation to the neurobiology of stress. *Neural Plasticity*, Article ID 581976.

González-Fernández, S., & Fernández-Rodriguez, C. (2019). Acceptance and commitment therapy in cancer: Review of applications and findings. *Behavioral Medicine*, *45* (3), 255 - 269.

Gore, F. M., Bloem, P. J., Patton, G. C., Ferguson, J., Joseph, V., Coffey, C., Sawyer, S. M., & Mathers, C. D. (2011). Global burden of disease in young people aged 10 - 24 years: A systematic analysis. *Lancet*, *377* (9783), 2093 - 2102.

Goyal, M., Singh, S., Sibinga, E. M., Gould, N. F., Rowland-Seymour, A., Sharma, R., Berger, Z., Sleicher, D., Maron, D. D., & Shihab, H. M. (2014). Meditation programs for psychological stress and well-being: A systematic review and meta-analysis. *JAMA Internal Medicine*, *174* (3), 357 - 368.

Griffiths, K. M., Carron-Arthur, B., Parsons, A., & Reid, R. (2014). Effectiveness of programs for reducing the stigma associated with mental disorders: A meta-analysis of randomized controlled trials. *World Psychiatry*, *13* (2), 161 - 175.

Grimes, D. A., & Schulz, K. F. (2002). An overview of clinical research: The lay of the land. *Lancet*, *359* (9300), 57 - 61.

Gropalis, M., Bleichhardt, G., Hiller, W., & Witthöft, M. (2013). Specificity and modifiability of cognitive biases in hypochondriasis. *Journal of Consulting & Clinical Psychology*, *81* (3), 558 - 565.

Gu, J., Strauss, C., Bond, R., & Cavanagh, K. (2015). How do mindfulness-based cognitive therapy and mindfulness-based stress reduction improve mental health and wellbeing? A systematic review and meta-analysis of mediation studies. *Clinical Psychology Review*, *37*, 1 - 12.

Guan, W., Ni, Z., Hu, Y., Liang, W., Ou, C., He, J., Liu, L., Shan, H., Lei, C., & Hui, D. S. (2020). Clinical characteristics of 2019 novel coronavirus infection in China. *MedRxiv*.

Gurevitch, J., Koricheva, J., Nakagawa, S., & Stewart, G. (2018). Meta-analysis and the science of research synthesis. *Nature*, *555* (7695), 175 - 182.

Guyatt, G. H., Oxman, A. D., Montori, V., Vist, G., Kunz, R., Brozek, J., Alonso-Coello, P., Djulbegovic, B., Atkins, D., & Falck-Ytter, Y. (2011). GRADE guidelines: 5. Rating the quality of evidence—Publication bias. *Journal of Clinical Epidemiology*, *64* (12), 1277 - 1282.

Hacker, T., Stone, P., & MacBeth, A. (2016). Acceptance and commitment therapy—Do we know enough? Cumulative and sequential meta-analyses of randomized controlled trials. *Journal of Affective Disorders*, *190*, 551 - 565.

Hadlaczky, G., Hökby, S., Mkrtchian, A., Carli, V., & Wasserman, D. (2014). Mental Health First Aid is an effective public health intervention for improving knowledge, attitudes, and behaviour: A meta-analysis. *International Review of Psychiatry*, *26* (4), 467 - 475.

Hancock, K., & Swain, J. (2016). Long term followup in children with anxiety disorders treated with acceptance and commitment therapy or cognitive behavioral therapy: Outcomes and predictors. *Journal of Child & Adolescent Behavior*, *4* (5), 317 - 329.

Hancock, K. M., Swain, J., Hainsworth, C. J., Dixon, A. L., Koo, S., & Munro, K. (2016). Acceptance and commitment therapy versus cognitive behavior therapy for children with anxiety: Outcomes of a randomized controlled trial. *Journal of Clinical Child & Adolescent Psychology*, *47* (2), 296 - 311.

Hardy, R. J., & Thompson, S. G. (1998). Detecting and describing heterogeneity in meta-analysis. *Statistics in Medicine*, *17* (8), 841 - 856.

Harrer, M., Cuijpers, P., Furukawa, T. A., & Ebert, D. D. (2021). *Doing meta-analysis with R: A hands-on guide*. Chapman & Hall/CRC Press.

Hartling, L., Brison, R. J., Crumley, E. T., Klassen, T. P., & Pickett, W. (2004). A systematic review of interventions to prevent childhood farm injuries. *Pediatrics*, *114* (4), e483 - e496.

Hayes, S. C., Luoma, J. B., Bond, F. W., Masuda, A., & Lillis, J. (2006). Acceptance and commitment therapy: Model, processes and outcomes. *Behaviour Research & Therapy*, *44* (1), 1 - 25.

Hayes, S. C., Strosahl, K. D., Bunting, K., Twohig, M., & Wilson, K. G. (2004). What is acceptance and commitment therapy? In S. C. Hayes & K. D. Strosahl (Eds.), *A practical guide to acceptance and commitment therapy* (pp. 3 - 29). Springer.

Haynes, S. N., & O'Brien, W. H. (2000). *Principles and practice of behavioral assessment*. Plenum.

Hedges, L. V. (1981). Distribution theory for Glass's estimator of effect size and related estimators. *Journal of Educational Statistics*, *6* (2), 107 - 128.

Hesser, H., Weise, C., Westin, V. Z., & Andersson, G. (2011). A systematic review and meta-analysis of randomized controlled trials of cognitive-behavioral therapy for tinnitus distress. *Clinical Psychology Review*, *31* (4), 545 - 553.

Higgins, J. P. T., Thomas, J., Chandler, J., Cumpston, M., Li, T., Page, M. J., & Welch, V. A. (Eds.) (2021). *Cochrane handbook for systematic reviews of interventions* (Version 6.2, updated February 2021). Cochrane Training. https://training.cochrane.org/handbook/current

Higgins, J. P., & Thompson, S. G. (2002). Quantifying heterogeneity in a meta-analysis. *Statistics in Medicine*, *21* (11), 1539 - 1558.

Higgins, J. P., Thompson, S. G., Deeks, J. J., & Altman, D. G. (2003). Measuring inconsistency in meta-analyses. *British Medical Journal*, *327* (7414), 557 - 560.

Hignett, S. (2003). Systematic review of patient handling activities starting in lying, sitting and standing positions. *Journal of Advanced Nursing*, *41* (6), 545 - 552.

Hill, C. E., Knox, S., Thompson, B. J., Williams, E. N., Hess, S. A., & Ladany, N. (2005). Consensual qualitative research: An update. *Journal of Counseling Psychology*, *52* (2), 196 - 205.

Hirai, M., Skidmore, S. T., Clum, G. A., & Dolma, S. (2012). An investigation of the efficacy of online expressive writing for trauma-related psychological distress in Hispanic individuals. *Behavior Therapy*, *43* (4), 812 - 824.

Ho, G. J., Liew, S. M., Ng, C. J., Hisham Shunmugam, R., & Glasziou, P. (2016). Development of a search strategy for an evidence based retrieval service. *PLoS One*, *11* (12), e0167170.

Hofmann, M., Gatu, C., Kontoghiorghes, E. J., & Zeileis, A. (2019). *mcsSubset: Efficient computation of best subset linear regressions in R*. https://rdrr.io/rforge/mcsSubset/f/inst/doc/mcsSubset.pdf

Holmes, E. A., Craske, M. G., & Graybiel, A. M. (2014). Psychological treatments: A call for mental-health science. *Nature*, *511* (7509), 287 - 289.

Hom, P. W., Caranikas-Walker, F., Prussia, G. E., & Griffeth, R. W. (1992). A meta-analytical structural equations analysis of a model of employee turnover. *Journal of Applied Psychology*, *77* (6), 890 - 909.

Howell, D. C. (2012). *Statistical methods for psychology*. Wadsworth.

Howitt, D., & Cramer, D. (2010). *Introduction to qualitative methods in psychology*. Pearson.

Hoy, D., Brooks, P., Woolf, A., Blyth, F., March, L., Bain, C., Baker, P., Smith, E., & Buchbinder, R. (2012). Assessing risk of bias in prevalence studies: Modification of an existing tool and evidence of interrater agreement. *Journal of Clinical Epidemiology*, *65* (9), 934 - 939.

Hoyt, W. T., & Del Re, A. C. (2018). Effect size calculation in meta-analyses of psychotherapy outcome research. *Psychotherapy Research*, *28* (3), 379 - 388.

Hu, J., Dong, Y., Chen, X., Liu, Y., Ma, D., Liu, X., Zheng, R., Mao, X., Chen, T., & He, W. (2015). Prevalence of suicide attempts among Chinese adolescents: A meta-analysis of cross-sectional studies. *Comprehensive Psychiatry*, *61*, 78 - 89.

Huang, Y., Wang, Y. U., Wang, H., Liu, Z., Yu, X., Yan, J., Yu, Y., Kou, C., Xu, X., & Lu, J. (2019). Prevalence of mental disorders in China: A cross-sectional epidemiological study. *Lancet Psychiatry*, *6* (3), 211 - 224.

Huedo-Medina, T. B., Sánchez-Meca, J., Marín-Martínez, F., & Botella, J. (2006). Assessing heterogeneity in meta-analysis: Q statistic or I^2 index? *Psychological Methods*, *11* (2), 193 - 206.

Hunter, J. E., & Schmidt, F. L. (1990). Dichotomization of continuous variables: The implications for meta-analysis. *Journal of Applied Psychology*, *75* (3), 334 - 349.

Hunter, J. E., & Schmidt, F. L. (2004). *Methods of meta-analysis: Correcting error and bias in research findings* (2nd ed.). Sage.

Hutton, B., Salanti, G., Caldwell, D. M., Chaimani, A., Schmid, C. H., Cameron, C., Ioannidis, J. P., Straus, S., Thorlund, K., & Jansen, J. P. (2015). The PRISMA extension statement for reporting of systematic reviews incorporating network meta-analyses of health care interventions: Checklist and explanations. *Annals of Internal Medicine*, *162* (11), 777 - 784.

Hyde, J. S., & Grabe, S. (2008). Meta-analysis in the psychology of women. In F. N. Denmark & M. A. Paludi (Eds.), *Psychology of women: A handbook of issues and theories* (2nd ed., pp. 142 - 173). Praeger.

Ioannidis, J. P. A., & Trikalinos, T. A. (2007). The appropriateness of asymmetry tests for publication bias in meta-analyses: A large survey. *Canadian Medical Association Journal*, *176* (8), 1091 - 1096.

Ioannidis, J., & Lau, J. (1999). Pooling research results: Benefits and limitations of meta-analysis. *Joint Commission Journal on Quality Improvement*, *25* (9), 462 - 469.

Jackson, D., & White, I. R. (2018). When should meta-analysis avoid making hidden normality assumptions? *Biometrical Journal*, *60* (6), 1040 - 1058.

Jadad, A. R., Moore, R. A., Carroll, D., Jenkinson, C., Reynolds, D. J. M., Gavaghan, D. J., & McQuay, H. J. (1996). Assessing the quality of reports of randomized clinical trials: Is blinding necessary? *Controlled Clinical Trials*, *17* (1), 1 - 12.

Jak, S. (2015). *Meta-analytic structural equation modeling*. Springer.

Jak, S., & Cheung, M. W.-L. (2018). Testing moderator hypotheses in meta-analytic structural equation modeling using subgroup analysis. *Behavior Research Methods*, *50* (4), 1359 - 1373.

Jak, S., & Cheung, M. W.-L. (2020). Meta-analytic structural equation modeling with moderating effects on SEM parameters. *Psychological Methods*, *25* (4), 430 - 455.

Jak, S., Oort, F. J., Roorda, D. L., & Koomen, H. M. (2013). Meta-analytic structural equation modelling with missing correlations. *Netherlands Journal of Psychology*, *67* (4), 132 - 139.

Jäkel, A., & von Hauenschild, P. (2011). Therapeutic effects of cranial osteopathic manipulative medicine: A systematic review. *Journal of Osteopathic Medicine*, *111* (12), 685 - 693.

Jasper, F., & Witthöft, M. (2011). Health anxiety and attentional bias: The time course of vigilance and avoidance in light of pictorial illness information. *Journal of Anxiety Disorders*, *25* (8), 1131 - 1138.

Jiménez, F. J. R. (2012). Acceptance and commitment therapy versus traditional cognitive behavioral therapy: A systematic review and meta-analysis of current empirical evidence. *International Journal of Psychology & Psychological Therapy*, *12* (3), 333 - 358.

Joachims, T. (1998). Text categorization with support vector machines: Learning with many relevant features. In *Machine Learning: ECML-98* (pp. 137 - 142). Springer.

Johnsen, T. J., & Friborg, O. (2015). The effects of cognitive behavioral therapy as an anti-depressive treatment is falling: A meta-analysis. *Psychological Bulletin*, *141* (4), 747 - 768.

Jones, B. C., Vukovic, J., Little, A. C., Roberts, S. C., & DeBruine, L. M. (2011). Circum-menopausal changes in women's preferences for sexually dimorphic shape cues in peer-aged faces. *Biological Psychology*, *87* (3), 453 - 455.

Joyce, S., Shand, F., Tighe, J., Laurent, S. J., Bryant, R. A., & Harvey, S. B. (2018). Road to resilience: A systematic review and meta-analysis of resilience training programmes and interventions. *BMJ Open*, *8* (6), e017858.

Judd, C. M., Kenny, D. A., & McClelland, G. H. (2001). Estimating and testing mediation and moderation in within-subject designs. *Psychological Methods*, *6* (2), 115 - 134.

Kallapiran, K., Koo, S., Kirubakaran, R., & Hancock, K. (2015). Effectiveness of mindfulness in improving mental health symptoms of children and adolescents: A meta-analysis. *Child & Adolescent Mental Health*, *20* (4), 182 - 194.

Kallstrom-Fuqua, A. C., Weston, R., & Marshall, L. L. (2004). Childhood and adolescent sexual abuse of community women: Mediated effects on psychological distress and social relationships. *Journal of Consulting & Clinical Psychology*, *72* (6), 980 - 992.

Kandall, S. R. (1996). *Substance and shadow: Women and addiction in the United States.* Harvard University Press.

Kandrik, M., & DeBruine, L. M. (2012). Self-rated attractiveness predicts preferences for opposite-sex faces, while self-rated sex-typicality predicts preferences for same-sex faces. *Journal of Evolutionary Psychology*, *10* (4), 177 - 186.

Karademas, E. C., Christopoulou, S., Dimostheni, A., & Pavlu, F. (2008). Health anxiety and cognitive interference: Evidence from the application of a modified Stroop task in two studies. *Personality & Individual Differences*, *44* (5), 1138 - 1150.

Kavzoglu, T., & Colkesen, I. (2009). A kernel functions analysis for support vector machines for land cover classification. *International Journal of Applied Earth Observation & Geoinformation*, *11* (5), 352 - 359.

Kazdin, A. E. (2021). *Research design in clinical psychology* (5th ed.). Cambridge University Press.

Kazemian, S., Zarei, N., & Esmaeeli, M. (2019). The effectiveness of intervention based on strengthening family coping resources approach on resilience in family caregivers of patients with schizophrenia. *International Journal of Behavioral Sciences*, *13* (1), 26 - 32.

Keele, S. (2007). *Guidelines for performing systematic literature reviews in software engineering* (Version 2.3, EBSE technical report). https://www.researchgate.net/publication/302924724_Guidelines_for_performing_Systematic_Literature_Reviews_in_Software_Engineering

Kelly, F., Uys, M., Bezuidenhout, D., Mullane, S. L., & Bristol, C. (2021). Improving healthcare worker resilience and well-being during COVID-19 using a self-directed e-learning intervention. *Frontiers in Psychology*, *12*, 748133.

Kessler, R. C., Berglund, P., Demler, O., Jin, R., Merikangas, K. R., & Walters, E. E. (2005). Lifetime prevalence and age-of-onset distributions of DSM-IV disorders in the National Comorbidity Survey Replication. *Archives of General Psychiatry*, *62* (6), 593 - 602.

Khoury, B., Lecomte, T., Fortin, G., Masse, M., Therien, P., Bouchard, V., Chapleau, M.-A., Paquin, K., & Hofmann, S. G. (2013). Mindfulness-based therapy: A comprehensive meta-analysis. *Clinical Psychology Review*, *33* (6), 763 - 771.

Kilkenny, C., Browne, W. J., Cuthill, I. C., Emerson, M., & Altman, D. G. (2012). Improving bioscience research reporting: The ARRIVE guidelines for reporting animal research. *Osteoarthritis & Cartilage*, *20* (4), 256 - 260.

Kim, S., Thibodeau, R., & Jorgensen, R. S. (2011). Shame, guilt, and depressive symptoms: A meta-analytic review. *Psychological Bulletin*, *137* (1), 68 - 96.

Kitchenham, B. A., Dyba, T., & Jorgensen, M. (2004). Evidence-based software engineering. In *Proceedings 26th International Conference on Software Engineering* (pp. 273 - 281). Institute of Electrical and Electronics Engineers.

Kline, R. B. (2015). *Principles and practice of structural equation modeling.* Guilford.

Knapp, G., & Hartung, J. (2003). Improved tests for a random effects meta-regression with a single covariate. *Statistics in Medicine*, *22* (17), 2693 - 2710.

Koch, S. B., van Zuiden, M., Nawijn, L., Frijling, J. L., Veltman, D. J., & Olff, M. (2016). Aberrant resting-state brain activity in posttraumatic stress disorder: A meta-analysis and systematic review. *Depression & Anxiety*, *33*, 592 - 605.

Kop, N., Euwema, M., & Schaufeli, W. (1999). Burnout, job stress and violent behaviour among Dutch police officers. *Work & Stress*, *13* (4), 326 - 340.

Kraemer, H. C., Wilson, G. T., Fairburn, C. G., & Agras, W. S. (2002). Mediators and moderators of treatment effects in randomized clinical trials. *Archives of General Psychiatry*, *59* (10), 877 - 883.

Kratochwill, T. R., Hitchcock, J. H., Horner, R. H., Levin, J. R., Odom, S. L., Rindskopf, D. M., & Shadish, W. R. (2013). Single-case intervention research design standards. *Remedial & Special Education*, *34* (1), 26 - 38.

Krendl, A. C., & Perry, B. L. (2021). The impact of sheltering in place during the COVID-19 pandemic on older adults' social and mental well-being. *Journals of Gerontology: Series B*, *76* (2), e53 - e58.

Kuo, B.-C., Ho, H.-H., Li, C.-H., Hung, C.-C., & Taur, J.-S. (2013). A kernel-based feature selection method for SVM with RBF kernel for hyperspectral image classification. *IEEE Journal of Selected Topics in Applied Earth Observations & Remote Sensing*, *7* (1), 317 - 326.

L'Abbé, K. A., Detsky, A. S., & O'Rourke, K. (1987). Meta-analysis in clinical research. *Annals of Internal Medicine*, *107* (2), 224 - 233.

La Bash, H., & Papa, A. (2014). Shame and PTSD symptoms. *Psychological Trauma: Theory, Research, Practice, & Policy*, *6* (2), 159 - 166.

Laine, C., Horton, R., DeAngelis, C. D., Drazen, J. M., Frizelle, F. A., Godlee, F., Haug, C., Hébert, P. C., Kotzin, S., & Marusic, A. (2007). Clinical trial registration—Looking back and moving ahead. *New England Journal of Medicine*, *356* (26), 2734 - 2736.

Landis, R. S. (2013). Successfully combining meta-analysis and structural equation modeling: Recommendations and strategies. *Journal of Business & Psychology*, *28* (3), 251 - 261.

Lang, A. J., Schnurr, P. P., Jain, S., He, F., Walser, R. D., Bolton, E., ... & Strauss, J. (2017). Randomized controlled trial of acceptance and commitment therapy for distress and impairment in OEF/OIF/OND veterans. *Psychological Trauma: Theory, Research, Practice, & Policy*, *9* (S1), 74 - 84.

Lau, J., Ioannidis, J. P., & Schmid, C. H. (1997). Quantitative synthesis in systematic reviews. *Annals of Internal Medicine*, *127* (9), 820 - 826.

Le Glaz, A., Haralambous, Y., Kim-Dufor, D.-H., Lenca, P., Billot, R., Ryan, T. C., Marsh, J., Devylder, J., Walter, M., & Berrouiguet, S. (2021). Machine learning and natural language processing in mental health: Systematic review. *Journal of Medical Internet Research*, *23* (5), e15708.

Leandro, G. (2005). *Meta-analysis in medical research: The handbook for the understanding and practice of meta-analysis*. Wiley.

Lee, D. A., Scragg, P., & Turner, S. (2001). The role of shame and guilt in traumatic events: A clinical model of shame-based and guilt-based PTSD. *British Journal of Medical Psychology*, *74* (4), 451 - 466.

Lees, A., Mogg, K., & Bradley, B. P. (2005). Health anxiety, anxiety sensitivity, and attentional biases for pictorial and linguistic health-threat cues. *Cognition & Emotion*, *19* (3), 453 - 462.

Leino, T., Eskelinen, K., Summala, H., & Virtanen, M. (2011). Work-related violence, debriefing and increased alcohol consumption among police officers. *International Journal of Police Science & Management*, *13* (2), 149 - 157.

Leonidou, C., & Panayiotou, G. (2018). How do illness-anxious individuals process health-threatening information? A systematic review of evidence for the cognitive-behavioral model. *Journal of Psychosomatic Research*, *111*, 100 - 115.

Leonidou, C., & Panayiotou, G. (2022). Attentional processing of information related to illness: Biases and associations with emotional response in young adults with different levels of illness anxiety. *Journal of Health Psychology*, *27* (3), 726 - 742.

Leppin, A. L., Bora, P. R., Tilburt, J. C., Gionfriddo, M. R., Zeballos-Palacios, C., Dulohery, M. M., Sood, A., Erwin, P. J., Brito, J. P., & Boehmer, K. R. (2014). The efficacy of resiliency training programs: A systematic review and meta-analysis of randomized trials. *PLoS One*, *9* (10), e111420.

Lewis, C., Roberts, N. P., Simon, N., Bethell, A., & Bisson, J. I. (2019). Internet-delivered cognitive behavioural therapy for post-traumatic stress disorder: Systematic review and meta-analysis. *Acta Psychiatrica Scandinavica*, *140* (6), 508 - 521.

Leys, C., Arnal, C., Wollast, R., Rolin, H., Kotsou, I., & Fossion, P. (2020). Perspectives on resilience: Personality trait or skill? *European Journal of Trauma & Dissociation*, *4* (2), 100074.

Li, F., Luo, S., Mu, W., Li, Y., Ye, L., Zheng, X., Xu, B., Ding, Y., Ling, P., & Zhou, M. (2021). Effects of sources of social support and resilience on the mental health of different age groups during the COVID-19 pandemic. *BMC Psychiatry*, *21* (1), 1 - 14.

Liberati, A., Altman, D. G., Tetzlaff, J., Mulrow, C., Gøtzsche, P. C., Ioannidis, J. P., Clarke, M., Devereaux, P. J., Kleijnen, J., & Moher, D. (2009). The PRISMA statement for reporting systematic reviews and meta-analyses of studies that evaluate health care interventions: Explanation and elaboration. *Journal of Clinical Epidemiology*, *62* (10), e1 - e34.

Liberman, A. M., Best, S. R., Metzler, T. J., Fagan, J. A., Weiss, D. S., & Marmar, C. R. (2002). Routine occupational stress and psychological distress in police. *Policing*, *25* (2), 421 - 441.

Lin, L., & Chu, H. (2020). Meta-analysis of proportions using generalized linear mixed models. *Epidemiology*, *31* (5), 713 - 717.

Lipsey, M. W., & Wilson, D. B. (2001). *Practical meta-analysis.* Sage.

Little, A. C., & Mannion, H. (2006). Viewing attractive or unattractive same-sex individuals changes self-rated attractiveness and face preferences in women. *Animal Behaviour*, *72* (5), 981 - 987.

Little, A. C., Burt, D. M., Penton-Voak, I. S., & Perrett, D. I. (2001). Self-perceived attractiveness influences human female preferences for sexual dimorphism and symmetry in male faces. *Proceedings of the Royal Society of London, Series B: Biological Sciences*, *268* (1462), 39 - 44.

Little, A. C., Jones, B. C., & DeBruine, L. M. (2008). Preferences for variation in masculinity in real male faces change across the menstrual cycle: Women prefer more masculine faces when they are more fertile. *Personality & Individual Differences*, *45* (6), 478 - 482.

Little, A. C., Jones, B. C., Feinberg, D. R., & Perrett, D. I. (2014). Men's strategic preferences for femininity in female faces. *British Journal of Psychology*, *105* (3), 364 - 381.

Little, A. C., Jones, B. C., Penton-Voak, I. S., Burt, D. M., & Perrett, D. I. (2002). Partnership status and the temporal context of relationships influence human female preferences for sexual dimorphism in male face shape. *Proceedings of the Royal Society of London, Series B: Biological Sciences*, *269* (1496), 1095 - 1100.

Little, A. C., Saxton, T. K., Roberts, S. C., Jones, B. C., DeBruine, L. M., Vukovic, J., Perrett, D. I., Feinberg, D. R., & Chenore, T. (2010). Women's preferences for masculinity in male faces are highest during reproductive age range and lower around puberty and post-menopause. *Psychoneuroendocrinology*, *35* (6), 912 - 920.

Little, R. J., & Yau, L. H. (1998). Statistical techniques for analyzing data from prevention trials: Treatment of no-shows using Rubin's causal model. *Psychological Methods*, *3* (2), 147 - 159.

Liu, J. J., Ein, N., Gervasio, J., Battaion, M., Reed, M., & Vickers, K. (2020). Comprehensive meta-analysis of resilience interventions. *Clinical Psychology Review*, *82*, 101919.

Liu, P., Choo, K.-K. R., Wang, L., & Huang, F. (2017). SVM or deep learning? A comparative study on remote sensing image classification. *Soft Computing*, *21* (23), 7053 - 7065.

Liu, X., Zhu, M., Zhang, R., Zhang, J., Zhang, C., Liu, P., Feng, Z., & Chen, Z. (2021). Public mental health problems during COVID-19 pandemic: A large-scale meta-analysis of the evidence. *Translational Psychiatry*, *11* (1), 1 - 10.

Livingston, J. D., & Boyd, J. E. (2010). Correlates and consequences of internalized stigma for people living with mental illness: A systematic review and meta-analysis. *Social Science & Medicine*, *71* (12), 2150 - 2161.

Lortie, C. J., & Filazzola, A. (2020). A contrast of meta and metafor packages for meta-analyses in R. *Ecology & Evolution*, *10* (20), 10916.

Luciano, C., Valdivia-Salas, S., Ruiz, F. J., Rodríguez-Valverde, M., Barnes-Holmes, D., Dougher, M. J., López-López, J. C., Barnes-Holmes, Y., & Gutierrez-Martínez, O. (2014). Effects of an acceptance/defusion intervention on experimentally induced generalized avoidance: A laboratory demonstration. *Journal of the Experimental Analysis of Behavior*, *101* (1), 94 - 111.

Lumley, T. (2002). Network meta-analysis for indirect treatment comparisons. *Statistics in Medicine*, *21* (16), 2313 - 2324.

Luthar, S. S., Cicchetti, D., & Becker, B. (2000). The construct of resilience: A critical evaluation and guidelines for future work. *Child Development*, *71* (3), 543 - 562.

Macaskill, P., Walter, S. D., & Irwig, L. (2001). A comparison of methods to detect publication bias in meta-analysis. *Statistics in Medicine*, *20* (4), 641 - 654.

MacKinnon, D. P. (2012). *Introduction to statistical mediation analysis.* Routledge.

Mahdianpari, M., Brisco, B., Granger, J. E., Mohammadimanesh, F., Salehi, B., Banks, S., Homayouni, S., Bourgeau-Chavez, L., & Weng, Q. (2020). The second generation Canadian wetland inventory map at 10 meters resolution using Google Earth Engine. *Canadian Journal of Remote Sensing*, *46* (3), 360 - 375.

Marcos-Pablos, S., & García-Peñalvo, F. J. (2020). Information retrieval methodology for aiding scientific database search. *Soft Computing*, *24* (8), 5551 - 5560.

Marín, F. M., & Soriano, M. C. L. (2016). Acceptance of relapse fears in breast cancer patients: Effects of an ACT-based abridged intervention. *Psicooncología: Investigación y Clínica Biopsicosocial en Oncología*, *13* (1), 7 - 21.

Marshall, I. J., & Wallace, B. C. (2019). Toward systematic review automation: A practical guide to using machine learning tools in research synthesis. *Systematic Reviews*, *8* (1), 1 - 10.

Mascha, E. J., Dalton, J. E., Kurz, A., & Saager, L. (2013). Understanding the mechanism: Mediation analysis in randomized and nonrandomized studies. *Anesthesia & Analgesia*, *117* (4), 980 - 994.

Masten, A. S. (2018). Resilience theory and research on children and families: Past, present, and promise. *Journal of Family Theory & Review*, *10* (1), 12 - 31.

Mather, P., & Tso, B. (2016). *Classification methods for remotely sensed data.* CRC Press.

Maunder, R. D., & White, F. A. (2019). Intergroup contact and mental health stigma: A comparative effectiveness meta-analysis. *Clinical Psychology Review*, *72*, 101749.

Maxwell, S. E., Lau, M. Y., & Howard, G. S. (2015). Is psychology suffering from a replication crisis? What does "failure to replicate" really mean? *American Psychologist*, *70* (6), 487 - 498.

McCreary, D. R., & Thompson, M. M. (2006). Development of two reliable and valid measures of stressors in policing: The operational and organizational police stress questionnaires. *International Journal of Stress Management*, *13* (4), 494 - 518.

McGaw, B., & Glass, G. V. (1980). Choice of the metric for effect size in meta-analysis. *American Educational Research Journal*, *17* (3), 325 - 337.

Mehta, P. D., & Neale, M. C. (2005). People are variables too: Multilevel structural equations modeling. *Psychological Methods*, *10* (3), 259 - 284.

Mei, S., Yau, Y. H., Chai, J., Guo, J., & Potenza, M. N. (2016). Problematic Internet use, well-being, self-esteem and self-control: Data from a high-school survey in China. *Addictive Behaviors*, *61*, 74 - 79.

Messina, I., Sambin, M., Palmieri, A., & Viviani, R. (2013). Neural correlates of psychotherapy in anxiety and depression: A meta-analysis. *PLoS One*, *8* (9), e74657.

Michelson, M., & Reuter, K. (2019). The significant cost of systematic reviews and meta-analyses: A call for greater involvement of machine learning to assess the promise of clinical trials. *Contemporary Clinical Trials Communications*, *16*, 100443.

Millstein, D. J., Orsillo, S. M., Hayes-Skelton, S. A., & Roemer, L. (2015). Interpersonal problems, mindfulness, and therapy outcome in an acceptance-based behavior therapy for generalized anxiety disorder. *Cognitive Behaviour Therapy*, *44* (6), 491 - 501.

Miwa, M., Thomas, J., O'Mara-Eves, A., & Ananiadou, S. (2014). Reducing systematic review workload through certainty-based screening. *Journal of Biomedical Informatics*, *51*, 242 - 253.

Mogg, K., & Bradley, B. P. (1998). A cognitive-motivational analysis of anxiety. *Behaviour Research & Therapy*, *36* (9), 809 - 848.

Montazemi, A. R., & Qahri-Saremi, H. (2015). Factors affecting adoption of online banking: A meta-analytic structural equation modeling study. *Information & Management*, *52* (2), 210 - 226.

Montazer, A., Nemati, F., Dehghani, F., & Fallah, T. (2017). Efficacy of acceptance and commitment therapy on breast cancer female patients' hope. *Iranian Journal of Cancer Prevention*, *10* (2), e5526.

Montoya, A. K., & Hayes, A. F. (2017). Two-condition within-participant statistical mediation ana lysis: A path-analytic framework. *Psychological Methods*, *22* (1), 6 - 27.

Moola, S., Munn, Z., Tufanaru, C., Aromataris, E., Sears, K., Sfetcu, R., Currie, M., Qureshi,

R. , Mattis, P. , & Lisy, K. (2017). Systematic reviews of etiology and risk. In *Joanna Briggs Institute reviewer's manual* (Chapter 7). Joanna Briggs Institute.

Morgan, A. J. , Reavley, N. J. , Ross, A. , San Too, L. , & Jorm, A. F. (2018a). Interventions to reduce stigma towards people with severe mental illness: Systematic review and meta-analysis. *Journal of Psychiatric Research*, *103*, 120 - 133.

Morgan, A. J. , Ross, A. , & Reavley, N. J. (2018b). Systematic review and meta-analysis of Mental Health First Aid training: Effects on knowledge, stigma, and helping behaviour. *PLoS One*, *13* (5), e0197102.

Morris, S. B. (2008). Estimating effect sizes from pretest-posttest-control group designs. *Organizational research Methods*, *11* (2), 364 - 386.

Mountrakis, G. , Im, J. , & Ogole, C. (2011). Support vector machines in remote sensing: A review. *ISPRS Journal of Photogrammetry & Remote Sensing*, *66* (3), 247 - 259.

Munn, Z. , Moola, S. , Lisy, K. , Riitano, D. , & Tufanaru, C. (2015). Methodological guidance for systematic reviews of observational epidemiological studies reporting prevalence and cumulative incidence data. *International Journal of Evidence-Based Healthcare*, *13* (3), 147 - 153.

Najvani, B. D. , Neshatdoost, H. T. , Abedi, M. R. , & Mokarian, F. (2015). The effect of acceptance and commitment therapy on depression and psychological flexibility in women with breast cancer. *Zahedan Journal of Research in Medical Sciences*, *17* (4), 1 - 6.

Nikolakopoulou, A. , Mavridis, D. , & Salanti, G. (2014). Demystifying fixed and random effects meta-analysis. *BMJ Ment Health*, *17* (2), 53 - 57.

Niu, Y. , Jiang, X. , Ashong, Z. , Hou, J. , Bai, Y. , Bai, G. , Xu, J. , Ren, W. , & Geng, G. (2021). Developing a resilience intervention approach for adolescents living with natural hazards risks: A pilot randomized controlled trial. *International Journal of Disaster Risk Reduction*, *58*, 102190.

Norris, J. M. , Simpson, B. S. , Ball, R. , Freeman, A. , Kirkham, A. , Parry, M. A. , Moore, C. M. , Whitaker, H. C. , & Emberton, M. (2021). A modified Newcastle-Ottawa scale for assessment of study quality in genetic urological research. *European Urology*, *79* (3), 325 - 326.

O'Connor, J. J. M. , Feinberg, D. R. , Fraccaro, P. J. , Borak, D. J. , Tigue, C. C. , Re, D. E. , Jones, B. C. , Little, A. C. , & Tiddeman, B. (2012). Female preferences for male vocal and facial masculinity in videos: Preferences for masculinity in videos. *Ethology*, *118* (4), 321 - 330.

O'Mara-Eves, A. , Thomas, J. , McNaught, J. , Miwa, M. , & Ananiadou, S. (2015). Using text mining for study identification in systematic reviews: A systematic review of current approaches. *Systematic Reviews*, *4* (1), 1 22.

Olive, M. L. , & Franco, J. H. (2008). (Effect) size matters: And so does the calculation. *Behavior Analyst Today*, *9* (1), 5 - 11.

Orwin, R. (1994). *Evaluating coding decisions in*: *Cooper and Hedges*: *The handbook of research synthesis*. Russell Sage Foundation.

Orwin, R. G. (1983). A fail-safe N for effect size in meta-analysis. *Journal of Educational Statistics*, *8* (2), 157 - 159.

Orwin, R. G., & Vevea, J. L. (2009). Evaluating coding decisions. In H. Cooper, L. V. Hedges, & J. C. Valentine (Eds.), *The handbook of research synthesis and meta-analysis* (2nd ed., pp. 177-204). Russell Sage Foundation.

Osborne, F., Muccini, H., Lago, P., & Motta, E. (2019). Reducing the effort for systematic reviews in software engineering. *Data Science*, *2* (1-2), 311-340.

Öst, L. G. (2008). Efficacy of the third wave of behavioral therapies: A systematic review and meta-analysis. *Behaviour Research & Therapy*, *46* (3), 296-321

Öst, L. G. (2014). The efficacy of acceptance and commitment therapy: An updated systematic review and meta-analysis. *Behaviour Research & Therapy*, *61*, 105-121.

Owens, K. M., Asmundson, G. J., Hadjistavropoulos, T., & Owens, T. J. (2004). Attentional bias toward illness threat in individuals with elevated health anxiety. *Cognitive Therapy & Research*, *28* (1), 57-66.

Page, M. J., McKenzie, J. E., Bossuyt, P. M., Boutron, I., Hoffmann, T. C., Mulrow, C. D., ... & Moher, D. (2021). The PRISMA 2020 statement: An updated guideline for reporting systematic reviews. *International Journal of Surgery*, *88*, 105906.

Pastor, D. A., & Lazowski, R. A. (2018). On the multilevel nature of meta-analysis: A tutorial, comparison of software programs, and discussion of analytic choices. *Multivariate Behavioral Research*, *53* (1), 74-89.

Paterson, B. L., Thorne, S. E., Canam, C., & Jillings, C. (2001). *Meta-study of qualitative health research: A practical guide to meta-analysis and meta-synthesis.* Sage.

Pearson, K. (1941). Report on certain enteric fever inoculation statistics. *British Medical Journal*, *3*, 1243-1246.

Penton-Voak, I. S., Little, A. C., Jones, B. C., Burt, D. M., Tiddeman, B. P., & Perrett, D. I. (2003). Female condition influences preferences for sexual dimorphism in faces of male humans (*Homo sapiens*). *Journal of Comparative Psychology*, *117* (3), 264-271.

Pilászy, I. (2005). Text categorization and support vector machines. In *Proceedings of the 6th International Symposium of Hungarian Researchers on Computational Intelligence.* http://conf.uniobuda.hu/mtn2005/Pilaszy.pdf

Polanczyk, G. V., Salum, G. A., Sugaya, L. S., Caye, A., & Rohde, L. A. (2015). Annual research review: A meta-analysis of the worldwide prevalence of mental disorders in children and adolescents. *Journal of Child Psychology & Psychiatry*, *56* (3), 345-365.

Polanin, J. R., Hennessy, E. A., & Tanner-Smith, E. E. (2017). A review of meta-analysis packages in R. *Journal of Educational & Behavioral Statistics*, *42* (2), 206-242.

Pool, E., Brosch, T., Delplanque, S., & Sander, D. (2016). Attentional bias for positive emotional stimuli: A meta-analytic investigation. *Psychological Bulletin*, *142* (1), 79-106.

Porta, M. (2008). *A dictionary of epidemiology.* Oxford University Press.

Powers, M. B., Vörding, M. B. Z. V. S., & Emmelkamp, P. M. G. (2009). Acceptance and commitment therapy: A meta-analytic review. *Psychotherapy & Psychosomatics*, *78* (2), 73-80.

Price, J. L., & Drevets, W. C. (2012). Neural circuits underlying the pathophysiology of mood disorders. *Trends in Cognitive Sciences*, *16* (1), 61 - 71.

Przybyla, P., Brockmeier, A. J., Kontonatsios, G., Le Pogam, M.-A., McNaught, J., von Elm, E., Nolan, K., & Ananiadou, S. (2018). Prioritising references for systematic reviews with RobotAnalyst: A user study. *Research Synthesis Methods*, *9* (3), 470 - 488.

Pugh, L. R., Taylor, P. J., & Berry, K. (2015). The role of guilt in the development of post-traumatic stress disorder: A systematic review. *Journal of Affective Disorders*, *182*, 138 - 150.

Quidé, Y., Witteveen, A. B., El-Hage, W., Veltman, D. J., & Olff, M. (2012). Differences between effects of psychological versus pharmacological treatments on functional and morphological brain alterations in anxiety disorders and major depressive disorder: A systematic review. *Neuroscience & Biobehavioral Reviews*, *36* (1), 626 - 644.

Rasero, A. M. G., & Hernández, J. A. T. (2019). Revisión sistemática sobre la eficacia de la Terapia de Aceptación y Compromiso (ACT) en el tratamiento psicológico de pacientes con cáncer. *Psicooncología*, *16* (1), 101 - 125.

Reavley, N. J., Mackinnon, A. J., Morgan, A. J., & Jorm, A. F. (2014). Stigmatising attitudes towards people with mental disorders: A comparison of Australian health professionals with the general community. *Australian & New Zealand Journal of Psychiatry*, *48* (5), 433 - 441.

Reisch, J. S., Tyson, J. E., & Mize, S. G. (1989). Aid to the evaluation of therapeutic studies. *Pediatrics*, *84* (5), 815 - 827.

Richy, F., & Reginster, J.-Y. (2006). A simple method for detecting and adjusting meta-analyses for publication bias. *Internet Journal of Epidemiology*, *3*, 2.

Riedel-Heller, S., & Richter, D. (2020). COVID-19 pandemic and mental health of the general public: Is there a tsunami of mental disorders? *Psychiatrische Praxis*, *47* (8), 452 - 456.

Robinson, E., Sutin, A. R., Daly, M., & Jones, A. (2022). A systematic review and meta-analysis of longitudinal cohort studies comparing mental health before versus during the COVID-19 pandemic in 2020. *Journal of Affective Disorders*, *296*, 567 - 576.

Ros, R., Bjarnason, E., & Runeson, P. (2017). A machine learning approach for semi-automated search and selection in literature studies. In *EASE' 17: Proceedings of the 21st International Conference on Evaluation and Assessment in Software Engineering* (pp. 118 - 127). Association for Computing Machinery.

Rosenthal, R. (1979). The file drawer problem and tolerance for null results. *Psychological Bulletin*, *86* (3), 638 - 641.

Rost, A. D., Wilson, K., Buchanan, E., Hildebrandt, M. J., & Mutch, D. (2012). Improving psychological adjustment among late-stage ovarian cancer patients: Examining the role of avoidance in treatment. *Cognitive & Behavioral Practice*, *19* (4), 508 - 517.

Rothstein, H. R. (2008). Publication bias as a threat to the validity of meta-analytic results. *Journal of Experimental Criminology*, *4* (1), 61 - 81.

Rothstein, H. R., Sutton, A. J., & Borenstein, M. (2006). *Publication bias in meta-analysis: Prevention, assessment and adjustments.* Wiley.

Saldanha, I. J., Schmid, C. H., Lau, J., Dickersin, K., Berlin, J. A., Jap, J., Smith, B. T., Carini, S., Chan, W., & De Bruijn, B. (2016). Evaluating Data Abstraction Assistant, a novel software application for data abstraction during systematic reviews: Protocol for a randomized controlled trial. *Systematic Reviews*, *5* (1), 1-11.

Sánchez-Meca, J., & Marin-Martinez, F. (1998). Weighting by inverse variance or by sample size in meta-analysis: A simulation study. *Educational & Psychological Measurement*, *58* (2), 211-220.

Schäfer, S. K., Becker, N., King, L., Horsch, A., & Michael, T. (2019). The relationship between sense of coherence and post-traumatic stress: A meta-analysis. *European Journal of Psychotraumatology*, *10* (1), 1562839.

Schmidt, F. L. (2015). History and development of the Schmidt-Hunter meta-analysis methods. *Research Synthesis Methods*, *6* (3), 232-239.

Schmitgen, M. M., Niedtfeld, I., Schmitt, R., Mancke, F., Winter, D., Schmahl, C., & Herpertz, S. C. (2019). Individualized treatment response prediction of dialectical behavior therapy for borderline personality disorder using multimodal magnetic resonance imaging. *Brain & Behavior*, *9* (9), e01384.

Schölkopf, B., Smola, A. J., & Bach, F. (2002). *Learning with kernels: Support vector machines, regularization, optimization, and beyond.* MIT Press.

Schumacker, R. E., & Lomax, R. G. (2004). *A beginner's guide to structural equation modeling.* Psychology Press.

Schwarzer, G. (2022). Meta-analysis in R. In M. Egger, J. P. T. Higgins, & G. D. Smith (Eds.), *Systematic reviews in health research: Meta-analysis in context* (pp. 510-534). Wiley.

Schwarzer, G., Chemaitelly, H., Abu-Raddad, L. J., & Rücker, G. (2019). Seriously misleading results using inverse of Freeman-Tukey double arcsine transformation in meta-analysis of single proportions. *Research Synthesis Methods*, *10* (3), 476-483.

Semple, C. J., & McCaughan, E. (2013). Family life when a parent is diagnosed with cancer: Impact of a psychosocial intervention for young children. *European Journal of Cancer Care*, *22* (2), 219-231.

Shadish, W. R., Cook, T. D., & Campbell, D. T. (2002). *Experimental and quasi-experimental designs for generalized causal inference.* Houghton, Mifflin and Company.

Shahriari, B., Swersky, K., Wang, Z., Adams, R. P., & De Freitas, N. (2015). Taking the human out of the loop: A review of Bayesian optimization. *Proceedings of the IEEE*, *104* (1), 148-175.

Shapero, B. G., Hankin, B. L., & Barrocas, A. L. (2013). Stress generation and exposure in a multi-wave study of adolescents: Transactional processes and sex differences. *Journal of Social & Clinical Psychology*, *32* (9), 989-1012.

Shaw, M., & Donald, W. (2008). Black: Internet addiction. definition, assessment, epidemiology and clinical treatment. *CNS Drugs*, *5*, 227-235.

Shemilt, I., Khan, N., Park, S., & Thomas, J. (2016). Use of cost-effectiveness analysis to compare the efficiency of study identification methods in systematic reviews. *Systematic Reviews*, *5* (1), 1-13.

Shemilt, I., Simon, A., Hollands, G. J., Marteau, T. M., Ogilvie, D., O'Mara-Eves, A., Kelly,

M. P., & Thomas, J. (2014). Pinpointing needles in giant haystacks: Use of text mining to reduce impractical screening workload in extremely large scoping reviews. *Research Synthesis Methods*, *5* (1), 31 - 49.

Sheng, Z., Kong, W., Cortina, J. M., & Hou, S. (2016). Analyzing matrices of meta-analytic correlations: Current practices and recommendations. *Research Synthesis Methods*, *7* (2), 187 - 208.

Shi, C., Ren, Z., Zhao, C., Zhang, T., & Chan, S. H.-W. (2021). Shame, guilt, and posttraumatic stress symptoms: A three-level meta-analysis. *Journal of Anxiety Disorders*, *82*, 102443.

Shi, C., Taylor, S., Witthöft, M., Du, X., Zhang, T., Lu, S., & Ren, Z. (2022). Attentional bias toward health-threat in health anxiety: A systematic review and three-level meta-analysis. *Psychological Medicine*, *52* (4), 604 - 613.

Shim, S., Yoon, B.-H., Shin, I.-S., & Bae, J.-M. (2017). Network meta-analysis: Application and practice using Stata. *Epidemiology & Health*, *39*, e2017047.

Shin, K. M., Cho, S.-M., Lee, S. H., & Chung, Y. K. (2014). A pilot prospective study of the relationship among cognitive factors, shame, and guilt proneness on posttraumatic stress disorder symptoms in female victims of sexual violence. *Journal of Korean Medical Science*, *29* (6), 831 - 836.

Siegel, R. L., Miller, K. D., & Jemal, A. (2019). Cancer statistics, 2019. *CA: A Cancer Journal for Clinicians*, *69* (1), 7 - 34.

Simblett, S., Birch, J., Matcham, F., Yaguez, L., & Morris, R. (2017). A systematic review and meta-analysis of e-mental health interventions to treat symptoms of posttraumatic stress. *JMIR Mental Health*, *4* (2), e5558.

Sippel, L. M., & Marshall, A. D. (2011). Posttraumatic stress disorder symptoms, intimate partner violence perpetration, and the mediating role of shame processing bias. *Journal of Anxiety Disorders*, *25* (7), 903 - 910.

Slim, K., Nini, E., Forestier, D., Kwiatkowski, F., Panis, Y., & Chipponi, J. (2003). Methodological index for non-randomized studies (MINORS): Development and validation of a new instrument. *ANZ Journal of Surgery*, *73* (9), 712 - 716.

Smoller, J. W., Pollack, M. H., Wassertheil-Smoller, S., Jackson, R. D., Oberman, A., Wong, N. D., & Sheps, D. (2007). Panic attacks and risk of incident cardiovascular events among postmenopausal women in the Women's Health Initiative Observational Study. *Archives of General Psychiatry*, *64* (10), 1153 - 1160.

Snaith, R. P. (2003). The hospital anxiety and depression scale. *Health and Quality of Life Outcomes*, *1* (1), 1 - 4.

Stang, A. (2010). Critical evaluation of the Newcastle-Ottawa scale for the assessment of the quality of nonrandomized studies in meta-analyses. *European Journal of Epidemiology*, *25* (9), 603 - 605.

Stansfield, C., O'Mara-Eves, A., & Thomas, J. (2017). Text mining for search term development in systematic reviewing: A discussion of some methods and challenges. *Research Synthesis Methods*, *8* (3), 355 - 365.

Stefan, S., Zorila, A., & Brie, E. (2020). General threat and health-related attention biases in illness anxiety disorder. A brief research report. *Cognition & Emotion*, *34* (3), 604 - 613.

Sterne, J. A. C., Sutton, A. J., Ioannidis, J. P. A., Terrin, N., Jones, D. R., Lau, J., Carpenter, J., Rucker, G., Harbord, R. M., Schmid, C. H., Tetzlaff, J., Deeks, J. J., Peters, J., Macaskill, P., Schwarzer, G., Duval, S., Altman, D. G., Moher, D., & Higgins, J. P. T. (2011). Recommendations for examining and interpreting funnel plot asymmetry in meta-analyses of randomised controlled trials. *British Medical Journal*, *343*, d4002.

Straub, K. T., McConnell, A. A., & Messman-Moore, T. L. (2018). Internalized heterosexism and posttraumatic stress disorder symptoms: The mediating role of shame proneness among trauma-exposed sexual minority women. *Psychology of Sexual Orientation & Gender Diversity*, *5* (1), 99 - 108.

Su, W., Han, X., Jin, C., Yan, Y., & Potenza, M. N. (2019). Are males more likely to be addicted to the internet than females? A meta-analysis involving 34 global jurisdictions. *Computers in Human Behavior*, *99*, 86 - 100.

Sun, P., Johnson, C. A., Palmer, P., Arpawong, T. E., Unger, J. B., Xie, B., Rohrbach, L. A., Spruijt-Metz, D., & Sussman, S. (2012). Concurrent and predictive relationships between compulsive Internet use and substance use: Findings from vocational high school students in China and the USA. *International Journal of Environmental Research & Public Health*, *9* (3), 660 - 673.

Sun, Z., Wang, C., Wang, H., & Li, J. (2013). Learn multiple-kernel SVMs for domain adaptation in hyperspectral data. *IEEE Geoscience & Remote Sensing Letters*, *10* (5), 1224 - 1228.

Sutton, A. J., Abrams, K. R., & Jones, D. R. (2001). An illustrated guide to the methods of meta-analysis. *Journal of Evaluation in Clinical Practice*, *7* (2), 135 - 148.

Sutton, A. J., Duval, S. J., Tweedie, R. L., Abrams, K. R., & Jones, D. R. (2000). Empirical assessment of effect of publication bias on meta-analyses. *British Medical Journal*, *320* (7249), 1574 - 1577.

Tang, X., Tang, S., Ren, Z., & Wong, D. F. K. (2019). Prevalence of depressive symptoms among adolescents in secondary school in mainland China: A systematic review and meta-analysis. *Journal of Affective Disorders*, *245*, 498 - 507.

Tang, X., Tang, S., Ren, Z., & Wong, D. F. K. (2020). Psychosocial risk factors associated with depressive symptoms among adolescents in secondary schools in mainland China: A systematic review and meta-analysis. *Journal of Affective Disorders*, *263*, 155 - 165.

Tanner-Smith, E. E., & Grant, S. (2018). Meta-analysis of complex interventions. *Annual Review of Public Health*, *39*, 135 - 151.

Taylor, S. (2020). *The psychology of pandemics: Preparing for the next global outbreak of infectious disease* (2nd ed.). Cambridge Scholars Publishing.

Taylor, S. C., Smernoff, Z. L., Rajan, M., Steeman, S., Gehringer, B. N., Dow, H. C., Barzilay, R., Rader, D. J., Bucan, M., & Almasy, L. (2022). Investigating the relationships between resilience, autism-related quantitative traits, and mental health outcomes among adults during the COVID-19 pandemic. *Journal of Psychiatric Research*, *148*, 250 - 257.

Teo, I., Krishnan, A., & Lee, G. L. (2019). Psychosocial interventions for advanced cancer patients: A systematic review. *Psycho-Oncology*, *28* (7), 1394 - 1407.

Thomas, J., McNaught, J., & Ananiadou, S. (2011). Applications of text mining within systematic reviews. *Research Synthesis Methods*, *2* (1), 1 - 14.

Thornton, A., & Lee, P. (2000). Publication bias in meta-analysis: Its causes and consequences. *Journal of Clinical Epidemiology*, *53* (2), 207 - 216.

Tipton, E., & Pustejovsky, J. E. (2015). Small-sample adjustments for tests of moderators and model fit using robust variance estimation in meta-regression. *Journal of Educational & Behavioral Statistics*, *40* (6), 604 - 634.

Torales, J., O'Higgins, M., Castaldelli-Maia, J. M., & Ventriglio, A. (2020). The outbreak of COVID-19 coronavirus and its impact on global mental health. *International Journal of Social Psychiatry*, *66* (4), 317 - 320.

Trevillion, K., Oram, S., Feder, G., & Howard, L. M. (2012). Experiences of domestic violence and mental disorders: A systematic review and meta-analysis. *PLoS One*, *7* (12), e51740.

Trull, T. J., & Prinstein, M. (2012). *Clinical psychology* (8th ed.). Wadsworth.

Tsafnat, G., Glasziou, P., Choong, M. K., Dunn, A., Galgani, F., & Coiera, E. (2014). Systematic review automation technologies. *Systematic Reviews*, *3* (1), 1 - 15.

Tsafnat, G., Glasziou, P., Karystianis, G., & Coiera, E. (2018). Automated screening of research studies for systematic reviews using study characteristics. *Systematic Reviews*, *7* (1), 1 - 9.

Tsitsika, A., Janikian, M., Schoenmakers, T. M., Tzavela, E. C., Olafsson, K., Wójcik, S., Macarie, G. F., Tzavara, C., Consortium, E. N. A., & Richardson, C. (2014). Internet addictive behavior in adolescence: A cross-sectional study in seven European countries. *Cyberpsychology, Behavior, & Social Networking*, *17* (8), 528 - 535.

Turkeltaub, P. E., Eickhoff, S. B., Laird, A. R., Fox, M., Wiener, M., & Fox, P. (2012). Minimizing within-experiment and within-group effects in activation likelihood estimation meta-analyses. *Human Brain Mapping*, *33* (1), 1 - 13.

Turner, M. H., Bernard, M., Birchwood, M., Jackson, C., & Jones, C. (2013). The contribution of shame to post-psychotic trauma. *British Journal of Clinical Psychology*, *52* (2), 162 - 182.

Tyrer, P., Wang, D., Crawford, M., Dupont, S., Cooper, S., Nourmand, S., Lazarevic, V., Philip, A., & Tyrer, H. (2021). Sustained benefit of cognitive behaviour therapy for health anxiety in medical patients (CHAMP) over 8 years: A randomised-controlled trial. *Psychological Medicine*, *51* (10), 1714 - 1722.

Ungar, M., & Theron, L. (2020). Resilience and mental health: How multisystemic processes contribute to positive outcomes. *Lancet Psychiatry*, *7* (5), 441 - 448.

van Altena, A. J., Spijker, R., & Olabarriaga, S. D. (2019). Usage of automation tools in systematic reviews. *Research Synthesis Methods*, *10* (1), 72 - 82.

van de Schoot, R., de Bruin, J., Schram, R., Zahedi, P., de Boer, J., Weijdema, F., Kramer, B., Huijts, M., Hoogerwerf, M., & Ferdinands, G. (2021). An open source machine learning framework for efficient and transparent systematic reviews. *Nature Machine Intelligence*, *3* (2),

125 - 133.

van Eldik, W. M., de Haan, A. D., Parry, L. Q., Davies, P. T., Luijk, M. P. C. M., Arends, L. R., & Prinzie, P. (2020). The interparental relationship: Meta-analytic associations with children's maladjustment and responses to interparental conflict. *Psychological Bulletin*, *146* (7), 553 - 594.

van Haastrecht, M., Sarhan, I., Ozkan, Y. B., Brinkhuis, M., & Spruit, M. (2021). SYMBALS: A systematic review methodology blending active learning and snowballing. *Frontiers in Research Metrics and Analytics*, *6*, 33.

van Tilburg, T. G., Steinmetz, S., Stolte, E., Van der Roest, H., & de Vries, D. H. (2021). Loneliness and mental health during the COVID-19 pandemic: A study among Dutch older adults. *Journals of Gerontology: Series B*, *76* (7), e249 - e255.

van Valkenhoef, G., Lu, G., de Brock, B., Hillege, H., Ades, A. E., & Welton, N. J. (2012). Automating network meta-analysis. *Research Synthesis Methods*, *3* (4), 285 - 299.

Vandenbroucke, J. P., Elm, E. von, Altman, D. G., Gøtzsche, P. C., Mulrow, C. D., Pocock, S. J., Poole, C., Schlesselman, J. J., Egger, M., & Initiative, S. (2007). Strengthening the Reporting of Observational Studies in Epidemiology (STROBE): Explanation and elaboration. *Annals of Internal Medicine*, *147* (8), W - 163.

Verboom, C. E., Sijtsema, J. J., Verhulst, F. C., Penninx, B. W., & Ormel, J. (2014). Longitudinal associations between depressive problems, academic performance, and social functioning in adolescent boys and girls. *Developmental Psychology*, *50* (1), 247 - 257.

Verdolini, N., Amoretti, S., Montejo, L., García-Rizo, C., Hogg, B., Mezquida, G., Rabelo-da-Ponte, F. D., Vallespir, C., Radua, J., & Martinez-Aran, A. (2021). Resilience and mental health during the COVID-19 pandemic. *Journal of Affective Disorders*, *283*, 156 - 164.

Verhagen, A. P., De Vet, H. C., De Bie, R. A., Kessels, A. G., Boers, M., Bouter, L. M., & Knipschild, P. G. (1998). The Delphi list: A criteria list for quality assessment of randomized clinical trials for conducting systematic reviews developed by Delphi consensus. *Journal of Clinical Epidemiology*, *51* (12), 1235 - 1241.

Viechtbauer, W. (2010). Conducting meta-analyses in R with the metafor package. *Journal of Statistical Software*, *36* (3), 1 - 48.

Viechtbauer, W., & Cheung, M. W.-L. (2010). Outlier and influence diagnostics for meta-analysis. *Research Synthesis Methods*, *1* (2), 112 - 125.

Viswesvaran, C., & Ones, D. S. (1995). Theory testing: Combining psychometric meta-analysis and structural equations modeling. *Personnel Psychology*, *48* (4), 865 - 885.

Viviani, R., Nagl, M., & Buchheim, A. (2015). Psychotherapy outcome research and neuroimaging. In O. Gelo, A. Pritz, & B. Rieken (Eds.), *Psychotherapy research* (pp. 611 - 634). Springer.

Vøllestad, J., Nielsen, M. B., & Nielsen, G. H. (2012). Mindfulness- and acceptance-based interventions for anxiety disorders: A systematic review and meta-analysis. *British Journal of Clinical Psychology*, *51* (3), 239 - 260.

Vowles, K. E., Sowden, G., Hickman, J., & Ashworth, J. (2019). An analysis of within-treatment change trajectories in valued activity in relation to treatment outcomes following interdisciplinary acceptance and commitment therapy for adults with chronic pain. *Behaviour Research & Therapy*, *115*, 46-54.

Vukovic, J., Feinberg, D. R., Jones, B. C., DeBruine, L. M., Welling, L. L. M., Little, A. C., & Smith, F. G. (2008). Self-rated attractiveness predicts individual differences in women's preferences for masculine men's voices. *Personality & Individual Differences*, *45* (6), 451-456.

Wallace, B. C., Lajeunesse, M. J., Dietz, G., Dahabreh, I. J., Trikalinos, T. A., Schmid, C. H., & Gurevitch, J. (2017). Open MEE: Intuitive, open-source software for meta-analysis in ecology and evolutionary biology. *Methods in Ecology & Evolution*, *8* (8), 941-947.

Wallace, B. C., Small, K., Brodley, C. E., & Trikalinos, T. A. (2011). Who should label what? Instance allocation in multiple expert active learning. In *Proceedings of the 2011 SIAM International Conference on Data Mining* (pp. 176-187). Society for Industrial and Applied Mathematics.

Wallace, B. C., Trikalinos, T. A., Lau, J., Brodley, C., & Schmid, C. H. (2010). Semi-automated screening of biomedical citations for systematic reviews. *BMC Bioinformatics*, *11* (1), 1-11.

Wang, L., Luo, J., Bai, Y., Kong, J., Luo, J., Gao, W., & Sun, X. (2013). Internet addiction of adolescents in China: Prevalence, predictors, and association with well-being. *Addiction Research & Theory*, *21* (1), 62-69.

Warn, D. E., Thompson, S. G., & Spiegelhalter, D. J. (2002). Bayesian random effects meta-analysis of trials with binary outcomes: Methods for the absolute risk difference and relative risk scales. *Statistics in Medicine*, *21* (11), 1601-1623.

Warton, D. I., & Hui, F. K. (2011). The arcsine is asinine: The analysis of proportions in ecology. *Ecology*, *92* (1), 3-10.

Warwick, H. M. C., & Salkovskis, P. M. (1990). Hypochondriasis. *Behaviour Research & Therapy*, *28*, 105-117.

Weierich, M. R., Treat, T. A., & Hollingworth, A. (2008). Theories and measurement of visual attentional processing in anxiety. *Cognition & Emotion*, *22* (6), 985-1018.

Weisz, J. R., Kuppens, S., Ng, M. Y., Eckshtain, D., Ugueto, A. M., Vaughn-Coaxum, R., Jensen-Doss, A., Hawley, K. M., Krumholz Marchette, L. S., Chu, B. C., Weersing, V. R., & Fordwood, S. R. (2017). What five decades of research tells us about the effects of youth psychological therapy: A multilevel meta-analysis and implications for science and practice. *American Psychologist*, *72* (2), 79-117.

Welling, L. L. M., DeBruine, L. M., Little, A. C., & Jones, B. C. (2009). Extraversion predicts individual differences in women's face preferences. *Personality & Individual Differences*, *47* (8), 996-998.

Wetherell, J. L., Petkus, A. J., Alonso-Fernandez, M., Bower, E. S., Steiner, A. R., & Afari, N. (2016). Age moderates response to acceptance and commitment therapy vs. cognitive behavioral therapy for chronic pain. *International Journal of Geriatric Psychiatry*, *31* (3), 302-308.

Wetterslev, J., Thorlund, K., Brok, J., & Gluud, C. (2008). Trial sequential analysis may establish when firm evidence is reached in cumulative meta-analysis. *Journal of Clinical Epidemiology*, *61* (1), 64-75.

White, I. R. (2009). Multivariate random-effects meta-analysis. *Stata Journal*, *9* (1), 40-56.

Whiting, P. F., Rutjes, A. W., Westwood, M. E., Mallett, S., Deeks, J. J., Reitsma, J. B., Leeflang, M. M., Sterne, J. A., Bossuyt, P. M., & QUADAS-2 Group. (2011). QUADAS-2: A revised tool for the quality assessment of diagnostic accuracy studies. *Annals of Internal Medicine*, *155* (8), 529-536.

Whiting, P., Rutjes, A. W., Reitsma, J. B., Bossuyt, P. M., & Kleijnen, J. (2003). The development of QUADAS: A tool for the quality assessment of studies of diagnostic accuracy included in systematic reviews. *BMC Medical Research Methodology*, *3* (1), 1-13.

WHO [World Health Organization]. (2023). *WHO Coronavirus (COVID-19) Dashboard: Overview*. https://covid19.who.int/

Wicksell, R. K., Ahlqvist, J., Bring, A., Melin, L., & Olsson, G. L. (2008). Can exposure and acceptance strategies improve functioning and life satisfaction in people with chronic pain and whiplash-associated disorders (WAD)? A randomized controlled trial. *Cognitive Behaviour Therapy*, *37* (3), 169-182.

Williams, L. M. (2017). Defining biotypes for depression and anxiety based on large-scale circuit dysfunction: A theoretical review of the evidence and future directions for clinical translation. *Depression & Anxiety*, *34*, 9-24.

Wong, D. F. K., & Xuesong, H. (2011). Schizophrenia literacy among Chinese in Shanghai, China: A comparison with Chinese-speaking Australians in Melbourne and Chinese in Hong Kong. *Australian & New Zealand Journal of Psychiatry*, *45* (7), 524-531.

Wong, Y., & Tsai, J. (2007). Cultural models of shame and guilt. In J. L. Tracy, R. W. Robins, & J. P. Tangney (Eds.), *The self-conscious emotions: Theory and research* (pp. 209-223). Guilford.

Wu, M., Han, H., Lin, T., Chen, M., Wu, J., Du, X., Su, G., Wu, D., Chen, F., & Zhang, Q. (2020). Prevalence and risk factors of mental distress in China during the outbreak of COVID-19: A national cross-sectional survey. *Brain & Behavior*, *10* (11), e01818.

Xu, Z., Huang, F., Koesters, M., & Rüsch, N. (2017a). Challenging mental health related stigma in China: Systematic review and meta-analysis: II. Interventions among people with mental illness. *Psychiatry Research*, *255*, 457-464.

Xu, Z., Rüsch, N., Huang, F., & Koesters, M. (2017b). Challenging mental health related stigma in China: Systematic review and meta-analysis: I. Interventions among the general public. *Psychiatry Research*, *255*, 449-456.

Yan, Y., Du, X., Lai, L., Ren, Z., & Li, H. (2022). Prevalence of depressive and anxiety symptoms among Chinese older adults during the COVID-19 pandemic: A systematic review and meta-analysis. *Journal of Geriatric Psychiatry & Neurology*, *35* (2), 182-195.

Ye, Z., Peng, C., Zhang, H., Liang, M., Zhao, J., Sun, Z., Hu, G., & Yu, Y. (2018). A biopsychosocial model of resilience for breast cancer: A preliminary study in mainland China. *European*

Journal of Oncology Nursing, *36*, 95 - 102.

Yu, J., Downes, P., Carter, K. M., & O'Boyle, E. H. (2016). The problem of effect size heterogeneity in meta-analytic structural equation modeling. *Journal of Applied Psychology*, *101* (10), 1457 - 1473.

Yu, Z., & Menzies, T. (2019). FAST2: An intelligent assistant for finding relevant papers. *Expert Systems with Applications*, *120*, 57 - 71.

Yu, Z., Kraft, N. A., & Menzies, T. (2018). Finding better active learners for faster literature reviews. *Empirical Software Engineering*, *23* (6), 3161 - 3186.

Yule, K., Houston, J., & Grych, J. (2019). Resilience in children exposed to violence: A meta-analysis of protective factors across ecological contexts. *Clinical Child & Family Psychology Review*, *22* (3), 406 - 431.

Zadok-Gurman, T., Jakobovich, R., Dvash, E., Zafrani, K., Rolnik, B., Ganz, A. B., & Lev-Ari, S. (2021). Effect of inquiry-based stress reduction (IBSR) intervention on well-being, resilience and burnout of teachers during the COVID-19 pandemic. *International Journal of Environmental Research & Public Health*, *18* (7), 3689.

Zeng, X., Zhang, Y., Kwong, J. S., Zhang, C., Li, S., Sun, F., Niu, Y., & Du, L. (2015). The methodological quality assessment tools for preclinical and clinical studies, systematic review and meta-analysis, and clinical practice guideline: A systematic review. *Journal of Evidence-Based Medicine*, *8* (1), 2 - 10.

Zettle, R. D., Rains, J. C., & Hayes, S. C. (2011). Processes of change in acceptance and commitment therapy and cognitive therapy for depression: A mediation reanalysis of Zettle and Rains. *Behavior Modification*, *35* (3), 265 - 283.

Zhang, Y., Wang, P., Ma, Y., Yang, X., Meng, F., Broadley, S. A., Sun, J., & Li, Z. (2021). Using eye movements in the dot-probe paradigm to investigate attention bias in illness anxiety disorder. *World Journal of Psychiatry*, *11* (3), 73 - 86.

Zhao, C., Lai, L., Zhang, L., Cai, Z., Ren, Z., Shi, C., ... & Yan, Y. (2021). The effects of acceptance and commitment therapy on the psychological and physical outcomes among cancer patients: A meta-analysis with trial sequential analysis. *Journal of Psychosomatic Research*, *140*, 110304.

Zietsch, B. P., Lee, A. J., Sherlock, J. M., & Jern, P. (2015). Variation in women's preferences regarding male facial masculinity is better explained by genetic differences than by previously identified context-dependent effects. *Psychological Science*, *26* (9), 1440 - 1448.

陈丽君，江洁，任志洪，袁宏．(2017).“阳刚”还是“清秀”更具吸引力？——对男性面孔二态性不同偏好的元分析．*心理科学进展*，*25* (4)，553 - 569.

程里礼，雷鹏，陶园，古辉云，张超，赵国忠．(2017). 基于统计学角度：解读固定效应模型和随机效应模型．*中国循证心血管医学杂志*，*9* (3)，261 - 264.

何寒青，陈坤．(2006). Meta 分析中的异质性检验方法．*中国卫生统计*，*23* (6)，486 - 487.

黄希庭，张志杰（主编）. (2010). *心理学研究方法*(2 版). 高等教育出版社．

贾志卿，刘笛虹，康敏，巩利萍，王金苗，卢向龙，冯坤，岳慧清．(2010). 公安民警心理健康状况调查研究——以内蒙古自治区部分公安民警为例．*广西警官高等专科学校学报，6*，32－40.
江光荣，赵春晓，韦辉，于丽霞，李丹阳，林秀彬，任志洪．(2020)．心理健康素养：内涵、测量与新概念框架．*心理科学，43* (1)，232－238.
蒋奖，张姝玥，许燕，邓哲．(2005)．警察工作倦怠与 A 型行为、压力源的关系．*中国心理卫生杂志，19* (3)，207.
金华，吴文源，张明园．(1986)．中国正常人 SCL-90 评定结果的初步分析．*中国神经精神疾病杂志，12* (5)，260－263.
康德英，洪旗，刘关键，王家良．(2003)．Meta 分析中发表性偏倚的识别与处理．*中国循证医学杂志，3* (1)，45－49.
赖丽足，任志洪，颜懿菲，牛更枫，赵春晓，罗梅，张琳．(2021)．共情的双刃剑效应：COVID-19 心理热线咨询师的继发性创伤应激和替代性创伤后成长．*心理学报，53* (9)，992－1002.
赖小林，林昆，李惠，谢志强，王陈，罗美胜，陈鼎泰．(2004)．广东汕头市公安人员心理健康水平调查研究．*心理科学，27* (3)，735－736.
李海垒，张文新．(2014)．青少年的学业压力与抑郁：同伴支持的缓冲作用．*中国特殊教育，10*，87－91.
李河，麦劲壮，方积乾，刘小清，饶栩栩．(2007)．Meta 分析中漏斗图的绘制．*循证医学，7* (2)，101－104.
李红颜．(2007)．*Meta 分析中识别发表偏倚方法的比较* [博士学位论文]．第一军医大学．
李艳青，任志洪，江光荣．(2016)．中国公安机关警察心理健康状况的元分析．*心理科学进展，24* (5)，692－706.
刘冰．(2008)．*内蒙古人民警察心理健康状况及其与自我效能感关系的研究* [博士学位论文]．湖南师范大学．
刘莉新，徐疆勇，米热，古丽．(2016)．新疆维吾尔族中学生抑郁情绪及相关因素分析．*中国学校卫生，37* (5)，698－700.
刘鸣（主编）．(2011)．*系统评价、Meta-分析设计与实施方法*．北京：人民卫生出版社．
刘宇，陈树铨，樊富珉，邸新，范会勇，封春亮，郭双双，甘怡群，李会杰，吕小康，任志洪，徐鹏飞，袁博，左西年，胡传鹏．(2021)．开放式荟萃分析的规范化报告．*中国科学：生命科学，51* (6)，764－778.
罗杰，冷卫东（主编）．(2013)．*系统评价/Meta 分析理论与实践*．军事医学科学出版社．
罗金成．(2007)．*汕头市区中学生肠易激综合征与心理精神因素的相关性研究* [硕士学位论文]．汕头大学．
罗美玲，谭红专，周权，王莎亚，蔡畅，郭亚伟，沈琳．(2013)．在 R 软件中实现单个率的 Meta 分析．*循证医学，13* (3)，181－184.
麦劲壮，李河，方积乾，刘小清，饶栩栩．(2006)．Meta 分析中失安全系数的估计．*循证医学，6* (5)，297－300.
任志洪，张雅文，江光荣．(2018)．正念冥想对焦虑症状的干预：效果及其影响因素元分析．*心理学报，50* (3)，283－305.
任志洪，赵春晓，卞诚，朱文臻，江光荣，祝卓宏．(2019)．接纳承诺疗法的作用机制——基于元分析结构方程模型．*心理学报，51* (6)，662－676.
任志洪，阮怡君，赵庆柏，张微，赖丽足，江光荣．(2017)．抑郁障碍和焦虑障碍治疗的神经心理机制——脑成像研究的 ALE 元分析．*心理学报，49*（10)，1302－1321.

任志洪，赵春晓，田凡，闫玉朋，李丹阳，赵子仪，谭梦鸽，江光荣．(2020). 中国人心理健康素养干预效果的元分析．*心理学报，52*（4)，497－512.

Schulz K P，Altman D G，Moher D.（2010). Consort 2010 声明：报告平行对照随机临床试验指南的更新（周庆辉译). *中西医结合学报，8*（7)，604－612.

石修权，王增珍．(2008). Meta 回归与亚组分析在异质性处理中的应用．*中华流行病学杂志，29*（5)，497－501.

舒华，张亚旭．(2008). *心理学研究方法：实验设计和数据分析*．人民教育出版社．

童辉杰．(2010). SCL-90 量表及其常模 20 年变迁之研究．*心理科学，33*（4)，928－930.

Whiting P，Rutjes A W S，Reitsma J B，Bossuyt P M M，Kleijnen J.（2007). QUADAS 的制定：用于系统评价中评价诊断性研究质量的工具（刁骧，艾昌林译). *中国循证医学杂志，7*（4)，296－306.

汪耿夫，王秀秀，方玉，江流，袁姗姗，陶芳标，苏普玉．(2015). 青少年传统欺凌、网络欺凌与抑郁症状的相关性研究．*中华预防医学杂志，8*，722－727.

王丹，翟俊霞，牟振云，宗红侠，赵晓东，王学义，顾平．(2009). Meta 分析中的异质性及其处理方法．*中国循证医学杂志，9*（10)，1115－1118.

王焕林，孙剑，余海鹰，陈方斌，施建安，李宁，陈继军，梅桂森，邹华根，毕银花．(1999). 我国军人症状自评量表常模的建立及其结果分析．*中华精神科杂志，32*（1)，38－40.

王珍，张永红，徐巧巧．(2009). 几种发表性偏倚评估方法介绍．*中国卫生统计，26*（5)，539－541.

王志会，齐士格，张晗，毛佩贤，何燕玲，李娟，肖水源，彭华茂，孙薇薇，郭浩岩，刘明．(2020). 新型冠状病毒肺炎对社区老年人焦虑症状的影响．*中华医学杂志，100*（40)，3179－3185.

魏丽娟，董惠娟．(2006). Meta 分析中异质性的识别与处理．*第二军医大学学报，27*（4)，449－450.

谢和平，王福兴，周宗奎，吴鹏．(2016). 多媒体学习中线索效应的元分析．*心理学报，48*（5)，540－555.

徐玉翠．(2014). *公安系统民警职业压力与心理健康水平关系研究*[硕士学位论文]. 南昌大学．

杨婕．(2012). 甘肃省公安民警心理健康状况调查的实证研究．*甘肃警察职业学院学报，4*，71－73.

杨玲，李磊，袁彦．(2012). 自我意识情绪的跨文化研究进展及展望——对内疚、羞耻的探讨．*宁波大学学报（教育科学版)，34*（3)，35－38.

杨文辉，周烃，彭芳，刘海洪．(2013). 湖南省岳阳县青少年抑郁的流行病学调查．*中国临床心理学杂志，21*（6)，937－941.

俞慧强，郑辉烈，李悦，刘勇．(2011). Meta 分析发表偏倚诊断方法研究．*中国卫生统计，28*（4)，402－405.

喻彦，彭宁宁．(2012). 上海市高中生自杀态度及自杀意念水平研究．*中国学校卫生，33*（1)，38－40.

曾宪涛，包翠萍，曹世义，刘菊英．(2012a). Meta 分析系列之三：随机对照试验的质量评价工具．*中国循证心血管医学杂志，4*（3)，183－185.

曾宪涛，黄伟，田国祥．(2013). Meta 分析系列之九：Meta 分析的质量评价工具．*中国循证心血管医学杂志，5*（1)，3－5.

曾宪涛，刘慧，陈曦，冷卫东．(2012b). Meta 分析系列之四：观察性研究的质量评价工具．*中国循证心血管医学杂志，4*（4)，297－299.

曾宪涛，田国祥，董圣杰．(2012c). Meta 分析系列之二：Meta 分析的软件．*中国循证心血管医学杂*

志，*4*（2），89－91.

曾宪涛，庄丽萍，杨宗国，董圣杰．(2012d). Meta 分析系列之七：非随机实验性研究、诊断性试验及动物实验的质量评价工具．*中国循证心血管医学杂志*，*4*（6），496－499.

曾祥龙，刘翔平，于是．(2011). 接纳与承诺疗法的理论背景、实证研究与未来发展．*心理科学进展*，*19*（7），1020－1026.

张婍，王淑娟，祝卓宏．(2012). 接纳与承诺疗法的心理病理模型和治疗模式．*中国心理卫生杂志*，*26*（5），377－381.

张淑华，刘兆延．(2016). 组织认同与离职意向关系的元分析．*心理学报*，*48*（12），1561－1573.

郑辉烈，王忠旭，王增珍．(2009). Meta 分析中发表偏倚的 Begg's 检验、Egger's 检验及 Macaskill's 检验的 SAS 程序实现．*中国循证医学杂志*，*9*（8），910－916.

周沃欢，金瑾，林丹，刘哲．(2014). 警察心理健康现状及其应对策略研究．*新疆警官高等专科学校学报*，*1*，30－34.

图书在版编目（CIP）数据

心理学元分析方法：理论、案例与操作/任志洪等著．—北京：中国人民大学出版社，2023.5

ISBN 978-7-300-31568-3

Ⅰ.①心… Ⅱ.①任… Ⅲ.①心理学 Ⅳ.①B84

中国国家版本馆 CIP 数据核字（2023）第 051943 号

心理学元分析方法

理论、案例与操作

任志洪　赖丽足 等　著

Xinlixue Yuanfenxi Fangfa

出版发行	中国人民大学出版社		
社　　址	北京中关村大街 31 号	**邮政编码**	100080
电　　话	010－62511242（总编室）		010－62511770（质管部）
	010－82501766（邮购部）		010－62514148（门市部）
	010－62515195（发行公司）		010－62515275（盗版举报）
网　　址	http://www.crup.com.cn		
经　　销	新华书店		
印　　刷	天津中印联印务有限公司		
开　　本	787 mm×1092 mm　1/16	**版　　次**	2023 年 5 月第 1 版
印　　张	21 插页 1	**印　　次**	2023 年 5 月第 1 次印刷
字　　数	435 000	**定　　价**	59.80 元

关联课程教材推荐

书号	书名	第一作者	定价（元）
978-7-300-27100-2	普通心理学（第2版）	张钦	65.00
978-7-300-28095-0	心理学基础	白学军	55.00
978-7-300-25882-9	生理心理学（第2版）	隋南	49.90
978-7-300-24309-2	实验心理学（第2版）	白学军	59.90
978-7-300-24280-4	社会心理学（第3版）	乐国安	68.00
978-7-300-28928-1	发展心理学（第4版·数字教材版）	雷雳	58.00
978-7-300-25588-0	变态心理学（第3版）	王建平	59.80
978-7-300-17187-6	心理测量与测验（第2版）	郑日昌	59.00
978-7-300-27212-2	教育心理学：原理与应用	刘儒德	58.00
978-7-300-24308-5	人格心理学导论	许燕	55.00
978-7-300-28457-6	心理学专业英语	苏彦捷	49.00
978-7-300-25616-0	心理与教育科学研究方法	杨丽珠	49.80
978-7-300-27971-8	心理学研究方法：从选题到论文发表	王轶楠	45.00
978-7-300-26721-0	心理与教育论文写作：方法、规则与实践技巧（第2版）	侯杰泰	38.00
978-7-300-26659-6	高级心理统计	刘红云	59.80
978-7-300-30702-2	SPSS基础与应用	刘红云	49.00
978-7-300-22490-9	行为科学统计精要（第8版）	弗雷德里克·格雷维特	85.00
978-7-300-26322-9	心理学研究方法（第9版）	尼尔·萨尔金德	78.00

配套教学资源支持

尊敬的老师：

衷心感谢您选择使用人大版教材！相关配套教学资源，请到人大社网站（http：//www.crup.com.cn）下载，或是随时与我们联系，我们将向您免费提供。

欢迎您随时反馈教材使用过程中的疑问、修订建议并提供您个人制作的课件。您的课件一经入选，我们将有偿使用。让我们与教材共成长！

联系人信息：

地址：北京海淀区中关村大街31号507室　　翟然　收　　邮编：100080

电子邮件：lgcbfs@crup.com.cn　　电话：010－62511967　　QQ：492788991

如有相关教材的选题计划，也欢迎您与我们联系，我们将竭诚为您服务！

选题联系人：张宏学　电子邮件：zhanghx@crup.com.cn　电话：010－62512127

人大社网站：http：//www.crup.com.cn

心理学专业教师QQ群：259019599

欢迎您登录人大社网站浏览，了解图书信息，共享教学资源

期待您加入专业教师QQ群，开展学术讨论，交流教学心得